鄂温克族自治旗
妇女联合会志

娜仁托雅 主编

内蒙古文化出版社

1990年5月，全国妇联主席陈慕华接见出席内蒙古妇联在北戴河举办的盟、旗妇联干部培训班呼盟学员

1989年，全国第七届妇代会，自治区主席布赫接见内蒙古代表团成员（左三为鄂温克旗代表旗人民医院护士牧其乐）

1995年8月，布赫副委员长接见第四次世界妇女大会内蒙古参会人员（三排右八为鄂温克旗代表索龙格）

1998年9月，全国妇联领导接见出席全国妇女第八次代表大会内蒙古自治区代表（后左五为鄂温克旗妇联主席萨其仁贵）

时任旗委副书记叶华与妇联干部合影

2016年1月，呼伦贝尔市妇联主席刘玉兰（右二）及班子成员看望全国"三八"红旗手、呼伦贝尔铁姑娘鄂温克旗斯普勒

1983年，旗政协副主席额尔登挂与女干部合影

亲切关怀

1961年8月，全国妇联副主席康克清（前排右三）视察鄂温克旗

1990年7月，全国妇联书记处书记康泠（右四）、自治区妇联副主席夏秀英（右六），视察鄂温克旗巴彦嵯岗苏木

2014年8月，全国妇联书记处第一书记、副主席宋秀岩（前排左一）到鄂温克旗调研

2015年5月，全国妇联副主席孟晓驷（右二）到鄂温克旗调研

2015年8月，全国妇联发展部部长崔卫燕（右二）到鄂温克旗调研

2015年7月，中国社会科学院李国祥（左二）、徐鲜梅（左三）教授到鄂温克旗调研

领导视察调研

2014年6月，自治区政协副主席、妇联主席陈羽（前排左二）到鄂温克旗指导巾帼家庭旅游示范户工作

1995年7月20日，自治区妇联主席胡达古拉（左四）到鄂温克旗检查视察调研

2014年10月，自治区妇联主席胡达古拉（前排左二），视察鄂温克旗妇联工作

2008年4月，自治区妇联副主席冀晓青（左三）到鄂温克旗调研

2015年7月，自治区妇联副主席李雪梅（左三）视察鄂温克旗

2012年4月18日，自治区妇联党组成员、办公室主任包晓春（中间）深入鄂温克旗辉苏木嘎鲁图嘎查，开展"下基层、访妇情、办实事"调研

领导视察调研

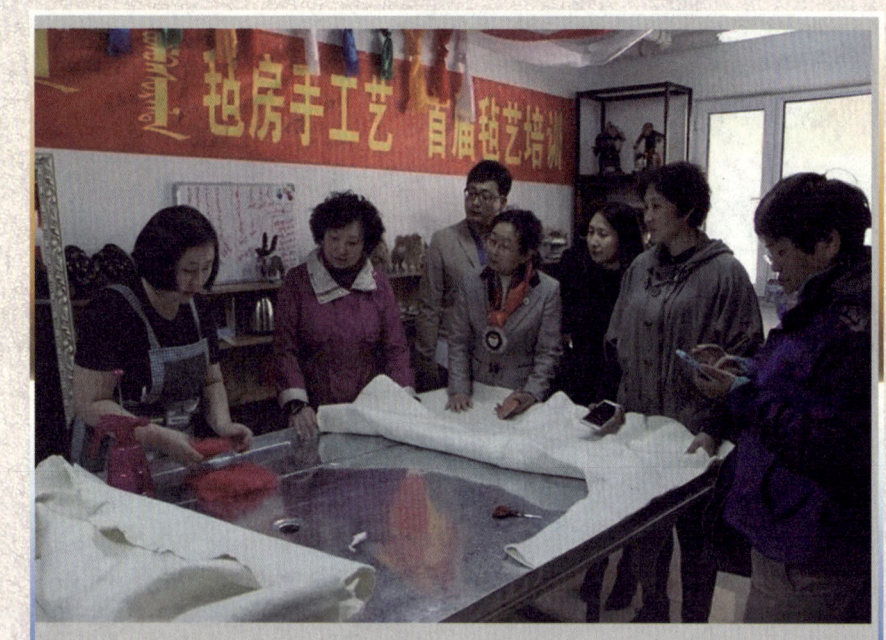

2016年5月，自治区妇联调研员朱莉（右四），陪同中国妇基会项目检测人员到鄂温克旗调

2015年3月，呼伦贝尔市委常委、鄂温克旗旗委书记高润喜在妇联机关调研工作

呼伦贝尔市妇联主席杜瑞霞在鄂温克旗巴彦呼硕嘎查妇女之家调研指导工作

2014年5月，鄂温克旗政协副主席王铁岩调研了解妇联工作情况

领导视察调研

鄂温克族自治旗妇女联合会会志

2016年10月，内蒙古何文公益基金会名誉会长、原呼伦贝尔市人大常委会主任孙震，参加在鄂温克旗举办的捐资助学活动

2013年11月，自治区妇联副主席云翠荣为鄂温克旗自治区级儿童友好家园揭牌

2016年9月，呼伦贝尔市委副书记姜宏参加在鄂温克旗举办的全国妇联——美国LDS慈善协会轮椅捐赠仪式

2015年9月，呼伦贝尔市妇联主席刘玉兰（左四）、市政府办公厅副主任曹东雷（左五），督查妇女儿童工作落实情况

2016年9月，自治区妇联权益部副部长魏云玲（中）指导鄂温克旗社区妇女维权工作

2016年8月，旗委副书记李志东参加中国妇基会母亲创业循环金发放仪式

1989年8月，联合国儿童基金会北京办事处项目官员陈小羽（右三）、市妇联副主席陈玉珍（左二），陪同英国汉温德玩具图书馆协会弗洛拉斯托克斯教授，参观孟根苏木儿童自制玩具图书室

工作活动

2012年3月，旗委书记张凤喜等四大班子领导参加全旗庆"三八节"表彰大会

2016年10月，鄂温克旗召开妇女第九次代表大会

2014年2月，旗委副书记王文起主持召开自治旗党委群团工作会议

《鄂温克族自治旗妇女联合会志》编纂委员会名单

主　　任：李志东

副 主 任：浩特勒

委　　员：阿拉达日图　娜仁托雅　索龙格
　　　　　萨　仁　萨如拉

《鄂温克族自治旗妇女联合会志》编 辑 人 员

主　　编：娜仁托雅

编　　审：杜　彪

副 主 编：萨　仁　萨如拉　诺　敏

编　　辑：牡其热　敖海萍　何梅萍

编　　务：佟　贞　杜　刚

　彩页设计：鄂爱华（特邀）

　校　　改：王邓海（特邀）

序 言

鄂温克族自治旗妇女联合会主席 娜仁托雅

《鄂温克族自治旗妇女联合会志》在全体编纂人员的共同努力下，在全旗各级妇联组织的协助下，出版发行，不仅是全旗妇女工作的一件喜事，同时也是鄂温克族自治旗民族文化史上的一件盛事。值此志书发行之际，谨向参与《鄂温克族自治旗妇女联合会志》编纂出版工作并付出劳动的所有人员表示诚挚的谢意！向为本志提供帮助和支持的各有关单位、各苏木乡镇党委、妇联表示衷心的感谢！

长期以来，鄂温克族自治旗妇女联合会率领全旗广大妇女，在中国共产党的领导下，冲出家庭、走向社会、自强不息、团结奋斗，在新民主主义革命和社会主义革命与建设中，发挥了"半边天"的作用，成为全旗物质文明、精神文明、政治文明和生态文明建设中的主力军。在这一历史进程中，全旗各条战线和各个领域，涌现出了一大批具有时代精神，体现鄂温克妇女风采的巾帼英雄，受到社会各界的好评和各级领导机关的褒奖。

《鄂温克族自治旗妇女联合会志》，全面、系统地反映了鄂温克旗妇女运动历史，记录了旗妇女联合会妇女工作所走过的历程，肯定了前辈们的历史功绩，总结了妇女工作的经验。这部志书资料翔实，内容丰富，激人奋进。志书的出版发行，有助于我们了解鄂温克旗妇女状况和开展妇女工作情况，对于我们以史为鉴，树立马克思主义妇女观，遂行男女平等，推动鄂温克妇女工作的发展与进步，必将起到积极的作用。在志书编纂过程中，全体编纂人员本着对历史负责的精神，克服种种困难，勤奋笔耕，将历史的过去呈现在广大读者面前，为我们总结历史经验，做好今天工作提供了有益借鉴。诚恳地希望广大妇女，特别是各级妇女组织的领导，要珍惜这来之不易的文化成果，认真阅读这本志书，总结我们在过去奋斗历程中的成败得失，不断加强妇女工作管理，为推进全旗物质文明、精神文明、政治文明和生态文明建设，建设富裕、文明、和谐、美丽、幸福的鄂温克而努力奋斗。

二〇一七年十月三日

凡 例

一、《鄂温克族自治旗妇女联合会志》是全面记述鄂温克族自治旗妇女工作历史与现状的资料性著述。

二、本志以马克思列宁主义、毛泽东思想、邓小平理论、"三个代表"重要思想和科学发展观为指导,坚持实事求是、存真求实的原则,坚持辩证唯物主义和历史唯物主义的观点,全面真实、客观地反映旗妇联率领广大妇女在全旗物质文明、精神文明、政治文明和生态文明建设中所取得的成果。志书力求突出民族特点、地区特点、时代特点,做到思想性、科学性和资料性的统一,以达到"存史、资政、教化、窗口"的作用。

三、本志上限追溯事务发端,下限一般断至2016年。为保证志书的完整性和系统性,其记述范围以现行的鄂温克族自治旗区划为准,越界不书。

四、遵循志书编纂的一般体例要求,即采用述、记、志、传、图、表、录等体裁编纂。全书以志为主,图、表随文穿插。全书由概述、大事记、专志、人物荣誉、附录等部分组成。其中,概述,夹叙夹议,以述为主;大事记,以编年体为主,辅之于记事本末体;专志各章,遵循"以类系事,类为一志"的原则,横排门类,纵述史实;人物传,为已故者立传;附录,收录若干重要文献。

五、本志结构采用章、节体,以章、节、目三个层次进行记述,共设12章、28节。序言、凡例不列入章节序列。

六、人物的编写,运用人物传略、人物简历、人物简介、人物名录四种形式表现。立传人物坚持"生不立传"的原则,以卒年为序排列,主要记述在鄂温克族自治旗担任过副处级以上职务的女性领导干部、被授予省(部)级以上劳动模范、先进生产(工作)者和在旗妇联担任过主要领导的已故女性人物。人物简历,以人物任职先后为序,主要记述在鄂温克族自治旗担任副处级以上职务的女性领导干部、旗妇联历任主席、副主席和省级以上人大代表。人物简介,以人物出生时间为序,主要记述鄂温克族自治旗被授予省(部)级以上荣誉称号和党的十七、十八大代表的女性人物。人物名录,以时间先后为序列表反映。

七、本志用字以国家语言文字工作委员会印发的《简化字总表》、国家教育部和文字改革委员会联合发布的《第一批异体字整理表》为准执行。标点符号按照国家语言文字工作委员会和新闻出版总署修订发布的《标点符号用法》执行。数字的使用,按照国家语言文字工作委员会、出版局、标准局、国务院办公厅秘书局、中宣部新闻局、中宣部出版局公布的《关于出版物上数字用法的规定》执行。

八、本志对纪年的记述,一律采用公元纪年,必要时括注,对历史地名、机构名称尽可能地采用原名,有必要的加注今名,使用专用名词、特定称谓时,采用括注方式注明。

九、为简化用语和记述便捷,"鄂温克族自治旗"简称"鄂温克旗"或"自治旗"、该旗,"鄂温克族自治旗妇女联合会"简称"旗妇联"其他称谓尽可能地使用全称,使用简称时,在第一次使用全称后括注简称。

十、大事记"△",表示该条与前面有具体时间条目时间相同。

目　录

概　述 …………………………………………………………… (3)

第一章　机　构 …………………………………………… (21)
第一节　旗妇联 ………………………………………… (21)
第二节　基层妇女组织 ………………………………… (26)

第二章　代表大会 ………………………………………… (49)
第一节　旗妇女代表大会 ……………………………… (49)
第二节　苏木乡镇妇女代表大会 ……………………… (55)

第三章　妇女与妇女运动 ………………………………… (59)
第一节　女性人口与构成 ……………………………… (59)
第二节　妇女参政 ……………………………………… (65)
第三节　妇女运动 ……………………………………… (104)

第四章　三大主体活动 …………………………………… (113)
第一节　"双学双比"竞赛 …………………………… (113)
第二节　"五好文明家庭"竞赛 ……………………… (134)
第三节　"巾帼建功"竞赛 …………………………… (140)

第五章　重要活动与工作 ………………………………… (151)
第一节　扫　盲 ………………………………………… (151)
第二节　"四自"教育 ………………………………… (152)
第三节　"三八"红旗竞赛 …………………………… (155)
第四节　爱心募捐 ……………………………………… (158)
第五节　家庭助廉与协会工作 ………………………… (167)

第六章　妇女儿童工作与维护妇女儿童合法权益 …………… (177)
　第一节　妇女儿童工作 ………………………………………… (177)
　第二节　贯彻《九十年代中国儿童发展规划纲要》
　　　　　《内蒙古儿童事业发展"八五"规划》……………… (188)
　第三节　鄂温克旗妇女儿童发展规划 ………………………… (193)
　第四节　维护妇女儿童合法权益 ……………………………… (212)

第七章　项目工作 ………………………………………………… (239)
　第一节　重要创业项目与创业贷款扶持 ……………………… (239)
　第二节　促进妇女儿童平等发展项目 ………………………… (245)

人物·荣誉 ………………………………………………………… (261)
　第一节　人　　物 ……………………………………………… (261)
　第二节　荣　　誉 ……………………………………………… (331)

大事记 ……………………………………………………………… (367)

附　录 ……………………………………………………………… (443)
　一、鄂温克旗妇代会工作报告 ………………………………… (443)
　　●在鄂温克旗第三次妇女代表大会上的工作报告 ………… (443)
　　●在鄂温克旗第七次妇代会上的工作报告 ………………… (453)
　　●在鄂温克旗第八次妇女代表大会上的工作报告 ………… (464)
　　●在鄂温克旗第九次妇女代表大会上的报告 ……………… (476)
　二、鄂温克旗妇联规章制度 …………………………………… (487)
　三、鄂温克旗儿童发展规划（2011～2020年）……………… (495)
　四、鄂温克旗妇女发展规划（2011～2020年）……………… (515)

编后记 ……………………………………………………………… (539)

◆鄂温克族自治旗妇女联合会志◆

概　　　述

概　述

一

鄂温克族自治旗是内蒙古自治区三个少数民族自治旗之一,地处内蒙古自治区东北部,呼伦贝尔草原东南端,大兴安岭西侧。地理坐标为北纬47°32′50″~49°15′37″,东经118°48′02″~121°09′25″。东与牙克石市接壤,西与新巴尔虎左旗毗邻,北与呼伦贝尔市首府城市海拉尔区和陈巴尔虎旗相连,南与扎兰屯市和兴安盟阿尔山市交界。全境东西宽173.25公里,南北长187.75公里,土地总面积19 111平方公里,旗域呈下垂的枫叶状。

2016年,全旗辖5个苏木、1个民族乡、4个镇,即:辉苏木、伊敏苏木、锡尼河西苏木、锡尼河东苏木、巴彦嵯岗苏木、巴彦塔拉达斡尔民族乡、巴彦托海镇、伊敏河镇、大雁镇、红花尔基镇。巴彦托海镇是旗委、旗政府所在地,是全旗政治、经济、文化中心,北距呼伦贝尔市人民政府所在地海拉尔区9公里。此外,旗内还驻有国家煤电联营企业华能伊敏煤电有限责任公司,神华大雁集团公司,市属林业企业红花尔基林业局和辉河国家级自然保护区、红花尔基樟子松林国家级自然保护区,自治区级经济技术开发区——巴彦托海经济技术开发区。

鄂温克族自治旗是以鄂温克族为区域自治民族,汉族为多数,多民族聚居的县级自治地方。旗内有鄂温克、蒙古、达斡尔、汉、满、回、朝鲜、藏、锡伯、鄂伦春等25个民族,2016年,全旗总人口139 403人。其中汉族80 426人、少数民族58 977人,分别占总人口的57.77%、40.37%;在少数民族人口中,鄂温克族11 578人、蒙古族28 132人、达斡尔族13 900人,分别占8.37%、20.27%、9.9%。

二

鄂温克旗位于大兴安岭隆起和巴彦胡硕坳陷之间,即蒙古弧形构造与新华夏构造的交接复合部位。境内波状高平原、丘陵、山脉及河谷滩地交错起伏,形成南高北低地势,由东南向西北倾斜。平均海拔800~1000米,最高点是东南部山地的伊和高古达山,海拔1 706.6米,最低点为旗人民政府所在地巴彦托海镇北伊敏河谷地,海拔602米。著名的大兴安岭山脉经过自治旗南部,这里森林密布,树木参天,还分布有连绵不断的樟子松林带,是重要的木材基地,它对调节气候、涵养水源、保持水土、维护生态平衡起着重要的作用。境内湖泊、河流星罗棋布,主要集中在东部小区,呈树状水系,属黑龙江上游额尔古纳水域、海拉尔河水系,共有河流260余条,总长度5 400公里。纵贯全旗的伊敏河,发源于伊和高古达山,向北流向呼伦贝尔市人民政府驻地海拉尔区,汇入海拉尔河,全长360公里,是境内最长的河。辉河则是旗境内河,全长362公里,也是伊敏河最大的支流,在巴彦塔拉达斡尔民族乡北汇入伊敏河,干支流总长度约1 280公里,流域总面积1.14万多平方公里。湖泊大多集中在西部的辉河流域,共有大小湖泊1 500余个,其中维纳河矿泉水最负盛名,被誉为矿泉疗养圣地,每当春暖花开的季节,人们就来到这里疗养治病。

鄂温克旗地处中高纬度,属中温带半干旱大陆性气候。冬季西伯利亚冷空气控制时间较长,强度大,形成冬季严寒漫长,夏季温和短暂,降水量集中,春秋两季干旱、多风、降水量少的气候特征。由于大兴安岭的阻挡作用,削弱了海洋性气候的影响,因此降水量均匀。最高气温达38℃左右,最低气温可达-45℃左右,年平均气温-1.1℃。全旗平均日照2 900小时以上,夏季日照时间长,最长达16小时,有效利用率高,有利于牧草和农作物的生长发育和成熟,冬季日照短,最短达8小时。全旗无霜期短,全年平均90~120天,个别地区则少于90天。

正是这种得天独厚的大自然条件和辽阔的地域,造就了十分富饶的自然资源。鄂温克旗有着肥沃的土地和良好的植被,为发展畜牧业和林业创造了优越的条件,这里既有丰美的草牧场、茂密的森林,又有大量的矿藏,以及种类繁多的野生动植物资源。位于大兴安岭北麓的鄂温克草原是较好的天然牧场,雨量适宜,河流密布,草群高大,为发展畜牧业奠定了良好的物质基础。分布广阔的灰色森林土地带,主要是森林草原,适合于发展林业。黑钙土地带由于发展于森林草原和草甸草原景观条件下,土层深厚,潜在肥力高,约占全旗总面积的23%,是宜牧宜林土壤。栗钙土和草甸土是主要的放牧场和割草场。沼泽土带是号称"第二森林"的芦苇生产基地,是造纸和人造纤维的上好原料。这里是未受污染、生态环境保护较好的一片绿色净土,是野生动植物的天然乐园。境内野生植物共有72科284属621种,其中有经济价值较高的植物、食用植物和名贵药材,如防风、黄花、蕨菜、甘草、山丹花等,特别是草原白蘑以味美、营养价值高而驰名中外,还有山丁子、稠李子、山杏、红豆、越橘等野果,是酿酒和制作饮料的天然原料。旗内有野生动物4目14科49种,其中国家保护动物12种,鸟类16目34科140种,其中国家保护鸟类49种,主要有驼鹿、马鹿、黄羊、黑熊、雪兔、狍、野猪、灰鼠、白鹭、杜鹃、百灵、黄鹂、天鹅、丹顶鹤、乌鸡、榛鸡、鸿雁、鸳鸯等。在河流湖泊的水面中有较丰富的鱼类资源,主要有鲤鱼、鲫鱼、哲罗、细鳞、狗鱼、柳根鱼、鲶鱼以及大量的河虾。全旗林地面积110万公顷,木材蓄积量3 000余万立方米。红花尔基樟子松林带连绵200多公里,面积约30万公顷,是全国最大的母树林基地。地下矿藏以煤最为丰富,已探明储量100亿吨以上,不仅有大量的褐煤,而且还有大量的优质煤种。此外,石油、铜、铁、锌、水晶、花岗石、大理石、石灰等也都有相当的储量,具有工业开采价值。

鄂温克旗是个绚丽多姿、极具传奇色彩和诱人魅力神奇的地方,草原、文物、古迹、河流、湖泊、森林、民族景观构成了独特的旅游胜景,别具北国风采。这里是清代鄂温克族名将海兰察的故乡,这里有别具一格的鄂温克民族博物馆,有辉河湿地、红花尔基樟子松林两个国家级自然保护区,可与举世闻名的法国维希矿泉相媲美的维纳矿泉;景色迷人的巴彦胡硕和五泉山旅游区,各具特色,使旅游者身临其境,流连忘返,为之神往。这里夏季气候宜人,是难得的避暑胜地,传统的夏季那达慕大会,使草原更添风采神韵。冬季,这里银装素裹,乘坐爬犁在草原上奔驰,更是别具风情,一年一度的草原冰雪节暨冬季那达慕,把人们带到草原的冰雪世界中。鄂温克民族有丰富多彩的民族文化,是祖国文化艺术宝库中的灿烂明珠;各族人民各具特色的民族文化、民俗、风土、人情,珍贵的历史文化古迹,为鄂温克草原更增添了迷人的色彩。

三

鄂温克旗历史悠久。早在公元前209年,匈奴击败东胡等部族,建立了草原奴隶制政权,本地为左贤王庭辖地。三国时期属鲜卑领地。东晋十六国时期为高车乌洛候属地。南北朝时,室韦乌洛候在此游牧。五代十国时期地属契丹乌古(于厥)。隋唐时期,属室韦部,设室韦都督府。辽金时,属西北路招讨司,在这里设乌古·敌烈部(时合时分)。成吉思汗统一蒙古后,为成吉思汗幼弟斡赤斤封地。元朝建立后,归岭北行省。明初,属海拉尔千户所和只儿蛮卫,隶属奴儿干都指挥使司。此后,这一地区成为蒙古科尔沁诸部游牧之地。

清雍正十年(1732),清廷为"移民实边",从布特哈地区遴选3 000兵丁组成索伦部移驻呼伦贝尔。旗境内有索伦左翼、右翼八旗和额鲁特镶黄旗,隶属呼伦贝尔副都统管辖。1919年,陈巴尔虎部由索伦左翼分出,设立陈巴尔虎旗。1922年,由于受俄国十月革命影响,蒙古族(布里亚特)不断涌入,于锡尼河地区设立布里亚特旗。1932年,日本侵略者侵入呼伦贝尔后,先是将索伦左、右翼各旗合并为索伦左翼旗、右翼旗,后将上述两旗和布里亚特、额鲁特旗合并组建为索伦旗,隶属于兴安北分省(后为兴安北省)。

1945年8月,苏联和蒙古人民共和国先后对日宣战,苏蒙联军攻入呼伦贝尔,打败日本侵略者,从而结束了日本帝国主义对索伦旗各族人民的殖民统治,伪政权随之垮台。9月,重新组建由旧政权人员组成的旗公署,隶属于呼伦贝尔地方自治政府。1948年,在中国共产党的领导下,改造旧政权,成立索伦旗政府,隶属于呼伦贝尔盟。

鄂温克人为争取本民族生存和发展的权利,在过去的岁月中,做出巨大的努力,甚至不惜牺牲自己的生命,然而都没有达到预期的目的。中华人民共和国成立后,在党的民族政策的光辉照耀下,鄂温克族人民建立人民民主政权,获得了当家作主人的权利。

1954年,在内蒙古自治区人口普查会议上,与会的鄂温克人提出统一鄂温克族族称问题。1956年,在内蒙古政协会议上,与会的鄂温克族委员把统一鄂温克民族族称问题当作一项提案提交大会,并得到自治区党委和自治区人民政府的重视。在调查研究的基础上,中共呼伦贝尔盟委和盟人民委员会召集鄂温克族各部落代表举行座谈会征求意见。随后,内蒙古自治区人民委员会于1958年3月5日发出《关于我区"索伦""通古斯""雅库特"统一改称鄂温克族的通知》,称"今后凡口头称呼、文字宣传、公文、布告等一律使用'鄂温克'名称"。

1958年,根据全旗政治、经济、文化发展的实际情况,已经具备了实行民族区域自治的条件,从民族构成上,在全旗总人口10 535人中,鄂温克族2 558人,占24.28%。各族人民在长期交往中,建立了兄弟般的亲密关系。中华人民共和国成立后十年,全旗党的建设有了发展,民族干部队伍成长壮大。全旗已有中共党员501人,干部432人,其中鄂温克族干部100人,他们已经成为建设自治旗的骨干。在经济建设方面,全旗由于民主改革的胜利,消灭了剥削压迫,生产力得到解放。全旗牲畜由1946年的37 612头(只)发展到1958年的140 202头(只),平均每年增长15.4%。1949~1958年,共向国家交售牲畜79 171头(只),牧民人均年收入由1952年的26元提高到129元,增长近4倍。

根据上述条件,按照宪法规定,内蒙古自治区人民委员会于1958年4

月11日向国务院提出关于撤销索伦旗,成立鄂温克族自治旗的报告。5月29日,经国务院第七十七次全体会议决定,批准了这个报告。8月1日,鄂温克族自治旗宣告成立,实现了民族区域自治愿望。这是全旗各族人民政治生活的一次历史性飞跃。从此,鄂温克人民享有了管理地方国家和本民族事务的民主权利和自治权利,揭开了鄂温克旗的历史新篇章。

四

鄂温克族自治旗成立后,全旗各族人民在中国共产党的领导下,遵照党的民族政策,走各民族共同繁荣、共同发展的道路。特别是党十一届三中全会以后,坚持党的基本路线,艰苦奋斗、开拓创新、与时俱进,使昔日贫穷落后、经济萧条的鄂温克草原发生了巨大的变化,开创了民族团结、经济发展、社会进步、文化繁荣的新局面。

在经济建设方面,不断深化改革,扩大开放,加大生态建设和基础设施建设力度,加快产业结构调整步伐,形成以煤炭、电力、森工、重化工为重点的具有地方特色的工业体系和乳肉草业为主的支牧工业体系。国民经济持续稳步健康发展,自治旗综合经济实力逐年增强。截至2016年,全旗地区生产总值完成1 156 879万元,其中第一产业增加值75 699万元、第二产业增加值776 083万元、第三产业增加值305 097万元,人均GDP达82 878元,两者均排在呼伦贝尔市的前列,三次产业比重为6.5:67.1:26.4,财政总收入完成181 014万元,其中地方财政收入完成179 948万元。

农牧业生产发生深刻的变革,畜牧业的基础地位得到进一步巩固,产业化进程明显加快。牧区基本形成草场改良、划区轮牧、人工种草、饲草料种植、节水灌溉星罗棋布、遍地开花的喜人景象,从而减轻了畜牧业对天然草场的依赖性,使天然草场得到休养生息,退化草场重新披上绿装。牲畜总头数保持稳中有升,全旗2016年牧业年度牲畜总头数达1 040 118头只。历史上,鄂温克族自治旗曾有过农耕史。20世纪60年代一度大面积开荒,由于缺乏整体规划,过度集中,造成农牧矛盾,随后停垦还牧,仅有部分国营牧场保留部分耕地,以后又有一定的开垦,但面积都不大。从1988年开始,播种面积逐年增加,进入21世纪后,旗人民政府在认真总结经验教训的基础上,逐年减少播种面积,压缩生产规模,2016年,全旗农作物播种面积23 413公顷,粮食总产量31 699吨。其中包括小麦21 706吨、油菜籽9 538吨、薯类3 263吨,人均粮食产量达227公斤。与此同时,在国家的扶持下,农牧业机械化水平也有较大的发展,2016年,全旗拥有农牧业机械总动力201 516千瓦,拥有大中型拖拉机6 174台、农用运输车132台,牧草收割机8 605台,农牧业机械总值25 107万元,农牧业机械净值21 782万元。

在工业生产方面,现代工业从无到有。自治旗成立时,只有4家手工业合作社,现在已经形成了煤炭、电力、森工、化工、建材等门类比较齐全的工业体系,产品远销国内外,工业经济效益明显提高。2016年,规模以上工业企业累计实现工业总产值79.89亿元,工业增加值完成69.24亿元,原煤产量累计完成3 033.16万吨,发电量累计完成181.58亿千瓦小时,乳制品产量达7 633.26吨。

城镇基础设施建设不断增强。积极实施道路、给水、排水、居民住宅、桥梁及牧区基础设施建设等重点工程,旗所在地巴彦托海镇以多处住宅小区和风格各异的宾馆、博物馆以及机关办公楼为骨架,以中央路、索伦大街、纵横交错的水泥路、砂石路为网络,以多处绿荫地点缀为辅的边陲新城已初具规模,居民生活质量不断提高。交通邮电事业不断发展,初步形成以铁路和公路为骨干的四通八达的综合交通网络,运输线路不断增加,草原自然路发展为等级路;邮电通讯设施遍布城乡,全旗各苏木乡镇全部开通程控电话,邮电业务迅速增长,移动电话走进千家万户,沟通了自治旗与外界的联系,对开发自治旗丰富的自然资源,促进经济社会的协调全面发展起了积极地促进作用。

城乡建设日新月异,全面提升了小城镇水平。总投资1 732万元,建设总长1 750米、宽29米的巴彦托海镇索伦大街于2002年7月竣工通车,使巴彦托海镇实现了绿、亮、净、美，形成以公共绿地和庭院绿化为重点，各类绿地景点相连接，园林与人造景观融为一体的绿色长廊。

随着经济的快速发展，自治旗的各项社会事业也有较快发展和变化。2016年，全旗有普通中学11所、职业中学1所、小学10所，中小学在校生8 344人，其中小学4 769人、普通初中2 137人、普通高中1 196人、职业高中242人，有教职工1 825人。旗委、旗人民政府始终坚持把发展教育作为振兴民族的根本手段，摆在优先发展的战略地位，使自治旗的民族教育得到较快发展。适龄儿童入学率达100%，教育"两基"（基本普及九年义务教育和基本扫除青壮年文盲）顺利通过验收，"33211"（即三课：体育与健康课、音乐课、美术课；三操：早操、课间操、眼保健操；二活动：体育锻炼活动、科技文体活动；一会：每年举办一届以田径为主的运动会；一节：每年举办一届艺术节）工程项目被评为自治区先进旗。同时，稳妥进行企业剥离学校工作，共接收驻旗企业学校17所。积极推进科技兴旗战略，科技对经济发展所起到的作用日益加大。推广普及畜牧业适用技术，科技研究取得明显效果，有多项科研成果通过上级有关部门的验收。实施牧区"光明工程"，为千余户牧民解决了生产、生活用电问题。文化事业蓬勃发展。坚持文艺为人民服务、为社会主义服务的方向，全旗城乡三级文化网络基本形成。各文化单位充分发挥各自的优势，灵活多样的开展各种形式的群众文化活动，形成社区文化、企业文化、节日文化、校园文化、广场文化、老年文化、旅游文化等社会群众文化的全面发展，向外界展示了鄂温克多元文化的魅力。2016年，全旗有专业文艺表演团体1个、文化馆（站）10个、图书馆1个、各类博物馆（陈列馆）7个；拥有广播电台1座、电视台1座，广播电视台采用汉、蒙古、鄂温克三种语言播出，日播出量在18小时以上，广播电视覆盖率均在90%以上；有线电视与内蒙古数字电视联网，旗境内的三大企业也开通了有线电视网络，看上了数字电视。实施"村村通"广播电视工程，全旗44个嘎查全部实现"村村通"。体育事业迅猛发展。全面实施《全民健身纲要》，开展具有地方和民族特色的民族传统体育活动，以"那达慕"、"瑟宾节"、"敖包会"、"艺术节"等活动为载体,开展丰富多彩的体育活动,鄂温克旗籍运动员在国内国际赛场上摘金夺银。挖掘整理民族体育项目,其中"抢枢"被列为自治区民族传统体育运动会竞技项目和全国民族传统体育运动会表演项目,获第六届全国民族传统体育运动会表演项目二等奖。卫生事业得到长足发展,建立和完善城乡卫生保健服务网络,实施新型牧区合作医疗和城镇居民基本医疗保险制度,积极采取措施开展疾病预防控制工作,切实保障各族人民身心健康,取得了抗击"非典"(非典型肺炎)的全面胜利。2016年,全旗拥有卫生机构118个,病床761张,从业人员1 332人,其中卫生技术人员1 047人,全旗平均每133人拥有1名卫生技术人员。由于采取了综合性防治措施,基本消除和控制一些严重威胁各族人民群众健康的传染病、地方病。人口控制工作以稳定低生育水平、提高人口素质为主线,积极开展工作。2016年,全旗出生1 085人,出生率7.97‰,死亡810人,死亡率5.95‰,自然增长率为1.8‰,计划生育率97.48%。

人民生活水平明显提高。2016年,全旗城镇居民人均可支配收入达26 964元,城镇居民恩格尔系数为30.8%,牧民人均收入达18 969元,牧民恩格尔系数为30.29%。金融机构各项存款余额659 043万元,城乡居民储蓄存款达460 664万元,人均储蓄存款达33 001元。保险事业在支持地方经济社会发展的同时,得到全面发展。2016年,全旗保险总收入5 667万元,其中财险收入2 980万元,寿险收入2 887万元;全年保险赔付1 262万元,其中财险赔付1 018万元,寿险赔付244万元。"千村扶贫开发工程"和人口较少民族整体脱贫工作取得成效,社会保障体系进一步完善。城镇登记失业率控制在4.2%以内。

自治旗先后被授予全国文化先进县、体育先进县、民族体育模范先进单位、残疾人工作先进县、民族团结进步模范单位、旅游强县等荣誉称号。

五

鄂温克旗女性人口总量稳步发展。全旗的女性人口如同经济社会发展一样,经历了不寻常的发展过程。1949年,全旗总人口6 269人,其中女性人口3 009人,占总人口的48%。1953年,全国第一次人口普查,全旗人口6 399人,其中女性人口3 049人,占总人口的48.1%;1964年,全国第二次人口普查,全旗总人口18 861人,其中女性人口8 848人,占总人口的46.9%;1982年,全国第三次人口普查,全旗总人口91 309人,其中女性人口42 922人,占总人口的47%;1990年,全国第四次人口普查,全旗总人口128 733人,其中女性人口62 017人,占总人口的48.2%;2000年,全国第五次人口普查,全旗总人口146 808人,其中女性人口71 427人,占总人口的48.7%;2016年,全旗总人口139 403人,其中女性人口68 173人,占总人口48.9%。

在漫长的历史进程中,广大妇女为鄂温克旗的革命和建设付出了辛勤的劳动,作出了突出的贡献。早在20世纪20年代(当时称索伦旗),达斡尔族姑娘海瑞、桂瑞、桂贤、仁贤、孟贤,为寻求真理,寻求科学文化知识,反对封建包办婚姻,结伴奔赴苏联,先在国际共产主义劳动大学学习,回国后到蒙古加入革命斗争,其中海瑞返回国内参加地下工作,为革命收集、传送情报,不幸被日本侵略者逮捕,受尽了折磨,惨死在日军屠刀下。

1946年初,本旗第一个妇女组织—"新呼群呼日拉"(新生力量会)成立。它以"努力学习深造、为劳苦大众服务"为宗旨,动员广大妇女参加革命和支援前线,学习科学文化知识,兴办教育等。其创办的刊物《团结》有着广泛的社会影响。受其进步思想的影响,广大妇女纷纷走出家门,接受科学文化教育和马克思主义基本理论的教育,参加革命工作,向封建思想宣战,在牧区开展新法接生,普及卫生知识,宣传贯彻"三不两利"政策,推进牧区民主改革等。同年3月8日,在"呼日拉"的组织下,召开索伦旗有史以来第一次妇女集会—"妇女解放纪念会",宣传苏联、蒙古妇女摆脱奴役获得自由与解放,参加社会活动和建设祖国的事例,号召各族各界妇女组织起来,努力学习,建设家乡。在这一号召下,不少青年妇女陆续到呼伦贝尔高等学院和东北军政学院等各类院校学习,参加革命工作,有一部分人经过党的培养,在学校加入了中国共产党,成为无产阶级先锋战士。她们毕业后回到家乡,继续从事革命工作,壮大党的组织,1949年,索伦旗党组织中有中共党员14人,其中女党员3人。

中华人民共和国成立后,在社会主义制度下,广大妇女积极投身社会主义革命和建设,在促进经济发展,推动社会进步的同时,开始实现男女平等、寻求彻底解放的新里程。

1949年11月,中共索伦旗支部委员会设立妇女委员,分管妇女工作,从此,在中国共产党的领导下,全旗各族妇女围绕党和政府的中心工作,有计划、有组织地参加牧区民主改革、镇压反革命、抗美援朝、宣传婚姻法、扫除文盲、人民政权建设等社会工作,为全旗经济发展、社会进步、文化繁荣作出了贡献。

1954年,索伦旗召开第一次妇女代表大会,宣布成立旗民主妇女联合会,苏木、嘎查也初步建立起各级妇女组织。随着各级妇联组织的建立及工作的开展,动员一大批妇女参加文化学习和生产建设,全旗妇女参加牧业生产和副业生产的有2 300余人,占妇女总人口的2/3以上,在她们当中涌现出许多各级各类劳动模范和生产能手。从1951年开始,在全旗牧区历经16个春秋开展"驱梅"工作,呼盟性病防治站派出40余人的"驱梅"工作队,深入到全旗5个苏木、39个嘎查开展性病普查和防治工作,共普查4 965人,占全旗人口的72%,患病率28.6%,而患者大部分是妇女,严重地影响着少数民族的身心健康,经过"驱梅"工作队的辛勤努力,基本消灭了性病,性病防治地区人口出现明显增长,草原上出现了人畜两旺的繁荣景象。1958年,为解决敖仁宝力格牧场缺水问题,巴彦托海苏木50多名妇女经过18天的艰苦劳动,完成可供4万牲畜饮水的小型水库。旗委、旗人委(政府)将这座水库命名为"三八水库",并将水库模型送往北京农业展览馆妇女展览厅展出。为水库做出突出贡献的桑瑞和淑义分别出席全国妇女社会主义建设积极分子代表大会和全国农业先进分子代表大会。

1958年8月1日,随着鄂温克族自治旗的成立,索伦旗民主妇女联合会改称鄂温克族自治旗妇女联合会(以下简称旗妇联)。

自治旗成立后,旗妇联带领各族妇女,以主人翁的姿态,积极投入到社会主义建设中,在各条战线上开展各种形式的劳动竞赛,在牧业生产和工业、林业、副业以及机关、科学、教育、文化、卫生、体育等各个方面发挥"半边天"的作用,做出了重要贡献。尤其是在畜牧业生产劳动中,她们既要安排好家庭生活,教育子女和赡养老人,又要参加劳动,成为一支不可或缺的产业大军。就是她们,造就了鄂温克旗昔日的辉煌,涌现出斯琵勒、淑义、桑瑞、哈斯挂、斯如杰、阿尤勒图贵等一批各条战线的劳动模范、生产能手,她们是妇女楷模、时代先锋。

1966年5月,"文化大革命"开始后,打乱了经济社会发展的进程,使鄂温克旗各方面的工作受到严重冲击,特别是"挖肃"运动开始后,更给全旗各族人民造成巨大的创伤。部分妇女领导干部遭到残酷迫害,妇联组织瘫痪,工作停顿,妇女先进人物受到打击陷害,有的甚至被迫害致死。各族妇女坚信党的领导,坚信社会主义道路,她们在逆境中克服重重困难,坚守生产、工作岗位,以各种方式对错误路线进行抵制和斗争,力争将"文化大革命"带来的损失降到最低。

1973年1月,中共鄂温克旗第四次代表大会召开,选举产生第四届旗委,各级党委和旗委机构陆续恢复,全旗各级妇联组织也开始恢复工作。1978年,党十一届三中全会后,全党工作重点转移到经济建设上来,广大各族妇女以积极的态度热情投身到社会主义现代化建设和改革开放的伟大实践中,妇女的进步与发展取得了巨大的成就,妇女地位发生了根本性的变化。

——妇女在国家和社会事务管理中的影响力日益增强。全旗妇女进入决策层人数上升,参与国家和社会事务管理日益广泛。

1980年,鄂温克旗第四届人民代表大会代表中,女性代表28人,占代表总数的17.1%,选举产生旗人大常委会委员12人,其中女性委员2人;1984年,旗第五届人民代表大会代表中,女性代表35人,占代表总数的

20%,选举旗人大常委会委员13人,其中女性委员5人;1987年,旗第六届人民代表大会代表中,女性代表31人,占代表总数的21.68%,选举旗人大常委会委员9人,其中女性委员1人;1991年,旗第七届人民代表大会代表中,女性代表30人,占代表总数的19.61%,选举旗人大常委会委员11人,其中女性委员1人;1994年,旗第八届人民代表大会代表中,女性代表28人,占代表总数的17.18%,选举旗人大常委会委员12人,其中女性委员1人;1999年,旗第九届人民代表大会代表中,女性代表34人,占代表总数的21.52%,选举旗人大常委会委员9人,其中女性委员2人;2004年,旗第十届人民代表大会代表中,女性代表38人,占代表总数的24.2%,选举旗人大常委会委员12人,其中女性委员4人;2007年,旗第十一届人民代表大会代表中,女性代表42人,占代表总数的26.75%,选举旗人大常委会委员21人,其中女性委员6人。2012年,旗第十二届人民代表大会代表中,女性代表45人,占代表总数的28.85%,选举旗人大常委会委员23人,其中女性委员7人。在第三至第十一届全国人民代表大会8名代表中,有女性代表3人,占37.5%;在第二至第十一届自治区人民代表大会41名代表中,有女性代表9人,占21.95%;在第一至第二届呼伦贝尔市人民代表大会38名代表中,女性代表12人,占31.58%。在政协鄂温克旗委员会中,女性委员比例逐年上升。1957年,政协索伦旗第一届委员会中,女性委员3人,占委员总数的7.32%;1958年,政协鄂温克旗第二届委员会中,女性委员6人,占委员总数的11.11%;1962年,政协鄂温克旗第三届委员会中,女性委员10人,占委员总数的12.99%;1980年,政协鄂温克旗第四届委员会中,女性委员11人,占委员总数的13.5%;在随后选举产生的旗政协常委中有1名女性常委;1984年,政协鄂温克旗第五届委员会中,女性委员18人,占委员总数的18.95%,3名女性委员当选为旗政协常委;1987年,政协鄂温克旗第六届委员会中,女性委员21人,占委员总数的22.58%,1名女性委员当选为旗政协常委;1991年,政协鄂温克旗第七届委员会中,女性委员19人,占委员总数的17.27%,2名女性委员当选为旗政协常委;

1994年,政协鄂温克旗第八届委员会中,女性委员14人,占委员总数的12.2%,有1名女性委员当选为旗政协常委;1999年,政协鄂温克旗第九届委员会中,女性委员22人,占委员总数的22.68%,有2名女性委员当选为旗政协常委;2004年,政协鄂温克旗第十届委员会中,女性委员26人,占委员总数的27.08%,4名女性委员当选为政协常委;2007年,政协鄂温克旗第十一届委员会中,女性委员30人,占委员总数的28.57%,有5名女性委员当选为旗政协常委。2012年,政协鄂温克旗第十二届委员会中,女性委员35人,占委员总数的32.71%,有6名女性委员当选为旗政协常委。在自治区和呼伦贝尔市政协委员中也有多名本旗女性委员。在全旗各苏木乡镇党政领导和直属机关领导干部都有女领导干部,在旗委、人大、政府、政协四大班子中均有女领导人,旗委副书记娜日斯成为鄂温克旗委第一任女副书记,阿尤勒图贵、哈森其其格、韩桦、涂志娟、娜日斯、车淑芳、马会宁先后任旗委常委,哈森其其格于1999年当选旗人大常委会主任,是旗人大常委会的首任女主任,哈森其其格、涂志娟、车淑芳、田华先后任旗人大常委会副主任;额尔登挂、哈森其其格、阿娜、孙庆杰、敏杰、樊秀敏、娜日斯、马会宁先后任旗人民政府副旗长,其中额尔登挂曾是第一个担任旗级领导的妇女干部;额尔登挂、思勤、阿尔腾、孙桂琴、哈森其其格、敏杰、田华、索优乐玛先后任旗政协副主席。

——妇女进步与发展的社会环境不断优化。马克思主义妇女观、男女平等以及妇女发展成就的广泛宣传,以《宪法》为基础,以《妇女儿童权益保障法》为主体,以《婚姻法》、《选举法》、《劳动法》、《继承法》、《母婴保健法》等法律法规为轴的一整套保障妇女权益、促进男女平等的法律体系的基本形成,为维护妇女合法权益和男女平等创造了良好的社会舆论环境和条件,先后制定了《鄂温克旗妇女儿童发展"九五"规划》、《鄂温克旗家庭教育"九五"规划》和《鄂温克旗妇女儿童发展规划(2001-2010年)》,妇女发展事业被纳入到全旗经济社会发展的总体规划之中。1994年,作为旗人民政府的协调议事机构,鄂温克旗妇女儿童工作委员会成立,并在苏木乡镇建立相应的工作网络,有效地加强对全旗妇女儿童工作的领导、规划和实施。在各有关部门的积极参与和社会各方面的大力支持下,妇女发展的社会环境不断优化,保障了妇女在经济、政治、社会、文化和家庭生活等方面与男子的平等权利。

——妇联组织机构健全,形成网络化。继苏木乡镇妇联、嘎查居委会妇代会后,直属机关各单位也相继成立妇女组织,人员少的单位有妇女小组,各大系统有妇女委员会,配备了具有一定素质、有知识、有能力的领导干部,形成自上而下、系统的妇女工作网络。各级妇女组织在抓自身建设的同时,抓妇女文化素质的提高和各种培训,根据不同经济类型区,因地制宜确定培训内容,与有关部门配合,加强横向纵向联系,开展形式多样的、网络化的普及培训。

——儿童少年工作协调发展。1981年,旗委、旗人民政府成立旗儿童少年工作协调委员会。委员会成立后,围绕提高全民整体素质,从儿童抓起,加强领导,依靠全社会的力量,齐抓共管,形成全党、全社会各行各业积极支持儿童少年工作,为儿童少年办好事、办实事的局面。如:各方面筹资用于儿童少年活动,个体办幼儿园,努力使儿童在"德、智、体、美、劳"各方面都得到发展。此后开展的以"家长学校"为载体的家庭教育网络,"优生、优育、优教"活动,引起社会各界广泛重视和参与,推动了儿童少年工作。1990年,旗人民政府为孟根楚鲁苏木新建195平方米的少儿活动中心,将法制教育、家庭教育、普及卫生保健常识和主体活动融为一体。旗民族少年宫常年开设美术、舞蹈、音乐、书法等专业课程,丰富了少年儿童的业余文化生活。

——利用"三八"红旗竞赛和三大主体活动载体,促进全旗各项妇女工作的开展。各级妇联组织围绕全旗经济社会发展为中心,深入开展"双学双比"、"巾帼建功"、"五好文明家庭"三大主体活动,举办实用技术培训班。一批妇女通过学习培训,掌握了新技术、新技能,成为推广畜牧业新品种、新技术的带头人,促进了产业结构的调整。通过开展各种技术竞赛、技术攻关、岗位示范、巾帼服务等活动,建立起多个"巾帼示范岗"、"巾帼示范窗口",并开展以"窗口"行业规范服务达标为主要内容的职业道德建设,树立行业新风。随着产业结构的调整,针对一批工人陆续下岗的新情况,旗妇联开展对下岗女职工的培训和再就业工作,女职工们在各级妇联的帮助下,参加种植、养殖、副业和家庭手工业劳动。在创建"五好文明家庭"活动中,各级妇联组织通过召开经验交流会等多种形式,动员全旗妇女积极参与此项活动,各家庭成员在工作岗位争当好职工,在社会上争当好市民,在家庭争当好成员,在学校争当好学生,使活动深入到社会各个方面,推动了各项工作的发展,涌现出一大批夫妻相敬相爱、婆媳胜似母女、尊老爱幼、教女有方、邻里团结的和睦家庭。在活动中,召开各级优秀妇女表彰大会和先进事迹报告会,促进三大主体活动的深入开展。

总之,在中国共产党的领导下,鄂温克旗广大妇女在社会主义革命和建设、新世纪的改革开放伟大实践中,在鄂温克这块土地上,充分发挥自己的聪明才智,与男子并驾齐驱,撑起半边天。她们正以日益提高的文化心理素质,自强不息、积极进取的奋斗精神和面向世界、求知求新求美的开放意识,以及对生活、事业的多层次追求,活跃在经济、政治、社会、文化生活各个领域。

中共鄂温克旗第十三次代表大会描绘出今后五年经济社会发展的宏伟蓝图,指明了前进方向。在旗委的领导下,旗妇联在今后的工作中将带领广大妇女,坚持改革开放,积极进取,与时俱进,为建设富裕、文明、和谐、美丽、幸福的鄂温克族自治旗而做出自己的努力与贡献!

腾飞吧,鄂温克妇女!

第一章 机构

◇ 第一节 旗妇联

◇ 第二节 基层妇女组织

第一章 机 构

第一节 旗妇联

一、机构沿革

1949年11月,索伦旗民主妇女联合会成立,索日玛德苏荣(达斡尔族)任首任主任。

1958年8月,随着鄂温克族自治旗的成立,索伦旗民主妇联改称鄂温克族自治旗妇女联合会(以下简称为旗妇联)。

1966年5月,"文化大革命"开始后,旗妇联被迫停止工作和活动。1973年1月,中共鄂温克旗第四次代表大会召开后,全旗各级党政组织陆续恢复。同年5月,旗妇联机构恢复并开展工作。

截至2016年,旗妇联机构没有变化。内设办公室、组宣部、儿少部、权益部、发展部和旗妇女儿童工作委员会办公室,各部、办设主任、部长1人。编制7个,其中行政编制5个、机关事业编制1个、工勤人员1个;领导职数设主席1人;副主席2人;此外还有其他人员4人。

二、旗妇联历任领导人名录

(一)旗妇联主席(主任)

索日玛德苏荣 （达斡尔族,1949.11～1955.05）

阿　拉　坦 （蒙古族,1956～1958.12）

额　尔　登　挂 （达斡尔族,副旗长兼,1962.10～1966.05）

玛　　扎 （达斡尔族,1973.08～1979.01）

哈森其其格　（鄂温克族,1979.01~1980.12,1983.11~1984.09）

嘎拉森道力玛　（蒙古族,1985~1990.08）

斯　日　古　楞　（鄂温克族,1990.08~1994.05）

萨　其　仁　贵　（鄂温克族,1995.02~1999.07）

斯　仁　吉　木　（蒙古族,1999.07~2002.10）

涂　淑　芝　（鄂温克族,2002.10~2004.02）

索　龙　格　（鄂温克族,2006.11~2013.01）

娜　仁　托　雅　（蒙古族,2013.01~2016.12）

（二）旗妇联副主席（副主任）

涂　秀　琴　（鄂温克族,1958~1960）

呼　　群　（达斡尔族,1959.07~1960.12）

阿　尔　腾（鄂温克族,1960~1962）

阿　　荣　（达斡尔族,1961~1966）

嘎拉森道力玛　（蒙古族,1963~1985）

哈森其其格　（鄂温克族,1973~1976）

董　静　影　（1973~1976）

张　述　学　（1974~1975）

沃　彩　金　（达斡尔族,1977.03~1979）

娜仁其其格　（鄂温克族,1982~1994.05）

斯　仁　吉　木　（蒙古族,1985~1990.08）

敏　　杰　（鄂温克族,1994.05~2001.10）

诺　　敏　（鄂温克族,1994.05~2013.01）

索　龙　格　（鄂温克族,2003~2006.11）

红　　梅　（鄂温克族,2004.02~2009.12）

萨　　仁　（鄂温克族,2010.10~2016.12）

萨　如　拉　（蒙古族,2014.12~2016.12）

三、旗妇联党组织机构

（一）党组

2012年5月，经旗委决定，旗妇联党组成立，首任党组书记为索龙格。2013年1月，索龙格调出，娜仁托雅任党组书记。

（二）党支部

1983年前，旗妇联一直在旗委机关党支部过组织生活。1983年，旗妇联从旗委机关党支部中分出，与工会、共青团旗委组成群团机关党支部。

1990年，经旗直属机关党委批复，设立旗妇联党支部，斯日古楞（旗妇联主任）任书记，斯仁吉木（旗妇联副主任）任组织委员，诺敏（旗妇联组宣部部长）任宣传委员。

1995年，旗妇联党支部改选，经旗直属机关党工委批复，萨其仁贵（旗妇联主席）任书记，诺敏（旗妇联副主席）任组织委员，敖海萍（旗妇联组宣部部长）任宣传委员。

1999年，旗妇联党支部改选，经旗直属机关党工委批复，斯仁吉木（旗妇联主席）任书记，诺敏（旗妇联副主席）任组织委员，敖海萍（旗妇联组宣部部长）任宣传委员。

2002年，旗妇联党支部改选，经旗直属机关党工委批复，涂淑芝（旗妇联主席）任书记，诺敏（旗妇联副主席）任组织委员，敖海萍（旗妇联组宣部部长）任宣传委员。

2004年，旗妇联党支部改选，经旗直属机关党工委批复，索龙格（旗妇联副主席）任书记，诺敏（旗妇联副主席）任组织委员，敖海萍（旗妇联组宣部部长）任宣传委员。

2013年，旗妇联党支部改选，经旗直属机关党工委批复，娜仁托雅（旗妇联主席）任书记。

四、旗妇联内设机构与职责、负责人

1990年，旗妇联内设办公室、组织部、儿少部、权益部，定编10个。

2016年,旗妇联内设办公室、组宣部、儿少部、权益部、发展部和妇女儿童工作委员会办公室。

（一）办公室

负责妇联机关的综合协调,与上级妇联和基层妇联的联系。负责文件的起草、印刷、印发及文电处理,机要保密及档案管理。负责妇联机关的资产财务管理,各类会议的筹备、安全保卫、车辆管理。负责干部培训及对机关公务员的年度考核与职工医疗保险和退休干部管理、服务等项工作。

办公室主任:牡其热（鄂温克族,1990～2016.03）

佟　贞（蒙古族,2016.03～2016.12）

（二）组宣部

负责基层妇联组织建设,协助党委组织部门做好培养选拔女干部、发展女党员工作。负责协调苏木乡镇党委及旗直机关单位,配备好妇女组织领导班子。负责向妇女干部和广大妇女进行党的路线、方针、政策和发扬"四自"（自尊、自爱、自信、自强）,"四有"（有理想、有道德、有文化、有纪律）精神的教育。负责妇女先进典型的评选、宣传和表彰工作,推动"五好文明家庭"与家庭文化建设活动。负责妇联系统干部政治业务的学习培训。

组宣部部长:诺　敏（兼,鄂温克族,1990～1995）

敖海萍（达斡尔族,1995～2014.12）

何梅萍（达斡尔族,2016.03～2016.12）

（三）儿少部

做好有关儿童少年服务、权益等方面的日常工作和协调工作。抓好科学育儿和家庭教育的宣传普及工作。密切配合旗妇女儿童工作委员会作好有关儿童权益方面的调查研究,推动全社会为儿童办好事,办实事。大力宣传先进人物和事迹,为形成爱护儿童、关心儿童的良好风气做出积极贡献。

儿少部部长:敏　杰（兼,鄂温克族,1990～2001.10）

索龙格（兼,鄂温克族,2003～2006）

佟　贞(蒙古族,2006~2014.12)

(四)权益部

参与协调推动全社会维护妇女儿童切身利益,动员组织妇女参与改革和建设事业。抓好对妇女合法权益的调查研究,代表妇女对其合法权益与有关方面进行组织协调。建立妇女人才档案,配合相关部门,为培养妇女人才疏通渠道;配合相关部门,抓好妇女权益方面的法律宣传教育工作。接待来信来访,为妇女提供法律帮助,发挥法律部门的维权作用。

权益部部长:包秀琴(蒙古族,1990~2002)

牧其热(兼,鄂温克族,2002~2016.12)

(五)发展部

围绕旗委中心工作,切实抓好城镇牧区妇女"巾帼建功"、"双学双比"(学文化、学技术、比成绩、比贡献)竞赛活动。组织好两项竞赛活动("巾帼建功"、"双学双比")先进集体、先进个人评选表彰和"巾帼文明岗"申报及命名工作。积极推进牧区妇女劳动力转移和"巾帼社区服务工程"工作。

发展部部长:敖海萍(兼,达斡尔族,1995~2014.12)

何梅萍(达斡尔族,2014.12~2016.03)

娜仁高娃(蒙古族,2016.03~2016.12)

(六)妇女儿童工作委员会办公室

1994年4月,根据上级文件精神,旗儿童妇女工作委员会与旗妇女儿童保护委员会合并,成立旗妇女儿童工作委员会(简称旗妇儿工委),委员会下设办公室,办公室设在旗妇联。

办公室主任:敏　杰(鄂温克族,兼,1991~2001.10)

索龙格(鄂温克族,兼,2003~2006)

何梅萍(达斡尔族,专职,2006~2016.12)

五、社会团体

2006年10月,为适应改革开放的形势,旗妇联研究新形势下妇女发展的新情况、新问题,在旗民政部门注册登记,成立鄂温克旗妇女可持续发展促进会。

促进会的宗旨是:教育引导广大妇女自尊、自信、自立、自强,努力提高妇女的整体素质,鼓励资助妇女经济生产,监督和参与妇女儿童法律法规的执行,切实维护妇女儿童的合法权益。

促进会成立后,设立项目办公室,有工作人员5人;全旗有19名项目管理工作人员。

第二节　基层妇女组织

一、基层妇联

(一)机构沿革

1958年8月,鄂温克族自治旗成立,同时,在辉、伊敏、锡尼河东、锡尼河西、南屯、巴彦嵯岗6个人民公社中,设有6个公社妇联。

1961年,在锡尼河东公社分出孟根楚鲁公社,南屯公社分出巴彦塔拉公社,两个公社成立妇联。

1974年,设立大雁镇,镇妇联随之成立。

1980年,撤销巴彦托海公社,改建巴彦托海镇,公社妇联改称镇妇联。

1984年10月,撤销巴彦塔拉公社,成立巴彦塔拉达斡尔民族乡,公社妇联改称乡妇联。同月,撤销各人民公社,恢复苏木建制,公社妇联改称苏木妇联。

1986年12月,红花尔基镇成立,设立镇妇联。

1988年4月,伊敏河镇成立,设立镇妇联。

1988年5月,北辉苏木成立,设立苏木妇联。

1989年1月,经旗委批准,设立旗直属机关妇联。

1990年6月,大雁镇改称大雁矿区,镇妇联改称矿区妇联。

1995年2月,在全旗党政机关机构改革中,撤销旗直属机关妇联,其职能划入旗妇联。

2001年4月,撤销北辉、孟根楚鲁苏木,原行政区域划归辉、锡尼河东苏木,北辉、孟根楚鲁两苏木妇联亦撤销。

2006年6月,撤销锡尼河东、锡尼河西苏木,组建锡尼河镇,两个苏木妇联亦撤销,锡尼河镇妇联成立;撤销大雁矿区和巴彦嵯岗苏木,组建巴雁镇,矿区妇联和苏木妇联亦撤销,巴雁镇妇联成立;撤销红花尔基镇,原行政区域划归伊敏苏木,镇妇联撤销。

2010年10月,恢复红花尔基镇建制,镇妇联恢复。

2011年4月,根据《内蒙古自治区人民政府关于呼伦贝尔市分设部分苏木乡镇的批复》,撤销巴雁镇,恢复大雁镇和巴彦嵯岗苏木,撤销锡尼河镇,恢复锡尼河西、锡尼河东两个苏木,巴雁镇和锡尼河镇妇联撤销,巴彦嵯岗苏木、锡尼河东苏木、锡尼河西苏木妇联和大雁镇妇联亦恢复。至此,全旗有10个基层妇联组织,即:巴彦托海镇妇联、大雁镇妇联、伊敏河镇妇联、红花尔基镇妇联、锡尼河东苏木妇联、锡尼河西苏木妇联、辉苏木妇联、伊敏苏木妇联、巴彦嵯岗苏木妇联、巴彦塔拉达斡尔民族乡妇联。

2016年,大雁镇永安社区、巴彦托海镇巴彦托海嘎查妇代会改建妇联,全旗基层妇联组织增加为12个。

(二)领导人名录

1.旗直属机关妇联

主　　　任:敖 海 萍(达斡尔族,1989.01~1995.02)

2.巴彦托海镇妇联

主席(主任):萨仁索德(达斡尔族,1978~1983.08)

　　　　　　孟 金 凤(达斡尔族,1983.08~1991)

　　　　　　苏 秀 英(达斡尔族,1991~1995)

　　　　　　敖 日 娜(达斡尔族,1995~2001)

　　　　　　玉　　梅(达斡尔族,2001~2004)

　　　　　　王 瑞 华(蒙古族,2004~2013.02)

张 志 红(达斡尔族,2013.02~2016.06)

吴 春 萍(2016.06~2016.12)

3. 大雁镇(矿区)妇联

主席(主任):鄂 玉 荣(达斡尔族,1980~1984)

敖 海 萍(达斡尔族,1984~1989)

邱 岳 玉(1989~2001)

王 艳 华(2001~2004)

王 洪 波(2004~2006.06)

德 洪 英(达斡尔族,2011.04~2016.12)

4. 巴雁镇妇联

主席(主任):德 洪 英(达斡尔族,2006.06~2011.04)

5. 伊敏河镇妇联

主席(主任):刘 素 兰(1988~1994)

陈 丽 华(蒙古族,1994~1997)

王 鑫 云(回 族,1997~2001)

苏 晓 英(达斡尔族,2001~2002)

海 鹰(蒙古族,2002~2009)

王 鑫 云(回 族,2009~2016.12)

6. 红花尔基镇妇联

主席(主任):卜 金 叶(鄂温克族,1985~1990.06)

包 淑 兰(蒙古族,1991.07~1995.04)

乌云高娃(鄂温克族,1995.04~2001.07)

金 慧 丽(蒙古族,2001.07~2003.03)

索 日 娅(蒙古族,2003.03~2004.03)

韩 芝 凤(2004.03~2006.06,2010.10~2012.05)

金 慧 丽(蒙古族,2012.05~2016.12)

7. 锡尼河镇妇联

主席（主任）：南吉勒玛（蒙古族,2006.06~2011.04）

8. 辉苏木妇联

主席（主任）：斯琴格日乐（鄂温克族,1964~1973）

哈森其其格（鄂温克族,1973~1976）

斯琴格日乐（鄂温克族,1976~1980）

娜仁其其格（鄂温克族,1980~1982）

白　荣　挂（鄂温克族,1982~1985）

乌　兰　托　雅（鄂温克族,1985~1989）

乌　云　满　达（鄂温克族,1989~1999.07）

索尼其其格（鄂温克族,1999.07~2001）

刘　晓　丽（鄂温克族,2001~2003）

萨　　娜（鄂温克族,2003~2016.12）

9. 北辉（阿尔善诺尔）苏木妇联

主席（主任）：斯　普　乐　玛（鄂温克族,1984~1988.09）

娜仁格日勒（鄂温克族,1988.09~1998）

娜仁其木格（鄂温克族,1998~2001.04）

10. 伊敏苏木妇联

主席（主任）：端　德　格　玛（鄂温克族,1953~1954）

萨仁格日乐（达斡尔族,1954~1960）

乌　云　高　娃（蒙古族,1960~1962）

水　　花（鄂温克族,1962~1976）

乌云格日乐（蒙古族,1976~1985）

玉　　花（鄂温克族,1985~1994）

娜　仁　花（蒙古族,1994~2003）

金　　花（鄂温克族,2003~2008）

满　金　花（鄂温克族,2008~2010.11）

娜　　玛（蒙古族,2010.11~2013.12）

道　日　娜(蒙古族,2013.12~2015.01)

敖　亮　亮(达斡尔族,2015.01~2016.11)

11.巴彦嵯岗苏木妇联

主席(主任):秀　　　瑞(鄂温克族,1950~1953)

敖　云　挂(达斡尔族,1953~1956)

萨仁格日乐(达斡尔族,1956~1957)

水　　　花(鄂温克族,1957~1959)

吉　木　斯(达斡尔族,1959~1963)

斯 日 古 楞(鄂温克族,1963~1971)

孝　　　永(达斡尔族,1971~1978)

索　伦　挂(鄂温克族,1978~1998)

敖　　　登(达斡尔族,2000.05~2006.06,

　　　　　　2011.04~2013.06)

娜　米　拉(鄂温克族,2013.06~2016.12)

12.锡尼河西苏木妇联

主席(主任):嘎拉森道力玛(蒙古族,1953~1963)

斯　木　吉　德(蒙古族,1963~1980)

斯 仁 道 力 玛(蒙古族,1980~1992)

汉 达 其 其 格(蒙古族,1992~2002)

南 吉 乐 玛(蒙古族,2002~2006.06)

达　西　玛(蒙古族,2011.04~2016.12)

13.锡尼河东苏木妇联

主席(主任):道　力　玛(蒙古族,1963~1973)

道 力 玛 扎 布(蒙古族,1973~1980)

布　日　玛(鄂温克族,1980~1998)

巴 雅 乐 玛(蒙古族,1998~2001)

乌 云 高 娃(蒙古族,2001~2006.06)

索诺尔其其格(鄂温克族,2011.04~2014.12)

扎　拉　玛(蒙古族,2014.12~2016.12)

14. 孟根楚鲁苏木妇联

主席(主任):达·道力格玛(蒙古族,1962~1975)

道　力　玛(蒙古族,1975~1980)

哈　　　木(蒙古族,1980~1992)

都　　　玛(蒙古族,1992~1998)

苏　诺　尔(不详)

苏诺尔其其格(不详)

15. 巴彦塔拉达斡尔民族乡妇联

主席(主任):锁　　　住(达斡尔族,1961~1963)

萨 仁 格 日 勒(达斡尔族,1963~1983)

斯 日 古 楞(鄂温克族,1983~1986)

乌 兰 其 其 格(达斡尔族,1986~1993)

乌　　　云(达斡尔族,1993~1997)

敖　秀　叶(达斡尔族,1997~2000)

娜　　　仁(达斡尔族,2000~2002)

金　俊　英(达斡尔族,2002~2011.07)

德　永　红(达斡尔族,2011.07~2015.12)

苏　亚　智(达斡尔族,2015.12~2016.12)

16. 大雁镇永安社区妇联

主　　席:刘　丽　萍(蒙古族,2016.10~2016.12)

17. 巴彦托海镇巴彦托海镇嘎查妇联

主　　席:丽　　　杰(达斡尔族,2016.11~2016.12)

二、妇代会组织

(一)牧区嘎查妇代会

2010年,在全旗7个苏木乡镇中,有44个嘎查,全部建立了妇代会组织,其中:巴彦托海镇4个,巴雁镇3个,伊敏河镇1个,锡尼河镇12个,辉苏木11个,伊敏苏木7个,巴彦塔拉达斡尔民族乡6个。

2011年4月,根据《内蒙古自治区人民政府关于呼伦贝尔市分设部分苏木乡镇的批复》,全旗由7个苏木乡镇重新划分为10个苏木乡镇,共有44个嘎查,全部建立了妇代会组织,其中:巴彦托海镇4个,伊敏河镇1个,巴彦嵯岗苏木3个,锡尼河西苏木4个,锡尼河东苏木8个,辉苏木11个,伊敏苏木7个,巴彦塔拉达斡尔民族乡6个。

1. 巴彦托海镇

(1)巴彦托海嘎查妇代会

主　　任:乔　玉　芳(1995~1997)

　　　　　金　留　花(达斡尔族,1997~2003)

　　　　　安　淑　梅(达斡尔族,2003~2012.12)

　　　　　丽　　　杰(达斡尔族,2012.12~2016.11)

(2)团结嘎查妇代会

主　　任:王　金　华(1958~1964)

　　　　　敖　绍　连(达斡尔族,1964~1984)

　　　　　何　玉　芬(达斡尔族,1984~1990)

　　　　　吴　桂　香(达斡尔族,1990~1998)

　　　　　多　石　梅(达斡尔族,1998~2003)

　　　　　吴　桂　香(达斡尔族, 2003~2006)

　　　　　杨　玲　荣(达斡尔族,2006~2013.12)

　　　　　吴　艳　红(达斡尔族,2013.12~2016.12)

(3)马蹄坑嘎查妇代会

主　　任:刘　　　梅(达斡尔族,1995~2006)

　　　　　李　海　青(达斡尔族,2006~2009)

　　　　　多　　　敬(达斡尔族,2006~2016.12)

(4)雅尔斯嘎查妇代会

主　　　任:金　　淑　　美(达斡尔族,1983～1987)

　　　　　苏　　荣　　珍(达斡尔族,1987～1998)

　　　　　金　　淑　　玲(达斡尔族,1998～2016.12)

2.巴彦嵯岗苏木

(1)莫和尔图嘎查妇代会

主　　　任:仁　　　　孝(达斡尔族,1950～1952)

　　　　　凤　　　　锐(达斡尔族,西队,1952～1964)

　　　　　斯　　如　　杰(达斡尔族,马场二队,1959～1962)

　　　　　斯　　如　　杰(达斡尔族,东队,1962～1966)

　　　　　武　　秀　　莲(蒙古族,东队,1972～1977)

　　　　　塔　　　　娜(达斡尔族,1964～1994)

　　　　　阿　拉　坦　花(鄂温克族,1994～2005)

　　　　　乌　兰　苏　优　乐(达斡尔族,2005～2009)

　　　　　单　　　　丽(达斡尔族,2009～2015.09)

　　　　　斯　仁　其　木　格(蒙古族,2015.09～2016.12)

(2)扎格德木丹嘎查妇代会

主　　　任:贡　　　　瑞(鄂温克族,1950～1961)

　　　　　梅　　　　永(达斡尔族,1961～1966)

　　　　　敖　　德　　高(鄂温克族,1966～1972.06)

　　　　　高　　喜　　玛(鄂温克族,1972.06～1979)

　　　　　哈　　　　斯(鄂温克族,1984～2002)

　　　　　其　　其　　格(鄂温克族,2002～2015.09)

　　　　　萨　仁　高　娃(鄂温克族,2015.09～2016.12)

(3)阿拉坦敖希特嘎查妇代会

主　　　任:汉　　娜　　海(鄂温克族,1954～1959)

　　　　　莲　　格　　勒(鄂温克族,1959～1972)

　　　　　额　日　登　挂(鄂温克族,1972～1979)

敖　　登　　挂(鄂温克族,1979~1985)

格　　日　　勒(鄂温克族,1985~1989)

阿拉坦其木格(鄂温克族,1989~1996)

哈　斯　托　雅(鄂温克族,1996~2008)

乌　　　　　玛(鄂温克族,2008~2015.09)

乌 兰 格 日 乐(鄂温克族,2015.09~2016.12)

3.伊敏河镇

永丰嘎查妇代会

主　　　任:邢　桂　　荣(2000~2008.06)

　　　　　张　艳　　茹(2008.06~2015.09)

　　　　　李　建　　华(2015.09~2016.12)

4.锡尼河东苏木

(1)孟根楚鲁嘎查妇代会

主　　　任:斯　普　　勒(鄂温克族,1971~1974)

　　　　　陶　　　　伦(蒙古族,1974~1992)

　　　　　斯　木　吉　德(蒙古族,1992~2002)

　　　　　哈　　　　木(鄂温克族,2002~2008)

　　　　　巴　拉　　玛(鄂温克族,2008~2016.12)

(2)孟根托亚嘎查妇代会

主　　　任:斯　普　　勒(鄂温克族,1971~1986)

　　　　　其　其　格　玛(蒙古族,1986~1999)

　　　　　其　其　　格(蒙古族,1999~2008)

　　　　　乌云其其格(蒙古族,2008~2016.12)

(3)巴彦乌拉嘎查妇代会

主　　　任:斯仁道力玛(蒙古族,1960~1968)

　　　　　高·南斯勒玛(鄂温克族,1968~1978)

　　　　　鄂　道　力　玛(鄂温克族,1978~1996)

高·南吉勒玛(鄂温克族,1996~2000)

道·南吉勒玛(蒙 古 族,2000~2008)

乌　　　林(蒙 古 族,2008~2016.12)

(4)维特很嘎查妇代会

主　　任:萨　楚　玛(蒙 古 族,1961~1995)

　　　　　斯　布　吉　德(蒙 古 族,1995~1998)

　　　　　达　西　哈　木(蒙 古 族,1998~2008)

　　　　　斯仁巴拉吉德(蒙 古 族,2008~2016.12)

(5)布日都嘎查妇代会

主　　任:仁　琴　汗　达(蒙 古 族,1961~1963)

　　　　　达　力　玛(蒙 古 族,1963~1971)

　　　　　道　力　德　尔(蒙 古 族,1971~1976)

　　　　　南　斯　勒　玛(蒙 古 族,1976~1991)

　　　　　杨　吉　玛(蒙 古 族,1991~2005)

　　　　　南　吉　德　玛(蒙 古 族,2005~2008)

　　　　　诺　　　敏(蒙 古 族,2008~2016.12)

(6)哈日嘎那嘎查妇代会

主　　任:南　斯　勒　玛(蒙 古 族,1967~1985)

　　　　　索　布　德(蒙 古 族,1985~1997)

　　　　　那　　　顺(蒙 古 族,1997~2008)

　　　　　通　古　乐　格(蒙 古 族,2008~2016.12)

(7)罕乌拉嘎查妇代会

主　　任:登布日勒尼玛(蒙 古 族,1973~1997)

　　　　　其　其　格　玛(蒙 古 族,1997~2016.12)

(8)哈日托海嘎查妇代会

主　　任:伊　　　荣(达斡尔族,任职时间不详)

　　　　　李　　　娟(达斡尔族,任职时间不详)

其　木　格(鄂温克族,1997~2009)

萨仁格日乐(达斡尔族,2009~2015.09)

何　丹　凤(达斡尔族,2015.09~2016.12)

5.锡尼河西苏木

(1)巴彦胡硕嘎查妇代会

主　　任:巴拉吉尼玛(蒙古族,1958~1974)

　　　　　道　力　格　尔(蒙古族,1974~1976)

　　　　　斯　布　吉　德　玛(蒙古族,1976~1981)

　　　　　哈　木　诺　尔　金(蒙古族,1981~1988)

　　　　　丁　西　格　玛(蒙古族,1988~1994)

　　　　　布　其　德(蒙古族,1994~2002)

　　　　　斯　仁　巴　雅　尔(蒙古族,2002~2016.12)

(2)特莫胡珠嘎查妇代会

主　　任:巴　拉　吉　德(蒙古族,1960~1966)

　　　　　阿·斯日吉莫德格(蒙古族,1966~1972)

　　　　　斯　仁　道　力　玛(蒙古族,1972~1976)

　　　　　巴　其　其　格(蒙古族,1976~1982)

　　　　　术　索　布　德(蒙古族,1982~1995)

　　　　　道　巴　拉　玛(蒙古族,1995~2001)

　　　　　诺乌日金道力玛(达斡尔族,2001~2013.05)

　　　　　斯　仁　道　力　玛(蒙古族,2013.05~2015.09)

　　　　　苏　伦　高　娃(蒙古族,2015.09~2016.12)

(3)西博嘎查妇代会

主　　任:斯　普　勒　玛(蒙古族,1976~1984)

　　　　　德　吉　德　玛(蒙古族,1984~2000)

　　　　　斯　仁　道　力　玛(蒙古族,2000~2007)

　　　　　苏　布　德(蒙古族,2007~2013.05)

通　　拉　　嘎(蒙古族,2013.05~2015.09)

陶　　　　丽(蒙古族,2015.09~2016.12)

(4)好力宝嘎查妇代会

主　　任:沙 代 日 哈 木(蒙古族,1970~1978)

汗　　　　达(蒙古族,1978~1980)

莫　　德　　格(蒙古族,1980~1983)

乌　　　　云(蒙古族,1983~1987)

扎　　拉　　玛(蒙古族,1987~1995)

南 吉 拉 玛(蒙古族,1995~2000)

萨 仁 其 其 格(蒙古族,2000~2013.05)

道　　日　　娜(蒙古族,2013.05~2015.09)

萨 仁 其 其 格(蒙古族,2015.09~2016.12)

6.辉 苏 木

(1)希贵图嘎查妇代会

主　　任:满　　　　达(鄂温克族,~1982)

索 嫩 花 日(鄂温克族,1982~1993)

阿 拉 腾 高 娃(鄂温克族,1993~1999)

娜　　布　　其(鄂温克族,2003~2011)

乌 兰 其 其 格(鄂温克族,2011~2013)

陶　　格　　苏(鄂温克族,2013.05~2016.12)

(2)嘎鲁图嘎查妇代会

主　　任:张　兰　苏(鄂温克族,~1973)

阿 拉 坦 其 其 格(鄂温克族,1973~1978)

萨　　如　　玛(鄂温克族,1978~1984)

娜 仁 其 木 格(鄂温克族,1984~1987)

哈 森 其 木 格(鄂温克族,1987~2006)

阿 拉 腾 高 娃(鄂温克族,2006~2013)

讷　　　　仁(鄂温克族,2013~2016.12)

(3)伊拉塔嘎查妇代会

主　　任:特 格 喜 日 玛(鄂温克族,1967~1972)

　　　　　赛　吉　　乐(鄂温克族,1972~1992)

　　　　　萨　仁　高　娃(鄂温克族,1992~2003)

　　　　　吉　木　　斯(鄂温克族,2003~2010.05)

　　　　　娜　仁　　挂(鄂温克族,2010.05~2016.12)

(4)查干诺尔嘎查妇代会

主　　任:图　　　　雅(蒙古族,1988~1991)

　　　　　南　吉　乐　玛(蒙古族,1991~2002)

　　　　　其　其　格　玛(鄂温克族,2002~2013)

　　　　　巴　拉　吉　德(蒙古族,2013~2016.12)

(5)阿尔善诺尔嘎查妇代会

主　　任:娜 仁 其 木 格(蒙古族,1991~2000)

　　　　　扎　　拉　　嘎(鄂温克族,2000~2006)

　　　　　代　　　　　小(鄂温克族,2006~2013)

　　　　　金　　　　　祥(蒙古族,2013~2016.12)

(6)乌兰图格嘎查妇代会

主　　任:斯　布　吉　花　日(鄂温克族,1955~1975)

　　　　　额　尔　登　掛(鄂温克族,1975~1990)

　　　　　敖　登　格　日　勒(鄂温克族,1990~1998)

　　　　　苏　荣　格　日　勒(鄂温克族,1998~2003)

　　　　　敖　登　图　雅(鄂温克族,2003~2013.11)

　　　　　木　其　　日(鄂温克族,2013.11~2016.12)

(7)完工托海嘎查妇代会

主　　任:乌　云　格　日　勒(鄂温克族,1970~1973)

　　　　　斯琴德力格尔(鄂温克族,1973~1983)

那顺德力格尔(鄂温克族,1999~2003)

乌 云 高 娃(鄂温克族,2003~2006)

娜　　　　日(鄂温克族,2006~2009)

萨　如　　拉(鄂温克族,2009~2013.08)

苏　布　　德(鄂温克族,2013.08~2016.12)

(8)乌兰宝力格嘎查妇代会

主　　任:爱　　　　达(鄂温克族,1950~1954)

乌 云 格 日 勒(鄂温克族,1954~1959)

宝　力　　道(鄂温克族,1959~1969)

赛 音 花 日(鄂温克族,1969~1980)

桂　　　　花(鄂温克族,1980~1989)

道 嘎 日 玛(鄂温克族,1989~1995)

苏 荣 高 娃(鄂温克族,1995~2000)

敖 登 其 其 格(鄂温克族,2000~2007)

乌 兰 图 雅(鄂温克族,2007~2013.08)

巴 图 其 其 格(鄂温克族,2013.08~2014.12)

(9)哈克木嘎查妇代会

主　　任:色　　　　吉(鄂温克族,1950~1965)

百　伊　　热(鄂温克族,1965~1994)

其　木　　格(鄂温克族,1994~2003)

萨　日　　娜(鄂温克族,2003~20060

乌　云　　娜(鄂温克族,2006~2014.05)

乌 仁 托 娅(鄂温克族,2014.05~2014.12)

(10)辉道嘎查妇代会

主　　任:额尔德尼其其格(鄂温克族,1973~1985)

乌 苏 荣 挂(鄂温克族,1990~2000)

萨　　　　娜(鄂温克族,2000~2003)

乌　兰　托　亚(鄂温克族,2003~2009)

乌尼日其其格(鄂温克族,2009~2010)

阿　　如　　拉(鄂温克族,2010~2013)

阿　　力　　玛(鄂温克族,2013~2016.12)

(11)巴彦乌拉嘎查妇代会

主　　任:汗　德　　玛(鄂温克族,1959~)

宝音德力格尔(鄂温克族,1977~1995)

娜 仁 其 其 格(鄂温克族,1995~2000)

斯　　勒　　玛(鄂温克族,2000~2010)

南　斯　乐　玛(蒙古族,2010~2013)

红　　　　　梅(蒙古族,2013~2016.12)

7.伊敏苏木

(1)吉登嘎查妇代会

主　　任:斯　琴　花　尔(鄂温克族,1981~1990)

其木德其其格(鄂温克族,1990~1996)

金　　　　　花(鄂温克族,1996~1998)

陶格腾其其格(鄂温克族,1998~2000)

萨 仁 其 其 格(鄂温克族,2000~2003)

金　　　　　花(鄂温克族,2003~2013.03)

娜　明　高　娃(鄂温克族,2013.03~2015.09)

伊　　　　　如(鄂温克族,2015.09~2016.12)

(2)红花尔基嘎查妇代会

主　　任:其　其　日　玛(鄂温克族,1953~1967)

水　　林　　花(鄂温克族,1971~1976)

好　日　其　花　尔(鄂温克族,1976~1987)

赛 罕 其 其 格(鄂温克族,1987~1990)

通　　拉　　嘎(鄂温克族,1990~2000)

宝音其其格(鄂温克族,2000~2004)

乌仁高娃(鄂温克族,2004~2007)

乌兰塔娜(鄂温克族,2007~2013.03)

牧其热(鄂温克族,2013.03~2016.12)

(3)毕鲁图嘎查妇代会

主　　任:苏木花尔(鄂温克族,1953~1966)

　　　　　布屯代(鄂温克族,1973~1980)

　　　　　乌云格日勒(鄂温克族,1980~1987)

　　　　　宝音其其格(鄂温克族,1987~1990)

　　　　　其木格(鄂温克族,1990~1994)

　　　　　道日娜(鄂温克族,2000~2006)

　　　　　萨仁高娃(蒙古族,2006~2015.09)

　　　　　莲娜(蒙古族,2015.09~2016.12)

(4)巴彦塔拉嘎查妇代会

主　　任:布图拉(蒙古族,1953~1961)

　　　　　伊新好日勒(蒙古族,1961~1964)

　　　　　布图拉(蒙古族,1964~1966)

　　　　　登斯玛(蒙古族,1971~1983)

　　　　　布日玛(蒙古族,1983~1988)

　　　　　宁格(蒙古族,1988~1994)

　　　　　乌仁(蒙古族,1994~2001)

　　　　　孟根托亚(鄂温克族,2001~2013.03)

　　　　　苏优勒其木格(蒙古族,2013.03~2016.12)

(5)阿贵图嘎查妇代会

主　　任:白依玛(蒙古族,1962~1966,1971~1976)

　　　　　汗达玛(蒙古族,1976~1979)

　　　　　兰杰(蒙古族,1984~1990)

额尔登其木格(蒙古族,1990~1996)

道　日　娜(蒙古族,1996~2000)

安　志　兰(达斡尔族,2000~2003)

双　　　杰(蒙古族,2003~2006)

乌　吉　莫(蒙古族,2006~2009)

海　依　拉(鄂温克族,2009~2015.09)

艳　　　君(达斡尔族,2015.09~2016.12)

(6)伊敏嘎查妇代会

主　任:达　力　玛(蒙古族,1958~1967)

道　力　玛(蒙古族,1967~1969)

宫　　　杰(蒙古族,1969~1979)

娜仁格日乐(蒙古族,1979~1986)

苏　荣　掛(鄂温克族,1986~2000)

哈森其木格(蒙古族,2000~2003)

图　　　雅(蒙古族,2003~2013.03)

牡　其　热(蒙古族,2013.03~2015.09)

铁　　　梅(鄂温克族,2015.09~2016.12)

(7)苇子坑嘎查妇代会

主　任:乌　日　金(鄂温克族,1953~1961)

哈　拉　金(鄂温克族,1973~1980)

道力玛苏荣(鄂温克族,1980~1986)

斯　日　金(鄂温克族,1986~1987)

敖登其其格(鄂温克族,1987~1989)

娜仁格日乐(鄂温克族,1989~1994)

乌仁其木格(鄂温克族,1994~1997)

娜　仁　花(蒙古族,1997~2000)

斯琴格日乐(鄂温克族,2000~2003)

色　格　米　德(蒙古族,2003~2006)

　　卡　　　娜(鄂温克族,2006~2010)

　　敖　尤　玛(鄂温克族,2010~2016.12)

8.巴彦塔拉达斡尔民族乡

(1)伊兰嘎查妇代会

主　任:穆　淑　兰(蒙古族,1979~2002)

　　敖仁其其格(达斡尔族,2002~2006)

　　索　宁　哈　斯(达斡尔族,2006~2016.12)

(2)布拉尔嘎查妇代会

主　任:李　艳　梅(达斡尔族,1988~2000)

　　春　　　梅(达斡尔族,2009~2013.03)

　　旭　　　玲(达斡尔族,2013.03~2015.09)

　　郭　金　娜(达斡尔族,2015.09~2016.12)

(3)纳文嘎查妇代会

主　任:单　凤　珍(达斡尔族,1991~2000)

　　凤　　　荣(达斡尔族,2003~2006)

　　亚　　　琴(达斡尔族,2006~2016.12)

(4)朝格嘎查妇代会

主　任:吴　来　芝(达斡尔族,1970~1975)

　　萨　仁　掛(达斡尔族,1975~1980)

　　塔　　　娜(达斡尔族,1980~1995)

　　沃　荣　华(达斡尔族,1995~2003)

　　索　优　乐　玛(鄂温克族,2003~2006)

　　金　丽　秀(达斡尔族,2006~2014.03)

　　吴　龙　梅(达斡尔族,2014.03~2015.09)

　　鄂　丽　芳(达斡尔族,2015.09~2016.12)

(5)诺尔嘎查妇代会

主　　　任:赞　　　洁(蒙古族,1964～1968)

　　　　　萨仁其其格(蒙古族,1968～1976)

　　　　　道　米　德(蒙古族,1982～1994)

　　　　　苏　荷　艳(达斡尔族,1994～2000)

　　　　　塔　　　娜(达斡尔族,2000～2003)

　　　　　鲍　秀　英(蒙古族,2003～2016.12)

(6)温都尔嘎查妇代会

主　　　任:道　米　德(鄂温克族,1982～1996)

　　　　　塔　　　娜(达斡尔族,1996～2000)

　　　　　何　铁　英(达斡尔族,2000～2003)

　　　　　单　春　艳(达斡尔族,2006～2012.08)

　　　　　托　　　雅(达斡尔族,2012.08～2015.09)

　　　　　吴　丽　娟(达斡尔族,2015.09～2016.12)

(二)城镇社区妇代会

2000年,旗人民政府对全旗社区规模进行调整,将72个居民委员会调整为42个社区。

2004年9月,又对社区规模进行了第二次调整,将42个社区合并为14个。同时建立了社区妇代会组织,在居民委员会中建立了妇女小组。此前,在72个居民委员会中均建立了妇女小组。

2009年,在巴彦托海镇成立了艾里社区,使全旗社区总数达到15个。

2015年,锡尼河东苏木成立孟根社区、辉苏木成立胡日干阿木吉社区、巴彦塔拉达斡尔民族乡成立巴彦塔拉社区,全旗社区总数达到18个。

1.巴彦托海镇

有安门、赛克、艾里3个社区妇代会

2.巴雁镇

有金雁、雁北、雁南、前卫、胜利、永安、向辉、向华、向前9个社区妇代会

3.伊敏河镇

有新源、滨河2个社区妇代会

4. 红花尔基镇

有安园1个社区妇代会

5. 锡尼河东苏木

有孟根1个社区妇代会

6. 辉苏木

有胡日干阿木吉1个社区妇代会

7. 巴彦塔拉达斡尔民族乡

有巴彦塔拉1个社区妇代会

三、直属机关妇女组织

1990年,在旗直属机关行政、企事业单位建立妇女小组、妇女委员会108个。

1997年,旗公安局调整妇女领导小组成员,成立妇女小组1个。

1998年,在旗直属机关行政、企事业单位设立妇女委员会1个,妇女小组1个。1999年,在旗直属机关行政、企事业单位设立妇女委员会2个,妇女小组1个。

2000年,旗信用联社成立妇女小组。

2002年,旗直属机关妇女组织由原来的部门设立改为系统设立。

2002年,旗直属机关行政、企事业单位设立妇女委员会10个,妇女小组15个。

2003年,设立妇女委员会8个,妇女小组21个。

2004年,设立妇女委员会1个,妇女小组4个。

2005年,设立妇女委员会17个,妇女小组43个。

2006年,因人事变动,改选妇女委员会2个、妇女小组5个。

2007年,改选妇女委员会1个、妇女小组2个。

2008年,改选妇女委员会1个、妇女小组3个。

2009年,改选妇女小组3个,成立妇女小组1个。

2010年,改选妇女小组1个。成立妇女小组1个。

2011年,成立妇女小组1个。

2012年,因人事变动,妇女小组改选2个。

2013年,因人事变动,妇女委员会改选6个,妇女小组改选18个,成立妇女小组3个。

2014年,因人事变动,妇女委员会改选1个,妇女小组改选2个。

2015年,成立妇女小组2个。

2016年,旗直属机关行政、企事业单位共有妇女委员会11个,妇女小组51个。

◆鄂温克族自治旗妇女联合会志◆

第二章

代表大会

◇ 第一节　旗妇女代表大会

◇ 第二节　苏木乡镇妇女代表大会

第二章 代表大会

第一节 旗妇女代表大会

旗妇联的最高权力机关是旗妇女代表大会(以下简称旗妇代大会),1954~2016年,召开旗妇代大会9次,选举产生旗妇联执行委员会(以下简称执委会),由执委会选举主席1人、副主席若干人、常务委员若干人,组成常务委员会。

历次旗妇代大会的代表,由全旗各界妇女选举产生。

一、索伦旗第一次妇女代表大会

1954年10月30日,索伦旗第一次妇女代表大会在巴彦托海召开,索伦旗民主妇女联合会宣告成立。出席会议代表63人,大会选举索伦旗妇联执委5人,索日玛德苏荣(达斡尔族)当选为旗妇联主任,阿拉坦(蒙古族)当选为副主任。大会通过4项决议:1.建立牧区妇女合作组织;2.充分发挥妇女半边天作用,实行男女同工同酬;3.发出提高生产、节约能源、爱护草原的倡议;4.提出妇幼保健4项建议。

二、鄂温克旗第一次妇女代表大会

1959年11月,鄂温克旗第一次妇女代表大会在巴彦托海召开,出席大会代表97人。

大会听取和审议通过旗妇联工作报告。经过充分酝酿大会选举产生旗妇联第一届执委会,在第一届执委会第一次会议上,选举产生旗妇联领导人,涂秀琴(鄂温克族)、呼群(达斡尔族)当选为旗妇联副主任。

三、鄂温克旗第二次妇女代表大会

1962年6月6~8日,鄂温克旗第二次妇女代表大会在巴彦托海召开,出席大会代表73人。

旗委副书记宝音达来作形势报告,旗妇联副主任阿荣作妇联工作报告,经审议,大会通过了这个报告。大会经过充分酝酿,选举阿尔腾、朱敬媛、哈斯挂、呼群、包玉仙、诺尔吉玛、思勤、七月、沙胡日玛、阿荣、嘎拉森道力玛、秀瑞、道力格尔、萨仁格日勒、水花、代桂荣、巴拉吉德等17人为旗妇联第二届执委。在第二届执委会第一次会议上,选举阿荣(达斡尔族)为旗妇联副主任。

四、鄂温克旗第三次妇女代表大会

1965年6月26~28日,鄂温克旗第三次妇女代表大会在巴彦托海召开。

旗委副书记拉喜扎木萨向大会致辞并作政治报告。旗人民委员会副旗长兼旗妇联主任额尔登挂作旗妇联工作报告,经审议,大会通过了这个报告。大会经过充分酝酿,选举额尔登挂、嘎拉森道力玛、阿尔腾、思勤、呼群、哈森吉木、汗登格日勒、七月、满都拉、水花、道力玛、秀瑞、淑义、阿荣、沙胡日玛、徐桂芬、斯登、斯日古楞、苏荣芝等19人为旗妇联第三届执委。在第三届执委会第一次会议上,额尔登挂当选为旗妇联主任,阿荣(达斡尔族)、嘎拉森道力玛(蒙古族)当选为副主任。

五、鄂温克旗第四次妇女代表大会

1966年,"文化大革命"开始后,旗妇联工作停顿,第四次妇女代表大会具体情况不详。

六、鄂温克旗第五次妇女代表大会

1973年8月6~9日,鄂温克旗第五次妇女代表大会在巴彦托海召开,大会代表117人,实际出席94人。其中,牧民代表2人、劳动妇女代表55人,占代表总数的59.8%;各条战线代表28人,占代表总数的30.4%;妇联专职干部9人,占代表总数的9.8%。代表中,中共党员33人,占代表总数的35.9%;共青团员24人,占代表总数的26.1%。另有来自4个先进集体的代表和先进人物7人。代表中,鄂温克族26人,蒙古族24人,汉族14人,达斡尔族27人,鄂伦春族1人。

旗委副书记、旗革委会副主任额尔登巴图致辞并作政治报告。大会听取旗妇联工作报告,经审议,大会通过了这个报告。大会经过充分酝酿,选举满都拉、斯木吉德、高喜玛、乌云格日勒、萨其玛、龙格勒、张香计、哈森、乌云其木格、哈斯掛、董静影、白石、阿尔腾、玛扎、嘎拉森道力玛、敖嫩、肖云、萨仁索德、斯日古楞、哈森其其格、水花、端德格玛等22人为旗妇联第五届执委。在第五届执委会第一次会议上,选举玛扎、嘎拉森道力玛、哈森其其格、董静影、阿尔腾、敖嫩、肖云等7人为旗妇联第五届执委会常委,玛扎(达斡尔族)当选为旗妇联主任,嘎拉森道力玛(蒙古族)、哈森其其格(鄂温克族)、董静影当选为副主任。

七、鄂温克旗第六次妇女代表大会

1979年1月17~19日,鄂温克旗第六次妇女代表大会在巴彦托海召开。大会代表153人,实际出席130人。其中,劳动妇女79人,占代表总数的51.6%;文化、教育、卫生战线代表20人,占13.1%;财贸战线代表4人,占2.6%;各级妇女干部15人,占9.8%;女知青6人,占3.9%;女民兵4人,占2.6%;军烈属2人,占1.3%。代表中,中共党员53人,占34.6%;共青团员28人,占18.3%。代表中,老、中、青年代表分别占5.2%、60.1%和34.7%,年龄最大的60岁,最小的16岁。

大会听取旗妇联副主任嘎拉森道力玛所作的旗妇联工作报告,经审议,大会通过了这个报告。大会经过充分的酝酿,选举祁亚芳、色花尔、汗达、道力玛、道力玛扎布、萨仁、娜仁其其格、阿尔腾、何国芬、嘎拉森道力玛、哈森其其格、哈木、哈斯掛、涂秀琴、乌云其木格、乌云格日勒、敖嫩、索伦掛、乌云其木格、萨仁索德、斯日古楞、斯木吉德、斯仁道力玛、斯普勒、斯普乐玛、鄂玉荣、玛扎、额尔敦哈斯、端德格玛等29人为旗妇联第六届执委。在第六届执委第一次会议上,选举产生了旗妇联第六届执委会常委会,经常委会提名,哈森其其格(鄂温克族)当选为旗妇联主任,玛扎(达斡尔族)、嘎拉森道力玛(蒙古族)当选为副主任。

八、鄂温克旗第七次妇女代表大会

1987年7月28~29日,鄂温克旗第七次妇女代表大会在巴彦托海镇召开。出席大会代表142人,其中,妇女工作者16人,占代表总数的11.3%;牧民、街道、个体户代表80人,占56.3%;文化、教育、卫生、财贸系统代表占31.3%;党政、政法、军烈属、侨眷台属、代表均占有一定比例。代表中,大专以上文化程度的12人,占8.5%;高中、中专文化程度的46人,占32.4%;初中以下文化程度的84人,占59.2%。代表中,鄂温克族38人,占26.8%;中共党员56人,占39.4%。

旗委副书记鲍喜向大会致辞。旗妇联主任嘎拉森道力玛作妇联工作报告,经大会审议,认为报告充分肯定了第六次妇女代表大会以来全旗妇女工作所取得的成绩与经验,提出了今后三年全旗各族各界妇女和妇女组织的光荣使命和任务,决定予以通过。大会经过充分酝酿,选举嘎拉森道力玛、斯仁吉木、卜金叶、玉花、哈木、白荣掛、斯仁道力玛、索伦掛、孟金凤、乌云其其格、登布日乐尼玛、诺敏、娜仁掛、汗达、敖登格日勒、潘平、德淑芝、斯琴、阿尔腾、韩桦、哈森其其格、鄂玉荣、刘素兰等23人为旗妇联第七届执委。在第七届执委会第一次会议上,选举产生旗妇联执委会常委会,嘎拉森道力玛(蒙古族)当选为旗妇联主任,斯仁吉木(蒙古族)当选为副主任。

大会向全旗各族各界妇女和各级妇联组织发出号召,要坚决响应党的号召,跟上时代步伐,坚持四项基本原则,反对资产阶级自由化,积极投身两个文明建设宏伟大业,在旗委的领导和自治区、呼伦贝尔盟两级妇联的指导下,坚决执行本次妇代大会通过的各项决议,同全旗人民一道,奋发进取,为全旗各项事业的蓬勃发展,振兴鄂温克经济而不懈努力奋斗。

九、鄂温克旗第八次妇女代表大会

1994年5月25～26日,鄂温克旗第八次妇女代表大会在巴彦托海镇召开。大会代表147人,其中妇女工作者17人,占代表总数的11.6%;牧民、街道、个体户、劳动者代表79人,占53.7%;文化、教育、卫生、财贸、乡镇企业的代表51人,占34.7%;党政、政法、军烈属代表也有一定的比例。代表中,大专以上文化程度的24人,占16.3%;高中、中专文化程度的46人,占31.3%;初中以上文化程度的77人,占52.4%。代表中年龄最大的67岁,最小的18岁。代表中,鄂温克族45人,占30.6%;汉族29人,占19.7%;蒙古族39人,占26.5%;达斡尔族32人,占21.8%;其他少数民族2人,占1.4%。

呼伦贝尔盟妇联主席斯琴、旗委副书记敖强分别向大会致辞。旗妇联主任娜仁其其格作妇联工作报告,经过审议,大会认为,这个报告实事求是地总结了第七次妇代大会以来自治旗妇女工作所取得的成绩与经验,提出了今后妇女工作的任务,大会通过了这个报告。大会经过充分酝酿,选举玉花、乌云、乌云掛、乌云满达、布日玛、包秀琴、托娅、托雅、何俊、陈丽华、邱岳玉、阿娜、索伦掛、敖日娜、敖海萍、诺敏、海棠、娜仁格日勒、敏杰、斯仁吉木、斯仁道力玛、斯日古楞、诺明等23人为旗妇联第八届执委。在第八届执委会第一次会议上,选举产生旗妇联执委会常委会,敏杰(鄂温克族)、诺敏(鄂温克族)当选为旗妇联副主席。

大会向全旗各族各界妇女发出号召,要紧密团结在以江泽民为核心的中共中央周围,艰苦奋斗,自强不息,奋发进取,积极投身改革开放和现代化建设事业,为建设有中国特色的社会主义,为鄂温克旗各项事业繁荣发展再创佳绩、再立新功。

十、鄂温克旗第九次妇女代表大会

2016年10月19日,鄂温克旗第九次妇女代表大会在巴彦托海镇召开。大会正式代表103人,其中妇女工作者31人,占代表总数的30.1%;工人、牧民、干部、科技、教育、文化、体育、卫生、金融财贸、两新组织、部队、政法、归侨侨眷等各界代表72人,占代表总数的69.9%。中共党员代表63人,占代表总数的61.2%。少数民族代表84人,占代表总数的81.6%;鄂温克族代表30人,占代表总数的29.1%。代表的平均年龄39岁。其中:35岁以下28人,占27.2%;35～45岁48人,占46.6%;46～55岁26人,占25.2%;56岁以上1人,占0.9%。具有大专以上学历89人,占85.4%。其中:研究生8人,占7.8%。

呼伦贝尔市妇联主席刘玉兰、旗委副书记李志东分别向大会致辞。旗妇联主席娜仁托雅作妇联工作报告,经过审议,大会认为,这个报告实事求是地总结了第八次妇代会以来自治旗妇女工作所取得的成绩与经验,提出了今后妇女工作的任务,大会通过了这个报告。大会经过充分酝酿,选举乌仁、扎拉玛、王鑫云、达西玛、阿南、李玲、苏亚智、吴春萍、金慧丽、娜米拉、娜仁托雅、哈森高娃、莎丽、敖亮亮、萨仁、萨娜、萨如拉、慧慧、德洪英等19人为旗妇联第九届执委。在第九届执委会第一次会议上,选举产生旗妇联执委会常委会,娜仁托雅(蒙古族)当选为旗妇联主席,萨仁(鄂温克族)、萨如拉(蒙古族)当选为旗妇联副主席,慧慧(达斡尔族)、哈森高娃(蒙古族)、莎丽(鄂温克族)当选为旗妇联兼职副主席。

大会号召全旗各级妇联组织要高举中国特色社会主义伟大旗帜,以习近平总书记重要讲话精神为指导,深入贯彻落实全国妇女十一大、内蒙古妇女十一大、呼伦贝尔妇女二大精神,不忘初心,继续前进,改革创新,扎实工作,团结带领全旗各族各界妇女姐妹为实现美丽鄂温克新崛起,全面建成小康社会,共圆中华民族伟大复兴的中国梦努力奋斗!

第二节 苏木乡镇妇女代表大会

苏木乡镇妇联的最高权力机关是苏木乡镇妇女代表大会,选举产生苏木乡镇妇联领导机构,苏木乡镇妇联受同级党委和旗妇联双重领导,是旗妇联直接联系基层妇代会的中间枢纽,其主要任务是围绕中国共产党在各个时期的中心工作,结合该地区特点,提出地区妇女工作任务和要求。苏木乡镇妇联的建制随着行政区划的变化而变化,妇联配备专职干部,同时吸收有关部门妇女干部组成妇联委员会。

1954年后,各苏木乡镇先后召开妇代大会,多则8次,少则1次,选举产生了苏木乡镇妇联领导机构和出席旗妇代大会的代表。至2014年,巴彦托海镇召开8次妇代大会,大雁镇召开2次妇代大会,伊敏河镇召开2次妇代大会,红花尔基镇召开3次妇代大会,辉苏木召开8次妇代大会,锡尼河东苏木召开8次妇代大会,锡尼河西苏木召开8次妇代大会,伊敏苏木召开8次妇代大会,孟根楚鲁苏木召开6次妇代大会,巴彦嵯岗苏木召开6次妇代大会,巴彦塔拉达斡尔民族乡召开7次妇代大会,北辉苏木召开1次妇代大会。至2016年,各苏木乡镇均依例召开了妇代会,行使妇代会职能。

第三章

妇女与妇女运动

◇ 第一节　女性人口与构成

◇ 第二节　妇女参政

◇ 第三节　妇女运动

第三章 妇女与妇女运动

第一节 女性人口与构成

一、女性人口

1732年,索伦部3 000兵丁驻防呼伦贝尔时,有796名家眷同往,其中女性人数不详。蒙古族额鲁特部兵丁及家属是分两批进驻的,女性人数不详,但男性绝对多于女性。

中华人民共和国成立后,全旗人口增长较快。1949年,全旗人口6 269人,其中女性3 009人,占总人口的48%,性别比为108.3%;1953年,全国第一次人口普查,全旗人口6 399人,其中女性3 049人,占总人口的47.65%,性别比为109.9%;1958年,鄂温克旗成立时,全旗总人口10 610人,其中女性4 780人,占总人口的45.05%,性别比为121.96%;1964年,全国第二次人口普查,全旗总人口18 861人,其中女性8 848人,占总人口的46.91%,性别比为113%;1982年,全国第三次人口普查,全旗人口91 309人,其中女性42 922人,占总人口的47.01%,性别比为112.73%;1990年,全国第四次人口普查,全旗总人口128 733人,其中女性62 017人,占总人口的48.17%,性别比为107.58%;2000年,全国第五次人口普查,全旗总人口146 808人,其中女性71 427人,占总人口的48.65%,性别比为105.54%;2010年,全国第六次人口普查,全旗总人口134 978人,其中女性64 648人,占总人口的47.91%,性别比为108.7%。2014年,全旗总人口142 967人,其中女性69 328人,占总人口的48.49%,性别比为

106.2%。

二、女性构成

(一) 年龄构成

1. 0~14 岁

1982年,全国第三次人口普查,全旗共有0~14岁人口32 298人,其中女性15 523人,占总人口的17%;1990年,全国第四次人口普查,全旗这一年龄段有38 499人,其中女性18 785人,占总人口的14.59%;2000年,全国第五次人口普查,全旗这一年龄段有30 893人,其中女性15 157人,占总人口的10.32%;2010年,全国第六次人口普查,这一年龄段有15 646人,其中女性7 553人,占总人口的5.60%。

2. 15~29 岁

1982年,全国第三次人口普查,全旗有15~29岁人口32 606人,其中女性14 889人,占总人口的16.31%;1990年,全国第四次人口普查,全旗这一年龄段有43 061人,其中女性20 293人,占总人口的15.76%;2000年,全国第五次人口普查,全旗这一年龄段有38 015人,其中女性18 194人,占总人口的12.39%;2010年,全国第六次人口普查,这一年龄段有26 822人,其中女性11 966人,占总人口的8.87%。

3. 30~44 岁

1982年,全国第三次人口普查,全旗有30~44岁人口14 897人,其中女性7 222人,占总人口的7.91%;1990年,全国第四次人口普查,全旗这一年龄段有29 342人,其中女性14 188人,占总人口的11.02%;2000年,全国第五次人口普查,全旗这一年龄段有47 046人,其中女性22 636人,占总人口的15.42%;2010年,全国第六次人口普查,全旗该年龄段有41 589人,其中女性19 712人,占总人口的14.60%。

4. 45~59 岁

1982年,全国第三次人口普查,全旗有45~59岁人口7 733人,其中女性3 426人,占总人口的3.75%;1990年,全国第四次人口普查,全旗这一年龄段有12 170人,其中女性5 942人,占总人口的4.62%;2000年,全国第五次人口普查,全旗这一年龄段有20 714人,其中女性10 422人,占总人口的7.10%;2010年,全国第六次人口普查,这一年龄段有36 177人,其中女性17 602人,占总人口的13.04%。

5.60岁以上

1982年,全国第三次人口普查,全旗有60岁以上人口3 835人,其中女性1 862人,占总人口的2.04%;1990年,全国第四次人口普查,全旗这一年龄段有5 661人,其中女性2 042人,占总人口的1.59%;2000年,全国第五次人口普查,全旗这一年龄段有10 140人,其中女性5 018人,占总人口的3.42%;2010年,全国第六次人口普查,这一年龄段有14 744人,其中女性7 815人,占总人口的5.79%。

(二)职业构成

中华人民共和国成立前,全旗大部分人为畜牧业劳动者,还有部分人兼做狩猎、木工、技师。中华人民共和国成立后,全旗人口职业构成发生了根本的变化。

1982年,全国第三次人口普查,全旗有各类职业人口36 831人,其中女性职工11 719人,占31.82%。在全部职业人口中,有各类专业技术人员4 302人,其中女性2 367人,占55.02%;国家机关、党群组织、企事业单位负责人1 730人,其中女性188人,占10.87%;办事人员和有关人员1 939人,其中女性552人,占28.47%;商业工作人员1 024人,其中女性550人,占53.71%;服务性工作人员2 923人,其中女性1 084人,占37.09%;农、林、牧、渔劳动者8 153人,其中女性3 757人,占48.08%;生产工人、运输工人和有关人员16 739人,其中女性3 206人,占19.15%;其他劳动者21人,其中女性6人,占28.57%

1990年,全国第四次人口普查,全旗有各类职业人口52 008人,其中女性17 132人,占32.94%。在全部职业人口中,有各类专业技术人员

7 334 人,其中女性 4 424 人,占 60.32%;国家机关、党群组织、企事业单位负责人 2 567 人,其中女性 392 人,占 15.27%;办事人员和有关人员 3 211 人,其中女性 960 人,占 29.90%;商业工作人员 2 542 人,其中女性 1 463 人,占 57.55%;服务性工作人员 4 637 人,其中女性 2 203 人,占 47.51%;农、林、牧、渔劳动者 8 670 人,其中女性 3 501 人,占 40.38%;生产工人、运输工人和有关人员 22 726 人,其中女性 4 063 人,占 17.88%;其他劳动者 321 人,其中女性 126 人,占 39.25%。

2000 年,全国第五次人口普查,全旗有各类职业人口 5 792 人,其中女性 2 190 人,占 37.81%。在全部职业人口中,有各类专业技术人员 643 人,其中女性 423 人,占 65.79%;国家机关、党群组织、企事业单位负责人 157 人,其中女性 41 人,占 26.11%;办事人员和有关人员 378 人,其中女性 117 人,占 30.95%;商业、服务人员 1 148 人,其中女性 584 人,占 50.87%;农、林、牧、渔、水利业生产人员 1 538 人,其中女性 680 人,占 44.21%;生产、运输设备操作人员及有关人员 1 924 人,其中女性 345 人,占 17.93%;其他劳动者 4 人。

(三)婚姻构成

1982 年,全国第三次人口普查,全旗 15 岁及 15 岁以上人口为 59 071 人,其中女性 27 399 人,占 46.38%。在 15 岁及 15 岁以上人口中,有未婚人口 20 089 人,其中女性 8 178 人,占 40.71%;有配偶 35 691 人,其中女性 17 255 人,占 48.35%;丧偶 2 959 人,其中女性 1 827 人,占 61.74%;离婚 332 人,其中女性 139 人,占 41.87%。

1990 年,全国第四次人口普查,全旗 15 岁及 15 岁以上人口为 90 234 人,其中女性 43 232 人,占 47.91%。在 15 岁及 15 岁以上人口中,未婚 23 743 人,其中女性 9 489 人,占 39.97%;有配偶 61 739 人,其中女性 30 782 人,占 49.86%;丧偶 3 937 人,其中女性 2 624 人,占 66.65%;离婚 815 人,其中女性 337 人,占 41.35%。

2000 年,全国第五次人口普查,全旗 15 岁及 15 岁以上人口为 115 915

人,其中女性 56 668 人,占 48.02%。在 15 岁及 15 岁以上人口中,未婚 2 215 人,其中女性 907 人,占 40.95%;初婚有配偶 7 808 人,其中女性 3 926 人,占 48.35%;丧偶 471 人,其中女性 350 人,占 74.31%;离婚 195 人,其中女性 91 人,占 46.67%。

2010 年,全国第六次人口普查,全旗 15 岁及 15 岁以上人口为 119 332 人,其中女性 57 095 人,占 47.85%。在 15 岁及 15 岁以上人口中,未婚 1 723 人,其中女性 626 人,占 36.33%;初婚有配偶 8 129 人,其中女性 4 058 人,占 49.92%;丧偶 648 人,其中女性 504 人,占 77.77%;离婚 333 人,其中女性 150 人,占 45.05%.

(四)生育构成

1949～1961 年,自治区党委、政府对少数民族地区采取"人畜两旺"政策,鼓励妇女多生子女,对多子女的母亲授予"模范母亲"称号,并给予相应的奖励和补助,全旗人口大幅度增加。

1979 年,根据上级有关规定要求,汉族提倡一对夫妇只生一个孩子,控制二胎,杜绝三胎;对少数民族,在生育数量上不限制,宣传优生优育。

1982 年,根据国家和自治区计划生育的有关规定,对汉族提倡一对夫妇只生育一个孩子,大力提倡晚婚晚育。1985 年,根据国家和自治区有关文件精神,对千万人口以下的少数民族允许一对夫妇生育二胎,个别的允许生育三胎,不准生四胎;对鄂温克、鄂伦春、达斡尔、赫哲 4 个少数民族在生育数量上不做政策性限制,主要加强优生优育、提高人口素质的教育;对蒙古、回、满、朝鲜等其他少数民族,允许生育二胎;纯牧区的蒙古族牧民允许生育三胎,号召不生四胎;在牧区、城镇的少数民族(除上述四个民族外),要求生育三胎的,可参照汉族生育第二胎的条件,安排第三胎生育,但生育间隔必须是四年;两个民族结合的家庭,可根据第一个孩子所报的民族,报什么民族就按什么民族的生育政策执行。

2000 年,全国第五次人口普查,全旗生育 1 174 人,其中女婴 612 人,占 52.13%。

2001年,《中华人民共和国人口与计划生育法》颁布实施后,自治旗加强宣传力度,严格执法,依法行政,把人口计划生育各项工作纳入法制化、制度化轨道,推进全旗人口和计划生育工作的发展。

2010年,全旗出生905人,其中女婴433人,占47.85%,性别比为109%。

2014年,全旗出生1 178人,其中女婴561人,占47.62%,性别比为109.98%。

(五)文化构成

中华人民共和国成立前,全旗只有几所小学,时办时停,办学条件很差,儿童入学相当困难,只有少数富家子弟有文化,大部分牧民属文盲。

中华人民共和国成立后,大力办学,开展扫盲运动,旗内各民族文化程度逐步提高。1985年,鄂温克族自治旗被呼伦贝尔盟行署认定为"基本无文盲旗"。1999年通过国家"两基"(即基本扫除青壮年文盲,基本普及九年义务教育)验收。2004年,被评为自治区"两基"巩固提高先进旗县。

2000年,全国第五次人口普查,全旗有6岁及6岁以上人口138 476人,其中女性67 353人,占48.64%。在6岁及6岁以上人口中,未上过学8 311人,其中女性5 714人,占68.75%;扫盲班315人,其中女性209人,占66.35%;小学34 849人,其中女性17 627人,占50.58%;初中59 568人,其中女性27 139人,占45.56%;高中20 111人,其中女性9 380人,占46.64%;中专8 454人,其中女性4 268人,占50.48%;大学专科5 624人,其中女性2 567人,占45.64%;大学本科1 228人,其中女性446人,占36.32%;研究生16人,其中女性3人,占18.75%。在15岁及15岁以上115 915人中,有文盲7 328人,其中女性5 270人,占71.92%,占15岁及以上文盲人口的9.37%。

2010年,全国第六次人口普查,全旗有6岁及6岁以上人口129 201人,其中女性61 885人,占6岁及6岁以上人口的47.90%。在6岁及6岁以上人口中,未上过学的2 713人,其中女性1 880人,占69.30%;小学

24 123人,其中女性13 144人,占54.49%;初中58 583人,其中女性26 820人,占45.78%;高中26 947人,其中女性12 407人,占46.04%;大学专科12 141人,其中女性5 444人,占44.84%;大学本科4 588人,其中女性2 134人,占46.51%;研究生106人,其中女性56人,占52.83%。在15岁及15岁以上119 332人中,有文盲2 358人,其中女性1 689人,占1.42%,占15岁及以上文盲人口的71.63%。

第二节 妇女参政

1945年8月,抗日战争胜利以后,全旗各族人民,尤其是广大青年,受中国共产党的影响,积极参加革命工作,1946年2月~1949年,先后有47名东北军政大学、内蒙古军政大学毕业生回到家乡参加工作,他们当中的一部分人在学校加入了中国共产党,这其中就有鄂温克族自治旗一部分妇女。他们在牧区建党建政、牧区民主革命和以后的社会主义建设事业中,起到了重要的作用。

中华人民共和国成立后,妇女在政治、经济、社会、文化等各方面享有同男子平等的权利,妇女参政并在参政中发挥着积极的作用。中共女党员占全旗党员总数的比例逐步提高,旗和苏木乡镇两级党代会、人代会都有女性代表,旗政协也有了女性委员,她们认真行使权力,参与国事管理、政治协商。许多妇女担任旗和苏木乡镇两级党政机关负责人,旗委、人大、政府、政协中都有了女性领导人。

一、中国共产党组织中的女性

(一)旗委构成中女性领导干部

中国共产党旗级组织,历经党小组、临时党支部、党支部、工作委员会和旗委几个阶段。

1949年11月,索伦旗党支部成立,支部成员6人,其中女性委员1人,全旗有中共党员14人,其中女性党员3人。

1953年,中共索伦旗工作委员会成立,成员中有1名女性候补委员。

1955年10月,中共索伦旗委员会成立,全旗有中共党员131人,其中女性党员17人,占12.98%。

1958年8月,鄂温克族自治旗成立。同年12月,召开了中共鄂温克族自治旗第一次代表大会,宣告中共鄂温克族自治旗第一届委员会成立,当年,有中共党员305人,其中女性党员47人,占15.41%。

1963年5月,中共鄂温克族自治旗第三次代表大会召开,选举产生中共鄂温克族自治旗第三届委员会,额尔登挂当选为旗委候补委员。

1966年5月,"文化大革命"开始后,各级党组织停止活动。当年,有中共党员596人,其中女性党员86人,占14.43%。

1973年1月,中共鄂温克族自治旗第四次代表大会召开,选举产生中共鄂温克族自治旗第四届委员会,有3名女性当选为旗委委员,其中阿尤勒图贵当选为旗委常委,阿尔腾、玛扎当选为旗委委员。1974年,全旗有中共党员1 004人,其中女性党员191人,占19.02%。

1976年1月,中共鄂温克族自治旗第五次代表大会召开,选举产生中共鄂温克族自治旗第五届委员会,有3名女性当选为旗委委员,其中阿尤勒图贵当选为旗委常委,沃彩金、哈森其其格当选为旗委委员。

1980年1月,中共鄂温克族自治旗第六次代表大会召开,选举产生中共鄂温克族自治旗第六届委员会,有3名女性当选为旗委委员和候补委员,其中:哈森其其格当选为旗委常委,敖登格日勒当选为旗委委员,阿尔腾当选为旗委候补委员。当年,全旗有中共党员1 500人,其中女性党员297人,占19.80%。

1985年3月,中共鄂温克族自治旗第七次代表大会召开,选举产生中共鄂温克族自治旗第七届委员会,4位女性当选为旗委委员,其中韩桦当选为旗委常委,阿尔腾、敖登格日勒、嘎拉森道力玛当选为旗委委员。

1988年3月,中共鄂温克族自治旗第八次代表大会召开,选举产生中共鄂温克族自治旗第八届委员会,有3名女性当选为旗委委员和候补委员,其中韩桦当选为旗委常委,阿尔腾、斯日古楞当选为旗委候补委员。

1990年12月,中共鄂温克族自治旗第九次代表大会召开,选举产生中共鄂温克族自治旗第九届委员会,有2名女性当选为旗委委员,其中韩桦当选为旗委常委,斯日古楞当选为旗委委员。当年,全旗中共党员发展到2 128人,其中女性党员523人,占24.58%。

1995年12月,中共鄂温克族自治旗第十次代表大会召开,选举产生中共鄂温克族自治旗第十届委员会,有3名女性当选为旗委委员和候补委员,其中涂志娟当选为旗委常委,萨其仁贵当选为旗委委员,阿娜当选为旗委候补委员。当年,全旗中共党员2 696人,其中女性党员731人,占27.11%。

2000年12月,中共鄂温克族自治旗第十一次代表大会召开,选举产生中共鄂温克族自治旗第十一届委员会,有3名女性当选为旗委委员,其中娜日斯当选为旗委常委,阿娜、哈森其其格当选为旗委委员。当年,全旗中共党员3 172人,其中女性党员1 018人,占32.09%。

2006年8月,中共鄂温克族自治旗第十二次代表大会召开,选举产生中共鄂温克族自治旗第十二届委员会,有6名女性当选为旗委委员和候补委员,其中娜日斯当选为旗委常委,乔玉芳、樊秀敏当选为旗委委员,李淑梅、何淑慧、吴淑雅当选为旗委候补委员。2007年10月,呼伦贝尔市委任命车淑芳为旗委常委。当年,全旗中共党员达到4 334人,其中女性党员1 659人,占38.28%。2010年,全旗中共党员已达5 139人,其中女性党员2 232人,占43.43%。

2011年4月,中共鄂温克族自治旗第十三次代表大会召开,选举产生了中共鄂温克族自治旗第十三届委员会,有8名女性当选为旗委委员和候补委员,其中娜日斯当选为旗委副书记,成为鄂温克旗历史上首位旗委女性副书记,车淑芳、马会宁当选为旗委常委,乔玉芳、敏杰、樊秀敏当选为旗委委员,华英、索龙格当选为旗委候补委员。

2016年7月,中共鄂温克族自治旗第十四次代表大会召开,选举产生了中共鄂温克族自治旗第十四届委员会,有6名女性当选为旗委委员和候补委员,其中敏杰当选为旗委常委,马会宁、娜仁托雅、索龙格、郭玉玲当选为旗委委员,玲玲当选为旗委候补委员。

(二)旗委工作部门女性

1980年1月,中共鄂温克族自治旗第四次党代会以前,旗委各工作部门无女性领导,此后,各部门陆续有了女性领导人。

1. 旗委组织部

副 部 长:孙 桂 琴(1980.01~1984.04)
　　　　　斯　　　琴(鄂温克族,1995.02~1999.11)
　　　　　敏　　　杰(鄂温克族,2001.10~2004.01)
　　　　　索 优 勒 玛(鄂温克族,2004.02~2013.01)
　　　　　孟 丽 丽(达斡尔族,2009.03~2011.04)
　　　　　雪　　　萍(鄂温克族,2011.08~2014.12)
　　　　　何 美 婷(达斡尔族,2013.01~2016.12)
　　　　　萨 如 拉(鄂温克族,2016.04~2016.12)

旗委组织员:娜仁格日勒(鄂温克族,1984.04~1988.05)
　　　　　斯　　　琴(鄂温克族,1986~1995.02)
　　　　　萨仁格日勒(鄂温克族,1991.05~1995.02)
　　　　　敖 姝 兰(鄂温克族,1999.12~2001.02)
　　　　　孟 丽 丽(达斡尔族,2001.10~2004.02)
　　　　　萨 仁 托 雅(蒙古族,2001.10~2005.12)
　　　　　王 其 其 格(蒙古族,2008.02~2012.09)
　　　　　艳　　　丽(鄂温克族,2010.09~2011.08)
　　　　　安 春 明(达斡尔族,2010.09~2013.04)
　　　　　包 黎 萍(蒙古族,2012.11~2014.12)
　　　　　陶　　　英(达斡尔族,2013.04~2014.12)

　　　　　　　阿　　　南(鄂温克族,2013.04~2016.12)
党联办主任:艳　　　丽(鄂温克族,2010.09~2011.08)
　　　　　　　萨　如　拉(鄂温克族,2011.08~2013.04)
　　　　　　　王　　　博(俄罗斯族,2014.12~2015.06)

2. 旗委宣传部

部　　　　长:韩　　　桦(蒙古族,1985~1993.10)
　　　　　　　涂　志　娟(鄂温克族,1996.01~2000.12)
　　　　　　　娜　日　斯(蒙古族,2000.12~2007.10)
　　　　　　　马　会　宁(2011.05~2012.10)
副　部　　长:韩　　　桦(蒙古族,1984.04~1985.03)
　　　　　　　娜仁其其格(鄂温克族,1995.02~1998.04)
　　　　　　　吴　淑　雅(达斡尔族,1999.07~2001.10)
　　　　　　　翟　丽　红(2001.10~2004.02)
　　　　　　　娜　仁　托　雅(蒙古族,2004.02~2013.01)
　　　　　　　图　　　娅(蒙古族,2009.01~2016.12)
　　　　　　　玉　　　欣(鄂温克族,2013.04~2016.12)
文明办主任:翟　丽　红(2001.10~2004.02)
　　　　　　　娜　仁　托　雅(蒙古族,2009.01~2010.12)
　　　　　　　图　　　娅(蒙古族,2013.01~2016.12)
记者站站长:图　　　娅(蒙古族,2002.10~2009.01)
讲师团团长:萨　如　拉(蒙古族,2013.04~2016.12)
讲师团副团长:敖　　　敏(鄂温克族,1990.08~1995.02)
网信办主任:莎　莉　娃(蒙古族,2014.12~2016.12)

3. 旗委办公室

副　主　任:孟　丽　丽(达斡尔族,2004.02~2009.03)
　　　　　　　雪　　　萍(鄂温克族,2009.03~2011.08)
改革办副主任:敏　　　敏(达斡尔族,2016.09~2016.12)

旗委保密办主任:孟　丽　丽(达斡尔族,2008.03~2009.03)
　　　　　　　　雪　　　萍(鄂温克族,2009.03~2011.08)

接待联络办副主任:吉　木　斯(鄂温克族,2005.10~2009.01)
　　　　　　　　乌　日　娜(蒙古族,2010.09~2016.12)
　　　　　　　　谢　红　梅(蒙古族,2012.06~2014.12)
　　　　　　　　讷　　　丽(鄂温克族,2012.06~2016.12)

信息督查室主任:乌　云　娜(达斡尔族,1991.05~2002.10)
　　　　　　　　雪　　　萍(鄂温克族,2004.02~2009.03)

4. 旗委统战部

部　　　　长:阿　尔　腾(鄂温克族,1984~1989.04)
　　　　　　　戴　淑　琴(鄂温克族,1989.04~1991.05)
副　部　　长:伟　　　娜(鄂温克族,2002.10~2006.06)
　　　　　　　永　　　红(蒙古族,2006.06~2016.12)
　　　　　　　卜　托　娅(达斡尔族,2006.11~2008.02)

5. 旗委政法委员会

书　　　　记:敏　　　杰(鄂温克族,2016.07~2016.12)
副　书　　记:敖　　　莉(达斡尔族,1999.07~2002.10,兼社会治
　　　　　　　　安综合治理委员会主任)
　　　　　　　萨　如　拉(鄂温克族,2013.04~2016.04)
政工办主任:何　丽　娜(鄂温克族,2002.10~2004.02))
维稳办副主任:晨　　　艳(达斡尔族,2012.08~2014.12)

6. 旗委老干部局

局　　　　长:包　凤　英(蒙古族,1984~1988.05)
　　　　　　　包　玉　杰(蒙古族,1995.02~2001.05)
副　局　　长:文　中　子(蒙古族,2008.03~2016.12,2013.04兼旗
　　　　　　　　关工委办公室主任)

7. 旗档案史志局

副　局　长:敖　玉　珍(鄂温克族,1985.12～1991.03)

　　　　　　道　力　玛(蒙古族,1989.05～1991.06)

　　　　　　娜仁格日勒(鄂温克族,1991.05～1998.04)

　　　　　　金　　花(鄂温克族,2016.04～2016.12)

8.旗委党校

校　　　长:吴　淑　雅(达斡尔族,2001.10～2008.02)

副　校　长:冬　　月(蒙 古 族,1989.03～1996.10)

　　　　　　敖　　敏(鄂温克族,1995.02～1995.11)

　　　　　　何　美　婷(达斡尔族,2002.10～2008.02)

　　　　　　高　　娟(蒙 古 族,2008.02～2016.12)

9.旗机构编制管理办公室

主　　　任:何　美　婷(达斡尔族,2013.01～2016.12)

副　主　任:王　彩　虹(蒙古族,2011.08～2014.12)

　　　　　　包　黎　萍(蒙古族,2014.12～2016.12)

(三)旗纪委、监察局

书　　　记:车　淑　芳(蒙 古 族,2007.10～2016.07)

副　书　记:孙　桂　琴(1984～1988.05)

　　　　　　斯　琴　挂(蒙 古 族,1990.12～1995.12)

　　　　　　王　彩　萍(达斡尔族,1999.11～2004.02)

　　　　　　翟　丽　红(2004.02～2006.06)

　　　　　　那　秀　珍(鄂温克族,2005.12～2009.01)

监察局副局长:道　力　玛(蒙 古 族,1988.04～1989.05)

　　　　　　王　彩　萍(达斡尔族,1996.10～1999.11)

　　　　　　那　秀　珍(鄂温克族,2004.02～2005.12)

　　　　　　阿　　荣(鄂温克族,2011.08～2016.12)

　　　　　　任　明　智(2013.01～2016.12)

　　　　　　项　海　君(2015.05～2016.12)

内设机构领导人

办公室主任:包　玉　杰(蒙古族,1988.09~1995.02)

　　　　　　那　秀　珍(鄂温克族,2003.07~2004.02)

　　　　　　朝　　　明(鄂温克族,2006.06~2008.02)

　　　　　　任　明　智(2008.02~2013.04)

　　　　　　敖　丽　娜(蒙古族,2013.04~2016.12)

审理室主任:赵　春　兰(2003.07~2004.02)

　　　　　　阿　　　荣(鄂温克族,2004.02~2011.08)

　　　　　　南　迪　娜(达斡尔族,2012.10~2016.12)

宣教室主任:伟　　　红(鄂温克族,2008.02~2013.04)

　　　　　　包　迪　娅(蒙古族,2014.12~2016.12)

信访室主任:孟　玉　芳(达斡尔族,1991.07~1996.10)

　　　　　　索　日　娜(达斡尔族,2002.10~2008.02)

　　　　　　项　海　君(2009.01~2014.12)

　　　　　　赵　远　方(蒙古族,2014.12~2016.12)

执法监察室主任:苏　　　英(达斡尔族,2006.06~2013.04)

纠风办主任:石　亚　坤(2012.06~2016.12)

(四)旗委所属机关党组织女性

1.旗人大常委会党组

1980年,旗人大常委会成立,随之,旗人大常委会党组成立。

书　　　　记:哈森其其格(鄂温克族,1999.01~2003.11)

副　书　记:车　淑　芳(蒙古族,2004.01~2007.11)

　　　　　　田　　　华(达斡尔族,2012.12~2016.12)

2.旗人民政府党组

副　书　记:娜　日　斯(蒙古族,2007.11~2011.05)

3.旗政协党组

1980年,旗政协设立党组。

副　书　记:哈森其其格(鄂温克族,1994.01~1999.01)

4. 旗文教卫生系统党委

1975年成立党委,1980年12月撤销。

副　书　记:沃　彩　金(达斡尔族,1975~1977.03)

5. 旗财贸系统党委

1975年成立党委,1980年12月撤销。

副　书　记:董　静　影(1975~1978.10)

6. 旗直机关党(工)委

1959年,旗直属机关党委成立,1995年2月,在党政机关机构改革中,改称旗直属机关工作委员会,隶属于旗委组织部。

代 理 书 记:虹　　波(鄂温克族,1960~1963)
书　　　记:敏　　杰(鄂温克族,2001.10~2004.01)
　　　　　　索 优 勒 玛(鄂温克族,2004.01~2008.02)
　　　　　　雪　　萍(鄂温克族,2011.08~2016.04)
副　书　记:诺 尔 吉 玛(蒙 古 族,1974~1984.10)
　　　　　　苏　　荣(达斡尔族,1980~1981.05)
　　　　　　牡　　丹(蒙 古 族,1994.02~1995.02)
纪 委 书 记:牡　　丹(蒙 古 族,1988~1995.02)

7. 旗教育科技局党委

1992年,成立教育局党委,1995年2月,在全旗党政机关机构改革中,旗教育局与旗科学技术委员会合并,组建旗教育科技局,旗教育局党委随之改称旗教育科技局党委,2015年11月,撤销教育局党委设立教育党工委,2016年4月,设立教育局党组。

书　　　记:李　淑　梅(2009.12~2014.12)
纪 委 书 记:赵　　晶(2014.12~2015.11)
党工委副书记:李　淑　梅(2015.11~2016.12)
纪工委书记:赵　　晶(2015.11~2016.12)

党组书记、党工委书记:雪　萍(鄂温克族,2016.04~2016.12)

纪 检 组 长:赵　　晶(2016.04~2016.12)

8. 旗教师进修学校党支部

书　　　记:杨　丽　香(2009.12~2013.01)

9. 职业中学党支部

书　　　记:红　　梅(鄂温克族,2009.12~2013.01)

10. 旗委党校党支部

书　　　记:何　美　婷(达斡尔族,2008.02~2013.01)

11. 旗财政局党组

书　　　记:华　　英(达斡尔族,2012.06~2016.12)

纪 检 组 长:阿　　华(鄂温克族,2012.09~2016.12)

12. 旗经济和信息化局党组

书　　　记:何　淑　慧(2012.06~2014.12)

13. 旗审计局党组

书　　　记:萨　立　丽(鄂温克族,2012.06~2016.12)

14. 旗人力资源和社会保障局党组

书　　　记:索　优　勒　玛(鄂温克族,2012.06~2013.01)

纪 检 组 长:金　　琳(蒙古族,2013.01~2016.12)

15. 旗人口和计划生育局党组

书　　　记:张　桂　华(蒙古族,2012.06~2013.01)

　　　　　索　龙　格(鄂温克族,2013.01~2014.12)

16. 旗卫生和计划生育局党组

书　　　记:索　龙　格(鄂温克族,2014.12~2015.11)

纪 检 组 长:赵　春　兰(2015.06~2016.12)

17. 旗总工会党组

书　　　记:丹　　砾(蒙古族,2012.06~2016.04)

　　　　　索　龙　格(鄂温克族,2016.04~2016.12)

18. 共青团旗委党组

书　　　记:乌　云　娜(鄂温克族,2014.12～2016.04)

19. 旗妇联党组

书　　　记:索　龙　格(鄂温克族,2012.06～2013.01)

　　　　　娜　仁　托　雅(蒙古族,2013.01～2016.12)

20. 旗红十字会党组

书　　　记:王　雪　莲(蒙古族,2012.06～2016.04)

　　　　　孙　晓　峰(蒙古族,2016.04～2016.12)

21. 旗残联党组

书　　　记:娜　仁　花(蒙古族,2013.04～2014.12)

22. 旗交通运输局党委

纪　委　书　记:杨　丽　香(2013.01～2014.12)

23. 旗交通运输局党组

书　　　记:郭　玉　玲(达斡尔族,2016.04～2016.12)

24. 旗人民法院党组

纪　检　组　长:李　晓　红(2008～2016.12)

25. 旗住房和城乡建设局党组

纪　检　组　长:苏　　　英(达斡尔族,2013.04～2016.12)

26. 旗发展和改革局党组

纪　检　组　长:娜　　　荣(达斡尔族,2012.09～2015.06)

27. 旗国土资源局党组

纪　检　组　长:何　敏　丽(达斡尔族,2012.11～2016.12)

28. 旗司法局党组

纪　检　组　长:李　春　霞(2012.09～2015.06)

　　　　　娜　　　荣(达斡尔族,2015.06～2016.12)

29. 旗文体新广局党组

纪　检　组　长:邱　红　梅(蒙古族,2015.06～2016.12)

30. 鄂温克中学党支部

副　书　记：莎　　　丽（鄂温克族，2012.06～2016.12）

(五)旗委所属苏木乡镇党组织女性负责人

1. 党委书记

索日玛德苏荣（达斡尔族，南屯公社党委，1973～1975）

车　淑　芳（蒙古族，伊敏河镇党委，2002.10～2004.01）

敏　　　杰（鄂温克族，巴雁镇党委，2007.10～2011.04）

郭　玉　玲（达斡尔族，伊敏苏木党委，2010.10～2013.01）

敏　　　杰（鄂温克族，大雁镇党委，2011.04～2012.11）

孟　丽　丽（达斡尔族，巴彦嵯岗苏木党委，2011.04～2016.04）

郭　玉　玲（达斡尔族，巴彦托海镇党委，2013.01～2016.04）

2. 党委副书记

斯　木　吉　德（蒙古族，锡尼河西公社党委，1975～1976）

吴　孝　永（达斡尔族，巴彦嵯岗公社党委，1975～1980）

斯　琴　挂（蒙古族，巴彦塔拉乡党委，1980～1993）

斯　日　古　楞（鄂温克族，辉苏木党委，1987～1990.08）

索　伦　挂（鄂温克族，巴彦嵯岗苏木党委，1987～1990.08）

斯　普　勒　玛（鄂温克族，北辉苏木党委，1990.08～1993）

乌　兰　其　其　格（达斡尔族，巴彦塔拉乡党委，1993～2002.10）

娜　仁　格　日　勒（鄂温克族，北辉苏木党委，1996.10～1999.07）

涂　淑　芝（鄂温克族，伊敏河镇党委，1996.10～2002.10）

冯　秀　云（大雁矿区党委，1996.10～1997.06）

张　桂　华（蒙古族，巴彦托海镇党委，1997.06～2002.10）

图　　　娅（蒙古族，锡尼河西苏木党委，1999.08～2002.10）

李　淑　梅（大雁矿区党委，1999.11～2006.06）

郭　玉　玲（达斡尔族，巴彦嵯岗苏木党委，1999.11～2006.06）

卜　托　娅（达斡尔族，纪委书记，巴彦托海镇党委，2002.10～

2006.06)

郭　玉　玲(达斡尔族,巴雁镇党委,2006.06~2010.10)

娜　仁　花(蒙古族,纪委书记,锡尼河西苏木党委,2011.04~2013.04)

萨　日　娜(鄂温克族,红花尔基镇党委,2013.01~2014.12)

金　　　花(鄂温克族,纪委书记,伊敏苏木党委,2013.04~2015.01)

陶　　　英(达斡尔族,巴彦托海镇党委,2016.04~2016.12)

乌　云　娜(鄂温克族,辉苏木党委,2016.04~2016.12)

牡　　　丹(鄂温克族,伊敏苏木党委,2016.04~2016.12)

丽　　　丽(蒙古族,锡尼河西苏木党委,2016.04~2016.12)

郭　永　华(达斡尔族,巴彦塔拉乡党委,2016.04~2016.12)

3. 纪委书记

江　淑　琴(伊敏河镇,1988~1990.06)

冯　秀　云(大雁矿区,1991.12~1996.10)

刘　素　兰(伊敏河镇,1993.12~1996.10)

金　　　玲(达斡尔族,孟根楚鲁苏木,1994.02~1996.10)

李　淑　梅(大雁矿区,1996.10~1999.11)

涂　淑　芝(鄂温克族,伊敏河镇,1996.10~1999.11)

韩　玫　瑰(回族,伊敏河镇,2002.10~2006.06)

韩　玫　瑰(回族,巴彦托海镇,2006.06~2008.02)

车　立　鑫(大雁镇,2016.04~2016.12)

韩　芙　蓉(蒙古族,伊敏河镇,2015.06~2016.12)

山　　　丹(蒙古族,辉苏木,2016.05~2016.12)

杜　艳　梅(鄂温克族,辉苏木,2015.06~2016.04)

涂　康　珺(鄂温克族,伊敏苏木,2015.06~2016.12)

安　　　娜(蒙古族,锡尼河西苏木,2016.04~2016.12)

李　　　玲(蒙古族,巴彦嵯岗苏木,2015.06~2016.04)

4．政法委书记

阿　　　萨（达斡尔族,巴彦嵯岗苏木,2011.04~2014.12）

韩　芙　蓉（蒙古族,伊敏河镇,2013.04~2015.06）

王　　　敏（红花尔基镇,2013.04~2016.12）

李　淑　艳（大雁镇,2016.04~2016.12）

刘　琰　琳（达斡尔族,伊敏河镇,2016.04~2016.12）

丽　　　丽（蒙古族,锡尼河西苏木,2016.04~2016.12）

金　俊　英（达斡尔族,巴彦塔拉乡,2016.04~2016.12）

5．组织委员

苏　　　娜（达斡尔族,巴彦托海镇,2016.05~2016.12）

王　春　玲（蒙古族,大雁镇,2016.05~2016.12）

海　凤　兰（蒙古族,红花尔基镇,2016.05~2016.12）

塔　　　娜（鄂温克族,辉苏木,2016.05~2016.12）

萨　日　娜（蒙古族,伊敏苏木,2016.05~2016.12）

娜仁其木格（蒙古族,锡尼河东苏木,2016.05~2016.12）

森　格　乐（鄂温克族,锡尼河西苏木,2016.05~2016.12）

娜　米　拉（鄂温克族,巴彦嵯岗苏木,2016.05~2016.12）

白　杜　吉　雅（蒙古族,巴彦塔拉乡,2016.05~2016.12）

6．武装部部长

金　　　花（鄂温克族,伊敏苏木,2008.03~2010.10）

金　俊　英（达斡尔族,巴彦塔拉乡,2011.08~2013.04）

李　淑　艳（大雁镇,2013.04~2016.04）

韩　芙　蓉（蒙古族,伊敏河镇,2013.04~2015.06）

王　　　敏（红花尔基镇,2013.04~2016.05）

杜　艳　梅（鄂温克族,辉苏木,2013.04~2015.06）

涂　康　珺（鄂温克族,伊敏苏木,2014.12~2015.06）

陶　　　英（达斡尔族,巴彦托海镇,2014.12~2016.04）

赵　　　茜（蒙古族,锡尼河东苏木,2014.12～2015.11）

刘　丽　丽（鄂温克族,锡尼河西苏木,2014.12～2016.04）

白　嘎　拉　玛（蒙古族,锡尼河西苏木,2016.05～2016.12）

二、政权机构中的女性

(一)人民代表大会中的女性

1.代表

(1)全国人大代表

自1964年第三届全国人民代表大会开始,每届全国人民代表大会都有鄂温克族代表,在所产生的8名鄂温克族自治旗籍代表中,有3名女性代表,占总数的37.50%。她们是：

阿尤勒图贵（第四届）

哈　斯　托　娅（第五届）

娜仁格日勒（第六届）

(2)自治区人大代表

内蒙古自治区第二届人民代表大会开始,每届代表大会都有本旗的代表,在所产生的41名代表中,有9名女性代表,占21.95%,她们是：

哈　斯　托　娅（鄂温克族,第三届）

敖　铁　叶（达斡尔族,第五届）

水　玲　花（鄂温克族,第六届）

敖登格日勒（鄂温克族,第七届）

额　尔　登　挂（鄂温克族,第七届）

哈森其其格（鄂温克族,第八届）

苏　　　荣（达斡尔族,第九届）

张　玉　芬（汉族,第十届）

乌　云　娜（鄂温克族,第十一、十二届）

(3)呼伦贝尔市人大代表

2002年,呼伦贝尔撤盟设市,至今召开三届人民代表大会,本旗共产生55名代表,其中女性代表18人,她们是:

王　英　兰(第一届)

丁　亚　坤(满族,第一届)

哈森其其格(鄂温克族,第一届)

田　　　华(达斡尔族,第一届)

苏　荣　挂(鄂温克族,第一届)

吉　木　斯(鄂温克族,第一届)

乔　玉　芳(第二届)

萨楚荣贵(鄂温克族,第二届)

王　溶　雪(第二届)

乌　尼　日(鄂温克族,第二届)

鄂　秀　梅(达斡尔族,第二届)

琳　　　娜(鄂温克族,第二届)

裴　晓　云(第三届)

宏　　　宇(鄂温克族,第三届)

何　丽　霞(达斡尔族,第三届)

李　春　梅(第三届)

娜　日　斯(蒙古族,第三届)

正　　　月(鄂温克族,第三届)

(4)旗人大代表

中华人民共和国成立之后,鄂温克族自治旗人民代表大会经历了索伦旗各界人民代表会议、索伦旗人民代表大会和鄂温克族自治旗人民代表大会三个历史阶段。索伦旗各界人民代表会议共举行了四届六次会议,索伦旗人民代表大会共举行了四届五次会议。1958年5月29日,国务院做出撤销索伦旗,在原索伦旗行政区域内成立鄂温克族自治旗的决定。同年7月30日,鄂温克族自治旗第一届人民代表大会第一次会议召开,至2016

年,共召开十二届四十五次会议。"文化大革命"10年动乱,致使索伦旗各界人民代表大会,索伦旗人民代表大会和鄂温克族自治旗人民代表大会部分资料丢失。

鄂温克旗人民代表大会妇女代表情况表

届期	女 代 表 姓 名	占代表总数 %
第四届	托娅、额尔登挂、哈斯托娅、斯琴挂、吴桂珍、哈斯挂、阿拉坦格日乐、伊娜、高莲凤、张兰凤、额登挂、苏伦挂、敖登挂、乌云其木格、哈森其其格、单春荣、张玉珍、达·乌云、斯仁道力玛、包秀英、赵淑清、琴娜、敖登格日勒	17.1
第五届	阿拉腾其木格、哈森、康慧珍、徐秀芳、赵金荣、尚淑芝、敖正月、其其格、索能花拉、乌云其木格、索布德、道布木、敖云其其格、敖云其木格、敖云其其格、索伦挂、莫德格、苏吉德、尼·南斯勒玛、贺龙梅、巴·南斯勒玛、维吉木、郭梅英、玛吉嘎、塔娜、王玉群、郝荫荣、陶伦、斯普勒、吴英华、杜玉兰、吴成珍、高杰、曲洪媛、孙淑琴、高春丽、涂玉珍、涂秀琴、乌云、吉玛、阿尔腾	20
第六届	艾花、娜仁格日勒、额尔登挂、梅和、乌云挂、李英文、涂秀英、张桂兰、王珠兰、宫淑兰、敖正月、吕淑兰、孙信芳、乔凤彩、郝翠芝、哈森其其格、乌云其木格、南斯勒玛、涂玉珍、李爱莲、吉玛、索布德、李亚芹、郝淑珍、苏布德、巴·森德吉玛、如玛、塔娜	21.68

届期	女 代 表 姓 名	占代表总数 %
第七届	敖绍莲、塔娜、巴·南斯勒玛、索布德、沃喜芳、郭根花、萨苏玛、额·道力玛、艾花、乌日根莫勒、哈森其其格、查娜、高日玛、巴雅玛、莎仁其其格、娜仁格日勒、冯秀梅、刘秀兰、扎拉玛、苏布德、金顺琴、陈桂清、曲洪媛、李英文、王国华、郝翠芝、其其格、敖铁叶、李爱莲、涂玉珍	19.61
第八届	索伦挂、索布德、郭根花、沃喜芳、梅英、杨吉玛、道哈木、塔娜、哈森其其格、冯秀梅、阿拉坦其木格、刘秀兰、苏布德、扎拉玛、艾花、额尔敦其木格、赛吉拉、苏布德、徐明芝、高秀珍、王珠兰、杨福军、宫淑兰、陈桂清、杜彤、其其格、韩晶、涂玉珍	17.18
第九届	涂玉珍、白荣挂、静林、涂志娟、其木格、涂玉珍、钟晓燕、贾丽华、王琪、石发兰、金淑梅、董淑霞、魏秀荣、乔玉芳、金淑玲、任贵琴、姜丛君、金樱桃、丁亚昆、包鸽、其木格、乌云高娃、苏荣挂、哈森其其格、敖云、道力玛扎布、森德扎布、南吉勒玛、娜日斯、萨仁高娃、牡丹、乌兰其其格、宝·斯仁道力玛、斯吉德玛	21.52
第十届	涂淑芝、索优勒玛、武玉芬、涂玉荣、魏秀玲、吴桂香、玉欣、冯淑珍、郭晓春、鄂玉梅、乔玉芳、李淑梅、扎拉嘎、吕松亮、金淑梅、董淑霞、郭玉红、马志英、金晓红、卢伟波、车淑芳、王迎辉、赵广花、南吉勒玛、敖云、苏布德、金花、萨立丽、多春华、姜丛君、娜日苏、娜玛、娜布琪、敖仁斯斯格、萨仁其其格、勒格吉玛、通拉嘎、南吉勒玛	24.20

届期	女代表姓名	占代表总数 %
第十一届	涂淑芝、包艳芝、索优乐其、杜建华、托娅、孟丽、索龙格、索优勒玛、乔玉芳、杨玲荣、何丽娜、郭玉玲、马莲花、玉欣、玉梅、敏杰、王丽华、王景红、王海花、崔丽、李淑艳、杜玉芳、王晓香、孟丽芹、邢志敏、王代红、车淑芳、巴达玛汗达、王金玲、娜仁其木格、庆格乐、乌日金道力玛、娜玛、高·布仁托娅、杜玉红、南吉勒玛、正月、苏荣挂、阿拉坦其木格、萨立丽、谢金英、苏荷艳	24.20
第十二届	田华、杜玉红、吉木斯、红梅、丹砾、阿焱、娜仁托雅、王彩萍、何冬艳、安淑梅、苏英、郭玉玲、王洪波、敏杰、王丽华、王景红、杜玉芳、海英、哈斯其木格、姜雁、张宇杰、李世兰、米艳春、张艳茹、徐辉、魏艳芳、于涵、马会宁、萨日娜、王喜萍、郭龙梅、萨仁挂、红梅、苏龙高娃、金娜、金花、梅花、萨日娜、纳木恒、车淑芳、道日娜、图雅、哈斯托亚、孟丽丽、诺仁格日勒	28.85

2.旗人大常委会

(1)组成人员中的女性

主　任

1999年1月,哈森其其格当选为旗九届人大常委会主任,是自治旗人大常委会设立以后的首任女性主任。

副主任

1987年9月,在自治旗第六届人民代表大会第一次会议上,哈森其其格当选为旗六届人大常委会副主任;1991年1月,在自治旗第七届人民代表大会第一次会议上连任。

2001年3月,在自治旗第九届人民代表大会第三次会议上,补选涂志娟为旗九届人大常委会副主任。

2004年1月,在自治旗第十届人民代表大会第一次会议上,车淑芳当选为旗十届人大常委会副主任。

2012年11月,在自治旗第十二届人民代表大会第一次会议上,田华当选为旗十二届人大常委会副主任。

委　员

1980年12月,在自治旗第四届人民代表大会第一次会议上,包秀英、斯琴挂2位女性当选为旗四届人大常委会委员。

1984年10月,在自治旗第五届人民代表大会第一次会议上,涂秀琴、涂玉珍、乌云、吉玛、南斯勒玛5位女性当选为旗五届人大常委会委员。

1987年9月,在自治旗第六届人民代表大会第一次会议上,艾花当选为旗六届人大常委会委员。

1991年3月,在自治旗第七届人民代表大会第一次会议上,涂玉珍当选为旗七届人大常委会委员,1994年1月,在自治旗第八届人民代表大会第一次会议上连任。

1999年1月,在自治旗第九届人民代表大会第一次会议上,娜日斯、乌兰其其格2位女性当选为旗九届人大常委会委员。

2004年1月,在自治旗第十届人民代表大会第一次会议上,萨立丽、涂淑芝、鄂玉梅、索优勒玛4位女性当选为旗十届人大常委会委员。

2007年11月,在自治旗第十一届人民代表大会第一次会议上,萨立丽、涂淑芝、杜玉红、孟丽、包艳芝、索龙格6位女性当选为旗十一届人大常委会委员。2010年2月,在自治旗第十一届人民代表大会第四次会议上,涂淑芝辞去旗十一届人大常委会委员职务,选举丹砾为旗十一届人大常委会委员。

2012年11月,在自治旗第十二届人民代表大会第一次会议上,杜玉红、吉木斯、丹砾、阿焱、索龙格5位女性代表当选为旗十二届人大常委会委员。2013年2月,在自治旗第十二届人民代表大会第二次会议上,索龙格辞去旗十二届人大常委会委员职务。2014年2月,在自治旗第十二届人民代表大会第三次会议上,选举红梅、娜仁托雅为旗十二届人大常委会委员。2015年2月,在自治旗第十二届人民代表大会第四次会议上,选举乌云娜为旗第十二届人大常委会委员。

(2)各工作机构中的女性

1980年12月,旗人大常委会设立时,下设政策研究室和办公室两个机构。1984年5月,撤销政策研究室,增设4个工作委员会,即:财政经济、科教文卫环资城建、政法(后改名为法制)、民族侨务外事农牧工作委员会。

委办主任

涂秀琴(鄂温克族,政法委主任,1984.05~1987.09)

萨立丽(鄂温克族,法制委主任,2005.12~2008.03
　　　　办公室主任,2008.03~2011.08)

杜玉红(鄂温克族,教科文卫委主任,2006.06~2011.08
　　　　办公室主任,2011.08~2016.12)

吉木斯(蒙古族,教科文卫委主任2012.10~2016.12)

王彩萍(达斡尔族,财经委主任,2013.01~2015.11)

红　梅(鄂温克族,选任联委主任,2013.01~2016.12)

孟丽丽(达斡尔族,法制委主任,2016.04~2016.12)

委办副主任

诺尔吉玛(蒙古族,民族委副主任,1984.05~1987.09)

端德格玛(鄂温克族,民族委副主任,1984.05~1987.09)

涂　玉　英(鄂温克族,民族委副主任,1984.05~1991.08)

萨其仁贵(鄂温克族,教科文卫委副主任,1984.08~1988.05)

娜　　琳(达斡尔族,教科文卫委副主任,1995.09~2002.07)

吉　木　斯(蒙古族,民族委副主任,2002.10~2010.12)

布　日　玛(蒙古族,科教文卫委副主任,2004.01~2009.12)

萨　立　丽(鄂温克族,法制委副主任,2004.03~2005.12)

杜　玉　红(鄂温克族,办公室副主任,2004.03~2006.06)

3. 基层人大中的女性

1991年1月设立基层人大常设机构。

主　席

斯普勒玛(鄂温克族,北辉苏木,1991.01~1996.10)

哈　　木(蒙古族,孟根楚鲁苏木,1992.01~1996.10)

刘　素　兰(伊敏河镇,1996.10~1999.12)

娜仁格日勒(鄂温克族,北辉苏木,1997.07~2000.10)

乌兰其其格(达斡尔族,巴彦塔拉乡,1999.12~2002.10)

娜仁格日勒(鄂温克族,辉苏木,2001.05~2002.10)

卜　托　娅(达斡尔族,巴彦托海镇,2006.06~2006.11)

托　　娅(蒙古族,锡尼河西苏木,2013.04~2016.04)

金　　花(鄂温克族,伊敏苏木,2014.12~2016.04)

阿　　萨(达斡尔族,巴彦嵯岗苏木,2014.12~2016.04)

副主席

娜仁格日勒(鄂温克族,北辉苏木,1996.10~1997.07)

乌兰其其格(达斡尔族,巴彦塔拉乡,1996.10~1999.12)

图　　雅(蒙古族,锡尼河西苏木,2002.10~2006.06)

娜　仁　花(蒙古族,锡尼河东苏木,2004.02~2006.06)

赵　　丹(伊敏河镇,2011.08~2013.04)

李　淑　艳(大雁镇,2013.04~2016.04)

韩　芙　蓉(蒙古族,伊敏河镇,2013.04~2015.06)

陶　　英(达斡尔族,巴彦托海镇,2014.12~2016.04)

涂　康　珺(鄂温克族,伊敏苏木,2014.12~2015.06)

(二)政府女官员

1.旗政府组成人员中的女性

中华人民共和国成立后,政府机构的名称经历了人民政府、人民委员会、革命委员会和人民政府的变更。

(1)副旗长

旗人民委员会副旗长

1960年12月,在鄂温克族自治旗第二届人民代表大会第一次会议上,额尔登挂(达斡尔族)当选为旗人民委员会副旗长,成为自治旗进入决策层女性第一人,此后在旗第三届人民代表大会第一次会议上连任。

旗革命委员会副主任

1978年,经中共呼伦贝尔盟委决定,任命额尔登挂为旗革命委员会副主任,直至1980年12月。

旗人民政府副旗长

1980年12月,在鄂温克族自治旗第四届人民代表大会第一次会议上,哈森其其格(鄂温克族)当选为旗人民政府副旗长。

2000年1月,旗九届人大常委会第七次会议任命阿娜(鄂温克族)为旗人民政府副旗长,2002年3月离任。

2004年1月,在鄂温克族自治旗第十届人民代表大会第一次会议上,孙庆杰当选为旗人民政府副旗长,2006年6月离任。

2006年7月,在旗十届人大常委会第十六次会议上,任命樊秀敏为旗人民政府科技副旗长。

2007年11月,在鄂温克族自治旗第十一届人民代表大会第一次会议上,娜日斯(蒙古族)、樊秀敏当选为旗人民政府副旗长。

2010年10月,鄂温克族自治旗十一届人大常委会任命马会宁为旗人民政府副旗长。

2012年11月,在鄂温克族自治旗第十二届人民代表大会第一次会议上,敏杰、马会宁当选为旗人民政府副旗长。

(2)其他组成人员

旗政府各科局正职人员中的女性

"文化大革命"前,在政府科局中无女性正职人员。从1976年开始,陆续有了女性正职。

包　凤　英(蒙古族,人事科科长,1976~1984)

涂　秀　琴（鄂温克族，信访科科长，1976~1984）

其　木　格（鄂温克族，卫生局局长，1976~1980）

玛　　　扎（达斡尔族，广播事业局局长，1979~1983.06）

阿　尔　腾（鄂温克族，劳动科科长，1980~1984）

娜　　　仁（达斡尔族，计划生育办主任，1981~1984）

敖登格日勒（鄂温克族，卫生局局长，1984~1995.02）

金　玉　荣（达斡尔族，审计局局长，1984~1991.05）

戴　淑　琴（鄂温克族，劳动人事局局长，1985~1988.05）

乌　　　兰（蒙古族，第三中学校长，1987.09~）

赵　文　君（计划生育办主任，1988.05~1995.02）

涂　志　娟（鄂温克族，政府办主任，1991.05~1996.01）

那　金　芳（鄂温克族，审计局局长，1991.05~1995.02）

韩　玉　琴（蒙古族，广播电视局局长，1991.05~1995.02）

包　秋　萍（蒙古族，爱卫办主任，1994.02~1996.10）

阿　　　娜（鄂温克族，财政局局长，1995.02~1999.12）

单　秀　珍（达斡尔族，审计局局长，1995.02~1998.05）

苏·敖登格日勒（达斡尔族，卫生局局长，1995.02~1997.07）

车　淑　芳（蒙古族，审计局局长，1999.07~2004.01）

田　　　华（达斡尔族，财政局局长，2001.10~2008.03）

乌兰图娅（鄂温克族，扶贫开发办主任，2001.10~2008.03）

张　桂　华（蒙古族，农业综合开发办主任，2002.10~2008.03）

何　淑　慧（经济与信息化局局长，2006.06~2016.12）

华　　　英（达斡尔族，财政局局长，2008.03~2016.12）

索优勒玛（鄂温克族，人力资源和社会保障局局长，2008.03~2013.01）

萨楚日拉（鄂温克族，扶贫开发办主任，2008.03~2013.01）

张　桂　华（蒙古族，人口与计划生育局局长，2008.03~2013.01）

韩　玫　瑰（回族，双拥办主任，2008.03~2014.12）

阿　　　琳(鄂温克族,爱卫办主任,2008.03~2013.01)

樊　兴　萍(信息化办公室主任,2009.01~2010.10)

萨　立　丽(鄂温克族,审计局局长,2011.08~2016.12)

萨　日　娜(鄂温克族,西部开发办主任,2011.08~2013.01)

朝　　　明(鄂温克族,行政审批中心主任,2011.08~2013.01)

金　晓　勇(达斡尔族,统计局总统计师,2011.08~2014.12)

索　龙　格(鄂温克族,人口和计划生育局局长,2013.01~2014.12)

萨 楚 日 拉(鄂温克族,科技局局长,2013.01~2016.04)

黄　心　蕊(蒙古族,法制办主任,2013.01~2016.09)

智　　　英(达斡尔族,安置办主任,2013.04~2014.12)

萨 仁 托 雅(蒙古族,人才管理与服务中心主任,2013.04~2014.12)

伟　　　红(鄂温克族,蒙语委主任,2013.04~2014.12)

萨　日　娜(鄂温克族,人防办主任,2014.12~2016.12)

朝　　　明(鄂温克族,社会保险局局长,2014.12~2016.12)

包　鹦　鸽(蒙古族,教师进修学校校长,2014.12~2016.12)

雪　　　萍(鄂温克族,教育局局长,2016.04~2016.12)

郭　玉　玲(达斡尔族,交通局局长,2016.04~2016.12)

旗人民政府各科局副职中的女性

乌　　　云(达斡尔族,政府办副主任,1957~1958.07)

思　　　勤(达斡尔族,文教科副科长,1958.12~1959)

涂　秀　琴(鄂温克族,民政科副科长,1960~1963)

乌　　　云(达斡尔族,人事科副科长,1960~1962)

呼　　　群(达斡尔族,科委副主任,1960~1961.09)

呼　　　群(达斡尔族,供销社副主任,1961.09~1971)

张　述　学(旗革委会政治部副主任,1968.03~1969)

塔　　　娜(达斡尔族,知青办副主任,1968~1969)

塔　　　娜(达斡尔族,民劳科副科长,1971~1973)

塔　　　娜(达斡尔族,民政科副科长,1973~1984)

涂　秀　琴(鄂温克族,工业局副局长,1973~1980)

阿　　　荣(达斡尔族,广播事业局副局长,1973~1983.06)

呼　　　群(达斡尔族,商业局副局长,1979~1982)

何　淑　琴(蒙古族,第三中学副校长,1979.09~1985.09)

金　玉　荣(达斡尔族,财政局副局长,1980~1984)

杜　　　彤(鄂温克族,旗医院副院长,1982~1996.12)

阿拉坦申德(鄂温克族,民族宗教局副局长,1983~1988.03)

涂　志　娟(鄂温克族,劳动人事局副局长,1984~1988.05)

塔　　　娜(达斡尔族,计委副主任,1984~1988.03)

韩　　　达(蒙古族,科委副主任,1984~1988.03)

潘　　　平(财政局副局长,1984~1993.12)

那　金　芳(鄂温克族,审计局副局长,1984~1988.05)

敖　　　嫩(鄂温克族,文化局副局长,1984~1986)

韩　玉　琴(蒙古族,广播电视局副局长,1984.03~1991.05)

何　淑　琴(蒙古族,第一中学副校长,1985.09~)

乌　　　兰(蒙古族,职业中学副校长,1985~1987.09)

张　海　霞(劳动人事局副局长,1985~1986)

刘　菊　惠(统计局副局长,1985~1991.05)

单　玉　香(达斡尔族,旗医院副院长,1985~1992.03)

沃　秀　芝(达斡尔族,计划生育办副主任,1985~1987.12)

赵　文　君(计划生育办副主任,1986~1988.05)

包　秋　萍(蒙古族,计划生育办副主任,1988.01~1994.02)

娜仁格日勒(鄂温克族,教育局副局长,1988.05~1991.05)

萨　其　仁　贵(鄂温克族,民族宗教局副局长,1988.05~1995.02)

阿　日　坤(鄂温克族,文化局副局长,1988.05~1993.06)

恩和其其格(鄂温克族,民族宗教局副局长,1988.05~2001.10)

那　色　林(鄂温克族,广播电视局副局长,1988.05~1995.02)

单　秀　珍(达斡尔族,审计局副局长,1988.05~1995.02)

那　金　芳(鄂温克族,财政局副局长,1988.05~1990.02)

涂　志　娟(鄂温克族,旗政府办副主任,1988.05~1991.05)

那　金　芳(鄂温克族,审计局副局长,1990.02~1991.05)

苏·敖登格日勒(达斡尔族,计划生育办副主任,1990.2~1992.10)

阿　　　娜(鄂温克族,财政局副局长,1990.08~1995.02)

娜　木　拉(蒙古族,科委副主任,1991.05~1995.02)

车　淑　芳(蒙古族,物资总公司副总经理,1992.10~1995.10)

苏·敖登格日勒(达斡尔族,卫生局副局长,1992.10~1995.02)

田　　　华(达斡尔族,财政局副局长,1995.02~2001.10)

萨仁格日勒(鄂温克族,民族宗教局副局长,1995.02~2004.02)

娜　木　拉(蒙古族,计划生育局副局长,1995.02~1999.07)

那　色　林(鄂温克族,文体广电局副局长,1995.02~2004.02)

单　梅　英(达斡尔族,鄂温克中学校长,1996.10~2004.12)

智　　　英(达斡尔族,审计局副局长,1996.10~2006.06)

乌　兰　托　娅(鄂温克族,教育科技局副局长,1996.10~2001.10)

乌　云　满　达(鄂温克族,民政局副局长,1999.07~2001.10)

白　桂　琴(鄂温克族,计划生育局副局长,1999.07~2002.10)

郭　淑　珍(达斡尔族,供销社副主任,2000.10~2008.03)

敖　姝　兰(鄂温克族,人事劳动和社会保障局副局长,2001.10~
　　　　　 2004.02)

乌　云　满　达(鄂温克族,民族宗教局副局长,2001.10~2009.12)

红　　　冰(达斡尔族,粮食局副局长,2002.10~2006.06)

萨　楚　日　拉(鄂温克族,财政局副局长,2002.10~2008.03)

张　桂　华(蒙古族,财政局副局长,2002.10~2008.03)

何　淑　慧(建设环保局副局长,2002.10~2004.02)

孟　　丽（达斡尔族,农牧业局副局长,2002.10~2006.06）

德力格尔玛（达斡尔族,卫生局副局长,2002.10~2005.12）

阿　　琳（鄂温克族,爱卫办副主任,2002.10~2008.03）

谢　永　君（蒙古族,人口与计划生育局副局长,2002.10~2010.12）

安　菊　荣（达斡尔族,旗医院副院长,2002.10~2004.02）

索　布　德（鄂温克族,广播电视台副台长,2003.02~2014.12）

樊　兴　萍（政府信息督查室主任,2004.02~2009.01）

张　玉　华（发展和改革局副局长,2004.02~2008.03）

何　淑　慧（经济商务局副局长,2004.02~2006.06）

金　晓　勇（达斡尔族,统计局副局长,2004.02~2016.12）

敖　姝　兰（鄂温克族,民政局副局长,2004.02~2009.12）

萨　　仁（鄂温克族,旗旅游局副局长,2004.02~2010.10）

赵　春　兰（人口与计划生育局副局长,2004.02~2014.12）

鄂　玉　梅（鄂温克族,旗医院副院长,2004.02~2008.03）

王　彩　萍（达斡尔族,统计局副局长,2004.07~2006.06）

萨 仁 托 雅（蒙古族,人力资源和社会保障局副局长,2005.12~2016.12）

萨　日　娜（鄂温克族,教育科技局副局长,2005.12~2011.08）

王　彩　萍（达斡尔族,审计局副局长,2006.06~2013.01）

智　　英（达斡尔族,人力资源和社会保障局副局长,2006.06~2016.04）

苏 伦 高 娃（鄂温克族,双拥办副主任,2006.06~2013.01）

阿　　琳（鄂温克族,卫生局副局长,2006.06~2013.01）

孙　晓　峰（蒙古族,教育科技局副局长,2006.06~2016.04）

朝　　明（鄂温克族,政府办副主任,2008.03~2014.12）

韩　玫　瑰（回族,民政局副局长,2008.03~2016.04）

海　　霞（鄂温克族,旗医院副院长,2008.03~2009.04）

吉　木　斯（鄂温克族,民族宗教局副局长,2009.01~2016.12）

王　书　迪(牧区合作医疗办主任,2009.01~2016.12)

斯　　　琴(蒙古族,统计局牧调队队长,2009.01~2016.12)

鄂　来　新(达斡尔族,统计局城调队队长,2009.01~2015.11)

梁　秀　宝(卫生局副局长,2009.04~2014.12)

海　　　霞(鄂温克族,医保局局长,2009.04~2016.12)

安　　　勇(蒙古族,农牧业产业化发展指导中心主任,2009.04~
　　　　　2014.12)

索　日　娅(蒙古族,旅游局副局长,2009.09~2016.12)

玉　　　欣(鄂温克族,统计局副局长,2009.09~2013.04)

正　　　月(鄂温克族,教师进修学校副校长,2009.12~2015.11)

包　凤　云(蒙古族,教师进修学校副校长,2009.12~2013.04)

史　淑　敏(职业中学副校长,2009.12~2016.12)

包　爱　娣(蒙古族,职业中学副校长,2009.12~2013.04)

安　青　梅(鄂温克族,副科级信访专员,2011.02~2012.02)

杜　晓　丽(鄂温克族,副科级信访专员,2011.02~2013.01)

李　春　霞(副科级信访专员,2011.02~2012.09)

赵　　　丹(副科级信访专员,2011.02~2011.08)

王　雪　莲(蒙古族,副科级信访专员,2011.02~2013.01)

萨　日　娜(鄂温克族,发改局副局长,2011.08~2013.01)

艳　　　丽(鄂温克族,公安局副局长,2011.08~2016.12)

何　冬　梅(达斡尔族,环卫处主任,2011.08~2014.12)

郭　玉　琴(达斡尔族,社会福利中心主任,2011.08~2016.12)

阿　　　荣(鄂温克族,监察局副局长,2011.08~2016.12)

卡　　　娜(鄂温克族,政府信息督查办主任,2011.08~2013.04)

阿　　　华(鄂温克族,财政局监督检查局局长,2010.10~2016.12)

车　淑　梅(蒙古族,质量技术监督局副局长,2011.11~2014.12)

赵　　　晶(质量技术监督局副局长,2011.11~2014.12)

安　青　梅(鄂温克族,信访局副局长,2012.02~2016.09)
滕　静　波(旗第二中学副校长,2012.06~2014.12)
杜　慧　娟(鄂温克族,旗第二中学副校长,2012.06~2016.12)
海　　　霞(达斡尔族,国土资源局副局长,2012.09~2016.12)
李　洪　霞(财政局总会计师,2012.09~2016.12)
尚　姝　静(安全生产监管局总工程师,2012.09~2015.11)
孙　凤　霞(审计局总审计师,2012.09~2013.04)
那　晶　林(鄂温克族,审计局经济责任审计办主任,2012.09~2015.11)
乌　云　娜(鄂温克族,人防办副主任,2012.09~2014.12)
敖　　　君(达斡尔族,城市管理行政执法局局长,2012.09~2014.12)
刘　玉　波(蒙古族,计划生育服务站站长,2012.09~2016.12)
王　桂　荣(蒙古族,交通运输局副局长,2013.01~2016.12)
孙　　　皓(统计局副局长,2013.01~2016.12)
杨　　　倩(双拥办副主任,2013.01~2016.05)
孙　凤　霞(审计局副局长,2013.04~2016.12)
郭　灵　芝(达斡尔族,农牧业局副局长,2013.04~2016.12)
邱　红　梅(蒙古族,文体广电局副局长,2013.04~2014.12)
萨　如　拉(蒙古族,经济和信息化局副局长,2013.04~2016.12)
伟　　　红(鄂温克族,民族宗教局副局长,2013.04~2016.12)
刘　艳　红(蒙古族,卫生局副局长,2013.04~2014.12)
轩辕诗红(满族,爱卫办副主任,2013.04~2016.05)
宏　　　宇(鄂温克族,博物馆馆长,2013.04~2016.12)
青　　　莲(蒙古族,老龄办主任,2013.04~2016.12)
包　爱　娣(蒙古族,鄂温克中学副校长,2013.04~2016.12)
萨　如　拉(蒙古族,副科级信访专员,2013.08~2014.12)
刘　丽　丽(鄂温克族,副科级信访专员,2013.08~2014.12)
涂　康　珺(鄂温克族,副科级信访专员,2013.08~2014.12)

赵　　茜(蒙古族,副科级信访专员,2013.08~2014.12)

王　　博(俄罗斯族,副科级信访专员,2013.08~2014.12)

萨　日　娜(鄂温克族,政府办副主任,2014.12~2016.12)

杨　丽　香(交通运输局副局长,2014.12~2016.12)

索　龙　格(鄂温克族,卫生和计划生育局副局长,2014.12~2016.04)

赵　春　兰(卫生和计划生育局副局长,2014.12~2015.06)

斯　木　吉　德(蒙古族,卫生和计划生育局副局长,2014.12~2016.12)

刘　艳　红(蒙古族,卫生和计划生育局副局长,2014.12~2016.12)

邱　红　梅(蒙古族,文体新广局副局长,2014.12~2015.06)

王　其　其　格(蒙古族,文体新广局副局长,2014.12~2016.12)

车　淑　梅(蒙古族,市场监督管理局副局长,2014.12~2016.12)

王　国　红(供销社副主任,2014.12~2016.12)

谢　红　梅(蒙古族,招商局副局长,2014.12~2016.12)

敖　　君(达斡尔族,文化市场综合执法大队大队长,2014.12~2016.12)

王　彩　虹(蒙古族,人才中心主任,2014.12~2016.12)

吕　松　亮(国土资源局大雁镇分局局长,2014.12~2016.12)

索　优　乐　其(鄂温克族,农牧业产业化中心主任,2014.12~2016.12)

阿　丽　娜(鄂温克族,鄂温克中学副校长,2014.12~2016.12)

宫　　花(蒙古族,锡尼河学校副校长,2014.12~2016.12)

项　海　君(监察局副局长,2015.05~2016.12)

李　春　霞(发展和改革局副局长,2015.06~2016.12)

李　淑　梅(教育局副局长,2015.11~2016.12)

李　　玲(蒙古族,民政局副局长,2016.04~2016.12)

杜　艳　梅(鄂温克族,旅游局副局长,2016.04~2016.12)

萨　楚　日　拉(鄂温克族,教育局副局长,2016.04~2016.12)

黄　心　蕊(蒙古族,政府办公室副主任,2016.09~2016.12)

乔　　娜(蒙古族,广播电视台副台长,2016.09~2016.12)

2. 基层人民政府组成人员中的女性

（1）正职

索日玛德苏荣（达斡尔族，南屯公社革委会主任，1973~1975.01）

娜仁格日勒（鄂温克族，北辉苏木政府苏木达，2000.10~2001.05）

萨 日 娜（鄂温克族，红花尔基镇政府镇长，2013.01~2014.12）

乌 云 娜（鄂温克族，辉苏木政府苏木达，2016.04~2016.12）

（2）副职

嘎拉森道力玛（蒙古族，锡尼河东公社副社长，1958.11~1963.07）

呼　　　群（达斡尔族，南屯公社副社长，1958~1960）

秀　　　瑞（鄂温克族，南屯公社副社长，1958~1963）

秀　　　瑞（鄂温克族，巴彦塔拉公社副社长，1963~1966）

斯　琴　挂（蒙古族，伊敏公社副主任，1973~1975）

索音格日勒（达斡尔族，巴彦塔拉公社副主任，1974~1976）

斯　琴　挂（蒙古族，巴彦塔拉公社副主任，1975~1980）

阿尤勒图贵（鄂温克族，巴彦嵯岗公社副主任，1976.10~1982）

道　力　玛（蒙古族，孟根楚鲁公社副主任，1979~1980）

德力格尔玛（蒙古族，巴彦托海镇副镇长，1984~1996.10）

沃　秀　芝（达斡尔族，伊敏河镇副镇长，1985~1990.05）

乌　云　满　达（鄂温克族，辉苏木副苏木达，1993.01~2002.10）

张　桂　华（蒙古族，巴彦托海镇副镇长，1996.10~1997.07）

翟　丽　红（大雁矿区副区长，1996.10~2002.10）

布　日　玛（蒙古族，伊敏苏木副苏木达，1999~2002.10）

谢　永　君（蒙古族，红花尔基镇副镇长，1999.12~2002.10）

娜　仁　花（蒙古族，锡尼河东苏木副苏木达，2001.12~2004.03）

娜　仁　花（蒙古族，伊敏苏木副苏木达，2002.12~2009.12）

康　慧　琼（大雁矿区副区长，2004.02~2006.06）

斯　木　吉　德（蒙古族，锡尼河镇副镇长，2004.02~2011.04）

邢　荣　梅(蒙古族,伊敏河镇副镇长,2007.08~2008.08)

贺　马　莲(蒙古族,锡尼河镇副镇长,2007.08~2008.08)

刘　艳　红(蒙古族,锡尼河镇副镇长,2009.01~2009.12)

金　　　花(鄂温克族,伊敏苏木副苏木达,2010.10~2013.04)

斯　木　吉　德(蒙古族,锡尼河东苏木副苏木达,2011.04~2013.04)

阿　　　萨(达斡尔族,巴彦嵯岗苏木副苏木达,2011.04~2014.12)

郭　永　华(达斡尔族,巴彦塔拉乡副乡长,2011.08~2016.04)

托　　　娅(蒙古族,锡尼河西苏木副苏木达,2011.08~2013.04)

新　金　花(鄂温克族,辉苏木办事处副主任,2011.08~2016.12)

李　　　玲(蒙古族,巴彦嵯岗苏木副苏木达,2012.06~2015.06)

刘　琰　琳(达斡尔族,伊敏河镇副镇长,2012.09~2016.12)

金　俊　英(达斡尔族,巴彦塔拉乡副乡长,2013.04~2016.12)

哈　　　斯(蒙古族,伊敏苏木副苏木达,2013.04~2016.04)

哈　　　斯(蒙古族,巴彦托海镇副镇长,2016.04~2016.12)

李　淑　艳(大雁镇副镇长,2016.04~2016.12)

王　　　敏(红花尔基镇副镇长,2016.04~2016.12)

3.开发区管委会和自然保护区管理局领导人员中的女性

(1)巴彦托海经济技术开发区管委会

副　主　任:张玉华(2008.03~2014.12)

科室负责人:宋艳萍(办公室副主任,2003.07~2005.10)

　　　　　　华　英(达斡尔族,财政局副局长,2005.10~2008.03)

　　　　　　杜晓丽(鄂温克族,财政局副局长,2012.06~2016.09)

　　　　　　杜晓丽(鄂温克族,办公室主任,2016.09~2016.12)

(2)辉河国家级自然保护区管理局

科室负责人:宋艳萍(办公室副主任,2005.10~2008.02.)

　　　　　　郝文鑫(鄂温克族,科技与宣教科副科长,2012.07~2016.12)

安青梅(鄂温克族,办公室主任,2016.09~2016.12)

(三)旗人民法院、人民检察院女性负责人

1. 旗人民法院

副　院　长:索日玛德苏荣(达斡尔族,1953.09~1955.01)

　　　　　　思　勤(达斡尔族,1959~1980.12)

　　　　　　托　雅(鄂温克族,1994.02~2004.02)

　　　　　　韩　冰(2008.03~2016.12)

　　　　　　道日娜(达斡尔族,2013.04~2016.12)

执行局局长:孟晓玲(达斡尔族,2013.04~2016.12)

2. 旗人民检察院

副　检　察　长:牡　丹(蒙古族,2004.12~2008.03)

　　　　　　　哈斯其木格(蒙古族,2012.12~2016.12)

三、政协组织中的女性

(一)委员

1957年3月,索伦旗政协第一届委员会共有委员41人,其中女性委员3人,她们是:格恩陶格套格、桑瑞、秀杰,占委员总数的7.32%。

1958年,政协鄂温克族自治旗第二届委员会,有阿荣、格恩陶格套格、桑瑞、黄格、伊敏花尔、秀杰6名女性委员,占委员总数的11.11%。

1962年,政协鄂温克族自治旗第三届委员会,有阿荣、阿尔腾、秀杰、涂秀琴、伊敏花尔、桑瑞、阿尔坦德力格尔、向庆瑜、格恩陶格套格、黄格10名女性委员,占委员总数的12.99%。

1980年12月,政协鄂温克族自治旗第四届委员会,有额尔登挂、思勤、嘎拉森道力玛、阿尤勒图贵、斯琵勒、呼群等11名女性委员,占委员总数的13.5%。

1984年10月,政协鄂温克族自治旗第五届委员会,有阿尔腾、韩桦、嘎拉森道力玛、斡如格尔勒、王晓兰、阿·森德玛、韩达、王桂贤、郭菊跃、帕格玛、杜彤、托亚、钱祥林、安娜、李桂华、斯仁道力玛、森德扎布、敖铁叶18名女性委员,占委员总数的18.95%。

1987年9月,政协鄂温克族自治旗第六届委员会,有阿尔腾、韩桦、嘎拉森道力玛、乌云德力格尔、额·道力玛、郭布日勒尼玛、斯普勒玛、索伦挂、斯皮勒、高力玛、莎仁其其格、何淑清、沙仁格日勒、托雅、娜仁其其格、敖铁叶、李桂华、桑道力格尔、金凤、索德格日勒、斯日古楞21名女性委员,占委员总数的22.58%。

1991年3月,政协鄂温克族自治旗第七届委员会,有韩桦、斯日古楞、郭布日勒尼玛、李雅珍、韩玫瑰、陈淑荣、图雅、陶丽、萨其仁贵、徐德琴、韩玉琴、姚海珍、刘海云、道力玛、桂花等19名女性委员,占委员总数的17.12%。

1994年1月,政协鄂温克族自治旗第八届委员会,有哈森其其格、斯仁吉木、斯日古楞、乌日塔那顺、李雅珍、索能花、宝音其其格、塔娜、陶丽、萨其仁贵、徐德琴、韩玉琴、安娜、韩玫瑰等14名女性委员,占委员总数的12.2%。

1999年1月,政协鄂温克族自治旗第九届委员会,有宋杰、斯仁吉木、索优勒玛、敖德巴拉、萨其仁贵、苏荣珍、吉米斯、何美婷、杜鹃、黎霞、塔娜、涂安娜、斯琴、田华、敖莉、格日乐、托娅等22名女性委员,占委员总数的22.68%。

2004年1月,政协鄂温克族自治旗第十届委员会,有敏杰、宋杰、斯琴花、乌云格日勒、额尔敦其其格、敖仁其其格、苏英芬、黎霞、月玲、韩冰、柳华、包艳芝、伟娜、韩玫瑰、王丽华、武梅、敖红梅、侯秀萍、乌云其木格、娜荣、娜仁托雅、刘玉红、敖忠梅、宋丽波、刘秀云、卜托娅等26名女性委员,占委员总数的27.08%

2007年11月,政协鄂温克族自治旗第十一届委员会,有田华、宋丽萍、蔡立波、红旺、永红、黎霞、月玲、柳华、乌云高娃、何梅萍、乌尼尔、娜日萨、韩玫瑰、康丽英、金志梅、阿荣、红霞、萨仁、伊丽娜、鄂晓红、敖红梅、李淑华、安海兰、乌云其木格、郭金凤、乌兰其木格、伟娜、敖忠梅、立聪、巴拉吉德等30名女性委员,占委员总数的28.57%。

2012年11月,政协鄂温克族自治旗第十二届委员会,有索优乐玛、王健、黎霞、月玲、刘凤艳、萨仁、包鹦鸽、敖立秋、杜秀辉、敖格优、乌尼尔、乌日娜、萨日娜、王敏、王其其格、吴楠、达西玛、韩玫瑰、阿荣、孟金英、李玉环、郑艳娇、敖红梅、李淑珍、何淑慧、张叔梅、李殊媛、吴春丽、鄂丽娜、乌仁、阿丽玛、敖丽娜、滕凤云、道日娜、敖忠梅等35名女性委员,占委员总数的32.71%。

(二)常委会组成人员

1.副主席

1980年12月,在政协鄂温克族自治旗第四届委员会第一次会议上,额尔登挂、思勤当选为旗政协副主席,二人均为达斡尔族。

1987年9月,在政协鄂温克族自治旗第六届委员会第一次会议上,阿尔腾(鄂温克族)当选为旗政协副主席。

1988年5月,在政协鄂温克族自治旗第六届委员会第二次会议上,孙桂琴当选为旗政协副主席。

1994年1月,在政协鄂温克族自治旗第八届委员会第一次会议上,哈森其其格(鄂温克族)当选为旗政协副主席。

2004年1月,在政协鄂温克族自治旗第十届委员会第一次会议上,敏杰(鄂温克族)当选为旗政协副主席。

2007年11月,在政协鄂温克族自治旗第十一届委员会第一次会议上,田华(达斡尔族)当选为旗政协副主席。

2012年11月,在政协鄂温克族自治旗第十二届委员会第一次会议上,索优勒玛(鄂温克族)当选为旗政协副主席。

2.常务委员

阿　荣(达斡尔族,第二、三届,1959.12～1966.05)

秀　杰(达斡尔族,第二、三届,1959.12～1966.05)

嘎拉森道力玛(蒙古族,第四届,1980.12～1984.10)

阿尔腾(鄂温克族,第五届,1984.10～1987.09)

王桂贤(第五届,1984.10~1987.09)

杜　彤(鄂温克族,第五届,1984.10~1987.09)

韩　桦(蒙古族,第六、七届,1987.09~1993)

斯日古楞(鄂温克族,第七、八届,1987.09~1999.01)

萨其仁贵(鄂温克族,第九届,1999.01~2004.01)

涂安娜(鄂温克族,第九届,1999.01~2004.01)

斯仁吉木(蒙古族,第九届,2002.02~2004.01)

黎　霞(鄂温克族,第九、十、十一、十二届,2002.02~2016.12)

额尔敦其其格(鄂温克族,第十届,2004.01~2007.11)

月　玲(达斡尔族,第十、十一、十二届,2004.01~2016.12)

敖忠梅(达斡尔族,第十届、第十一届,2004.01~2012.11)

永　红(蒙古族,第十一届,2007.11~2012.11)

鄂晓红(达斡尔族,第十一届,2007.11~2012.11)

何梅萍(达斡尔族,第十一届,2007.11~2012.11)

王　健(第十二届,2012.11~2016.12)

刘凤艳(第十二届,2012.11~2016.12)

萨　仁(鄂温克族,第十二届,2012.11~2016.12)

(三)政协工作机构中的女性负责人

1. 正职

斯日古楞(鄂温克族,民族宗教委主任,1994.05~1995.02)

宋　杰(蒙古族,办公室主任,2001.10~2008.03)

包鹦鸽(蒙古族,提案委主任,2011.08~2014.12)

韩玫瑰(回族,教科文卫委主任,2016.04~2016.12)

阿　萨(达斡尔族,经济人口资源环境委员会主任,2016.04~2016.12)

2. 副职

查干哈斯(达斡尔族,提案委副主任,1991~1994)

宋　杰(蒙古族,副秘书长,1994.01~2008.03)

包鹦鸽(蒙古族,教科文卫委副主任,2008.03~2009.01 副秘书长, 2009.01~2011.08)

黎　英(蒙古族,副秘书长,2013.01~2016.12)

月　玲(达斡尔族,教科文卫委副主任,2013.04~2016.04)

图　雅(蒙古族,教科文卫委副主任,2016.04~2016.12)

四、群团负责人中的女性

(一)正职

索日玛德苏荣(达斡尔族,妇联主任,1949.11~1955.05)

阿拉坦(蒙古族,妇联主任,1956~1958.12)

额尔登挂(达斡尔族,副旗长兼妇联主任,1962~1966)

玛　扎(达斡尔族,妇联主任,1973~1979)

哈森其其格(鄂温克族,妇联主任,1983~1984)

嘎拉森道力玛(蒙古族,妇联主任,1984~1989.07)

斯日古楞(鄂温克族,妇联主席,1990.08~1994.05)

萨其仁贵(鄂温克族,妇联主席,1995.02~1999.07)

娜日斯(蒙古族,共青团旗委书记,1996.10~2000.11)

安　娜(鄂温克族,内蒙古鄂研会办公室主任,1997.06~2002.10)

斯仁吉木(蒙古族,妇联主席,1999.07~2002.10)

索优勒玛(鄂温克族,共青团旗委书记,2001.10~2004.04)

恩和其其格(鄂温克族,残联理事长,2001.10~2003.07)

涂淑芝(鄂温克族,妇联主席,2002.10~2004.02)

白桂琴(鄂温克族,内蒙古鄂研会办公室主任,2002.10~2006.06)

涂淑芝(鄂温克族,工会主席,2004.02~2008.03)

伟　娜(鄂温克族,侨联主席,2006.06~2012.05)

索龙格(鄂温克族,妇联主席,2006.11~2013.01)

丹　砾(蒙古族,工会主席,2008.03~2016.04)

孙晓峰(蒙古族,科协主席,2011.08~2013.01)

娜仁托雅(蒙古族,妇联主席,2013.01~2016.12)

苏伦高娃(鄂温克族,文联主席,2013.01~2016.12)

赵　丹(侨联主席,2013.01~2016.12)

乌云娜(鄂温克族,共青团旗委书记,2014.12~2016.04)

王　健(科协主席,2014.12~2016.12)

索龙格(鄂温克族,工会主席,2016.04~2016.12)

孙晓峰(蒙古族,红十字会常务副会长,2016.04~2016.12)

(二)副职

玛　扎(达斡尔族,妇联副主任,1952~1953)

阿拉坦(蒙古族,妇联副主任,1954~1956)

涂淑琴(鄂温克族,妇联副主任,1957~1960)

呼　群(达斡尔族,妇联副主任,1959.07~1960.12)

阿　荣(达斡尔族,妇联副主任,1961~1966)

阿尔腾(鄂温克族,工会副主席,1962~1981)

嘎拉森道力玛(蒙古族,妇联副主任,1963~1984)

王　悦(工会副主席,1968.07~1970)

哈森其其格(鄂温克族,妇联副主任,1973~1976)

董静影(妇联副主任,1973~1976)

张述学(妇联副主任,1974~1975)

沃彩金(达斡尔族,妇联副主任,1977.03~1979)

娜仁其其格(鄂温克族,妇联副主任,1982~1994.05)

敖　嫩(鄂温克族,文联副主席,1982~1989)

斯仁吉木(蒙古族,妇联副主任,1985~1990.08)

斯仁吉木(蒙古族,工会副主席,1990.08~1999.07)

娜日斯(蒙古族,共青团旗委副书记,1991.05~1996.10)

敏　杰(鄂温克族,妇联副主席,1994.05~2001.10)

诺　敏(鄂温克族,妇联副主席,1994.05~2010.12)

索优勒玛(鄂温克族,共青团旗委副书记,1996.10~2001.10)

陶桂琴(达斡尔族,计划生育协会秘书长,1997.07~2003.07)

丹　砾(蒙古族,工会副主席,2002.10~2008.03)

索龙格(鄂温克族,妇联副主席,2003~2006.11)

萨日娜(鄂温克族,共青团旗委副书记,2004.02~2005.12)

红　梅(鄂温克族,妇联副主席,2004.02~2009.12)

月　玲(达斡尔族,计划生育协会秘书长,2004.02~2013.04)

孟　丽(达斡尔族,科协副主席,2006.06~2012.12)

杨丽香(工会副主席,2008.03~2009.12)

邱红梅(蒙古族,文联副主席,2008.03~2013.04)

萨　仁(鄂温克族,妇联副主席,2010.10~2016.12)

柳　华(鄂温克族,内蒙古鄂研会办公室副主任,2011.12~2016.04)

徐晓琳(蒙古族,共青团旗委副书记,2012.06~2016.12)

王雪莲(蒙古族,红十字会副会长,2012.06~2016.12)

王其其格(蒙古族,工会副主席,2012.09~2014.12)

王　健(科协副主席,2012.12~2014.12)

代　磊(鄂温克族,共青团旗委副书记,2013.04~2016.12)

娜仁花(蒙古族,残联副理事长,2013.04~2016.12)

乌日娜(鄂温克族,文联副主席,2013.04~2016.12)

卡　娜(鄂温克族,内蒙古鄂研会办公室副主任,2013.04~2016.12)

萨如拉(蒙古族,妇联副主席,2014.12~2016.12)

第三节　妇女运动

早在20世纪20年代,索伦旗就有一部分女青年在俄国十月革命的影响下,积极投身反封建压迫、争取民族解放运动,有的甚至献出了年轻的生命。

1919年,郭道甫和福明太等人在家乡莫和尔图普及教育,提倡新文化、新生活,同时设立女子学校,招收周围的儿童和青年,主要教授蒙文。学校还从苏联聘请女教师索尼,她一边教学,一边宣传十月革命,使学生们深受影响,萌生了冲破封建礼法束缚的斗争意识,懂得了很多革命道理。

1924年秋,海瑞、桂瑞、松贤、任贤、孟贤五位女生和三位男生,为寻求知识,寻求真理,结伴辗转到苏联,在那里先后加入了共产党组织,并被保送到莫斯科东方大学学习,后回国或到蒙古人民共和国参加革命工作。这一时期,在共产国际的领导下,苏联和蒙古先后在呼伦贝尔地区成立了情报组。1932年,根据斗争和形势的需要,共产国际将这两个情报组合并,其成员包括海瑞、色丕勒玛、玛如喜等女性成员,主要任务是收集日本侵略军政治、军事、经济情报。她们中年龄最小的玛如喜,13岁就做情报工作,凭借着她的聪明、机智、勇敢,获取了大量高机密、高质量的日军情报并及时转交情报组。

上世纪20年代末,根据共产国际的指示,色丕勒玛与其丈夫哈斯巴特尔,回到阔别多年的家乡南屯,以教师的身份作掩护,一面教授文化知识,一面宣传蒙古人民革命、俄国十月革命和消灭封建压迫的革命道理,培养革命骨干力量,先后选送40余名少数民族优秀青年赴苏联、蒙古学习,接受革命教育。"九一八"事变后,色丕勒玛夫妇多次将收集的日伪军政情报转报苏、蒙派来的情报员,多次冒着生命危险越境递送情报。1941年,色丕勒玛不幸逝世。

1934年,海瑞受共产国际的派遣,带着收集日本侵略军政治、经济、军事情报的重任,回到祖国,在内蒙古哲里木盟(今通辽市)开鲁县一带活动,她以小商人的身份做掩护,摆小摊做买卖,秘密收集情报,夜深人静时,将收集到的情报用收发报机传送出去,接受上级的指示。此后,她先后到北平(今北京市)、克什克腾旗等地收集情报,将情报传给八路军和蒙古人民革命军。1941年,由于叛徒出卖,海瑞被捕,在狱中,她坚贞不屈,面对酷刑她毫不畏惧。1944年冬，年仅37岁的海瑞惨死在日本侵略者的屠刀下。

1945年8月，苏联对日宣战，由苏联红军和蒙古人民革命军组成的联军进驻呼伦贝尔，解放了呼伦贝尔全境，日本宣布无条件投降，中国的抗日战争取得了彻底的胜利。10月，在原南屯学校教师碧利德、哈森吉木的倡仪下，2人与娜仁图雅、哈斯米德等人共同走访家长，动员学生回到学校上课，并利用女子国民高等学校为校舍，开始复课，当时的学生只有30余人，教师不计报酬。萨仁索德、哈斯米德二人冲破家庭阻力，去辉苏木学校当教师，与学生同吃同住，培养了第一批鄂温克族学生，也培养了当地的教师。

1946年初，由玛扎、哈森吉木、娜仁图雅等人发起成立本旗第一个妇女组织——"新呼群呼日拉"。她们以"努力学习深造，为劳苦大众服务"为宗旨，动员广大妇女参加学习科学文化知识，兴办教育。其创办的刊物《团结》有着广泛的社会影响。同年3月8日，在巴彦托海召开第一次妇女集会，——"妇女解放纪念会"，着重宣传苏联、蒙古妇女摆脱奴役，获得自由与解放，参加社会活动和建设祖国的事例，号召各族各界妇女组织起来，努力学习，建设家乡。在其号召下，广大妇女积极响应，陆续到呼伦贝尔高等学院和东北军政大学学习，参加革命工作。同年，额尔登挂带领索伦旗的10余名女青年，到内蒙古军政大学、扎兰屯工学院等院校学习。其中有的在学校加入了中国共产党。毕业后，她们回到家乡，在中国共产党的领导下，联络、动员家乡父老、姐妹组织起来，为民族的解放共同奋斗，宣传党的主张和方针、政策，鼓励妇女向封建势力作斗争，组织妇女学文化，带动一批妇女走向革命道路。索日玛德苏荣、额尔登挂、哈森吉木、萨仁索德、玛扎等就是在这一时期涌现出来的索伦旗最早的一批妇女干部和妇女工作者。在她们的带领下，广大妇女有的参军参战，有的送子、送郎参军，有的用做军鞋、捐款捐物等形式支援前线。她们活跃在城镇、牧区，开展新法接生、宣传卫生知识，宣传"三不两利"政策（即不分、不斗、不划阶级、牧工牧主两利政策），积极投身到牧区民主改革的活动中。

1948年12月,东北地区第一届妇女代表大会在沈阳召开,索日玛德苏荣作为呼伦贝尔盟代表应邀出席大会,在会上她用蒙古语作题为"为妇女解放事业作出应有的贡献"的发言,得到与会代表的一致赞誉。

1949年10月1日,中华人民共和国宣告成立,广大妇女得到了历史性的解放。同年11月,中共索伦旗支部委员会成立,支委会设立妇女委员,专抓妇女工作。自此,索伦旗妇女在中国共产党的领导下,围绕党和政府的中心工作,有计划、有组织地动员妇女参加牧区民主改革、镇压反革命、抗美援朝、婚姻法宣传、扫除文盲、人民政权建设等社会活动和工作,为全旗经济的恢复和发展做出贡献,发挥了积极的作用。

1950年5月1日《中华人民共和国婚姻法》(以下简称《婚姻法》)颁布,明确宣布:"废除包办强迫、男尊女卑、漠视子女利益的封建主义婚姻制度。实行男女婚姻自由、一夫一妻、男女平等,保护妇女和子女合法利益的婚姻制度"。"禁止重婚、纳妾。禁止干涉寡妇婚姻自由"。为广泛开展《婚姻法》的宣传,旗党支部组织人员深入到牧区和学校、机关,利用报告、讲座、培训班、广播、板报等多种形式宣传。通过宣传,封建婚姻制度基本摧毁,社会主义婚姻制度开始建立。婚姻自主、男女平等、民主和睦、团结生产的新型婚姻家庭逐渐增多,妇女受迫害、受歧视、受虐待的逐渐减少,从根本上杜绝了重婚纳妾、童养媳、包办买卖婚姻等封建婚姻制度。

中华人民共和国成立前,由于战乱、缺医少药等原因,旗境内性病流行严重,其中不少患者是妇女,严重影响着少数民族的身心健康。根据这一情况,受中共呼伦贝尔盟委的委派,1951年,呼伦贝尔盟性病防治站40余名"驱梅"工作队到索伦旗5个苏木、39个嘎查开展性病普查和防治工作。同时成立旗、苏木、嘎查三级"驱梅"委员会,委员会由各党政领导挂帅,成员包括各级工青妇组织负责人和"驱梅"工作队队员。机构组建后,利用各种会议和文艺演出、放幻灯、演唱、图片、小型展览等形式,宣传和普及卫生科学知识,为开展检查治疗工作创造条件。"驱梅"工作大体上经过了三个阶段:第一阶段,1951~1956年普查治疗阶段;第二阶段,1957~1962年复查治疗阶段;第三阶段,1962~1966年扫尾阶段。经过反复的普查治疗、补查补治、复查复治工作,使性病的患病率由1951年的28.6%下降到1958年的1.2%,其后又通过6年的治疗后观察、补查补治,到1964年,全旗检查4 446人,患病率为1.52%。1982年,对全旗7个公社进行抽查,患病率下降到0.95%。经过治疗的病人98.2%血清转阴,绝大多数病人治疗后恢复了劳动能力;通过复查复治,未发现先天性梅毒儿,因梅毒至残已不见。经过性病防治的地区,人口出生率明显增长,草原上出现了人畜两旺的繁荣景象,全旗基本消灭性病。

1954年10月,索伦旗第一次妇女代表大会召开,索伦旗民主妇女联合会宣告成立。同年,全旗妇女参加牧业生产和副业生产的有2 300余人,占妇女总数的三分之二以上。在她们当中涌现出了各级各类劳动和生产能手,如:锡尼河东苏木的斯琵勒、辉苏木的宝力格、巴彦托海苏木的淑义等。旗妇联成立后,在旗党支部的领导下,结合牧区特点,围绕党和政府的中心工作开展妇女工作。一方面,深入到牧民群众中调查了解情况,及时掌握牧区妇女的思想状况。另一方面,围绕中心工作开展宣传,采取办培训班的形式做各方面工作。通过艰苦、细致的工作,各族各界妇女的政治觉悟和生产积极性得到很大提高。结合妇女的特点,开展妇幼保健和卫生科学知识普及工作,做耐心的思想政治工作,帮助广大妇女用科学的思想观念武装头脑。培训接生员,推广新法接生,进行新法育儿的宣传教育,到1958年,新法接生率达97%以上,新生儿破伤风基本得到控制。与此同时,选派一批有一定文化基础的牧区青年到外地学习,建立苏木卫生院和嘎查卫生室,培养嘎查乡土医生和助产士,这些土生土长的乡土医生、护士克服种种困难,使婴儿的死亡率有了较大幅度的下降,打开了牧区医疗卫生工作的局面。

1958年,中共索伦旗委发出"向无水草原进军,改变无水草原面貌,使人和牲畜饮到足够净水"的号召。旗人大代表、巴彦托海苏木妇联委员桑瑞在苏木妇代会上提出修建敖仁保力高水库的倡议,得到旗委、旗人民委员会和旗妇联的支持。苏木50多名妇女于6月17日至7月5日经过18天的艰苦劳动,完成可供4万头牲畜饮水的小型水库。水库坝体长180米、高3米、底宽7米、上宽2米,蓄水面积3万平方米,容水量2.4万平方米。为纪念广大妇女的辛勤劳动,旗委、旗人民委员会将这座水库命名为"三八"水库,并将水库模型送北京农业展览馆妇女展览厅展出。为水库作出突出贡献的桑瑞(达斡尔族)和淑义(鄂温克族)分别出席全国建设社会主义积极分子代表大会和全国牧业积极分子代表大会,受到毛泽东、刘少奇、朱德、周恩来等党和国家领导人的亲切接见。

◆鄂温克族自治旗妇女联合会志◆

第四章

三大主体活动

◇ 第一节 "双学双比"竞赛活动

◇ 第二节 "五好文明家庭"竞赛活动

◇ 第三节 "巾帼建功"竞赛活动

第四章 三大主体活动

第一节 "双学双比"竞赛

1977~1978年,旗妇联在各公社和生产队间开展"比学习、看觉悟;比破旧立新、看行动;比出勤、看贡献;比作风、看艰苦奋斗"的流动红旗竞赛活动,有力促进了当时的生产发展。

1989年初,全国妇联联合国家农业部、林业部、教委、科委、国务院扶贫开发领导小组等14个部委,在全国农村妇女中开展"学文化、学技术,比成绩,比贡献"竞赛活动。活动内容:一是立足于科技兴农,对妇女进行文化科技培训,组织妇女开展农牧业生产经营竞赛活动;二是面向市场,推动改革,为妇女提供社会化服务;三是开展"巾帼扶贫行动"和"三八绿色工程"活动。这项活动得到了妇女群众的积极响应,成为在农村妇女中影响最大、效果最好的活动。

一、帮助妇女脱贫致富

1990~2005年,旗妇联调动全旗90%以上妇女参加"双学双比"竞赛活动,先后在44个嘎查、60个街道居委会中建立妇代会组织。并把扶持贫困妇女工作做为重点,积极开展"一扶一"、"手拉手"共奔小康活动。制定妇代会、居委会扶贫联系制度并采取由女状元与贫困妇女结对子措施,充分发挥旗、市级女状元的典型示范带头作用。

1990年,全旗以妇女为主的奶牛专业户有285户,奶牛37 150头,当年,为国家上交鲜牛奶2.6万吨。同年,巴彦托海嘎查妇代会在集体经济发展的情况下，利用 4 000 元解决了畜草不足的问题。

1995~2005 年，巴彦托海镇巴彦托海嘎查妇代会扶助 11 个贫困户（40人），解决 2 个孤寡老人的救济问题。

1997 年，锡尼河西苏木巴彦胡硕嘎查女状元乌日图那顺主动带 3 个贫困户，旗妇联帮助其从旗扶贫办的扶贫资金中解决 7 000 元购买 4 头带犊母牛，为脱贫奠定基础。同年，旗妇联组织"双学双比"致富创业经验交流报告会，报告会由 8 名来自不同岗位上的妇女介绍创业中取得优异成绩的先进经验，促进了引导更多妇女走向致富道路的作用。

1998 年，旗妇联组织各苏木、乡、镇妇联主任到陈巴尔虎旗苏木、嘎查参观学习脱贫致富的先进经验，促进了致富工作的开展。

2000 年，为适应社会主义市场经济发展的需要，加速牧民达小康和实现共同富裕进程，巴彦托海嘎查妇代会带领妇女利用 80 亩菜地搞起蔬菜大棚，在院子里砌上猪圈、鸡舍，发展庭院经济，参加农田劳动的 13 个牧户，每人年纯收入 1 700 元，还无偿分到几袋过冬的秋菜，扶持了部分贫困户，带动了部分妇女走上脱贫致富奔小康的道路。

旗妇联确定巴彦托海嘎查妇代会"114 工程"试点单位，结合全旗建设 80 公里奶牛带，组织高产奶牛培训班，带领牧民妇女参观高产奶牛养殖户，在开展庭院经济中，加大生产项目，播种 40 亩菜地，并且将播种的马铃薯卖大存小，加工粉条后销售，形成产、供、销一条龙的路子。北辉苏木妇联组织嘎查达、妇代会主任，为嘎查集体经济以最低价格献出 50 只羊。锡尼河西苏木好力宝嘎查妇代会组织妇女剪羊绒收入 1 500 元。北辉苏木查干诺尔嘎查妇代会主任南吉乐玛为发展畜牧业，到谢尔塔拉牧场购买改良牛犊 59 头，分给嘎查牧民妇女，成活率达到 90%。

旗妇联为帮助巴彦塔拉乡一位贫困妇女早日脱贫，为她购买一袋进口马铃薯种子，帮助她按照农业技术推广服务中专家讲解的科学种植马铃薯的方法进行播种，年收入 500 余元。

大雁矿区妇联引导妇女走脱贫致富道路，扶持一个养鸡专业户，年收入2万元以上,养鸡场年出栏肉鸡1万只,并出栏生猪50头。伊敏河镇一名妇女将自己学来的用钢针编织拖鞋的方法,主动教给贫困妇女,使她们用自己勤劳的双手创新致富。

旗妇联针对牧民妇女在发展中资金困难问题,大力开展小额信贷工作,帮助挂钩户选准项目,扶持牧民妇女发展生产。两年内,旗妇联争取小额信贷1 040.9万元,发放到3 580名最需要的牧区妇女手中,经过这些妇女精心选项目、科学管理、合理使用贷款,都获得了相当盈利,通过小额信贷发放工作,使30户被扶持的贫困户基本脱贫,树立了致富信心。小额信贷不仅得到妇女群众的拥护,而且也促进了"双学双比"竞赛活动更加扎实有效地开展。

2003年,全旗10个苏木乡镇妇联分别举办各类实用技术培训班15期,培训牧民妇女达1 000余人。同时,注重教育培训基地的建设,努力为各族妇女学习文化、科技、法律法规,交流致富经验、获取市场信息提供场所。10月16日,旗妇联与旗教科局、旗就业局共同组建成立"鄂温克旗职业技能培训中心",基地的建立,对全旗妇女工作具有特别重要的意义,成为全旗各级妇女组织服务各族各界妇女的窗口和有效载体。

2004年,为进一步搞好"六个一"工程建设,旗妇联重点以畜牧养殖业为龙头,建立起8个"妇"字号庭院经济示范基地,主要项目是高产奶牛饲养基地、育肥羊饲养基地、食用菌基地、北极狐基地,为妇女脱贫起到带动作用。为帮助贫困家庭子女解决就业问题,旗妇联在全旗率先开展劳务输出工作。通过宣传培训、拓宽输出渠道,确保劳务人员"输得出、留得住、干得好",共输出16名青年妇女到北京,为她们减轻了家庭生活的负担。在创建全国旅游强县工作中,旗妇联在巴彦嵯岗苏木、锡尼河西苏木、巴彦塔拉乡、辉苏木创建20户具有民族特色的"巾帼家庭生活旅游户",不仅为自治旗的旅游事业增添了亮点,也为妇女增收创造了条件。旗妇联及各级妇联、妇女委员会、妇女小组密切配合旗畜牧业局、旗林业局、旗科技局、旗社保局等单位,多次组织科技人员深入巴彦嵯岗、辉、伊敏等苏木举办养殖、食用菌栽培、反季节蔬菜种植等实用技术培训班共17期,受训妇女720人次,同时,组织16 000多名妇女参加"双学双比"竞赛活动,占全旗16～45岁35 129名农牧民妇女的48.2%,其中有1 746名妇女掌握了至少一门实用技术。这项活动的开展,使部分基层妇女脱贫致富,还涌现出许多先进的"脱贫英雄"。年内,在基层共建立47家"种、养、生"及"生态"科技示范户,培养了170名由农牧民妇女转型的技术员,推动了农牧民基层妇女引用技术的积极性,加快了基层妇女科技人才队伍培养步伐,提高了妇女科技素质。

2005年,旗妇联向国际民间组织促进会争取到民族手工艺品发展项目款1万元,培训妇女制作手工艺品,挖掘民族民间艺术,筹备参加"2006年内蒙古自治区草原艺术节",以展示本旗民族民间艺术作品。同时,资助贫困妇女制作手工艺品。

为加快鄂温克旗经济建设步伐,旗妇联要求基层妇联做好宣传,动员各地妇委会及牧民妇女参与"妇代会加协会"组织,经过宣传教育,有3个苏木先后建立起"妇代会加协会"组织,并开展工作。

8月,旗妇联举办嘎查妇代会岗位培训班,并带领学员参观巴彦托海镇巴彦托海嘎查实际工作。

10月,举办苏木、乡、镇、区妇联主任业务学习培训班,参观大雁矿区妇联及社区、巴彦嵯岗苏木妇联及嘎查的基层组织建设、示范基地等,以此推动全旗基层组织工作的向前发展。

为发展庭院经济,旗妇联在巴彦托海镇食用菌示范基地举办食用菌栽培技术培训班,传授蒸锅、装袋、一级、二级菌的培养栽培技术,与海拉尔区食用菌协会联合召开食用菌栽培技术现场经验交流会。与红花尔基劳动保障服务所联合举办獭兔养殖技术培训班,使部分妇女掌握了养殖獭兔的技术本领。旗妇联采取多种形式举办各类养殖技术培训班,加快了贫困妇女脱贫致富的步伐。

2006年,是鄂温克旗妇联工作由活动型向经济型转变并取得突破性进展的一年,也是鄂温克旗妇联"双学双比"工作取得重大成就的一年。通过旗妇联的努力和争取,实施香港回归扶贫项目、民族手工艺品发展项目、全国妇联巾帼示范试点村和内蒙古妇联新农村建设试点嘎查工作等,总共落实项目资金31万元,举办项目培训10余场次,着实推进了"双学双比"活动的发展。

旗妇联经过多方的努力,争取到香港回归基金养羊扶贫项目10万元、地方配套增加10万元,在巴彦托海镇巴彦托海嘎查、辉苏木嘎鲁图嘎查扶持50户贫困家庭进行养羊生产,鼓励贫困妇女靠自己的双手创造经济收入脱贫致富。

旗妇联争取到香港回归扶贫项目后,经过调查摸底、入户走访、认真选项,将项目落实到辉苏木嘎鲁图嘎查、巴彦托海镇巴彦托海嘎查,为那里的50个贫困家庭送去扶贫项目羊736只,平均每户受益约4 000元左右。8月,全国人大常委会香港特别行政区基本法委员会副主任、香港各界庆回归委员会慈善信托基金信托人梁爱诗等来旗内检查项目执行情况,给予高度评价。此项目运行正常,一年后为每个项目户带来约1 500元的纯收入。

鄂温克民族服饰表演队全年共演出近60场次,先后在内蒙古蒙古族风采大赛、内蒙古首届草原母亲节、内蒙古首届妇女手工艺制品暨妇女儿童用品展销会中展示,旗妇联给以大力支持。

结合建设社会主义新牧区工作,旗妇联在全旗妇联干部和伊敏苏木伊敏嘎查牧民中先后举办建设社会主义新牧区培训班。培训班围绕国民经济和社会发展"十一五"规划,讲解《中共中央关于建设社会主义新牧区的重大决策和部署》及新出台的"农牧机械购置补贴项目"和"农牧民专业合作经济组织"等国家惠民政策和经济合作组织基础知识。146人参加培训。

2007年,为进一步提高妇联干部综合素质、服务能力,旗妇联举办全旗首届妇联干部技能大赛,比赛分五个内容和步骤:妇联业务和形势政策知识考试、计算机基本操作、妇联活动的策划和方案设计、以《妇联干部在新牧区建设中如何发挥作用》为主题的演讲、个人才艺展示,有17名乡镇苏木妇联主席、旗直机关妇联干部参加比赛。

为引导广大妇女发挥自身优势、开辟致富道路,旗妇联发动致富女能手,带动妇女向多元化经营方向迈进,开展"双学双比"竞赛活动。活动中,涌现出一批女致富带头人、女能手、女科技示范户。在此基础上,又树立起以妇女为主的"妇"字号示范基地2个:巴雁镇"妇"字号鸿运家具窗帘商场、巴彦托海镇"妇"字号绢花生产车间。

为推动全社会支持和参与妇女事业,促进社会各界人士在妇女发展、扶贫、维权、能力建设多领域交流和合作,改善草原生态环境,促进新牧区建设,4月,旗妇联在全旗范围内成立"妇女促进会"和"环保协会",以推动全社会支持和参与妇女事业的发展。

旗妇联深入联系点锡尼河镇巴彦胡硕嘎查,解决嘎查在开展新牧区建设、发展畜牧业中遇到的实际问题,重点解决了两个问题:一是为进一步满足嘎查牧民生活的需要,将嘎查原木拉莫登饲料基地改造成蔬菜基地,解决当地群众吃菜难的问题;二是按照草原管理规定,由嘎查班子下发通知,要求将未经嘎查同意私自架起的围栏一律拆掉,按照草原管理规定严加管理草原。

7月,旗妇联在7个苏木乡镇,举办由253名妇女参加的绢花制作、花卉种植等方面的实用技术培训,并选派6名妇女到满洲里绢花厂学习带料加工、车间管理等业务。先后有50余名妇女就业,为家庭增加了收入。

为挽救和发扬牧区传统手工艺技术,7月27日,旗妇联在辉苏木那达慕会上举办首届牧区妇女生产技能大赛。大赛设"编毛绳"、"编制斜日"、"编织贺西日"3个比赛项目,来自辉苏木9个嘎查的妇女按两人一组进行现场编织,成为那达慕大会赛场的一个亮点。

旗妇联组织举办民族手工艺品、旅游纪念品培训。经过参加民族手工艺发展培训项目学员的努力,用15天的时间,第一批手工艺品、旅游纪念品制作成功。

同年,自治区调研组先后来旗内进行《内蒙古自治区实施〈中华人民共和国妇女权益保障法〉的补充规定》及新牧区建设情况调研。针对牧区妇女土地草场承包情况、女职工劳动保护情况等问题进行座谈,同时,到巴彦托海镇雅尔斯嘎查牧户家进行实地调查。通过调研,调研组肯定鄂温克旗实施《妇女权益保障法》和《补充规定》以及妇联开展的新牧区建设工作所取得的成绩。

2008年1月,实施香港回归扶贫项目资金20万元,100名妇女和家庭受益,项目的经济效益和社会效益显著。每名妇女和每户家庭平均增加纯收入约1 500元。项目的实施,锻炼了工作人员尤其是基层妇联干部实施项目的能力,提升了妇联的形象,推动了妇女从依赖政府输血到依靠自身造血的转变。

1月24日,旗妇联组织召开"民族手工艺旅游纪念品开发"研讨会。邀请两位旗手工艺制作能人对全旗各族民间手工艺艺人创作的作品进行点评,并针对开发旗内乃至呼伦贝尔市富有浓郁民族特色的旅游纪念品展开热烈讨论。会议认为,手工艺旅游纪念品的开发,必将加快鄂温克旗建设旅游大旗、文化大旗的步伐,促进广大牧民妇女开展环保型生产、增加经济收入、提高生活质量,促进牧区富余劳动力转移。

3月,全旗各地普降大雪,致使旗妇联的联系点巴彦胡硕嘎查的道路严重受阻,全嘎查180户牧民在接羔保育的关键时期面临没有饲料、没有饲草、没有购买能力的重重危机。在抗灾保畜工作处于严峻时刻,旗妇联多次与旗信用合作社联系,经过协商,申请到小额贷款5万元,解决了贫困牧民的燃眉之急,为牧民群众办实事好事。

实施联合国开发署"2008年女村官能力建设培训项目",组织一系列项目活动,近160名嘎查女领导、妇女干部和妇女骨干受益。一是带领22名嘎查女领导赴赤峰市学习妇女小额信贷项目运作情况,并与当地妇女机构进行座谈,实地考察小额信贷工作。接着,又派两名妇女参加社会工作效果评估培训,为今后工作进行效果评估奠定基础。二是为推动妇女参选竞选工作,组织全旗44个嘎查女领导、妇代会主任、优秀妇女骨干近70名妇女参加"妇女参选、参政能力建设培训活动"。活动以讲授嘎查换届选举知识、社会性别意识、女嘎查领导经验交流、竞选模拟演讲等多种形式进行，此项活动提升了嘎查妇女参选能力和技巧，从社会性别角度考虑妇女自身发展的能力也得到提升。三是在巴雁地区为60名社区主任、妇女骨干提供项目培训，就社会性别意识、循环经济与环境问题、公民幸福指数等内容进行交流和探讨，获得良好的效果。

旗妇联争取到德国卢森堡基金会"推动妇女参与基层民主选举与传统文化保护项目"。

2009年，在巴彦托海镇、巴雁镇、伊敏河镇妇联成立3个家政服务中心，服务中心当年为居民输送家庭保姆36人次、家庭教师8人、钟点工保洁员25人。中心的成立，使贫困妇女增加了经济收入，也为社区居民生活提供了方便。

旗妇联与海拉尔红十字女子医院携手，开展女性健康百日行活动，为全旗各界408名妇女提供妇科病免费检查服务，免去体检费用114 240元，得到广大妇女群众的欢迎。

旗妇联于6月10～19日组织基层妇联干部33人赴上海、华西村等地学习考察。考察开拓了基层妇联干部的视野，提高了她们履职的能力。

在第99个"三八"国际劳动妇女节来临之际，为宣传多年来工作在嘎查一线女领导干部的成长经历与先进事迹，提高牧民妇女在下半年开展的换届选举中进入嘎查"两委"班子的比例，旗妇儿工委办、旗妇联、旗电视台联合于2月24～27日深入巴雁镇巴彦嵯岗办事处、伊敏苏木、锡尼河镇、辉苏木、巴彦托海镇，专题采访哈斯托娅、娜玛、勒格吉木、金花、南吉乐玛、乔玉芳、安淑梅7名女嘎查领导，并将这7名女嘎查领导工作中的艰辛与快乐、今后努力方向，录制成一部纪录片，于"三八"期间在旗电视节目中播放，使广大群众深受感动与教育，激发了广大妇女参政议政的热情。

为迎接伟大祖国六十华诞，旗妇联联合旗妇儿工委办、旗民族宗教事务局、团旗委于7月10～12日举办鄂温克旗妇女儿童民族手工艺品大赛。

大赛向全社会展示了 166 名妇女儿童的 280 件鄂温克、达斡尔、蒙古等民族民间手工艺优秀作品,为广大群众带去无穷的民族艺术享受。大赛有 77 件作品获奖,评选出特别奖 1 名、一等奖 6 名、二等奖 12 名、三等奖 18 名、优秀奖 40 名。通过此次大赛,挖掘到许多濒临流失的民族民间手工艺作品,并对继续更好的抢救和发展民族民间文化奠定了基础。

年内,旗妇联组织召开全旗妇女参与基层民主治理经验研讨会。研讨会上,旗妇联、旗民政局、各苏木乡镇分管书记、嘎查女领导、优秀妇女代表、UNDP 项目培训学员代表及赴基层任职的大学生代表就旗内妇女参与基层民主治理的现状、制约形成因素等进行分析,提出改变这一现状的对策与思路,相互交流了推动妇女与基层民主治理的做法和经验。研讨会还重点就妇女参与民主治理工作的制约形成因素、促进妇女参与民主治理工作的途径进行了深入探讨。

2010 年,为广泛宣传和保护鄂温克民族文化,旗妇联组织辉苏木 8 个嘎查 56 位鄂温克妇女在欢乐草原——2010 年内蒙古自治区健身大会暨鄂温克瑟宾节现场举办鄂温克族妇女传统手工艺品展示大赛。竞赛内容是制作搭建鄂温克族柳条包所需要的基本材料如:加拉(柳条帘子)、乌希楞(毛绳)、贺西日(柳条包外围的腰带),这些都是鄂温克族妇女世代相传下来的一种传统技艺,也是首次在大型活动中进行展示,大赛对宣传民族文化、提升妇女自身素质起到积极促进的作用。

2012 年,旗妇联为了帮助妇女脱贫致富,执行了德国罗莎·卢森堡基金会提供的"推动嘎查、社区综合发展项目",项目覆盖了全旗 10 个苏木乡镇、44 个嘎查、15 个社区,对环境保护知识普及、筹资与项目设计能力提高、妇女参与发展、妇女合作组织和互助小组培育等推动社区发展方面做了重点支持。

7 月,旗妇联组织手工艺人参加浙江宁波市社会企业家精神与实践中欧展望未来论坛,并在论坛中展示了鄂温克族民间手工艺品;在北京参加了由国家民委举办的"全国少数民族自治旗县手工艺展览会",展品均得到了各界人士的好评,弘扬了民族文化、宣传了鄂温克。

11月15日,旗妇联主抓的中国妇女发展基金会"玫琳凯妇女创业基金项目"执行完毕,60个项目户如期返还了项目款。在为期一年的项目执行期间,每个项目户利用项目款购买、饲养了8只或9只基础母羊,秋季出售羊羔,获得了纯收入近4800元/户。同时,通过培训、交流活动,项目效益延伸覆盖了720人次妇女,为她们提供了学习、互助、合作的平台。

12月7~10日,旗妇联将收回的旗委、政府给予配套支持的30万元妇女创业小额循环金,发放到了30名牧民妇女手中。帮助她们在3年时间里,以个人或合作社的形式,通过购买牲畜、建立民族服装制作工作坊、开展牧民生活体验游、组建牧民妇女婚庆服务队等多元途径创业增收。项目共计惠及2个苏木(镇)、5个嘎查,并辐射带动全旗1440人次妇女受益。

2013年,在深化"六个一"工程,旗妇联强化基地建设,为牧区妇女发展提供保障,为宣传、带动、帮助牧区妇女在发展种植、养殖、手工制品加工业中走集约化、规模化的道路,旗妇联建立和培植锡尼河东苏木呼格吉拉畜牧业牧民专业合作社、朝格嘎查扶持贫困妇女发展合作社、努特格纯民族手工艺品工作室3个示范基地,巩固巴彦托海镇赛克社区食用菌培植基地及花卉养植基地,全年共协调落实扶助资金12万元。为伊敏苏木女牧民青年道日娜在巴彦托海镇赛克社区协调解决了手工艺品培训、制作场地,共计为巴彦托海镇20名无业妇女发放了500套手工艺品加工材料,为妇女致富创造了条件。

同年,旗妇联以动员妇女参与经济建设为主题,开展了扶持救助工作。一是加强项目扶持,为牧区妇女增收致富提供资金保证。妇联以项目为抓手,帮助牧区妇女改善生活环境,帮助她们发展经济,增加收入。获得自治区财政贴息小额担保贷款资金100万元,2年期用于特定五类女性人员创业发展。6月,中国妇女发展基金会项目专家组调研评估鄂温克旗30万元母亲小额循环项目资金。二是强化基地建设,为牧区妇女发展提供保障。妇联立足宣传、带动、帮助牧区妇女在发展种植、养殖、手工制品加工业中走集约化、规模化的道路,培植锡尼河东苏木呼格吉拉畜牧业牧民专业合作社、巴彦塔拉乡伊兰嘎查蔬菜大棚为旗级巾帼现代农牧业示范基地,共协调落实扶助资金20万元。为辉苏木牧民妇女哈斯托亚争取到旗就业局创业培训项目,投入4万元创办哈斯托亚民族服装加工店。三是成立妇女民族手工艺协作体。5月,妇联组织各基层妇联干部、民间手工艺研发团体、非物质文化遗产传承人、手工艺品制作爱好者举办了鄂温克旗妇女民族手工艺协作发展交流会,立足基层妇女之家,建设妇女手工艺传习所,以协作体发展模式,整合全旗妇女手工艺力量,搭建传承、培训、设计、技术、网络销售等业务平台,鼓励和帮助基层妇女发挥优势走市场化之路。

同年,为强化阵地建设,妇联积极采取措施,制定下发《鄂温克旗"妇女之家"阵地建设标准》,充分发挥"妇女之家"的服务功能,开展脱贫致富活动,要求全旗44个嘎查、15个社区的"妇女之家"要有固定的活动场所、有开展活动的必要设备和主题设置、有健全的管理制度、有宣传展板、有丰富多彩的活动;有妇女骨干队伍、有巾帼志愿服务队伍、有巾帼文艺文化宣传队伍,使基层妇联实际工作模式更加适应市场经济体制下的群团工作发展。本年,规范和完善基层"妇女之家"5个,其中,推荐市级示范点2个。

2014年,旗妇联实施妇女"三元钱"工程。按照自治区党委常委、组织部长李鹏新做出的工作部署,鄂温克旗继续加大投入力度,以旗、苏木乡镇、嘎查社区三级组织为网络,以全旗女性人口为基数,以人均3元钱为标准,设立妇女"三元钱"工程,并列入了年度财政预算,这也是旗委、旗政府实施的民生工程之一。妇联积极制定工作方案,并以此工程推进巾帼创业建功、女性素质提升、妇女维权和谐、妇女儿童民生、强基固本五大行动。

2015年,旗妇联申请到中国妇女发展基金会母亲创业循环金50万元,在细致调研、严格审核的基础上,确定了乌仁、斯普乐玛、达力玛等8名长期从事民族手工艺生产、收入相对稳定且信用良好的创业妇女为扶持对象,为她们发放了2~8万元不等的创业资金,并定期进行跟踪回访,以确保项目资金真正用于扶持民族手工艺发展,真正达到帮扶妇女创业目的。

8月,选派创业妇女孟丽赴呼和浩特市参加全国妇联第九期妇女手工编织骨干内蒙古培训班,学习民族传统工艺如何传承以及如何与市场、互联网接轨等方面的知识,提升创新意识和市场化水平。

10月,推荐创业妇女乌仁赴义乌参加全国妇联主办的中国妇女手工制品博览会,向大众展示了少数民族妇女自主创业创新的成果。最终,乌仁的参展作品太阳花饰品从众多参展企业和产品中脱颖而出,荣获"全国妇女儿童喜爱产品奖"。

12月10日,旗妇联组织从事家政服务工作的妇女赴呼伦贝尔市巾帼家政公司交流学习,通过实地参观、观看宣传片、公司负责人讲解、实际操作等形式,使大家掌握了家政服务基本流程、要点和技巧。

12月,巴彦塔拉乡伊兰嘎查伊兰牧民专业合作社被全国妇联、科技部、农业部授予"全国巾帼现代农业科技示范基地"称号,获得50 000元基地扶持金,用于加强技术人员升级培训及广大妇女的实地培训,加大对农业新技术、新品种和新设施的运用及农产品的宣传,并认真总结基地在发展现代农业中的好经验、好做法,带动更多的妇女增收致富。

12月,旗妇联在吉祥伊兰民族文化传播有限责任公司挂牌建立全旗巾帼创业就业示范基地,通过基地的示范、带动作用,为妇女提供创业指导和实践帮扶,吸纳更多的妇女,为他们开辟创业就业渠道,让该旗更多的妇女就近、就地实现创业就业。

同年,旗妇联按照自治区、呼伦贝尔市妇联的要求,组织动员全旗广大妇女参与"美丽庭院"创建行动,从围绕家庭、服务妇女的角度,引领妇女从自身做起,从家庭做起,改变生活陋习,以美丽庭院推动美丽乡村建设,改善乡村环境面貌。成立了以主席为组长的"美丽庭院"行动领导小组,制定了符合牧区实际的实施方案,并设计制作了图文并茂的宣传手册入户发放。各乡镇苏木均成立了妇女工作队,带领广大妇女姐妹,开展优化生态环境、绿化美化家园、低碳节能减排等志愿服务工作,通过捡拾白色垃圾、清扫自家庭院、擦玻璃、栽树种花等形式彻底清洁庭院内外。在整治过程中旗妇联安排专门经费,为巴彦塔拉乡的"美丽庭院"示范户购买树苗、花籽,进一步提高了妇女参与庭院绿化的积极性。为锡尼河东苏木哈日托海嘎查划拨5 000元"美丽庭院"行动专项经费,用于开展绿化、美化、净化等一系列活动,提升嘎查整体形象。

2016年,旗妇联继续完善各级妇字号基地,辐射带动妇女增收致富,扶持的太阳姑娘文化发展有限公司等3家企业被评为呼伦贝尔市级妇女创业就业基地,吉祥伊兰民族文化传播有限责任公司等2家企业被评为市级女大学生创业就业基地。

3月,旗妇联广泛征集作品参加呼伦贝尔妇女首届"赛罕杯"手工制品展示大赛,共筛选上报了4家企业、1个合作社、7名牧民妇女制作的服装、饰品、文化创意产品、奶制品和肉制品5大类67件手工艺品参赛,太阳花挂件荣获大赛特等奖、达斡尔族传统贴布绣女装荣获金奖、现代手工毡艺吉祥骆驼获银奖、布里亚特蒙古族女式婚礼服获铜奖、索伦鄂温克部落传统生产生活用具和布里亚特蒙古族传统手工银饰获优秀奖,旗妇联获组织奖。

9月,旗妇联再度申请到由中国妇女发展基金会和天创时尚基金共同赞助的母亲创业循环金项目,额度达100万元。为做好项目实施工作,旗妇联认真审核申请人的身份证、营业执照、个人信用报告等材料,对初审通过的申请人进行入户核查,实地查看她们的经营现状。最终,确定阿托雅、都义乐、斯日格玛等31名妇女为项目户,扶持她们发展民族手工、加工业,增加家庭收入,推进精准扶贫工作。

12月,推荐创业妇女斯日格玛赴呼和浩特市参加自治区妇联、自治区人力资源和社会保障厅主办的妇女手工制作技能竞赛,获优秀作品奖。

同年,旗妇联继续深化"美丽庭院"行动,打造呼伦贝尔市级示范嘎查5个,示范户15个。开展"其布日艾里"流动红旗评比,各嘎查成立"其布日艾里"检查队,定期对每家每户进行室内外卫生检查,并进行打分评比,形成人人争模范、户户争优秀的浓厚创建氛围。

同年,旗妇联认真落实"草原巾帼脱贫行动",对贫困妇女年龄、学历、婚姻状况、务工情况等基本信息进行摸排统计,班子成员与3户贫困家庭建立"一对一"的包联关系,为开展有针对性的帮扶奠定基础。开展"百场免费脱贫培训进基层"系列活动,内容涵盖各类实用技术培训和民族特色产品工艺培训,促进贫困妇女灵活就业、增收致富。动员社会力量参与扶贫,经过积极联系和大力协调,内蒙古何文公益基金会为该旗50名品学兼优的贫困学生每人捐助1 000元,其中25名为旗建档立卡的贫困户子女。与旗直机关工委等六部门联合发起购买"爱心羊"活动,倡议广大职工从贫困户手中以高于市场价格购买"爱心羊",支援抗灾减损。积极关爱贫弱妇女儿童,开展"走家入户访妇情 守望相助送温暖"活动,全年共慰问和救助13名贫困母亲、贫困学生、残疾妇女、养老院孤寡老人、劳模、老党员,救助资金10 460元。

二、实用技术培训

为提高广大妇女科学技术本领,结合实际,旗妇联开展实用技术培训。

1989年7月,旗直属机关妇联、旗职业中学联合举办培训班,邀请广州军区后勤部"快速法技术"推广站海拉尔分部技术员讲授快速养猪技术规程、常见疾病防治、饲料配置等技术知识,参加人员60余人。

1991年1月,旗妇联举行首届妇女知识竞赛。6月,在巴彦嵯岗苏木举办有80余名妇女参加的科学养畜培训班,重点讲授牲畜疾病防治、种植饲草对畜牧业发展的意义等畜牧业应用技术。

1996~2003年,共举办实用技术培训班76期,参加培训人员3 280人次,培训内容主要有"高产奶牛饲养管理"、"挤奶技术、牛犊饲养管理、对牲畜进行科学防病治病"、"草的营养价值"、"塑料大棚种菜技术"、"改良播种小麦"、"饲养生产奶牛知识"、"马铃薯及其它农作物的选种、种植、栽培、病除害防治"等知识。结合培训还组织5次实地参观学习,听取牧场、养殖场关于饲养奶牛,养鹅等科学技术和饲养新方法,以及管理、销售等方面的经验介绍,全旗有50%以上的嘎查妇代会主任成为农牧民技术员,有1 000余名妇女获农牧民技术员证。

2005年,为发展庭院经济,旗妇联在巴彦托海镇实用菌示范基地举办食用菌栽培技术培训班两期,技术员用实际经验传授蒸锅、装袋、一级、二级菌培养栽培技术;举办两期面点、烹饪实用技术培训班,邀请海拉尔区华溢厨师学校高级面点、烹饪技师采取理论与实际操作的授课方法进行讲解,拓宽了下岗女职工的再就业渠道,也为妇女提高自身的综合素质和走致富道路提供了良好的基础。

2006年,为进一步传承发扬民族文化,旗妇联举办4期"民族手工艺品"发展项目培训班,邀请鄂温克族、达斡尔族民间艺人以及大连市外国语学院韩国文化交流院的老师进行实际操作,一对一的讲课使参加培训的150名妇女真正掌握了制作民族小手工艺品、旅游产品的基本技巧。此培训项目由商务部国际民间组织合作促进会提供,主要以挖掘、开发和制作传统民族服装服饰、日常用品、小手工艺旅游产品为主。通过项目的实施,激发了妇女自主创业、增收致富、提高自身地位的积极性。

2007年7月16~20日,旗妇联在巴雁镇举办美容美发和面点培训班,邀请海拉尔区就业局培训中心老师采用实际操作形式进行讲课,有81名妇女参加培训。

2008年4月25日,旗妇联组织巴彦塔拉乡妇女举办花卉种植培训班,并带领学员到旗园林处万寿菊育苗大棚及巴彦托海镇赛克社区食用菌基地参观和学习,学习掌握万寿菊、食用菌的育苗、培植方法和促销渠道、利润核算等,对庭院经济起到推动作用。

2009年4月,结合学习实践科学发展观活动,旗妇联组织召开全旗妇女参与基层民主治理经验研讨会。研讨会就旗妇联参与基层民主治理的现状、制约形成因素做了分析,并提出改变这一现状的对策与思路,重点就促进妇女参与民主治理工作的途径进行了深入探讨。为提高新一届嘎查、社区女领导组织领导能力,举办两期培训班,170人次参加,邀请北京、深圳等地区的专家围绕领导策略、组织发展、团队沟通、妇女发展状况、妇女社会角色等内容讲课,引导嘎查干部分析自身优劣势、制定嘎查发展规划、工作计划和经验交流演讲,深受学员欢迎。同年,围绕老年人、婴幼儿、孕产妇日常护理和早期儿童喂养等常识,举办家政服务培训班4期、培训241人次。

6月10~19日,旗妇联组织基层妇联干部一行33人赴上海、华西村等地学习考察,进一步拓宽基层妇联干部视野,推动嘎查妇代会主任及有潜力的女青年在即将进行的换届选举中通过公平竞争成功进入嘎查两委班子。

8月11日,由德国罗莎·卢森堡基金会提供支持的鄂温克旗妇女参政与少数民族文化保护项目的系列活动在巴彦托海镇启动,在两天的培训时间里,老师与学员们针对社会性别意识概念、妇女发展现状、妇女社会角色、妇女参与国家事务管理等内容进行互动式讨论与交流,提高了学员们这方面的意识。

10月19~21日,旗妇联分别在伊敏河镇、巴彦托海镇、巴雁镇举办家政服务培训班,邀请内蒙古林业总医院护理部原副主任李正雅就老人、婴幼儿、孕产妇的日常护理和药品使用常识等进行授课,提高学员们这方面的知识,促进就业。

在全旗第七届嘎查换届选举结束之际,继鄂温克旗妇女参政与少数民族文化保护项目启动之后,在旗妇联的统一安排下,参照国内外社区建设发展的成功经验和案例,以嘎查党支部、嘎查委员会女村官组织能力建设为主举办新任女村官岗位培训,提高领导能力、团队沟通能力等。

10月,旗妇联、鄂温克旗妇女可持续发展促进会组织举办妇女参政能力——社会性别意识提高培训班,以引导在第七届社区换届选举中产生的新领导成员及妇女工作者从社会性别意识的角度开展工作,促进广大妇女参政能力的提高。

2010年1~5月,旗委组织部与旗妇联联合举办两期"全旗大学生村官嘎查建设及发展规划专题培训班",88名大学生村官参加培训。培训班旨在引导和强化大学生村官深入群众、争取支持、化解矛盾、规划嘎查未来发展、参与嘎查事务管理能力的培养。

12月22日,旗妇联举办牧民经济合作组织培训班,来自全旗44个嘎查的妇代会主任参加培训,培训班就牧民经济合作组织的基本概念、组织筹办、内部管理、服务、发展等内容采用开放式互动参与方法,对牧民经济合作组织进行讲解,模拟演练,使学员们掌握基本知识和运作模式,为牧民经济合作组织的健康发展奠定基础。

同年,巴彦托海镇举办烹饪技术培训班,参加培训妇女80人;举办保洁知识培训班,参加培训妇女21人。巴雁镇举办2期计算机技能操作培训班,参加培训妇女52人。伊敏河镇举办保洁、保健知识培训班,参加培训妇女57人;举办养花知识培训班,参加培训妇女35人。

旗妇联在抓党建带妇建、树典型带群众的工作中,推出3个内蒙古妇联基层组织建设示范嘎查村(社区)先进典型,带动广大妇女创先争优。

2011年,为了实施德国罗莎·卢森堡基金会、中国国际民间组织合作促进会提供的妇女能力发展项目,旗妇联举办了培训人员培训1期、社会性别教育培训1期、嘎查发展开放论坛1次、社区发展领导力培训1期、合作社与互助小组培训1期。使全旗150余人次的妇女接受了培训技巧,社会性别分析方式,牧区、社区及合作组织科学发展方法等方面的教育。

同年,旗妇联派出机关干部赴乌兹别克斯坦、台湾、北京、广州、安徽、呼和浩特、赤峰等地学习交流11人次。

6月20~29日,按照旗妇联的要求,大雁镇妇联与大雁镇劳动保障所联合举办"下岗失业妇女计算机培训班",使30名下岗失业妇女受益。

同年,深入开展"母亲健康快车"项目宣传工作。组织有关人员深入到全旗5个苏木乡镇,通过发放宣传资料、举办培训班、救助服务等,为广大贫困母亲讲授健康知识、传授健康理念。全年共计发放宣传资料3 000份;免费救助4名贫困患病妇女;举办培训班3期,参训牧民妇女达500人次。

2012年，为提高妇女参与发展的能力水平，推动嘎查、社区综合发展，年内为100余名嘎查社区工作者、合作社成员、牧民妇女提供了各类培训、考察学习、合作交流、参与论坛等机会平台，提升了她们的专业知识水平、参与能力、合作沟通能力。先后邀请了《光明日报》科技记者、环保志愿者冯永锋、北京倍能组织能力建设与评估中心执行主任、组织能力建设专家、高级培训师、深圳市人民政府组织能力建设顾问张菊芳，广州中山大学社会学与社会工作系教授、副系主任张和清，分别做了"环境保护培训"、"筹资与项目设计能力建设培训"、"社会参与和互助小组工作坊"等各类妇女培训，开阔了视野，丰富了妇女的筹资知识，增强了妇女的项目设计能力、参与能力、互助合作能力、环境保护意识。

8月，组织10余名女村官参加了第四届全国百位女村官"破解农村养老难题，女村官更有发言权"论坛论文征集活动。促进了女村官更加积极有效地参与基层养老问题的解决，使她们有了嘎查养老事业未来发展的思路。经过活动组织方的层层筛选，其中3名女村官赴北京参加论坛。

同年，为加大培养女能人、女经纪人的力度，发挥专业合作经济组织作用，11月派出嘎鲁图嘎查、团结嘎查3个合作社的4名社员骨干就城乡网络建设，赴广东省从化市仙娘溪村、乐明村，进行了为期一个月的乡村旅社、蔬菜配送合作社经济运营模式的实地考察学习。在学习合作社先进经验的同时，与当地妇女合作社建立了友好联系，为旗合作社发展探索出了一条新路。

同年，旗妇联加强了全旗44个嘎查、15个社区"妇女之家"的建设工作，突出强化了"妇女之家"妇女文化、民族文化、牧区文化、家庭文化功能的建设。

7月31日，嘎鲁图嘎查"艾罕鄂温克妇女之家"、"妇女创业与发展服务中心"正式挂牌成立，使用面积310平方米，集电脑室、图书阅览室、手工艺品展览室、制作室、会议室、活动室于一体。在每月8日、9日、18日、19日、28日、29日准时开放，组织牧民妇女阅读图书、观看电影、操作电脑、学习技能、交流感情等等。全年,先后发放了爱心人士无偿捐助的衣裤鞋帽、生活用品等25人次、25件(条);播放了青春励志故事片《跆拳道》、环境保护教育片《藏羚羊》等4部经典电影;组织民族饰品制作培训班2期、布里亚特面包制作培训班1期、电脑操作培训班3期;9月29日晚,举办了以"庆国庆、迎十八大"为主题的牧民歌舞晚会。开放日活动吸引了近300人次牧民的积极参与,促进了他们在参与中受益、在受益中发展。

同年,选派2支代表队、8名选手参加全市首届家政服务技能竞赛,在竞赛中鄂温克旗妇联荣获团体三等奖;推荐3名优秀居牧民妇女参加呼伦贝尔市十杰女性评选活动;推荐伊娜家庭参加"石油销售杯"内蒙古"家和万事兴"家庭才艺展示大赛,获得特等奖。

2013年,根据牧区妇女文化水平偏低、信息不畅通、缺少生产技能的实际,旗妇联努力争取培训项目和资金,积极开展各族妇女广泛参与的普及培训、专业技能培训等等。落实"家庭服务业特别培训计划"和"妇女创业就业系列培训活动",采取自办、联办、协办等形式,完成各类培训14期、1 190人(次)。其中,厨艺技能培训440人(次),育婴月嫂护理培训300人(次),营养配餐培训120人(次),裁剪培训180人(次),民族手工艺品制作技术培训班150人(次),落实培训资金7.5万元。通过培训,牧区妇女群众学习新知识的热情不断高涨,掌握增收致富新本领的能力普遍增强,思想观念不断更新,有力促进了和谐发展和社会的文明进步。同年,旗妇联还深入伊敏河镇、伊敏苏木开展以送"新生活理念"、送"技术培训"、送"温暖"为主要内容的下乡"三送"活动,旨在积极倡导科学文明健康的生产生活方式、传播妇女创业就业技能、改善贫困妇女生活状况,促进新思想新观念和致富本领入村入户,提高牧民妇女素质和生活质量。

2013年,旗妇联开展"新理念 新行动"共创牧区妇女新生活主题活动,在永丰嘎查陆续开展一次妇女健康体检,一期妇女健康科学生产生活培训,一次妇女清洁乡村活动,一次嘎查文艺文化活动以及建立巾帼志愿服务队,推荐五好文明家庭、低碳家庭示范户、文明庭院、致富女能手等相关活动,并向其他嘎查推进和拓展,旨在转变妇女思想观念和生活方式,建设健康和谐的家园,活动吸引了近3 000名妇女参与。

从带动妇女就业的实际出发,从弘扬民族文化为切入点,从打造旅游纪念品为突破口,于10月18日举办了鄂温克旗民族手工艺品制作技术培训班,全旗各界爱好手工艺品制作并致力于发展手工制作技术的妇女共130余人参加了为期一天的培训。培训采取理论和实践技能相结合的方式,传授民族手工艺旅游纪念品制作技术,旗妇联从这次培训活动中了解到广大妇女的实际需求,为她们解难,达到保护传承民族文化与增收相结合。

同年,锡尼河西苏木诺图格幼儿园园长斯日斯格玛获得自治区级"双学双比"女能手荣誉称号。

2014年,结合自治区相关文件,旗妇联制定下发的《鄂温克旗"妇女之家"阵地建设标准》,充分发挥"妇女之家"的服务功能,要求全旗所有嘎查、社区按照"五有三队伍"标准建设"妇女之家",为基层发放《妇女之家活动情况登记本》、《妇女之家基本情况登记本》,并对50%的妇女之家进行了检查指导。

巴彦托海镇赛克社区、大雁镇向华社区2个"妇女之家"获评市级"妇女之家"示范点。审核通过西苏木好力宝嘎查、大雁镇雁北社区、伊敏苏木巴彦塔拉嘎查3个旗级"妇女之家"示范点。

同年,旗妇联围绕社会和谐,加强服务妇女群众工作。开展各类培训,为牧区妇女发展提供技术支持。采取自办、联办、协办等形式,在西苏木、红花尔基镇、伊敏苏木举办了裁剪、民族手工艺品、面点制作等培训4期、190人(次)。坚持开展"下基层、访妇情、办实事"活动,妇联先后深入锡尼河西苏木指导基层妇女民族手工艺工作、基层"妇女之家"工作和为牧民妇女开展蒙古语法律培训,调研鄂温克旗锡尼河西苏木居民三八致富养牛协会,到巴彦塔拉乡朝格嘎查检查项目落实情况,到大雁镇考察前卫社区建设养老院、金华家政服务部,到巴彦托海镇雅尔斯嘎查开展移动维权站服务活动,到锡尼河东苏木督导呼格吉拉畜牧业牧民专业合作社,到巴彦嵯岗苏木寻找最美家庭,到辉苏木部署牧区妇女新生活活动,到巴彦托海镇学习鄂温克旗就业局创业孵化基地,对各地区妇女儿童需求进行调查,掌握基本情况,了解基层发展状况。

同年,旗妇联在嘎查社区"妇女之家"设立"妇女手工艺传习所"3个,在巴彦托海镇赛克社区、伊敏河镇新源社区、红花尔基镇安源社区等举办妇女手工艺培训班。

同年,旗妇联组织妇女考察中俄蒙文化创意产业园、中俄蒙国际皮草城、蒙成源商贸公司旅游集散地、天堂草原国际商贸城,调研民族文化市场。6月,在俄罗斯教师手工艺培训会后举办了北方少数民族手工技艺交流会。推荐伊敏苏木牧民、鄂温克文化中心负责人乌仁为内蒙古妇女手工业协会会员,并参加了成立大会,鄂温克旗代表呼伦贝尔市在成立大会上做了《让民族传统文化在巾帼手中代代相传》的交流发言。10月21~27日,由自治区妇联推荐,鄂温克旗民族手工艺者乌仁、孟丽参加了澳门第十九届中国民族商品文化工艺展销会,其中乌仁与澳门民族手工艺企业达成签约意向。

2015年4月,旗妇联在基层妇女中开展新型职业农牧民培训,经过广泛宣传和发动,共有1 100余名妇女通过电视或网络参训,学习内容包括合作社经营管理、肉羊冬季饲养与管理技术等,累计学时超过2 000小时。这种灵活的培训形式真正契合了基层妇女的需要,可以有效避免"牧学矛盾",讲授的内容通俗易懂、实用,可操作性也很强。通过培训,牧民妇女们学习了相关技术,掌握了新产品的销售、营销渠道,提高了自身科技文化素质和职业技能,更新了观念。

7月,选派伊敏苏木阿贵图嘎查党支部书记额尼尔赴赤峰市参加全国巾帼科技特派员暨新型职业女农民培训,进一步提高了科技文化素质和专业技能,更新了观念。

2016年5月9~11日,旗妇联在巴彦托海镇赛克社区举办妇女民族手工毡艺技术培训班,邀请自治旗妇女创业典型、呼伦贝尔市妇女手工业协会会长、毡房民族手工艺传承有限公司负责人杜红艳,为来自各苏木乡镇的40余名女大学生、贫困返乡妇女、手工艺爱好者提供免费培训。培训以毡艺手工艺品制作为主,采取理论讲解与实践操作、作品鉴赏与经验分享、技能传授与问题解答相结合的方式进行深入浅出的讲解,极大地激发了学员们的学习热情与创作灵感,学员们制作了美观又实用的"毡嘎达"、"骆驼饰品"、"毡子桌垫"等作品。

6月8~10日,旗妇联"百场免费脱贫培训进基层"主题活动在东苏木维特很嘎查举行启动仪式,共有30余名妇女参加。本次技能培训由旗妇联邀请鄂温克旗妇女创业典型代表杜红艳走进嘎查为农牧民妇女教授毡艺手工艺品制作。通过实践操作、经验分享、技能传授相结合的方式进行讲解,充分调动了参加牧民妇女的学习热情。

7月7日,旗妇联在锡尼河东苏木哈日托海嘎查举办"百场免费脱贫培训进基层"主题活动之奶制品制作培训。培训中,旗奶制品制作能手杜义乐老师给大家现场讲解演示了纯手工奶皮、奶干、奶豆腐及奶糖的制作方法,学员们还现场进行了实地操作,掌握了多种传统奶制品的制作工艺,为日后的创业起步、生产发展打下坚实的基础。

11月29日,旗妇联在巴彦托海镇赛克社区举办"健康生活暨幸福家庭"系列讲座之丽人课堂,邀请专业化妆师丫丫讲解日常化妆知识和化妆技巧,来自巴镇各嘎查社区的妇女群众以及部分旗直单位女职工共计50余人参加培训。

第二节 "五好文明家庭"竞赛

"五好文明家庭"竞赛活动,以"爱国守法,热心公益好;学习进取,爱岗敬业好;男女平等,尊老爱幼好;移风易俗,少生优育好;勤俭持家,保护环境好"为主要内容。起源于20世纪50年代,是全国妇联上下联动的一项家庭建设工作。1956年,呼伦贝尔盟妇联在职工家属中开展了以团结互助好、家庭生活安排好、教育子女好、鼓励职工生产和学习好、自己学习好为主要内容的"五好"活动。旗妇联结合旗内的精神文明建设,以倡导文明新风、共建美好家庭为主题,以提高广大妇女的素质、搞好全社会的文明建设为内容,在全旗开展"五好文明家庭"创建活动,并做了大量组织工作。

1979年,为贯彻中共中央的"政治上实现进一步安定、经济上实行进一步调整"的方针和内蒙古自治区妇联的通知要求,呼伦贝尔盟妇联在全盟范围开展"五好家庭"评比活动。旗妇联动员广大妇女树新风、投身到这一活动中。

1981年,旗妇联开展以"五讲、四美"为内容的"五好"家庭流动红旗竞赛活动。

1982年,旗妇联在各苏木、镇开展形式多样的活动,每个苏木、镇举办2~3次培训班,490多人受教育。全旗涌现出许多好人好事、先进人物,全旗范围内表彰了224个"五好文明家庭"、"五好妇女"。

在"五好文明家庭"创建活动中,旗妇联于1983年后制定"五好"标准,每年进行一次检查评比,对全旗"五好"户进行统计建档,做到年初有安排、年中有检查、年终有评比有表彰,对原"五好"户经检查不合格的取消"五好"称号,对典型户大力宣传,使牧民感到"五好"活动不是几家几户的事,是每家每户都可以争取到的。

1996年11月,全国妇联联合中宣部等18个部委发出通知,进一步明确了创建活动的指导思想、工作要求、评选表彰管理办法和条件。1999年国庆节期间,旗妇联举办以创建家庭美德为荣,与共和国同龄50周年金婚佳侣参加的"庆祝共和国成立五十周年联谊会",以此教育更多的家庭成员树立正确的世界观、人生观、价值观、遵守社会公德、职业道德、家庭美德,促进家庭成员综合素质不断提高。

1983~2010年,获得"五好文明家庭"标兵奖励的有国家级3个、自治区级7个、市级3个、旗级15个。

2003年，为继续推进家庭文明工程，旗妇联开展以"家庭读书、家庭教育、家庭文化、家庭健身、家庭环保、家庭奉献"为内容的"学习型家庭"、"五好文明家庭"创建活动和公民道德建设活动，先后举办3期家庭教育培训班，举办城镇、牧区优秀家长经验交流会，并在全旗广泛开展改陋习、讲卫生、树新风、美德在家庭活动，结合抗击非典工作，发放《别让非典进我家》宣传单1 000余份。层层开展"五好文明家庭"评比活动，树立"五好文明家庭标兵户"10户。

2006年，结合"五好文明家庭"竞赛活动，继续开展社区志愿者服务、扶贫救助、解决就业等工作。是年在各级妇联的努力下，社区志愿者队伍开展家政服务20余次，扶贫救助15人，组织为贫困妇女儿童捐款5 000余元，解决就业10人，使"比成绩、比贡献"在年轻志愿者队伍中蔚然成风。

2009年4月13日，旗妇联与旗妇儿工委办、旗环保局、"绿色鄂温克"草原环境保护协会联合举办"绿色鄂温克"节能减排我先行知识竞赛，经过预赛，最终精选出6支代表队参加决赛。

2010年，旗妇联为进一步做好《鄂温克族自治旗自治条例》重新修订工作，更大程度的体现妇女的权益与意愿，4月29日，旗妇联举办全旗提高公民参与政策制定能力专题讲座，邀请旗党校教师，做《发挥半边天作用，为鄂温克旗法制建设做贡献》为题的培训，进一步明确了妇女在政治、经济、文化、社会和家庭生活等各方面都享有与男子平等的权力，使学员了解掌握了修订自治条例需要把握的原则和问题，为从性别角度对自治条例修订工作建言献策奠定了基础。

1999~2005年，有1 346户家庭被授予苏木乡镇级"五好文明家庭"标兵称号，89户家庭被授予旗级"五好文明家庭"标兵称号。

2011年，全旗3户家庭获得市级"五好文明家庭标兵"荣誉称号。

2012年，全旗10户家庭获得旗级"五好文明家庭"荣誉称号。

2014年，全国妇联决定在深化五好文明家庭创建活动基础上，组织开展寻找"最美家庭"活动，旗妇联紧紧围绕以寻找"最美家庭"活动为重点，推进五好文明家庭活动建设开展了系列活动:一是广泛寻找推选。各级妇联在全旗广大妇女和家庭中广泛宣传和发动,在以往开展五好文明家庭创建活动基础上,立足基层妇女之家,组织开展了寻找"最美家庭"活动,嘎查、社区通过三八妇女节活动、妇女会议开展评选推荐,经过苏木乡镇级最美家庭故事会的形式,层层优选出全旗首批6个候选家庭进行展示。为继续深入寻找"最美家庭",旗妇联于2014年6月30日再次下发《关于继续开展寻找"最美家庭"活动的通知》,更加明确了"最美家庭"评选的标准、方向。8月25日,呼伦贝尔市妇联"最美家庭"活动经验交流会与会人员来本旗参观交流,对本旗寻找"最美家庭"工作开展情况给予肯定。为进一步寻找选树身边的"最美家庭",自2014年9月,旗妇联联合电视台先后深入巴彦嵯岗苏木乌云索德创业致富幸福家庭、锡尼河西苏木米吉德扎布不离不弃相爱家庭、伊敏苏木乌仁发扬光大民族文化家庭、巴彦塔拉乡助人为乐单春燕家庭拍摄专题报道3部、蒙古语系列新闻2集、新闻2条,并在鄂温克电视台、呼伦贝尔电视台播放,广泛深入、生动形象地宣传感人事迹。二是丰富家庭活动。开展"弘扬好家风,建设新生活"宣讲传播活动,着力把科学健康的教育理念、教育方法、生活方式传递给千家万户;举办"幸福生活、精彩瞬间"我爱我家主题摄影大赛,面向全旗各界摄影爱好者征稿,最终评选出一等奖作品1幅、二等奖作品2幅、三等奖作品3幅、优秀奖作品9幅;开展征集"优秀家风、家训"活动,以"语言精练,富有内涵,弘扬时代精神,健康向上,便于传诵"为要求,征集到内容均朴实无华,讲真情、接地气的家训101条,其中5条获优秀家风奖,在全旗营造了家庭活动的新风;组织参与第四届鄂温克旗道德模范评选工作,推荐9名女性参加评选活动,其中锡尼河西苏木西博嘎查妇代会主任通拉嘎获旗级孝老爱亲道德模范荣誉称号。巴彦嵯岗苏木乌云索德、大雁镇向华社区张效慧分别获得市级五好文明家庭荣誉称号。与锡尼河西苏木共同推荐达西玛等4人参加全国八省区蒙古语家庭教育大赛,获得三等奖。三是开展"新理念、新行动"共创牧区妇女新生活主题活动。广泛倡导妇女融入新牧区建设,从转变牧区妇女生产生活方式的角度推进乡风文明建设,开展了"巾帼清洁乡村"、妇女新生活观宣传教育、牧区特色文化等活动,引领广大妇女建设美好家园,担当新牧区建设的主人。

2015年,旗妇联将寻找"最美家庭"活动向基层铺开,通过微信、政务网、电视台等多种渠道发布活动公告,并在"妇女之家"设立自荐他荐报名点,鼓励广大家庭踊跃参加活动。

按照"最美家庭"活动必须在各"妇女之家"开展的要求,旗妇联工作人员先后多次深入基层检查督导寻找"最美家庭"工作,围绕如何依托嘎查社区"妇女之家"开展寻找"最美家庭"活动、如何建立健全"最美家庭"活动的资料档案、如何有效发挥"妇女之家"的作用,与基层妇代会主任进行了探讨和交流,并提出了一些建议和要求。按照旗妇联的统一部署,全旗各嘎查(社区)做到了"妇女之家"制度上墙、展示"最美家庭"事迹、晒出"最美家庭"光荣照、开展"最美家庭"故事会,进一步弘扬了家庭美德,推动了家庭建设。

为把活动开展的扎实有效,旗妇联又在全旗范围内开展了"你的家风晒出来"好家风家训征集活动,共征集到好家风好家训2 000余条。同时征集了有关家的诗歌、故事10余篇,书画、摄影作品130余幅,有多个作品入选市妇联出版的《呼伦贝尔市寻找"最美家庭"活动纪实》。开展了"共树良好家风"、儿童友好家园赠书、读书分享会、亲子阅读、建设"书香家庭"、绘画比赛、家庭教育宣传培训、家庭教育讲座及"健康生活幸福家庭"主题讲座准妈妈课堂等系列活动。

2月28日,旗妇联召开首次"最美家庭"评审会,旗委副书记王文起、人大副主任王广平、政府副旗长马会宁、政协副主席卓日格苏荣出席会议,旗委组织部、宣传部、政法委等部门的负责同志参加会议并为候选家庭投票。经计票,米吉德扎布家庭当选为全旗"最美家庭",陈红等3户家庭获得"最美家庭提名奖"。在3月4日召开的全旗纪念"三八"国际劳动妇女节105周年表彰大会上,为获得"最美家庭"及提名奖的家庭颁发了证书和奖牌。

同年,全旗1户家庭获得市级"最美家庭标兵"荣誉称号,8户家庭获得市级"最美家庭"荣誉称号。

2016年,旗妇联将寻找"最美家庭"活动与"草原巾帼脱贫行动"、"美丽庭院"行动有机结合,在全旗范围内启动了"其布日艾里"和"五个好"家庭成员评选表彰活动。"其布日艾里"以庭院美、室内美、厨厕美、身心美、村庄美为评选标准,动员妇女和家庭主动参与嘎查面貌改造提升,促进美丽乡村建设。"五个好"家庭成员包括和睦好夫妻、互敬好婆媳、孝顺好儿女、教子好父母、友爱好邻里五个类别,通过评选表彰促进家庭文明建设常态化。

1月6日,锡尼河西苏木妇联主席达西玛携家庭成员参加八省区第三届蒙古族传统家风家教大赛,表演家风小品《陶恩图祭祀礼仪》,将呼伦贝尔当地人的优秀教育理念融入到了表演中,展现了本民族孝老爱亲、注重家庭、注重教育的特点,弘扬了家庭教育的传统文化,呼吁了全社会注重家庭教育,荣获大赛三等奖及优秀组织奖。

5月6日,呼伦贝尔市2016年"最美家庭"揭晓暨好家风好家训巡讲会在鄂温克旗影剧院隆重举行,活动采取现场颁奖、经典家风家训诵读与家风故事分享穿插的方式进行,再现了"最美家庭"夫妻和睦、孝老爱亲、科学教子、邻里互助、勤劳致富、廉洁持家等感人故事,将全市广大家庭成员爱家爱国、传承优良家风、投身美丽呼伦贝尔建设的心声表达得淋漓尽致。特别是鄂温克旗妇联干部职工用鄂温克语、蒙古语、达斡尔语、汉语诵读的少数民族经典家风家训,旗小学学生用蒙汉双语诵读的《弟子规》,将活动推向了高潮。全场各界观众达300余人。

5月13日,旗妇联联合关工委、教育局在旗第一民族幼儿园开展2016年国际家庭日——做智慧父母倡议活动,活动中,中国当代家庭教育讲师团高级讲师、国家教育部"家庭教育"高级指导师、国家认证学习能力指导师、鄂温克旗家庭教育指导中心特约指导师张宏伟作了题为《如何做智慧父母》的专题讲座。近 150 名家长参加活动。

同年,全旗 1 户家庭获得市级"最美家庭标兵"荣誉称号,9 户家庭获得市级"最美家庭"荣誉称号。

第三节 "巾帼建功"竞赛

1991 年,为配合国家实施"八五"计划,更广泛的动员城镇妇女在各自岗位上建功立业,全国妇联开展"巾帼建功"竞赛活动。活动经历三个阶段:第一阶段,以提高城镇妇女素质、促进城市文明建设为重点,广泛动员妇女学文化、学科技,开展妇女教育培训、岗位练兵和行业竞赛活动,激励广大妇女争先创优、岗位建功、岗位成才;第二阶段,实施"巾帼创业行动",以树立行业新风、促进行业文明为重点,开展"巾帼文明岗"创建活动,不断丰富活动内容,拓展活动领域,促进"巾帼文明岗"进行业、进社区、进村镇,在构建社会主义和谐社会中发挥积极作用;第三阶段,"巾帼文明岗"活动由窗口行业向各个领域拓展,同时,积极帮助下岗失业妇女创业与再就业,以推动城市社区建设为重点,相继开展"巾帼助困行动"、"巾帼创业行动"和"巾帼社区服务工程"等多项活动,有效促进了妇女创业就业,动员广大妇女参与社区建设。

旗妇联始终把搞好"巾帼建功"工作作为一项重要工作来抓,做好培养树立"巾帼建功"典型工作。

为进一步拓宽"巾帼文明示范岗"的创建领域,各级妇联组织在女职工中广泛开展以加强职业道德、树立行业新风为目标,以爱岗敬业文明服务为宗旨的岗位建功活动,如:在学校开展优质课评比、星级班评比、小组公开课展示活动,活动中涌现出巾帼文明示范岗国家级 2 个、自治区级 2 个、市级 4 个、旗级 12 个。获得巾帼建功标兵奖励者市级 2 人、旗级 42 人。

1998~2005 年,为解决下岗职工就业难的问题,旗妇联协同有关部门举办烹饪、食用菌栽培等实用技术培训班 15 期,参加培训人员累计 570

人,各级妇联帮助再就业、创业累计270人。

2001~2005年,旗妇联将社区工作纳入工作重点,到2010年已在4个镇中建起15个社区妇代会组织,制定工作制度,形成工作规划,开展一系列工作。同时,在社区先后成立11个志愿者队伍,为群众开展各项服务工作,如:家政服务、中介服务、法律咨询服务、信息服务、妇女保健服务、为贫困妇女传授技术服务等,使妇女工作真正进入社区。

2003年,旗妇联在城镇继续深入开展"巾帼建功"活动,全力帮助下岗女工再就业,在"三镇一区"开展以"巾帼文明示范岗"为重点的"巾帼建功"竞赛活动。加强与金融、电业、邮电等行业的联系,拓展"巾帼建功"活动在企业的开展。旗妇联协助有关部门安排下岗失业女工10人,协调社区居委会,推进"社区服务工程",与旗就业局联合举办下岗失业人员培训班,组织"三镇一区"的下岗女工举办"食用菌培训班",全力帮助下岗失业女工找到生存、创业的机会,鼓励和帮助她们自主创业。

2004年,旗妇联分别在巴彦托海镇、红花尔基镇、伊敏河镇举办9期下岗女工培训班,累计375名下岗女工接受培训。再就业创业201人,其中再就业133人、创业68人。旗妇联持续对下岗失业职工进行技能培训、政策咨询、职业介绍,开展一对一的具体帮扶和服务,维护妇女在再就业中的合法权益。年内,成立20支巾帼志愿者队伍,为广大妇女服务。

旗妇联与旗委党校协商,将《中国妇女儿童发展纲要》、马克思主义妇女观、男女平等基本国策、儿童优先原则等有关妇女儿童发展的内容纳入党课课程,旗机关工委组织党员轮训班学员普遍接受培训。组织有关部门人员举办3期社会性别主流化培训,有50名各级领导干部和150名社会性别主流化宣传培训骨干接受了培训,邀请中华女子学院杨静教授作"社会性别主流化"专题讲座。6月,组织29名妇联干部参加大连妇女干部培训班,进一步充实女性人才库;8月15日,全旗40余名副科级以上女干部参加"科学发展观与社会性别主流化"专家培训班。

同年,为在决策层中普及宣传社会性别意识主流化及国际上的妇女法先进理论,旗妇联举办"社会性别意识主流化"研讨会,各苏木、乡、镇、区主管妇女工作的领导与会。针对"社会性别意识主流化"这一理念,结合当地实际,展开热烈的讨论,并纷纷表示愿意做全旗推动性别平等事业的志愿者,为鄂温克旗"社会性别"意识纳入主流做出贡献。

在"母亲节"到来之际,旗妇联与有关部门配合,组织宣传及向贫困母亲捐款活动;为做好优生优育工作,向新婚人员开展婚前医学检查宣传工作,发放婚前医学检查宣传单1 500份;为庆祝全市两个文明建设经验交流会在鄂温克旗召开,旗妇联组织鄂温克时装模特队参加迎会表演,伊敏河镇妇联也组织社区妇女组成广场舞表演队和秧歌舞表演队,在闭幕式上表演,赢得观众的好评。

2005年,结合保持共产党员先进性教育活动,旗妇联牵头,在旗纪检委、旗委组织部的配合下,于8月举办全旗首届科级领导干部配偶廉政建设培训班,参加培训的人员是全旗32名科级领导干部的配偶。培训班还带领参训人员参观警示教育基地,发出以《兴廉洁之风、建文明家庭》为主题的致全旗领导干部配偶的一封信。

2006年,旗妇联与呼伦贝尔电视台、鄂温克电视台合作,制作3期"草原之声"现场直播节目,对本旗妇女事业和妇女风采进行广泛报道和宣传。5月19日,旗妇联在巴彦托海镇丰泽园饭店举办为期一天的烹饪技术培训班。邀请海拉尔区华溢厨师学校孙立老师为妇女们讲授家庭常用的10道菜的烹饪技术。本着简便、易学、实用的原则,培训班采用理论讲解与实践操作相结合的方式,使参加培训的52名学员都掌握了一定的烹饪技巧,以提高家庭生活质量。

2007年,深入开展"男女平等基本国策"、"社会性别主流化"主题教育活动,与旗委组织部联合,深入7个苏木乡镇、11个嘎查和部分学校开展社会性别意识主流化教育培训。11月26日,旗妇联举办旗直机关妇女委员会成员学习党的"十七大"精神报告会,报告会听取党的十七大代表、辉苏木中心校校长正月讲解的"十七大"报告精神及大会盛况,60余人参加报告会。旗妇联组织的鄂温克服饰表演队全年演出50余场次,央视新闻频道和4频道进行专题报道。

2008年,在自治区继续开展的"恒爱行动——寻找万名父母为孤残儿童编织爱心毛衣"的活动中,旗妇联组织36名旗直妇女小组成员、社区居民、退休工人利用业余时间,历时一个月,为孤残儿童编织40斤毛线的衣裤,将"爱心妈妈"对孩子们的关爱、将社会对他们的关注传递给孤残儿童。

在第98个国际劳动妇女节来临之际,3月10日,旗妇联携手呼伦贝尔市友谊医院为牧民妇女进行包括血检、X光透视、B超、心电、尿检、妇检等之内的检查,免除检查费用265元/人。旗环卫处24名女工、巴彦托海镇巴彦托海嘎查6名牧民、旗直8名妇女干部共38人参加体检。

2009年,为巩固学习实践科学发展观活动成果,切实将学习实践活动引向深入,5月8日,旗妇联组织机关干部参观鄂温克博物馆,了解鄂温克民族悠久灿烂的历史,民俗文化以及自治旗成立50年来发展建设的光辉历程,使每个人都感受到鄂温克民族的勤劳与智慧和自治旗14万同胞50年团结奋进的足迹。7月23日,中华粉红丝带乳腺癌防治基金会、国际粉红关爱协会、市妇联、旗妇联共同举办"全国百万妇女乳房健康关爱行动走进呼伦贝尔"知识讲座,98名妇女受益。讲座结束后举行为期一天半的免费义诊。

2010年,为纪念国际劳动妇女节100周年,旗妇联举办妇女工作图片展活动。通过120余幅妇女工作、鄂温克族传统服饰、妇女手工艺品等展示,展现了2001年实施《妇女儿童发展规划》以来全旗妇女在经济、政治、受教育程度、卫生保健、法律保护、生存环境六个领域取得的全面发展与进步,激励各族妇女更好的投身在自治旗的经济建设中。

在"三八"国际劳动妇女节之日,举办全旗科级以上女干部联谊会,参加联谊会的48名女领导干部表演了精彩的歌舞,诗朗诵等。在"7·11"世界人口日,旗妇联与旗计生局等有关部门联合开展宣传活动,发放宣传单2 000份,宣传册1 500本,为200余名群众免费进行义诊。此次宣传活动突出了年度世界人口日"每个人都有贡献"的宣传主题,宣传了计划生育政策,营造了男女平等、关爱女孩便是关注民族未来的良好社会氛围。

2011年,为大力弘扬中华民族助人为乐的优良传统和社会主义道德风尚,促进社会和谐,全面推进公益事业健康发展,旗委组织部、宣传部、妇联面向全旗招募义工和义工团体。依照旗妇联义工工作筹备方案,旗义工工作筹备小组设计完成了鄂温克义工标志、订做300套鄂温克义工服(帽)及1面义工旗,并设计制作了《鄂温克义工手册》1 000本、义工招募宣传单2 000份。先后于5月23日、9月25日向全旗各苏木乡镇及旗直各部门下发了《关于招募义工的通知》,招募到了来自政府办、技术监督局、地税局、教育科技局、行政审批中心、检察院、水务局及各苏木乡镇的义工团体2个、义工100名。

2012年,旗妇联举办全旗科级以上女干部联谊晚会。

2013年,旗妇联在全旗开展巾帼"清洁乡村 美丽家园"活动,号召广大妇女从自身做起,从小家做起,为全旗的城镇建设添彩。10月18日,在全旗妇女城镇建设能力培训班上,旗妇联工作人员向全旗10个苏木乡镇、旗直各部门的130余名妇女讲解城镇改造的背景与现实意义,介绍个人支持和配合城镇改造的正确做法等;11月6日,旗妇联又组织召开"巾帼共建美丽家园"座谈会,巴彦托海镇社区干部代表、居牧民妇女代表近30人围绕家庭节能减排我能行、治理城镇环境脏乱差、为全旗城镇改造献良策等朴实的话题展开热烈讨论,纷纷表示在当前全旗城镇转型的关键时期每个人都要及时转变观念、提高认识,改造好自家环境的同时尽力而为为城镇建设改造做出新贡献。

同年,旗妇联在全旗广大妇女群众中开展形式多样的活动:一是组织开展了"我与中国梦——尽责圆梦"主题演讲、征文宣传教育活动,征集到参赛作品34篇,推荐3篇作品参加呼伦贝尔市"我与中国梦"征文评选活动;推荐2名选手参加了呼伦贝尔市妇联"庆七一 颂党恩 我与中国梦"主题演讲赛,1人获优秀奖,旗妇联获得优秀组织奖。二是开设"特根女性大讲堂",在广大妇女之中开展"我与中国梦 尽责圆梦"主题宣传教育活动,邀请呼伦贝尔市妇联主席杜瑞霞进行专题讲座,全旗各级妇女干部120人聆听了讲座。三是利用现代远程教育网络每周四下午2:00~4:00时间段的《时代女性》专栏开展女性教育培训工作。四是联合举办全旗群众性文化活动。与旗直机关工委、旗总工会、团旗委、旗文体广电局等部门联合开展环城赛、全旗第二届职工运动会、篮球赛、排球赛、五人制足球赛、青歌赛等文化体育活动,丰富群众文化生活。五是围绕下基层活动,积极开展"下基层、访妇情、办实事"活动。妇联坚持工作重心下移,按照来访、下访、办实事等内容建立了下基层工作台账和接访、下访工作日志,深入基层12次,以"送服务下乡"为宗旨,分别开展宣教、培训、疏导、慰问、送健康、义诊等活动,帮助解决了困难救助、社会保障协调等等问题,以实际行动做好贴心、暖心的工作,更实际地为基层广大妇女群众多办事、办好事。旗妇联此项工作被旗下基层活动办公室汇总刊出妇联下基层工作专报1期。

2014年,旗妇联举办"特根女性大讲堂"第二讲。邀请中日友好医院医学博士、主治医师刘军做"女性疾病预防与保健知识"讲座,在旗广播电台特根大讲堂做"共树良好家风"专题讲座;开展面向基层的普惠教育,免费为基层妇女之家订阅和发放《我与中国梦、8337发展思路——内蒙古妇女在行动》、《中国妇运》杂志,蒙汉文《中国妇女报》、《内蒙古妇女》、《妇女儿童发展规划纲要》、《平安家庭建设教育读本》、《反邪教宣传口袋书》。利用现代远程教育网络每周四下午2:00~4:00时间段的《时代女性》专栏开展女性教育培训工作。11月,旗妇联面向广大妇女开展社会主义核心价值观宣传教育活动,各苏木乡镇结合道德建设、女性培训举办了知识讲座等活动。

同年,旗妇联以"巾帼建功"培树典型为重点开展的工作:一是为推进旗级评选表彰活动规范化,制定《鄂温克旗妇联系统评选表彰办法》,使本旗妇联系统评选表彰工作有章可循,有据可依,规范循序地开展工作。二是加大评选力度。新命名旗级巾帼文明示范岗1个、巾帼文明岗2个。旗中蒙医院获得自治区级"三八红旗集体"荣誉称号。三是对历年各级别创建单位进行全面检查。9~10月，旗妇联按照属地管理原则，在各地区的积极配合下，对巾帼文明示范岗、巾帼文明示范村、妇女之家示范点进行全面检查，指导基层打开思路、创新特色、强化服务。

2015年，旗妇联邀请妇产科专家开办育龄妇女健康知识讲座，使育龄妇女对妇产科保健知识有了更深刻的了解和认识，提高预防疾病和优生优育的意识。为义工联开设志愿者课堂，普及常见疾病的护理知识，有效提升志愿服务的专业化、科学化水平。开展新型牧民培训、"消除婴幼儿贫血"培训、家庭教育专题培训、关爱女职工健康知识讲座和牧民化妆培训等，丰富的培训内容获得了基层妇女的广泛欢迎，让基层妇女不仅掌握劳动知识，同时内在修养和外在容貌都得到提升。

同年，旗妇联继续为义工联开展活动提供经费、办公场所、协调等各方面支持，为义工联下拨3 000元工作经费。义工联开展了帮扶困难家庭包冻饺子，社工日宣传，母亲节鲜花义卖、为贫困学子捐赠冬衣、"奉献爱心温暖你我"鄂温克旗义工联合会成立三周年庆典等许多丰富而又有意义的活动，始终以帮助困难群众为己任，用心做强团队，为鄂温克草原的和谐稳定贡献自己的力量。

第一〇五个"三八"国际妇女节期间，积极争取旗电视台技术支持，为近几年涌现出的优秀女性和妇女干部代表拍摄专题片，隆重召开纪念"三八"国际妇女节105周年表彰大会，集中表彰全旗各条战线中涌现出的优秀妇女和先进集体，号召全旗妇女积极进取，奋发向上。举办"特根"女性大讲堂——阳光心态与自我提升专题讲座，让广大妇女学会在工作生活中保持积极心态，树立正确价值观人生观，拥抱健康人生。

同年，向全国妇联孟晓驷主席、发展部崔卫燕部长、自治区妇联胡达古拉主席、李雪梅主席汇报和展示了旗妇联在促进妇女就业创业、加强基层组织建设等方面取得的工作成绩，得到了领导们的一致认可。制作专题片《齐心共筑巾帼梦——鄂温克旗妇联工作纪实》，从强基固本抓基础、融入发展创实效、和谐发展建新功几个方面全面梳理了近年来旗妇联取得的工作成绩。

2016年,旗妇联以提高妇女综合素质为重点,帮助妇女创业就业,促进妇女建功成才。调研走访旗籍创业妇女、女大学生,培育发现创业典型,为她们提供信息、政策、资金、宣传等多层次的跟踪服务。推荐斯日格玛参加自治区妇女手工制作技能竞赛获优秀作品奖;推荐乌仁等人参加呼伦贝尔妇女首届"赛罕杯"手工制品展示大赛斩获多个奖项;协助中国国际广播电台《中国人权纪实》采访组专题报道自治旗创业妇女斯日格玛、孟丽的创业事迹。

同年,旗妇联参加全市妇联系统"巾帼心向党""两学一做"学习教育知识竞赛获三等奖;联合电视台拍摄《巾帼风采》系列报道,以优秀女性的事迹感召广大妇女立足岗位、拼搏进取;在呼伦贝尔市美丽发展·巾帼建功"十三五"草原行动启动仪式上,代表基层妇联作表态发言。

◆鄂温克族自治旗妇女联合会志◆

第五章

重要活动与工作

◇ 第一节　扫　　盲
◇ 第二节　"四自"教育
◇ 第三节　"三八"红旗竞赛
◇ 第四节　爱心募捐
◇ 第五节　家庭助廉与协会工作

第五章　重要活动与工作

1958年8月1日,鄂温克族自治旗成立,索伦旗民主妇女联合会改称鄂温克族自治旗妇女联合会。之后,旗妇联组织广大妇女开展"扫盲"、"四自"教育和"三八"红旗竞赛,组织爱心募捐,带动广大妇女提高政治素质、科学文化水平、法律意识、参与社会经济建设能力的各类活动,带领全旗各族妇女积极投身于社会主义建设。

第一节　扫　　盲

1958年,旗妇联成立之后即开展扫盲运动。当年,全旗85%的妇女脱盲。有了文化的妇女更增强了生产积极性,全旗有2 564名妇女参加合作社,占全旗牧区妇女的95%。

1960年,旗妇联扫盲工作以组织妇女学习毛主席著作的方式开展,通过学习,使参加学习的妇女达到能阅读毛主席文章,结合自身和生产队实际谈体会的水平。

1980年,根据牧区特点,旗妇联要求扫盲学习以"闲时集中学,忙时分散学"的形式开展。

1985年,全旗脱盲率达96.5%,比上级要求的脱盲标准率85%高出11.5%,16~45岁妇女基本脱盲。

1987年,旗妇联在开展"三八"红旗竞赛、"五好文明家庭"评比等活动中纳入学文化的内容,提出家庭成员有文盲或适龄儿童不入学的不能评为"五好家庭",先进人物评选中不能选文盲的规定。

1988年，鄂温克旗进入无盲旗的巩固阶段。此后，旗委、旗人民政府始终坚持把教育摆在优先发展的战略地位。

1999年，鄂温克旗顺利通过教育"两基"（基本普及九年义务教育和基本扫除青壮年文盲）国家级验收。

2004年，鄂温克旗被评为自治区"两基"巩固提高先进县。

2011年，旗妇联配合教育部门加强扫盲工作宣传力度，利用各种媒体广泛宣传扫盲工作，提高全社会的认识，在扫盲工作中坚持"一堵、二扫、三提高"的工作方针，实施扫除青壮年文盲工作，进一步做好脱盲人员的巩固工作，脱盲人员的巩固率为100%。全旗青壮年77 040人，非文盲率达99.96%。

2012年，旗妇联配合相关部门认真贯彻执行《扫盲工作条例》，扎实有效地开展扫盲工作。开展创建无盲县、无盲乡、无盲村活动，促进"两基巩固提高工作。旗教育部门举办扫盲培训班93期，培训牧民人数达到7 995人次。

2013年，旗妇联配合相关部门积极促进两基巩固提高工作。旗教育部门组织召开扫盲档案培训会，年末完成了全方位的核查和统计工作，建立健全了旗级、苏木（乡、镇）级、嘎查（居委会）级三级扫盲档案。共发放扫盲和实用技术宣传单600余张，实用技术扫盲读本150套。

2014~2016年，旗妇联配合相关部门结合党的群众路线教育，发放扫盲宣传单共1 200份，扫盲37人，巩固提高45人。深入基层帮助群众解决困难、办实事，结合乡镇苏木特点和实际开展有实际价值、群众所需的培训活动，培训形式上做到有集中又有分散。

第二节 "四自"教育

1984年，根据中国妇女第五次全国代表大会提出的对广大妇女进行以共产主义思想为核心的"四自"（自尊、自爱、自重、自强）教育。旗妇联对牧区妇女进行艰苦创业、劳动致富、科学致富和扶贫帮穷的教育。

1987年,在开展"四自"教育中又增加"四有"内容(有理想、有道德、有文化、有纪律),开设各类培训班。

1988年,结合党的十三大宣传,旗妇联对广大妇女进行"四自"、"四有"和"五爱"教育,鼓励广大妇女树立奋发自强的精神,充分认识自身价值和力量,增强竞争意识,破除旧思想观念,树立新观念。在广大妇联干部和妇女群众中进行关于社会主义初级阶段基本理论和基本路线教育活动,帮助妇女转变不适应社会主义商品经济发展的旧观念,消除对改革的疑虑,坚定对改革胜利前景的信心。

1999年,旗妇联组织妇女干部学习贯彻党的十五大精神,要求基层妇联广泛学习邓小平建设有中国特色社会主义理论、开展市场经济大学习及"三讲"学习教育活动。从而使广大妇女发扬"四自"精神,立志做"四有"跨世纪新女性。

2001年,旗妇联以"三个代表"重要思想为行动指南,坚持一手抓发展,一手抓维权方针,扩展视野,创新三大主体活动,实施"女性素质工程",团结动员全旗各族妇女以创新、创业、创造精神投身自治旗经济社会发展的实践中。

2003年,结合创建"五大旗"工程,旗妇联实施"女性素质工程",组织旗直机关、苏木、乡、镇妇女干部学习党的"十六大"精神和"三个代表"重要思想。

2007年,旗妇联通过专题讲座、日常学习等形式组织广大妇女学习领会党的十七大文献,注重将男女平等基本国策的基本内容融入到妇女工作的各个领域,扎实推进妇女思想教育工作。

2008年,旗妇联充分发挥好妇联组织的思想引领作用,邀请区外专家组织了三场以女性成长为题材的专题讲座,开展"迎奥运"健身活动,进一步增强了广大女性自尊、自信、自立、自强的信心。

2009年,旗妇联结合全旗第七次嘎查换届选举,向嘎查、社区女性宣传，进行组织领导、性别意识等培训，鼓励引导更多女性参与基层民主选举和民主治理，发扬和展现现代女性"四自"精神。

2010年，旗妇联以科学发展观为统领，解放思想、开拓创新，用社会主义核心价值体系教育引导广大妇女，结合"四自"精神，主办了社会性别主流化、社会主义荣辱观、家庭助廉等宣教活动。

2011年，旗妇联重点将廉政文化建设融入"四自"教育中，对广大女性进行宣传教育。

2012年，旗妇联通过开展"为党的十八大作贡献"主题实践活动，鼓励各族各界妇女发扬"四自"精神，努力营造迎接十八大胜利召开的良好氛围。

2013年7月29日，由鄂温克旗妇联、文明办、科协、卫生局共同倡导的"新理念、新行动"共创牧区妇女新生活主题活动在伊敏河镇永丰嘎查正式启动。旗妇联主席娜仁托雅动员广大牧民妇女姐妹发扬"四自"精神，巾帼不让须眉，勇当新牧区建设的主角，共建富裕、文明、和谐、幸福鄂温克。

同年10月17日，旗妇联组织全旗180余名旗直机关科级女领导干部、妇女组织负责人及部分社区书记主任举办"特根"女性大讲堂，旨在提升广大妇女素质，引导妇女干部充分发扬"四自"精神，促进家庭和谐建设、成就幸福人生。

2014年，旗妇联结合党的群众路线教育实践活动，成立旗妇联系统"家风宣讲团"，各级基层妇联干部为家风宣讲员，在实际工作中积极开展和宣传好家风好家训，传播正能量，从而号召更多女性充分发扬"四自"精神，立足家庭，以人为本，继承传统美德，倡导时代家风。

2015年，旗妇联积极开展妇女教育培训活动，举办"特根"女性大讲堂——阳光心态与自我提升专题讲座，让广大妇女学会在工作生活中保持积极心态，发扬"四自"精神，拥抱健康人生。开展新型职业女农牧民培训、家庭教育专题培训、健康知识讲座和牧民化妆培训等，丰富的培训内容获得了妇女群众的广泛欢迎，让她们不仅掌握劳动知识，还在内在修养和外在容貌都得到提升。

2016年,旗妇联在微信公众平台开设"女性大讲堂"专栏,联合电视台拍摄《巾帼风采》系列报道,以优秀女性的事迹感召广大妇女,进一步发扬"四自"精神,立足岗位、拼搏进取。在呼伦贝尔市美丽发展·巾帼建功"十三五"草原行动启动仪式上,旗妇联主席娜仁托雅代表全市基层妇联作表态发言,展现了鄂温克旗妇女和妇联干部自信、自强、自立的时代风采。

第三节 "三八"红旗竞赛

1958年,呼伦贝尔盟妇联在牧业四旗(鄂温克族自治旗、新巴尔虎左旗、新巴尔虎右、陈巴尔虎四旗)开展"双百"(百母超百仔)先进人物活动。同年,南屯公社的淑义、桑瑞分别被授予"全国三八红旗手"、"全国农业劳动模范"和"全国牧业积极分子"、"全国妇女社会主义建设积极分子"称号。

1960年,呼伦贝尔盟妇联在农村、牧区开展"百面红旗千朵红花"的社会主义劳动竞赛,该旗牧区有90%以上的妇女劳动力参加以接羔保畜为主要内容的劳动竞赛。

1963年,在牧区妇女中开展"双五好"(五好社员、五好户)活动。

1973年,旗妇联恢复工作后,由于"左"的路线的干扰,评选先进工作也受到当时历史条件的影响。

1977年,旗妇联在公社、生产队间开展"比学习、看觉悟;比破旧立新、看行动;比出勤、看贡献;比作风、看艰苦奋斗"的流动红旗竞赛。当年锡尼河西公社妇联夺走流动红旗。

1978年,孟根楚鲁公社妇联组织妇女抗灾保畜成绩突出,获得优胜红旗。辉公社在开展了此项活动后,乌兰宝力格妇代会连续六次保持优胜,并多次受到公社、旗、盟、黑龙江省、内蒙古妇联等单位的表彰。3月,旗妇联表彰38名"三八"红旗手、11个"三八"红旗集体。

1979年，旗妇联注重树立典型，采取典型引路的方法，老典型不衰，新典型不断涌现。孟根楚鲁公社孟根托亚生产队妇代会主任斯琵勒连续三次荣获全国、自治区级"三八"红旗手称号，被内蒙古妇联授予"三八"红旗手标兵，辉公社乌兰宝力格生产队妇代会被授予"三八"红旗集体。

1980年，呼伦贝尔盟妇联表彰全盟各族各界、各条战线涌现出的"三八"红旗手227名、"三八"红旗集体75个。其中：大雁居委会的何国荣、锡尼河东公社新宝力格生产队的敦布日乐尼玛、辉公社希贵图生产队的杨吉莲、巴彦嵯岗学校的额吉思贡、锡尼河西公社供销社的都古斯勒玛、锡尼河西公社妇联的斯木吉德、旗种畜场的斯普勒玛被授予"三八"红旗手称号，辉公社妇联、旗幼儿园、孟根楚鲁公社维特很生产队妇代会被授予"三八"红旗集体称号。

1981年，旗妇联表彰75名"三八"红旗手、25个"三八"红旗集体。

1982年，呼伦贝尔盟妇联授予辉公社卫生院的哈斯挂、巴彦塔拉公社妇联的斯日古楞、孟根楚鲁公社孟根托亚生产队的斯琵勒"三八"红旗手称号，辉公社乌兰宝力格生产队妇代会"三八"红旗集体标兵称号，巴彦托海镇草库伦妇女小组"三八"红旗集体称号。

1983年，辉公社乌兰宝力格生产队妇代会被全国妇联授予"三八"红旗集体称号。

1985年，内蒙古妇联授予伊敏苏木阿贵图嘎查的额尔敦其木格、锡尼河西苏木特莫胡珠嘎查的陶格、旗妇幼保健站的图雅"三八红旗手"称号，孟根楚鲁苏木妇联"三八"红旗集体称号，巴彦塔拉达斡尔民族乡妇联主任斯日古楞优秀妇联干部称号。同年，呼伦贝尔盟妇联授予巴彦塔拉达斡尔民族乡妇联主任斯日古楞、锡尼河西苏木巴彦胡硕嘎查的哈木诺尔金、辉苏木乌兰陶格嘎查的阿拉腾花、旗保健站的图雅"三八"红旗手称号，孟根楚鲁苏木妇联"三八"红旗集体称号。

1988年，内蒙古妇联授予辉苏木乌兰陶格嘎查的额尔登挂"三八"红旗手称号。同年，呼伦贝尔盟妇联授予锡尼河西苏木巴彦胡硕嘎查的巴·

汗达、巴彦塔拉达斡尔民族乡布拉尔嘎查的单玉珍、巴彦托海镇六居委会的何秀珍、辉苏木乌兰陶格嘎查的额尔登挂、红花尔基镇的赵凤霞"三八"红旗手称号,孟根楚鲁苏木维特很嘎查妇代会、伊敏苏木红花尔基嘎查妇代会"三八"红旗集体称号。

1991年,旗妇联表彰30名"三八"红旗手、5个"三八"红旗集体。

1993年,旗妇联授予15人"三八"红旗手称号。

1999年,旗妇联主席萨其仁贵被内蒙古妇联评为全区优秀妇联干部。

2005年,巴彦托海镇巴彦托海嘎查党支部书记、嘎查达乔玉芳,旗妇联副主席索龙格分别被内蒙古妇联授予"三八"红旗手和全区优秀妇联干部称号。

2006年,乔玉芳被全国妇联授予"三八"红旗手称号。

2007年,旗妇联被全国妇联、国家人事部授予妇联工作先进集体称号。

2008年,内蒙古妇联授予日娜"三八"红旗手称号。

2009年,全国妇联授予巴彦托海镇巴彦托海嘎查妇代会"三八"红旗集体称号。

2010年,内蒙古妇联授予旗妇联的何梅萍"三八"红旗手称号,授予巴彦托海镇艾里社区、辉苏木嘎鲁图嘎查、巴雁镇阿拉坦敖希特嘎查内蒙古妇联基层组织建设示范嘎查(社区)称号。自治区人民政府、呼伦贝尔市人民政府分别授予旗环卫处何冬梅、锡尼河镇好力宝嘎查诺图格幼儿园斯日斯格玛自治区和呼伦贝尔市劳动模范称号。

2011年,旗妇联荣获"呼伦贝尔市三八红旗集体"荣誉称号。

2012年,旗妇联隆重举办纪念第102个"三·八"国际劳动妇女节暨表彰大会,对"三八红旗手"、"三八红旗集体"、"双学双比"女能手、五好文明家庭等创建评比活动的10个先进集体和35个先进个人、10个家庭进行了表彰,旗妇联被评为自治区"三八红旗集体"。

2013年,为推动"三八红旗"竞赛活动的深入开展,市妇联、呼伦贝尔日报社联合举办呼伦贝尔市"十大杰出女性"评选活动,在活动中旗妇联通过积极推荐、组委会审核、公众投票、组委会投票评议,旗锡尼河西苏木孟根楚鲁饭店经理乌云其木格被评选为呼伦贝尔市十大杰出女性,大雁镇友情商贸有限责任公司总经理候秀萍获呼伦贝尔市十大杰出女性提名奖。评选活动是妇女先进人物选树和培养的重要平台,进一步展示了全旗优秀妇女形象,起到了榜样力量和引导作用。

2014年,旗中蒙医院获得自治区级"三八红旗集体"荣誉称号。

2015年,隆重召开纪念"三八"国际劳动妇女节105周年表彰大会,旗委副书记王文起、旗人大副主任王广平、旗政协副主席卓日格苏荣出席表彰大会,会议由旗人民政府副旗长马会宁主持,各苏木乡镇和旗直机关分管妇女工作的领导、妇女组织负责人以及所有受表彰人员参加会议。会议表彰了珊丹等10名"三八红旗手"、李萍等10名"巾帼建功标兵"、丽杰等5名"双学双比女能手"以及旗委党校等5个"三八红旗集体"、旗第二中学等5个"巾帼文明岗"、吉日嘎拉等4户"最美家庭"。

同年,锡尼河西苏木巴彦呼硕嘎查牧民乌云其木格被自治区妇联授予"巾帼建功标兵"荣誉称号。

2016年,旗妇联联合旗电视台为秉公执法的80后的女法官慧慧、旗司法局法律援助中心负责人、全区优秀巾帼志愿者金英、呼伦贝尔市手工业协会会长杜红艳等3位优秀创业女性和妇女儿童维权志愿者代表拍摄系列报道,在全旗范围内宣传她们的先进事迹。

通过"三八"红旗竞赛活动,促进了"双学双比"、"巾帼建功"、"五好文明家庭"三大主体活动的开展,使"三八"红旗竞赛与三大主体活动融合在一起,调动了广大妇女的生产(工作)积极性,提高了妇女的素质,同时也促进了全旗物质文明、精神文明、政治文明、生态文明建设的健康发展。

第四节 爱心募捐

为体现社会文明,发扬"一方有难、八方支援"的传统美德,在部分地区与个人有困难的时候,旗妇联多次组织献爱心、救助活动。

1994年,旗妇联与陕西咸阳"三八妇乐"医药保健有限公司联系,销售"三八妇乐"保健药品420盒,深受各界妇女的青睐。

1995年"六一"国际儿童节期间,旗妇联发起开展"爱童月"活动的倡议,旗民委、民政、劳动人事局、妇联、工会等部门开展集中慰问学校、托儿所孤残贫困儿童活动。25个成员单位和旗土地局、农机公司等11个旗直机关捐款8 800余元、个人捐款2 000余元,慰问37名孤残儿童及贫困学生,解决了24名贫困学生至小学毕业的书费和学费。

1997年,在旗内部分地区遭到严重白灾时,旗妇联组织献爱心活动,参加活动的人员700余人,捐款1 484元,用这笔捐款购买大米、白面送到灾区人民的手中,表达妇女支援灾区人民的一片心意。

1998年,在全盟部分旗市遭受百年未遇的水灾和旗内部分地区涝灾后,旗妇联组织捐款捐物活动,在各级妇联干部的带动下,机关女职工、个体户捐款人民币3 660元,部分妇女还捐出棉被褥、童鞋、布料、书包等。

2001年,旗妇联与基层妇联捐款2 595元,慰问6个贫困户,表达妇女对贫困母亲的爱心。旗妇联慰问老模范和全国、自治区、呼伦贝尔盟三级"三八"红旗手孟根楚鲁苏木孟根托亚嘎查斯琵勒,送去200元慰问金,斯琵勒曾经担任过嘎查妇代会主任、嘎查党支部书记、旗第一届人大代表,出席全国社会主义青年积极分子代表大会。

2002年春节前夕,旗妇联走访联系点阿尔善诺尔嘎查5个贫困户和伊敏苏木、辉苏木、锡尼河东苏木、锡尼河西苏木、巴彦塔拉乡13个贫困家庭,了解她们的生活情况,送去慰问金1 000元,资助1名辉苏木嘎鲁图嘎查患子宫肌瘤住院治疗的鄂温克族女牧民。

2003年,旗妇联组织了抗击非典、关爱儿童、献爱心、送温暖活动,慰问15名贫困残疾儿童,为他们赠送慰问金、文具、服装等物品,总价值2 000余元,并发动全旗各妇联组织救助贫困学生14名。

2004年,旗妇联邀请大连沙河口区妇联来本旗参观、学习、调研,双方签订友好妇联关系协议书,沙河口区妇联及同行的韩国女商人爱心贞子捐资10 550元,救助旗内贫困学生完成学业。

2005年,旗妇联邀请呼伦贝尔市人民医院为巴彦托海镇地区群众免费普查糖尿病,在150名人员中,查出病例26人,通过普查活动,进一步提高了群众对糖尿病的预防意识。

巴彦嵯岗苏木妇联组织捐款1 125元,资助2名贫困学生上大学的学费及治疗疾病费用。伊敏河镇妇联为3名贫困失学女童捐款捐物,使她们重返校园,并为患血细胞综合症的儿童组织捐款5 829元以解决其治疗费用。在妇联的协调下,韩国爱心人士主动为苏木一个贫困家庭中的夫妇捐助2万元手术费,使他们从病魔中解脱出来。巴彦塔拉乡妇联与有关部门配合,组织捐款600元,为贫困学生购买学习用品及书刊。红花尔基妇联为贫困妇女儿童捐款200元、衣物76件。伊敏苏木妇联组织嘎查妇女向体弱多病的老人及贫困妇女捐款460元。旗公安局妇女小组帮助一个特困家庭,协调民政部门,解决住房问题,并组织女干警捐款200余元,为这个家庭送去两套被褥,为家中面临失学的8岁儿童送去书本及学习用品。旗妇联与呼伦贝尔学院协商,为贫困生索伦掛同学解决上学难的问题,免去最后一年的学费4 000元,使其顺利完成学业。10月,旗妇联向内蒙古妇联申请到3万元资金,解决50名贫困学生3年的学费。与旗委办一同到联系点阿尔善诺尔嘎查的5户贫困家庭,送去米面及生活用品,并为他们的子女送去崭新的书包和学习用品。

2008年,旗妇联为联系点锡尼河镇巴彦胡硕嘎查的贫困生、考入上海戏剧学院的斯德布,帮助解决30 800元的学费,使其顺利走进大学的殿堂。

2009年,巴雁镇妇联与教育分局配合,为贫困学生捐款2 000元,为20名贫困女童捐助学习用品,同时还为一些贫困生的待业父母提供就业渠道。为让每一个贫困学生都完成学业,旗妇联为辉苏木1名父母双双患病家庭贫困的学生送去600元,支付他3个月的在校生活及学习用品费。

2011年,为纪念"三八"国际劳动妇女节101周年,3月8日,旗委副书记乔鸿及旗妇联主席索龙格,副主席诺敏、萨仁走访慰问部分苏木乡镇的单身贫困母亲。慰问组一行首先来到锡尼河镇居民高娃在巴彦托海镇的临时租住房,乔鸿详细了解高娃患有肾病的小儿子的身体状况,并向高娃送去慰问金和节日问候,鼓励她继续发扬"四自"精神,早日治好儿子的病。随后,慰问组看望了巴彦托海镇居民张志兰母女,得知这个单亲母亲在丈夫去世后因无能力继续供养女儿上学,几年前女儿抑郁成疾患上精神病,乔鸿副书记在为她们送去慰问金的同时,表示将协调更多的相关部门给予她们帮助。慰问组最后为辉苏木哈克木嘎查77岁的萨茹玛老人送去慰问金,祝愿老人身体健康、节日快乐。

为进一步弘扬博爱、平等的人道主义精神,充分发挥妇联组织职能作用,促进社会和谐建设,经旗委、旗政府同意,旗妇联号召各地区、各部门伸出援助之手,挽救患有先天性心脏病双胞胎幼儿胡韵沂的生命。伊敏河镇、伊敏苏木、巴雁镇4个地区,旗农牧局、旗检察院、旗法院等47个单位及敖悦虹等9名爱心人士,得知近10个月大的胡韵沂的病情每况愈下,急需转院手术治疗,然而高昂的手术费用早已使她捉襟见肘的家望而却步时,积极响应号召,奉行博爱精神,开始了爱心接力,3月9日,小胡韵沂和妈妈带着社会各界和所有爱心人士的爱心捐款踏上了开往北京武警总医院的列车,截至3月14日下午,爱心捐款达63 489元。于4月28日成功完成了心脏单心房、室间隔缺损等6项难度大的手术从北京返回家中。旗妇联于6月1日去看望小胡韵沂时,爸爸面对镜头一直激动地说:感谢党和政府,感谢所有好心人。

旗妇联在国际儿童节期间,积极开展关爱残疾、贫困、学前儿童爱心慰问活动,慰问组来到第一实验小学,看望了住宿贫困学生包梅荣、白媛媛、玉梅,为她们送上1 000元的慰问金与节日问候。旗妇联又深入锡尼河西苏木诺图格幼儿园,为节日中的孩子们送去800元的蒙汉优质图书及玩具。

15岁的何艺同学是鄂温克中学的初一学生。2011年3月被诊断为恶性畸胎瘤。幼年失去母亲的她跟父亲相依为命(低保户)。因没钱化疗她只能吃药维持生命,旗妇联知道情况后从工作经费中拿出4 000元为她支付第一轮的化疗费。在中秋节到来前,旗妇联得知她化疗后身体各项指标日渐恢复正常,旗妇联主席索龙格又为她送上月饼、水果、牛奶等慰问品,同时鼓励她要积极配合治疗、努力克服药物不适反应、加强锻炼,尽快康复重返校园。

2012年3月7日,在第102个"三八"国际劳动妇女节来临之际,呼伦贝尔市妇联、鄂温克旗妇联一同深入鄂温克旗巴彦塔拉乡看望慰问了砖厂妇代会主任谢金英及单亲母亲单莲凤,为她们送去慰问金2 000元。呼伦贝尔市妇联副主席敖桂英与单莲凤、谢金英亲切交谈,详细了解了她们的身体及生活状况,鼓励她们克服困难,科学生产,健康生活。

按照鄂温克旗妇联"下基层、访妇情、办实事"活动实施方案的内容步骤,3~8月为蹲点调研、解决难题阶段,鄂温克旗妇联领导班子组成基层妇女工作调研组,深入辉苏木4次、大雁镇1次、巴彦托海镇2次。在详细了解嘎查、社区妇代会工作开展情况,妇代会主任工资待遇及牧民妇女需求的过程中,辉苏木希贵图嘎查一个年仅15岁的女孩引起了调研组的关注。她叫海日,于2011年诊断为Ⅰ型糖尿病,每日只能依靠注射2针餐前胰岛素来平衡血糖。幼年就失去父亲的海日,因病不得不离开了校园,她的生活充满了迷茫。经妇联领导班子会议研究与多方协调,协调旗民政局、红十字会、人口和计生局海日解决了大病医疗救助款11 000元,并组织个人捐款2 700元,为实现海日早日安装胰岛泵、早日恢复健康的梦想又前进了一步。

旗妇联多年来,始终把群众的疾苦放在心上。为帮助巴彦托海镇地区贫困学生升入中学,8月17日上午,旗妇联副主席诺敏为因没有钱购买住宿用品而一直未去报到的张昕同学送去价值500元余元的被褥、床单、枕巾等,鼓励幼年失去母亲,一直由无业的姥姥、姥爷抚养的张昕升入中学后克服困难,继续努力学习,用自己的实际行动回报年迈的姥姥、姥爷、回报

第五章 重要活动与工作

社会。

2013年,为纪念"三八"国际劳动妇女节103周年,为使更多残疾母亲感受到党和政府的关怀,3月4日,旗委副书记娜日斯,旗妇联主席、政府妇儿工委办主任娜仁托雅,副主席萨仁走访慰问了部分残疾贫困母亲。慰问组一行,先后深入巴彦托海镇四居、锡尼河西苏木巴彦胡硕嘎查、伊敏苏木红花尔基嘎查,走访慰问了肢体残疾的郭铁红母女俩、眼部残疾的斯普乐玛和单身贫困母亲阿拉腾高娃,为她们送去慰问金1 500元及电热宝、热身袋等。每到一处,慰问组一行都与每位母亲亲切交谈,详细了解她们的身体及生活状况,鼓励她们克服困难,科学生产,健康生活。

2013年5月,受红花尔基水库泄洪影响,鄂温克旗伊敏河流域沿线洪峰所至苏木乡镇受到了严重灾情,面对灾情鄂温克旗上下均投入到紧张的抗洪救灾中,旗委、旗政府组织动员各地各部门全力投入此项工作中。根据旗委、旗政府的要求,5月10日,旗妇联、旗总工会、团旗委成立了抗灾服务工作站,深入伊敏河镇、巴彦塔拉乡受灾现场查看受灾情况,慰问了巴彦塔拉乡伊兰嘎查联系帮扶点的2户受灾群众;5月11日下午,深入伊敏河镇开展救灾服务工作,为当地灾民送去价值5 000余元的棉被、衣物、电暖宝等御寒物资。旗妇联、旗总工会、团旗委抗灾服务工作站结合灾区实际需要,邀请呼伦贝尔市精神卫生中心心理专家赶赴灾区对灾民进行心理疏导,切实帮助灾民从心理上接受灾害、从行动上战胜灾害。

为纪念《中华人民共和国未成年人保护法》颁布实施六周年,切实维护弱势儿童合法权益,旗妇联于"六一"期间开展了系列活动,使困境中的孩子们感受到了党和政府的温暖。

"六一"前夕,旗妇联与义工联在过往群众较多的瑟宾广场举行为期3天的儿童文具、玩具募捐活动,为伊敏河"5·6"洪灾受灾儿童筹集到铅笔、橡皮、本等200余个,玩具70余个。

6月4日晚,旗妇联、旗残联和义工联联合举办"庆六一儿童节"义工助残联欢会,近40名义工与12名不同程度智障、患有自闭症的儿童欢度节日。义工们为孩子们献上精彩的节目,与孩子们共同游戏、共同歌唱、共同舞蹈,并将亲手制作的贺卡、募捐到的部分文具送给孩子们。旗妇联主席娜仁托雅也为孩子们送上精心挑选的日常洗漱用品,鼓励孩子们积极克服困难,做听妈妈话的好孩子!

旗妇联积极开展金秋助学活动,8月28日,旗妇联副主席萨仁与工作人员前往锡尼河西苏木为巴彦胡硕嘎查的贫困大学生呼伦送去1 500元助学金。呼伦是呼伦贝尔学院政史系政治教育专业的一名品学兼优的大二学生,他不仅是该系学生会文艺部部长还兼任学校播音组蒙文组组长。同时,呼伦政治上积极要求进步,当时已是中共预备党员。不幸的是,呼伦的家庭因病致贫,是嘎查特困低保户。虽然假期里呼伦打工挣了一部分钱,但仍不够交纳新学期学习费用。旗妇联的资助缓解了呼伦同学的燃眉之急。呼伦表示一定努力学习不辜负大家的期望,成为有用之才,回报社会、回报家乡。

8月,根据旗灾后重建工作领导小组《关于做好群团组织与信访群众结对帮扶工作的通知》精神,旗妇联与伊敏河镇基建委居民滕某某建立起结对帮扶关系。9月24日,旗妇联向本单位结对帮扶信访群众滕某某提供援助金500元,解缓了滕某某一家目前的生活困难。滕某某夫妇虽然已搬迁至伊敏河镇25年,由于种种原因,于2011年5月才将户籍迁入伊敏河镇,故暂未领取到居民低保。夫妇二人均年过六旬,滕某某患有严重尘肺和腰椎管狭窄及高血压,并做过胃切除手术,其老伴也做了乳腺癌手术,家庭因病致贫。滕某某对旗妇联的援助表示感谢,同时也表达了对党和政府关心困难群众的感激。

全年,旗妇联救助和慰问贫困弱势妇女儿童31余人次,捐款救助金达20 407元,为贫困母亲、重症患者、残疾儿童、困难学生、贫困劳模解决了实际困难。旗妇联领导还通过各种渠道为一名身患癌症的妇代会主任争取到了3 000元的治疗费。

2014年,为密切与包扶社区的联系,将下基层服务民生工作落到实处,

1月7日下午,旗妇联主席娜仁托雅一行4人慰问大雁镇永安社区单亲贫困母亲宫某某、智障贫困母亲何某某及前卫社区建设养老院的老人们,在寒冬里为他们提前送去新年的祝福与温暖。宫某某因患类风湿失去劳动能力,与16岁的儿子几乎没有生活来源,是大雁镇永安社区重点帮扶对象;何某某与丈夫均患有智力障碍疾病,一直靠年迈的公婆照料,生活捉襟见肘。娜仁托雅鼓励宫某某振作精神、积极战胜病魔,对何某某公婆多年的辛苦表示感谢,为两个家庭送上慰问金,并希望在今后工作中社区干部能够及时上报、反映辖区贫困母亲的困难与需求,为妇联与贫困母亲建立长期帮扶关系搭建平台。

慰问组最后参观大雁镇"妇"字号示范基地前卫社区建设养老院,详细了解了养老院经营发展及老人们的生活情况,为29位老人送上500元慰问金。

为进一步加强基层妇联阵地建设,有效发挥"妇女之家"服务基层妇女职能,4月23日,旗妇联相关人员下基层到帮扶社区大雁镇永安社区,为该社区"妇女之家"送去总价值1万元的2台电脑和2台打印机,解决了该"妇女之家"开展工作所需设备。促进了"妇女之家"通过开展家庭文化建设、远程教育、创业就业技能培训等工作,着力解决基层妇女群众所急、所盼、所需的问题,从而更好地服务基层妇女。

5月30日,旗妇联与巴彦塔拉乡民族幼儿园的17名小朋友共度节日,为小朋友们"快乐的节日"亲子趣味运动会提供价值2 000元的运动器材和奖品。

为更好的深入基层为老百姓服务、倾听老百姓的心声,6月20日,旗妇联党支部及妇联工作人员到巴彦托海镇安门社区开展党代表工作日活动。通过视察、调研、交流等方式了解社区干部群众的实际困难。比如:社区干部多年来工资待遇不够理想、社区人员配备少、爱心超市缺少生活用品等,同时也了解到部分特困家庭的生活情况。为了切实解决社区百姓的生活困难,6月23日,旗妇联精心购买1 000余元的生活日用品,充实了社区爱心超市,为困难居民送去党和政府的温暖。

在党的群众路线教育实践活动中,旗妇联以关心基层老百姓的疾苦为重点,全力推进"暖心"行动。在安门社区开展调研工作时了解到李某一家的特殊情况,李某48岁,26年前丢失户口,并于两年前患肝癌,丈夫因着急上火导致脑出血,目前半身不遂,孩子尚未独立,家庭情况非常特殊。旗妇联积极协调相关部门进行扶助,旗法院妇女小组得知情况后,及时伸出援助之手,于7月17日与旗妇联一同送去2 900元的慰问金(旗妇联1 000元、旗法院1 900元),以解李某家的燃眉之急。同时,旗妇联组织义工联合会长期为李某家义务劳动帮助他们度过难关。暖心行动让他们感受到党的温暖,不断帮助她们树立生活的勇气和信心。

2014年,旗妇联共救助和慰问贫困弱势妇女儿童17人次、25 212元,为贫困母亲、重症患者、残疾儿童、敬老院、基层幼儿园解决了实际困难。尽所能地把维护最广大基层妇女群众生活工作做深做实做到位。

2015年春节前夕,旗妇联到大雁镇永安社区走访慰问了宫秀琴等单亲、贫困、留守老人的家庭,为他们送去了2 000元的慰问金和新春的祝福。

6月,经旗妇联积极协调,北京凯隆亿盛纺织品有限公司"爱洒草原·捐资助学"仪式在鄂温克旗锡尼河西苏木隆重举行,公司总经理杜艳军、鄂温克旗委副书记王文起、呼伦贝尔市妇联副主席何霞以及鄂温克旗妇联、锡尼河西苏木政府的相关领导出席仪式。活动中公司捐资5万元帮助该地锡尼河学校的72名学生和诺图格幼儿园的28名幼儿。

2016年1月,旗妇联主席娜仁托雅来到鄂温克旗巴彦托海镇艾里社区看望慰问了因患动脉血栓而双腿截肢的贫困母亲陈某、贫困患病妇女李某,为其送去1 000元慰问金。

4月,旗妇联在锡尼河学校举行"我爱我家、书香飘草原—亲子阅读活动"启动仪式,向该校捐赠价值500余元的蒙文图书。

6月,旗妇联主席娜仁托雅带领机关党员干部深入旗福寿安养院进行走访慰问,并为那里的老人送去了牛奶、鸡蛋等营养品。

10月,经旗妇联大力协调,内蒙古何文公益基金会向该旗50名品学兼优的贫困生提供每人1 000元、共计50 000元的资助。内蒙古何文公益基金会名誉会长孙震,满洲里富豪集团董事长、内蒙古何文公益基金会理事长何文,呼伦贝尔市政协副主席、工商业联合会会长李启华,旗领导赵玉林、那晓光、涂宏文、李志东出席捐赠仪式,受赠学校领导、部分教师、受助学生代表、学生家长、旗妇联工作人员60余人参加仪式。

同年,共慰问和救助13名贫困母亲、贫困学生、残疾妇女、养老院孤寡老人、劳模、老党员,发放救助资金10 460元。

第五节 家庭助廉与协会工作

一、家庭助廉

2005年8月,旗妇联举办全旗首届科级领导干部配偶廉政建设培训班,参加培训班的人员是全旗32个科级领导干部的配偶,目的是使廉政工作要从家庭做起,要在家庭中倡导廉政之风,弘扬正气,要建立"以德治家、以廉养家"的廉政家庭,培训班还参观警示基地,发出以《兴廉洁之风、建文明家庭》为主题的致全旗领导干部配偶一封信。

2006年6月11日,旗妇联组织妇女干部职工及领导干部家属参观旗反腐倡廉警示教育基地。在警示教育基地,先后参观服刑人员监区、会见和劳动场所,了解监狱管理和服刑人员生活、听取讲解员所作的介绍,一桩桩触目惊心的案例和警示教育片中服刑人员的现身说法,使参观人员受到极大地震撼。参观提醒党员干部要自尊、自省、自觉、自励,自觉接受教育和监督,常修为政之道,真正成为稳得住神、管得住身、抗得住诱惑,让党和人民放心的好干部、好领导。

2008年7月4日,旗妇联在旗纪检委的支持下,在巴彦托海镇阿睦尔泰奔社区成立家庭助廉之家,并举办挂匾仪式,旗委副书记乔鸿,旗委常委、纪检委书记车淑芳,旗政协副主席哈斯额尔德尼参加仪式。旗委常委、旗纪检委书记车淑芳讲话,并与旗委副书记乔鸿共同为家庭助廉之家揭匾。旗纪委廉政办的负责人、旗妇联干部、旗直副科级以上女领导干部、领导干部配偶、巴彦托海镇地区妇女小组成员及社区居民小组妇联干部60余人参加挂匾仪式。挂匾仪式结束后,在家庭助廉之家进行党风廉政建设和预防职务犯罪的讲座,由旗妇联家庭助廉之家师资队伍成员、旗党校讲师娜仁托雅主讲。通过讲座,进一步提高妇女干部群众在反腐倡廉工作中把好家庭这个重要关口的意识,为净化家庭环境、营造廉洁家风创造更广泛的舆论氛围。

9月17日,为深入开展家庭助廉教育工作,明确妇女组织开展服务于党风廉政建设和反腐败工作,在旗纪委的支持下,旗妇联举办"旗直机关家庭助廉教育工作第二期培训班"。旗直直属单位妇女组织成员54人参加培训。培训班邀请旗党校教师娜仁托雅进行党风廉政建设和预防职务犯罪的讲座,并组织观看由中央纪委监察部电教中心、安徽省纪委宣教室联合摄制的《失衡的秤—王昭耀受贿案警示录》。通过讲解与观看录像,进一步提高了妇女干部群众在反腐倡廉工作中把好家庭这个重要关口的意识,把预防和抵制腐败工作,通过妇女做到每一个家庭,使每一个家庭成员都成为反腐倡廉的宣传员、监督员,以家庭的和谐促进社会的和谐,努力营造反腐倡廉的良好家庭氛围和社会环境。

2010年,为搞好反腐倡廉宣传教育工作,旗妇联组织家庭助廉之家成员、旗直机关妇女干部及领导干部家属26人参观旗反腐倡廉警示教育基地,使反腐倡廉宣传工作进入机关、进入家庭,向各级领导干部家属发出《树立文明家风、争做贤内助、家庭助廉倡议书》。

2011年,旗妇联在大雁镇开展了廉政宣传月活动,以座谈、观看宣传片、发放宣传单、推荐家庭助廉教育图书、发放"争创廉洁家庭"倡议书、"廉内助"评比活动等形式开展了系列廉政宣传活动。

2012年,旗妇联深化建设"坚强阵地"和"温暖之家"的各项工作,以喜迎党的十八大胜利召开为契机,进一步推进家庭反腐倡廉建设。

2013年,旗妇联成立了以党组书记、主席任组长,妇联副主席任副组长的廉政文化建设领导小组,坚持廉政教育与反腐倡廉制度建设相结合,坚持执政理念教育与家庭助廉相结合,扎实有效开展了家庭助廉工作。

2014年,旗妇联结合廉政文化进社区活动,在巴彦托海镇安门社区、赛克社区建立了"助廉之家",并充分发挥妇联组织的职能职责,开展家庭廉政宣传活动,在全旗组织开展了寻找"最美家庭"活动,将廉政家庭纳为"最美家庭"之一。

二、协会工作

2006年10月11日,旗妇联在民政部门注册登记,成立非盈利性社会组织——鄂温克旗妇女可持续发展促进会。这是鄂温克旗境内唯一的民间妇女发展组织。促进会是针对当今社会男女不平等、妇女地位低下,妇女参政议政及受教育机会少等现象而创办的,是专门支持、帮助、引领妇女儿童这一弱势群体的社会团体。其宗旨是教育引导妇女自尊、自强、自信、自立;努力提高妇女的整体素质,鼓励资助妇女发展经济生产,监督和参与妇女儿童法律法规的执行,切实维护妇女儿童的合法权益。

2008年12月2～3日,旗妇联主办、旗妇儿工委与旗妇女可持续发展促进会协办的联合国《UNDP鄂温克旗妇女参选参政能力建设培训》项目班在鄂温克旗开班。培训内容有:妇女参政能力建设;社会性别意识主流化;参政经验交流;精选模拟演讲等。

2009年8月12日,举行妇女参政与少数民族文化保护项目启动仪式。德国罗莎·卢森堡基金会中国项目负责人卢茨·勃勒博士、中国国际民间组织合作促进会副秘书长赵大兴、旗委副书记乔鸿及旗委组织部、旗民政局、旗妇联负责人和7个苏木乡镇党委副书记、妇联主席、项目工作人员、妇女代表参加启动仪式。成立项目办公室,有5名工作人员,并对全旗19名项目管理工作人员进行培训。项目启动后设计印发培训教材:《牧区妇女参与嘎查委员会选举培训手册》、《社会性别与妇女发展现状》、《牧民专业合作组织简明指导手册》、《嘎查（村）党支部、嘎查委员会女官员组织能力建设培训教材》，其中《嘎查（村）党支部、嘎查委员会女官员组织能力建设培训教材》被旗委组织部引用为"大学生村官上岗培训班"培训教材；向全旗44个嘎查印发"维护妇女选举权利、提高妇女政治地位"、"妇女撑起半边天、做好群众当家人"等宣传画2 000套，同时在旗市两级电视台宣传报道。

9月2~3日，旗妇女可持续发展促进会举办嘎查女领导组织能力建设培训活动。10月8~9日，举办妇女参政能力——社会性别意识培训。培训采取参与式培训形式，注重引导新当选女干部的组织能力、社会性别意识、项目筹集和管理等能力的提高。培训均由深圳立德管理顾问有限公司高级顾问、引导师林恩慈，亚洲基金会潘谊等资深讲师为学员授课，取得较好的效果。由于培训内容结合实际，调动了学员们的热情和积极性，妇女的参政意识和参政能力得到提高。

2009年9月10日，鄂温克旗妇女可持续发展促进会正式成为中国国际民间组织合作促进会的会员之一。成立以来，开展多项工作：

2010年，旗妇女可持续发展促进会开展"鄂温克旗妇女参与基层民主治理与文化保护项目"。1月14~15日，举办鄂温克旗"大学生村官"嘎查建设及发展规划培训班，由深圳立德顾问有限公司的高级顾问、引导师林恩慈为44个嘎查的大学生村官讲课，主要内容是未来探索工作坊，采用全程参与互动交流的授课方式，与平时的工作会议相比，在这里每个人都有被聆听的机会，大学生村官们对嘎查建设及发展规划有了初步的探索。

5月24~25日，旗妇女可持续发展促进会召开"大学生村官"参与嘎查事务管理经验交流会。本次交流会上，大学生村官和深圳立德顾问有限公司的高级顾问、引导师林恩慈交流参与嘎查事务管理经验，大学生村官以任职后的几个月的嘎查事务管理的经验与大家分享，总结经验、分析潜在因素。

6月18日，在欢乐草原——2010年内蒙古自治区健身大会暨鄂温克瑟宾节开幕式上,由旗妇女可持续发展促进会举办的鄂温克族妇女传统手工艺品展示活动拉开帷幕,吸引了众多来宾、媒体的关注。展示现场,来自辉苏木8个嘎查的60名鄂温克族妇女身着节日盛装,用勤劳的双手向大家展示制作搭建鄂温克族柳条包所需要的基本材料:做柳条包围墙所需的加拉(柳条帘子),手工编织的乌希楞(毛绳)、贺西日(柳条包外围用的围带)。这都是鄂温克族妇女世代相传下来的一种传统技艺,也是首次在鄂温克族传统节日瑟宾节上展示,对传承和保护鄂温克民族文化、提升妇女自身素质具有深远影响。

为隆重纪念国际妇女运动100周年,总结在旗委、旗政府领导下鄂温克旗妇女事业发展的经验,宣传鄂温克旗妇女工作取得的成绩,进一步推动男女平等发展进程,唱响"做时代妇女、铸精彩事业、创美好生活"的主旋律,6月17~23日,鄂温克旗妇女图片展在巴彦托海镇与广大群众见面。此次图片展通过120余幅妇女工作图片、鄂温克族传统服饰、妇女手工艺品等的展示,呈现了2001年实施《妇女儿童发展规划》以来鄂温克旗妇女在经济、政治、受教育程度、卫生保健、法律保护、生存环境等6个领域取得的全面发展与进步,激励各族妇女以更大的热情继续投身自治旗经济社会建设,号召全社会为妇女的可持续发展提供更好的社会环境。

7~9月,旗妇女可持续发展促进会组织调研小组对呼伦贝尔市境内的鄂温克旗辉苏木、莫力达瓦达斡尔族自治旗杜拉尔鄂温克民族乡、阿荣旗音河达斡尔鄂温克民族乡、扎兰屯市萨马街鄂温克民族乡、根河市敖鲁古雅鄂温克民族乡和陈巴尔虎旗鄂温克民族苏木等地区的鄂温克族妇女政治、经济、文化、社会状况、民族风俗和传统文化传承发扬等情况进行考察调研。调研采用入户访谈、问卷调查、座谈、实地参观等形式,涵盖农区、牧区、林区及社会各阶层、各年龄段鄂温克族妇女人口,掌握了大量第一手资料,对鄂温克族乡村妇女的生存现状有了清晰的认识。

鄂温克族乡村妇女的生存状况得到进一步改善,与呼伦贝尔市其他各族乡村妇女的发展状况基本同步。经济状况已经超越温饱阶段,妇女受教育程度普遍提高，参政意识得到加强，大多数妇女参加各种社会活动时心情较愉悦。但是不同程度存在歧视妇女现象，妇女文化知识层次不高、精神文化生活相对贫乏，基本依靠看电视了解社会发展，部分农村妇女长期不接触书报，导致对飞速发展的世界缺乏清醒的认识，对家庭生活和生产活动都带来一定的影响。

鄂温克族是国内人口10万以下的较少民族之一，由于居住较分散、没有文字、人口较少、迁移频繁等种种复杂的历史文化原因，民族文化的传承保护面临着严峻的挑战。能说本民族语言和了解民族文化历史来源的人尤其是年轻人越来越少，鄂温克民族语言和文化的传承面临严峻的考验。

10月12~14日，旗妇女可持续发展促进会举办牧民经济合作组织女性成员能力建设培训班，44个嘎查的50名妇女参加培训。培训内容有合作组织的基本概念、建立合作组织具备的条件、专业合作组织管理等内容。本次培训的目的是增强妇女进入市场的能力、承接来自社会的资源输入、促进妇女持续增收、解决牧民妇女在社会生活中福利供给和权益表达、提供积极的文化生活。

2011年5月24~25日，鄂温克旗妇女可持续发展促进会在项目资助方德国罗莎·卢森堡基金会资助下，邀请深圳立德管理顾问有限公司高级顾问、教练、引导师林恩慈为乡镇苏木妇联干部，党校、农牧业局、职业中学等单位专职教师共计25人举办了旨在提高经常深入基层一线授课教师的培训技巧、培育一支高素质的牧民培训师资队伍的培训者培训班。

6月29~30日，为进一步引导广大基层妇女干部更多地运用社会性别视角这一分析工具开展工作，促进妇女参政能力提高，鄂温克旗妇女可持续发展促进会在项目资助方德国罗莎·卢森堡基金会资助下组织全旗25名苏木乡镇、嘎查、社区妇女干部，举办了全旗社会性别教育培训班。基金会中方项目负责人李江华亲临培训班，中国民间组织合作促进会高级顾问龙江文受邀为学员授课。

2012年8月25~27日，为促进全旗新任嘎查党支部书记在未来三年任期里认真履职、科学谋划、积极带领广大牧民有序开展草原生态保护工作,推动各地区环境突出问题得以有效解决,鄂温克旗妇女可持续发展促进会、鄂温克旗委组织部、鄂温克旗妇联联合举办全旗新任嘎查党支部书记任职教育暨环境保护培训班。全旗44名新任嘎查党支部书记全部参加培训。《光明日报》科技记者、环保志愿者冯永峰受邀承担培训任务。8月30日,鄂温克旗妇女可持续发展促进会、鄂温克旗委组织部、鄂温克旗妇联共同承办的鄂温克旗筹资与项目设计能力建设培训班正式开班。此次培训,作为德国罗莎·卢森堡基金会、中国国际民间组织合作促进会提供支持的"推动嘎查、社区综合发展"项目活动之一,邀请了北京倍能组织能力建设与评估中心执行主任、组织能力建设专家、高级培训师、深圳市人民政府组织能力建设顾问张菊芳,针对项目管理、设计及筹资等内容为全旗44名大学生村官开展为期两天半的参与式培训。以此帮助大学生村官消除障碍、发展新观念、创建新关系,切实提高参与嘎查各类项目执行的能力,更好地发挥带领牧民群众创业致富的作用。

9月8~9日,鄂温克旗妇女可持续发展促进会为该旗巴彦托海、团结、嘎鲁图、哈日嘎那、朝格、伊兰等6个嘎查牧民合作社的近30名主要成员举办全旗社区成员和互助小组工作坊。工作坊是德国罗莎·卢森堡基金会提供资金支持的"推动嘎查、社区综合发展"的重要活动之一。广州中山大学社会学与社会工作系教授、副系主任张和清受邀担任工作坊专业者(培训者),在两天的案例分享、观看影片、小组讨论、头脑风暴等活动中,参与者们对合作社应是从自身优势资源出发的合作,应通过城乡多渠道的合作促进生产者与消费者的公平贸易,最终实现"在地化"发展、社会和谐这一讨论成果有了深刻的认识。

第六章

妇女儿童工作与维护妇女儿童合法权益

◇ 第一节　妇女儿童工作

◇ 第二节　贯彻《九十年代中国儿童发展规划纲要》《内蒙古儿童事业发展"八五"规划》

◇ 第三节　鄂温克旗妇女儿童发展规划

◇ 第四节　维护妇女儿童合法权益

第六章　妇女儿童工作与维护妇女儿童合法权益

第一节　妇女儿童工作

1959年,旗妇联、旗妇幼保健站联合发出〔1959〕妇、站字1号《为做好妇女、幼儿健康工作的联合指示》文件。要求,根据中央指示一手抓生产、一手抓生活的原则精神,做好保护妇女、幼儿身心健康工作,各级妇联干部、妇幼保健站干部共同协作,密切结合,做好妇女劳动保护,进一步普及提高新办法接生,消灭破伤风、产褥热。同时,做好产前检查,难产、小产、早产和预防儿童各种传染病(腹泻、痢疾、麻疹、百日咳)的发生及新育儿法宣传教育,加强妇女儿童保健。总结1958年和1959年大型流行麻疹、流感造成的部分儿童死亡原因(缺乏防病护理知识、气候原因、医疗条件差)。加强妇女劳动保护工作。根据中共中央八届六中全会决议,提出部分建议,一是要照顾妇女生理特点,二是要视孕期、经期、哺乳期妇女的情况安排劳动保护措施。同年,随着社会的快速发展,人口也不断增长,全年出生521名新生儿,死亡149名。为提高人口素质、解放妇女劳动力,在全旗建立幼儿园7所,721名孩子入托。

1960年,《婚姻法》颁布10周年,旗妇联再次发出开展宣传贯彻《婚姻法》的文件。各苏木指定1名宣传员,利用广播、黑板报,结合生产队召开各种会议、夜校学习的方式宣传学习,内容包括:好人好事、尊老爱幼、平等互助、婚姻法的重要意义,做到家喻户晓、人人皆知。

1961年,全旗有女共产党员54人,女共青团员230人,她们当中有66人在全国、全区、全盟、全旗被授予先进个人称号。

1963年,根据全国妇联会议精神,旗妇联在伊敏苏木红花尔基生产队搞试点,重新整顿建立健全基层妇代会,在这里取得经验后,有计划、有步骤、分期分批的整顿健全37个牧区的基层妇女组织,占全部基层妇女组织的84.1%。

1965年,在社会主义教育运动中,旗妇联动员牧民妇女以生产为中心,通过各种大小会议反复宣传学习毛主席《愚公移山》、《为人民服务》、《反对自由主义》等文章,调动广大妇女干部和群众走社会主义道路的积极性。

1974年,在旗委和各级党组织的领导下,各级妇联抓骨干的学习,通过各种学习班培训428名骨干。调动全旗95%以上的妇女响应"抓革命、促生产、促战备"的号召,投身到"农业学大寨"、"工业学大庆"的运动中。

1975年,全旗1 370名知识青年上山下乡,其中女青年957名,占70%。广大女青年通过学习,大大增强了扎根牧区干革命的自觉性,本年全旗召开的先进青年代表大会96名代表中有女青年41名。

1979年,旗妇联贯彻党的十一届三中全会精神,组织动员广大妇女积极参加社会活动,继续肃清林彪"四人帮"破坏妇女运动路线的罪恶和毒瘤,批判极左路线。在旗妇联的努力和推动下,旗委为192名妇女平反昭雪,如:辉公社卫生院哈斯挂、乌兰宝力格生产队宝力图、孟根楚鲁公社铁姑娘斯琵勒、特莫胡珠生产队斯仁道力玛等。

1980年,在旗妇联的积极努力下,旗幼儿园有80多名儿童入园,配备12名保育员。新法生育的妇女达90%以上。

1981年,旗妇联主持召开"五讲四美"宣誓大会,并把3月作为"五讲四美"活动月,组织各居委会、街道开展活动。6月,旗妇联向旗委常委会提出几点建议:1.建议扩大青少年教育领导小组,配备专职干部专门研究培养教育青少年的问题;2.建议广播站为青少年开辟少儿节目;3.建议旗医院设立小儿科,为幼儿园配备1名保健医生;4.建议将旗幼儿园改为民族幼儿园,并扩建;5.建议巴彦托海地区各小学设立学龄前儿童预备班,配备专门教师辅导,以提高教学质量;6.建议有关部门积极为少年儿童创造有利条件,为儿童做好事,如加工供应儿童食品、玩具、服装等;7.根据巴彦托海地区青少年儿童的文化生活需要,为少年儿童开设文化场所而积累资金,建议成立儿童基金会;8.建议旗委尽快配齐妇联干部,保证妇联干部老中青均衡。上述建议得到旗委的重视,并在有关部门的大力支持下得以解决,如:旗幼儿园的房屋年久失修问题得到解决;旗气象局、工程队等单位先后成立托儿所,解决了部分孩子的入托问题。学校、家庭、社会三结合教育得到社会认可,家庭教育工作得到重视。

1985年,全旗各级人大代表中女代表占代表人数的20%。三级机构女性领导有30人,副科级以上女干部达到32人,嘎查也有了不少女党支部书记和嘎查达,女干部职工队伍不断扩大,全旗各行各业女干部职工共增加到8 929人,其中助理工程师38人。她们在管理社会和国家事务中充分发挥自己的聪明才智,为两个文明建设做出了积极的贡献。

全旗各级妇联组织基层妇女开展妇幼保健、"五期保护"、计划生育的宣传工作,采取办学习班、几级联合下包等多种方法,促进全旗的妇幼保健工作和计划生育工作上台阶。

各级妇联组织自身建设在改革中得到不断的加强。全旗8个苏木、3个镇和1个办事处全部配齐妇联专职干部,绝大部分受过盟级以上干部培训,全旗有44个嘎查妇代会,54个街道妇代会,有不脱产主任、副主任193人,她们活跃在全旗城乡牧区各个角落,是一支骨干力量,全旗妇女工作的各项任务都是通过她们一一落实到实处。

为调动广大妇女和妇女干部的积极性,旗妇联坚持有计划、有总结的开展苏木乡镇之间流动红旗竞赛,使妇女工作不断有新的生机和活力。同时,制定目标责任管理办法,与苏木乡镇妇联签定妇女工作目标管理责任状,年底相互检查记分评比,做到赶有先进、学有目标,真正起到妇女群众与党联系的纽带和桥梁作用。加强宣传工作,大批女性先进人物为人所知,坚持创办妇女工作简报10年139期,在广大妇女中真正起到宣传教育、疏通信息、学习先进经验的作用。

旗党政领导支持妇女儿童事业发展,制定出一系列倾斜政策。1990、1991、1992、1993、1994年连续5年拨出50万元,为孟根楚鲁苏木、巴彦塔拉乡、辉苏木、伊敏苏木、巴彦嵯岗苏木等地建各200平方米的砖房,作为基层妇女儿童活动阵地,使教育、培训、娱乐融为一体。全旗苏木乡镇为嘎查级妇代会建阵地31处。

1996年,各地妇联在工作中履行代表职能,进一步强化维权工作,提高妇女的社会地位。旗妇联举办培训班1期,座谈会1次,参加人数123人次。为发挥妇联输送培养妇女干部的基地作用,旗妇联向旗委组织部门推荐德才兼备、成绩突出的优秀中青年妇女干部29人,有7人被提拔使用。为拓宽工作领域,发挥女领导干部的领导作用,旗女领导干部联谊会于3月8日成立。

在搞好各项工作的同时,旗妇联始终把少儿工作作为一项重要工作来抓。1997年"六一"儿童节期间,组织旗少年宫、文化馆、幼儿园的儿童们到孟根楚鲁苏木,与牧民儿童们共同开展手拉手欢庆"六一"活动,增进了城镇与牧区儿童们的友情。"六一"期间,还组织400余人参加盟妇联举办的"三优知识"答卷,以提高妇女的知识水平。为使妇女们提高素质,仅在一年的时间内就先后派出4名人员前往北京、北戴河、盟党校参加更新知识学习班。并于6月9日派出10名牧民妇女参加盟妇联举办的开阔视野、热爱祖国、共建文明进京参观考察活动,以提高牧民妇女的综合素质。

5月8日,组织全旗妇儿工委成员及旗女领导干部联谊会委员参加纪念《中华人民共和国妇女权益保障法》颁布5周年座谈会。与会人员就培训妇女干部、提高妇女参政比例、提高妇女整体素质及依法实现男女平等等问题展开热烈的讨论。5月9日,与旗司法局、旗计生局、旗总工会联合举行纪念《妇女权益保障法》颁布5周年暨迎接"母亲节"街头宣传咨询活动,并为"贫困母亲"献温暖、募捐。

5月20日~6月16日,旗妇联与旗委政法委、旗教科局、旗计生局、旗司法局等单位分别前往伊敏苏木、北辉苏木等地利用"丰收会"和节日活动的机会,举办实用技术、妇女培训班6期。详细讲解《妇女儿童权益保障法》《婚姻法》《继承法》《民法》的内容以及"关于如何提高奶产量"、《妇女卫生保健知识和计生条例》,参加培训的人员330余人。在办培训班的同时,旗计生局还带B超机、乳透机、人流吸引器等设备,免费为78名牧民妇女进行妇科检查,对各种病例进行讲解,使她们能够做到早期预防、早期治疗。

1998年,在部分旗市遭受百年不遇的水灾和旗内部分地区发生涝灾后,旗妇联要求基层妇联积极组织开展广大妇女向灾区人民捐款活动,仅在几天内各地就掀起捐赠活动的高潮,如:红花尔基镇妇代会主任每人带头捐赠50元,机关女职工、个体户也都纷纷捐款,共捐人民币1 930元。伊敏河镇个体户金菊芬主动为灾区的孩子捐赠7个新书包、20双童鞋及两块布料。伊敏苏木妇联带领妇女干部帮助遭受水灾的两户牧民搬家,并捐赠了价值230元的被褥。巴彦塔拉乡妇联也组织妇女为灾区人民捐款1 500元。

5月31日,旗妇联与旗教育局、团旗委在旗电影院联合举办庆祝"六一"儿童节文艺演出,旗幼儿园小朋友、旗少年宫和各学校学生表演队的小演员们,以欢快的舞姿、优美的歌声表达了她们无比欢乐的心情,观看演出的有旗政府领导及群众1 000余人。按照盟妇联的安排,组织巴彦塔拉乡30名学生与陈巴尔虎旗学生在鄂温克旗所在地巴彦托海镇举办牧区儿童联谊会活动,主要内容是观看博物馆中展出的以鄂温克族为主的历史文物展品,使他们对鄂温克族的发展有所了解;举行小型文艺演出和拔河、博克等体育项目的比赛活动。根据盟妇联要求,动员学生积极参加全区少年儿童《把爱带入21世纪父母世界杯》有奖征文活动,经过精选,本旗16名学生的稿件上报。

2002年7月26日,旗妇联协同旗委宣传部、团旗委、旗城建局、旗文体广电局、旗教科局在旗影剧院广场举办"小公民"道德建设启动仪式。这是鄂温克旗全面贯彻落实中共中央《公民道德建设实施纲要》的重要举措,也是引导和帮助全旗儿童加强道德修养,提高自身素质的一项实践活动。"小公民"代表提出倡议,并进行签名活动。

在落实《2001~2005年呼盟妇联干部教育培训规划》工作中,旗妇联上半年在旗委党校举办一期苏木、乡、镇、嘎查妇代会干部业务知识培训班,讲解《妇联工作的业务知识》、《妇女权益保障法》、新《婚姻法》等知识,并组织参加学习的48名学员到满洲里市参观学习。

2003年,对旗直机关单位的妇女组织进行整顿,旗直机关已经建立61个妇女组织,旗妇联建立人才库,做好重点培养、选拔推荐后备女干部工作。重点开展教育培训工作,有4名妇联干部到内蒙古妇干校参加学习考察,2名旗妇联干部参加旗委组织部的后备干部学习考试。

2004年,旗妇联动员广大妇女开展捐资助困爱心活动,社会各界捐款1.2万元,资助贫困学生25名;为考上中国人民大学人力资源系的于明丽联系可以资助她直到大学毕业的扶持对象,帮助她4年解决2万余元的学费;5月,为搞好"两基"验收工作,向鄂温克中学、第一实验小学捐赠价值6 600元的科技书籍1 000余册;"儿童节"之际,与市妇联、市图书馆、市电影公司联合组织"为草原儿童送爱心、送图书、送电影"活动,为巴彦塔拉中心校捐赠价值1 800元的体育器材、科教图书和运动套服,并为孩子们放映两部优秀影片;为"爱心特教园"的残疾孩子送去2 000元的电子琴;利用"春蕾计划",专项拨出1万元,扶持50名女童;为生活贫困的家庭送去生活保障品;在"世界人口日",组织"关爱女孩成长,救助贫困母亲"现场捐赠活动,为2位贫困母亲、2名贫困学生送去1 400元的捐款。同时,以全国劳动模范乔玉芳为典型,大力宣传女性先进模范;抓住宣传时机或宣传日,宣传与妇女儿童相关的法律法规,进一步优化舆论环境和社会环境。

2006年5月29日,"六一"儿童节来临之际,旗妇联、旗工商局、旗食品卫生监督所在巴彦托海镇地区开展儿童食品、儿童玩具专项检查,检查儿童食品标识是否规范,是否标有"QS"标志,食品生产许可编号是否真实有效,儿童食品是否符合法律规定,是否过量使用各种色素和添加剂,儿童玩具是否符合法律规定,安全性是否符合规定要求等。检查1家超市、6家商店、民贸市场。查获"三无"儿童食品100多袋,不符合安全规定的玩具3件。市妇联、旗妇联、旗妇儿工委相关人员一同前往旗民族育智学校,看望和慰问残疾儿童,送去大米、白面、豆油、水果、足球、篮球、跳绳、积木等慰问品,并与老师、孩子们亲切交谈、了解他们的生活学习情况及校舍的施工情况,鼓励孩子们克服困难,努力做一名自立、自强、自尊、自爱的人。

2007年10月15日~11月3日,旗妇联先后到旗内女性农民工相对集中的辉苏木、巴彦塔拉乡、锡尼河镇、巴彦托海镇,进行大型"面对面"宣传教育活动。活动以文艺演出、骨干培训、发放宣传单资料、咨询指导、免费体检、制作宣传橱窗等形式对女性农民工进行面对面的艾滋病防治、性生殖保健等方面的宣传教育,增强她们预防艾滋病和自我保护意识及能力。活动中,接受教育、检查的女性农民工288人。

2008年,旗妇联举办"全旗少年儿童故事大王评选赛"、"漫画大赛"、"我与奥运"征文活动,丰富少年儿童的业余生活,为少年儿童创造施展才华的舞台。

2009年7月11日是第二十个世界人口日。为引导全社会支持计划生育家庭,帮助妇女创业,旗计生局主办、巴彦托海镇政府协办的鄂温克旗"7·11世界人口日暨'一杯奶'生育关怀行动和出生缺陷一级预防工作宣传月活动启动仪式"在瑟宾广场举行。活动以"关爱妇女,提高出生人口素质"为主题,通过宣传,使大家进一步加强对"一杯奶"生育关怀行动和出生缺陷一级预防工作的了解,从而达到有效推进生育关怀、提高出生人口素质的目的。7月23日,由国际粉红关爱协会、中华粉红丝带、乳腺癌防治基金会和市妇联、旗妇联联合主办的"全国百万妇女乳房建立健康关爱行动走进呼伦贝尔"讲座在巴彦托海镇四楼会议室举行,近100名妇女参加讲座。

10月22日,鄂温克旗举行"降消"项目启动工作会议暨项目管理培训班。会议对全旗降低孕产妇死亡率和消除新生儿破伤风项目的实施提出明确要求,确定项目在实施周期2009～2010年底间的总体目标是全旗孕产妇死亡率在2001年的基础上下降1/4,全旗孕产妇住院分娩率达到98%以上,全旗新生儿破伤风发病率降到1%以下。

2010年,为从源头有效控制猩红热等传染疾病在春季时节的复苏蔓延,进一步在巴彦托海镇居民中宣传及预防和控制常见传染病、慢性病的相关知识,根据《关于举办2010年鄂温克旗科技活动周及第十五届科普活动宣传周的通知》,5月17日,旗妇儿工委、旗卫生局协同旗科协、旗文体广电局、巴彦托海镇人民政府、旗人民医院、旗疾控中心、旗妇幼保健站、旗结防所等多家单位深入巴彦托海镇安门社区,开展以"保健安全与健康"为主题的免费义诊活动。活动现场,前来检查、咨询的群众络绎不绝。面对前来检查的群众,医务人员耐心细致地为她们解疑答惑、测量血压、发放预防和控制常见病、传染病和慢性病的宣传资料及药品。旗人民医院、旗妇幼保健站健康教育科的医生还向群众讲解预防与控制高血压、糖尿病及妇女更年期综合症的诊疗与保健等方面的知识,受益人数500余人。

2011年,为纪念"5·15"全国助残日,旗计生局充分发挥妇儿工委成员单位职能,与计划生育服务站于5月12日联合开展关注弱势群体"二送三建"关怀活动(即送免费健康体检卡、送宣传礼包;建立家庭情况档案、建立健康情况档案、建立就业情况档案)。为30余名残疾人进行免费健康体检,包括彩超、生化、心电、妇科检查等10个项目。同时,针对每个人的家庭、健康、就业情况建立档案,以便在今后的工作中能够继续为他们提供其他各种服务。

在国际儿童节到来之际,为确保儿童身心健康和人身安全,使未成年人有一个良好的成长环境,5月30～31日,大雁镇妇儿工委办协同成员单位大雁镇工商所对辖区内校园周边市场秩序进行监督检查。查处违反《食品安全法》经营主体4户,查缴无生产日期、无安全使用期、过期变质和假冒食品10余公斤,检查食品经营户78户,有效维护了节日市场秩序。

2012年,为做好重大基本公共卫生服务,做好妇女"两癌"筛查工作,及时了解全旗30~60岁妇女健康水平,旗委、旗政府邀请民政部、中国癌症基金会83位专家莅临本旗,为30~60岁妇女开展为期3天的乳腺癌免费筛查活动。7月16日,基金会专家对大雁矿务局女工部及煤电医院120余名工作人员进行了先期培训。随后,在旗委、旗政府的大力支持和基金会、旗卫生局的精密筹划组织下,7月17~19日分两期完成对巴彦塔拉乡、巴彦嵯岗苏木、大雁镇、伊敏苏木、巴彦托海镇30~60岁5 808名妇女的健康教育及体检工作。其中,B超检查2 229人、钼靶81人。对疑似病例进行病理等相关检查和会诊,并将信息反馈给患者。

8月,鄂温克族自治旗又获1辆中国妇女发展基金会金叶基金"母亲健康快车"。该"母亲健康快车"将主要为人口相对集中的大雁地区的贫困母亲提供无偿服务。

2013年春节前夕,"温暖呼伦贝尔"慈善活动落户本旗。2月5~6日,旗妇儿工委办主任、妇联主席娜仁托雅一行,带着活动的爱心礼物走访慰问了节前依然奋战在工作一线的环卫、交警、电力、市政等部门的女性工作者。"温暖呼伦贝尔"活动由中国妇女发展基金会和上和元北京中医研究院黄帝奇灸文化中心共同发起,捐赠物品包括电暖宝和热身袋两种,以帮助寒冬中的母亲们解决出行时的保暖问题,本旗获得电暖宝500个、热身袋1 000贴。慰问中,娜仁托雅将电暖宝、热身袋发放到每位女性工作者手中,向她们详细介绍了活动情况,表达了对她们的问候。

在第一〇三个"三八"国际劳动妇女节期间,"母亲健康快车"家庭医疗服务队深入入冬以来遭受较为严重雪灾的辉苏木所在地及乌兰宝力格嘎查,为贫困妇女、慢性病女患者、65岁以上老人进行免费送医、送药活动。

为贯彻落实呼伦贝尔市两纲培训精神,回顾总结过去十年实施妇女儿童发展规划取得的成绩,表彰先进,并对今后一个时期如何以新一轮妇女儿童规划为抓手,推动全旗妇女儿童工作发展做出部署,6月25日上午,旗政府召开《妇女儿童发展规划(2011~2020年)》落实推进会。呼伦贝尔市政府妇儿工委办主任高瑞田,旗政府妇儿工委主任、副旗长马会宁,旗政府妇儿工委副主任、妇联主席娜仁托雅参加会议,旗政府妇儿工委副主任、政办副主任吕殿才主持会议。马会宁在会上要求全旗各地区、各部门要站在全局战略的高度,深化对妇女儿童工作重要性的认识,进一步增强贯彻实施新规划的责任意识、进一步做好新规划的贯彻落实工作、进一步提升实施新规划的能力水平,为全旗妇女儿童营造更具幸福感的生活环境、谋求更多福祉,推动妇女儿童工作不断取得新成效。呼伦贝尔市政府妇儿工委办主任高瑞田围绕如何实现中国梦这一主题,就新两纲制定背景、目标内容、责任分解、实施方法等作专题讲座,使与会的全旗10个苏木乡镇妇儿工委主任、妇联主席及旗妇儿工委委员、联络员进一步明确了自治旗实施规划的责任主体是政府,理解了各自实施新规划的责任与义务,掌握了新规划各领域的指标内涵。会议还对实施上一轮两个规划表现突出的10个先进集体、8名先进个人进行表彰,通报了新规划自3月颁布以来全旗妇女儿童工作开展情况,并对下半年工作作出具体部署。

2014年3月,本着为民务实的宗旨,以基层妇女儿童为主要服务对象,以帮助妇女儿童消除语言沟通障碍、方便快捷地表达自身诉求为目的,旗妇联、旗法院、旗司法局等妇儿工委成员单位联合成立使用鄂温克、达斡尔、蒙古、汉四种语言服务的妇女儿童移动维权站,不同语种均各由2名专业人员负责提供咨询和服务。

年内,为保障《两个规划》顺利实施,旗妇儿工委办协调相关部门开展免费婚前医学检查推进工作、妇女健康教育宣传工作、母亲健康快车服务工作、《规划》数据监测统计工作等,充分发挥妇儿工委办的协调服务作用。不断丰富少年儿童活动,"六一"国际儿童节期间,深入辉苏木中心校及其附属幼儿园调研,与巴彦塔拉乡民族幼儿园的17名小朋友共渡节日,为小朋友们"快乐的节日"亲子趣味运动会提供了价值2 000元的器具和奖品,协调旗图书馆为赛克社区儿童友好家园赠送各类儿童书刊342本。积极争取项目,上报了"消除婴幼儿贫血行动"实施项目旗县,待自治区审核后开展工作。

2015年,开展"恒爱行动",为孤残儿童捐赠60余件爱心毛衣,呼吁社会各界关心支持儿童事业发展,为构建和谐社会贡献力量。做好"消除婴幼儿贫血项目",为婴幼儿发放爱心营养包,普及婴幼儿贫血危害,使婴幼儿家长对儿童营养特别是对贫血的危害性和预防的重要性认识有了进一步的提高。

同年,继续完善社区儿童友好家园项目。1月,在赛克社区开展家庭亲子阅读活动,丰富少年儿童假期生活,充分发挥亲子阅读在引导少儿阅读兴趣、培养阅读习惯、提高阅读能力、促进人格发展以及增进亲子情感交流中的重要作用。3月,首家旗级儿童乐园——"巧手绘蓝图手工制作乐园"在伊敏河镇学前学校正式投入使用,旗妇联拨付5 000元活动经费用于乐园建设,进一步拓展了伊敏河镇儿童活动阵地建设,为幼儿提供了更广阔的游戏平台,满足了他们动手游戏探索与实践的需求,成为了孩子们动手实践的"第二课堂"。旗文明办依托"儿童友好家园"建立自治区级未成年人心理健康辅导站,出资5万元为心理亲情室新购入心理沙盘沙具、心理放松椅、团体辅导工具、音乐放松注意力训练系统等配套设施,有助于促进青少年身心健康发展以及人格的完善,为儿童成长创造更加有利的社会环境。

同年,争取到中国妇女发展基金会"母亲健康快车"6辆,分别投放到伊敏河镇卫生院、红花尔基林业局职工医院、伊敏苏木中心卫生院等6家基层卫生院,使该项目在全旗的覆盖率达到80%,进一步填补了基层医疗资源匮乏、医疗条件差的空白。举办"健康生活幸福家庭"主题系列讲座之准妈妈课堂、志愿者课堂,分别邀请额尔古纳市人民医院副院长王军、旗人民医院血液透析科护士长唐丽讲解了孕产妇注意事项、妇女常见病多发病的防治及家庭常见病的护理和简单的急救常识。积极争取贫困母亲"两癌"补助项目,经详细核查上报24名贫困妇女列入国家"两癌"救助档案库。

2016年,为巴彦托海镇、大雁镇的8名"两癌"贫困母亲发放全国妇联、中国妇女发展基金会、中央专项彩票公益金"贫困母亲两癌救助"资金8万元,为23名贫困妇女免费投保女性特定疾病险。开展"走家入户访妇情·守望相助送温暖"活动,全年共慰问和救助13名贫困母亲、贫困学生、残疾妇女、养老院孤寡老人、劳模、老党员,救助资金10 460元。为巴镇地区符合条件的0~36月龄婴幼儿发放中国儿童少年基金会与旗帜婴儿乳品股份有限公司提供的婴幼儿配方奶粉,总价值10 800元。

第二节 贯彻《九十年代中国儿童发展规划纲要》《内蒙古儿童事业发展"八五"规划》

一、贯彻《九十年代中国儿童发展规划纲要》

1993年"六一"期间,在全旗范围内大张旗鼓地开展宣传贯彻《九十年代儿童发展规划纲要》活动。旗党政领导对这次活动给予高度重视和大力支持,拨出专项活动经费。5月23日,副旗长图木热参加宣传,旗委副书记杜古亲临《规划纲要》知识竞赛现场。各苏木乡镇党政领导也十分关注《规划纲要》的宣传工作,表示一定根据《规划纲要》要求,结合本地区实际积极创造条件,服务于儿童少年。

旗妇联协调旗妇幼保健站、旗防疫站等有关部门,开展形式多样、内容丰富的宣传活动。1991年,旗妇联两位主任与旗妇幼保健站的工作人员深入到辉苏木、大雁矿区、巴彦嵯岗苏木、伊敏苏木、孟根楚鲁苏木、巴彦托海镇,举办《规划纲要》培训班,参加培训的有各苏木乡镇党政领导、妇联干部和48个居委会、16个嘎查妇代会正副主任和委员以及机关职工550人。培训以教师讲课为主,同时还采用答卷、问答、讨论等形式,讲授《规划纲要》内容及有关妇幼保健知识。7月24日,在旗直机关举办由6个参赛队参加的知识竞赛。竞赛其间,发放《规划纲要》《爱护儿童、教育儿童,为儿童做表率、为儿童办实事》《行动起来,为加速儿童事业发展贡献力量》等宣传单6 000余份、妇幼保健知识宣传单400余份,受教育群众80%以上。

二、贯彻《内蒙古儿童事业发展"八五"规划》

1991~1995年,旗儿童少年工作委员会在旗委、旗人民政府的重视与支持下,坚持党的基本路线,围绕提高民族素质从儿童抓起、努力培养一代新人的指导思想,加强领导,依靠社会力量对儿童少年工作齐抓共管——贯彻实施《内蒙古儿童事业发展"八五"规划》,创造有利于儿童少年健康成长的社会环境,推动儿童少年事业不断向前发展。

(一)领导重视,组织健全

旗委、旗人民政府重视儿童少年的生存、保护和发展工作,贯彻落实《九十年代中国儿童发展规划纲要》及《内蒙古自治区儿童事业发展"八五"规划》,从儿童少年教育、阵地建设、卫生保健、家庭教育、文化艺术、社会服务等方面制定《鄂温克旗1991~1995年儿少事业发展规划》。

1991年5月,将旗儿少工作协调小组重新调整为旗儿童少年工作委员会,由旗委书记、政府旗长担任正副主任,成员由旗妇联、工会、团委、宣传部、教育局、卫生局、文化局、司法局等22个单位负责人组成,设立办公室,旗财政每年拨款2 000~2 500元的活动经费;制定旗儿少工作委员会及成员单位职责和任务。

1994年4月,根据上级精神,旗儿少委和妇女儿童保护委员会合并为旗妇女儿童工作委员会,由政府副旗长担任主任,聘请旗委副书记敖强为顾问,由26个成员单位组成。各苏木乡镇也相继建立儿少工作协调小组及妇女儿童工作协调小组,形成旗、苏木两级网络,保证儿少工作的顺利开展。

(二)调动全社会力量搞好儿童少年工作

培养后代是全社会的共同责任。充分动员全社会力量,从优生、优育、优教等各个方面、各个环节,做好儿少工作,使儿童少年德、智、体、美、劳全面发展。

1. 卫生保健

为落实《规划》中制定的妇幼卫生目标,旗妇幼保健所开展婚前、孕期、产前检查和儿童保健检查、体智检查、少儿疾病防治、入托儿童把关检查等。加强妇幼保健队伍建设,全旗有专业保健人员23人,二级妇幼保健网基本健全。加强母子系统管理工作,系统管理的孕产妇有913人,儿童4533人。为落实优生、优育、优教工作,旗妇联、旗妇幼保健所于1990年为孟根楚鲁苏木320名0～7岁儿童的生理、心理发展进行监测,同时对新生儿护理、母乳喂养、小儿添加辅食、少儿四病防治进行干预。到1993年,缺铁性贫血下降22.5%、佝偻病患病率下降31%。

旗防疫站重点加强计划免疫工作,使麻疹疫苗接种率达97.38%、糖丸投服率达94.74%,消灭脊髓灰质炎活动1993年投服率达100%,1994年投服率达99.76%。

2. 教育

旗教育局牵头负责研究、探讨儿童少年工作的新特点、新情况、新任务,系统地传授科学文化知识,认真贯彻执行《内蒙古自治区实施义务教育方案》的通知,保证学龄儿童入学率达到98%,巩固率、毕业率、中学升学率均在95%以上,90%以上学前儿童入学前班。宣传落实《内蒙古自治区幼儿目标管理条例实施办法》,坚持国家、集体、个人一起上的原则,多种形式发展幼儿教育,牧区儿童入托率20%、城镇入托率80%。全旗有1所民族幼儿园,入园儿童240余人,苏木级妇联集体办托儿所5所,入园儿童130余人,个体幼儿园21所,入园儿童808人。

3. 儿童少年物质文化生活

本着挖掘培养和发展各族少年儿童特长的原则,旗民族少年宫几年间累计培训学员2600人次,并取得可喜成绩。其中,舞蹈班先后向内蒙古艺校舞蹈系输送6名新生,向盟幼师学校输送4名新生,向内蒙古杂技团输送1名演员;美术班学员先后有20余人在全国少儿书画比赛中获奖;1994年,学员在全盟少儿手风琴大奖赛中获二等奖,6名学员在全盟群众艺术大赛中获少儿舞蹈组一、二、三等奖。

各地各校相继建立多功能图书室、蔬菜种植园等学习、宣传、实践、教育阵地。

各级共青团组织开展"学雷锋、学赖宁、学十佳"、"学历史、知国情、颂五旗"、"心中有祖国、心中有他人"、"献上一颗心、建设我的家"等活动。旗第一中学大队部在国家教育部、共青团中央和中国儿童活动中心联合举办的"心中有祖国、心中有他人"主题教育活动中,被评为先进集体;旗第三小学在"学赖宁小骏马齐腾飞活动"中,被自治区少儿委评为先进少先队;在"知历史、知国情、颂五旗"活动中,有3名同学分别获二、三等奖和优秀奖。

4. 家庭教育

1989年,旗妇联协调旗教育局、旗广播局、旗妇幼保健站、旗防疫站成立旗广播父母家长学校,举办2期讲座,讲授注意胎教、新生儿护理、发展婴幼儿动作方法、怎样培养一个身心健康的孩子、独生子女的教育等优生、优育、优教知识,收听人数达全旗人口总数的60%之多。后期,继续举办广播讲座,深入、系统地讲解学前儿童生理卫生常识、心理常识、家庭教育学常识、小学儿童家庭教育学常识等内容。1991年,旗妇联印制蒙汉文知识书籍《新生儿护理》、《如何给孩子添加辅助食品》、《母乳喂养好处多》、《妊娠期卫生指导》、《婚前检查常识》、《防治佝偻病的干预措施》、《防治小儿贫血》等宣传单、宣传册几百份,发放到各苏木乡镇。

组织一系列切合实际、富有吸引力、儿童和家教相结合的活动,将家庭教育寓于丰富多彩的活动中,收到良好效果。旗妇联于1992年、1993年、1995年举办3期书面知识竞赛、1期智力竞赛,先后有910人参赛。与旗妇幼保健站联合举办"三优"教育图片展览1期,展出图片48幅。走上街头,进行"三优"知识咨询服务活动3次,随孟根楚鲁苏木儿童活动中心"大蓬车"活动开展"三优"知识宣传咨询活动,在旗妇女儿童活动中心试点孟根楚鲁苏木建立"科学育儿角"和"儿童档案",为基层群众服务,使"三优"

教育进入基层家庭。旗妇联与旗妇幼保健站联合于1992年起,在大雁镇、孟根楚鲁苏木、锡尼河西苏木、锡尼河东苏木、伊敏苏木、辉苏木、巴彦托海镇、巴彦塔拉乡等地举办妇幼保健知识培训班10期,受训人员达600余人次。1995年2月,又聘请旗防疫站、旗妇幼保健站医务人员举办《九十年代中国儿童发展规划纲要》中期目标宣传骨干培训班,培训46人。

5. 社会服务

开展有关《未成年人保护法》、《义务教育法》、《内蒙古妇女儿童合法权益保护条例》的宣传,促进全社会关心儿童、爱护儿童,真正为儿童办实事、做好事,关心爱护困难条件下的儿童。每年"六一",都要集中组织大型"三优"宣传咨询及慰问活动。1991～1994年,旗委、旗人民政府、旗人大常委会、旗政协等党政领导班子分片慰问儿童少年,经费达12 000元之多,并送去儿童图书1 000余册、玩具数百种。副旗长布仁亲自带领旗妇联、旗科委、旗教育局、旗妇幼保健站等单位负责人组成检查团,圆满完成中国儿童发展中心部署的《早期儿童发展社区服务模式》研究项目。副旗长图木热带队,配合呼伦贝尔电视台与中国儿童发展中心摄制"草原儿童发展摇篮"专题片,译制成英文在国外播放,作为发展中国家家庭儿童教材。旗妇联、团旗委、旗司法局等部门积极配合、创造条件,加强对儿童进行社区教育、家庭教育、法制教育,促进社会和家庭教育同学校教育协调发展,使校外活动和社区服务取得显著成绩。

6. 活动阵地

1990年,旗人民政府为孟根楚鲁苏木新建195.3平方米的儿童图书室。几年间,旗党政领导在那里与苏木儿童及家长活动14次,听取图书室工作汇报,向慕名而来的来宾领导介绍工作经验,与孩子们共同游戏,营造和谐的育人氛围。在每年5～10月的每个周六,都会在图书室开展各类活动,使苏木80%以上的人口都不同程度地参与进来。活动将法制教育、家庭教育、卫生保健常识、体检、各类文体活动及各类竞赛融为一体,真正起到社区服务的作用。在全旗儿少工作五年规划中制定的每年在一个苏木建一个儿童活动阵地的指标,在辉苏木、伊敏苏木、巴彦塔拉乡均得以完成。各点以鲜明的牧区特色成为家教、幼教融为一体的多功能活动阵地,取得明显社会效益。旗民族少年宫常年开设美术、舞蹈、乐器、书法等专业课程,丰富并服务于全旗儿童少年的文化生活。

(三)获得的荣誉

1994年5月,呼伦贝尔盟妇女儿童工作委员会表彰8个先进集体、15名优秀儿童少年工作者、27名好家长,本旗受表彰的好家长是巴彦嵯岗苏木索伦挂,优秀儿少工作者是旗妇联敏杰。6月,国务院妇女儿童工作委员会授予本旗"全国儿童工作先进市县"称号,颁发"热爱儿童"荣誉牌匾。同年,旗儿少委被评为自治区级儿少工作先进集体。

第三节 鄂温克旗妇女儿童发展规划

一、《鄂温克旗妇女发展"九五"规划》《鄂温克旗儿童事业发展"九五"规划》的制定与宣传

1996年,旗委、旗人民政府把落实上级规划纲要、制定全旗妇女儿童发展规划工作列入议事日程。旗妇儿工委责成旗妇联、旗计委分别着手拟定旗妇女、儿童事业发展规划初稿,经过深入基层调查摸底、广泛协调、征求意见、领导审查,最终呈交旗妇儿工委全体成员会议讨论、修改通过。10月8日,《鄂温克旗妇女发展"九五"规划》、《鄂温克旗儿童事业发展"九五"规划》以旗人民政府〔1996〕88号文件的形式,印发到了各苏木乡镇区人民政府及旗直各有关部门。

《妇女规划》规定:"全旗妇女发展的总目标是:各族妇女的整体素质要有明显提高,在全面参与改革开放、经济建设和社会发展,参与政治和社会事务的管理过程中,使法律赋予妇女在政治、经济、文化、社会及家庭生活中的平等权利得到进一步落实。"提高妇女参与政治和社会事务决策及民主管理的程度;组织妇女积极参与改革开放和试验区建设,推动全旗各项

事业向前发展；保障妇女劳动权力；大力发展妇女教育，提高妇女的科学文化水平；进一步提高妇女的健康水平；建立平等、文明、和睦、稳定的家庭；有效遏制对妇女的暴力侵害、拐骗、买卖和卖淫嫖娼等违法犯罪活动；扶持贫困妇女，到20世纪末，解决贫困妇女的温饱问题；改善妇女发展的社会环境，提高她们的生活质量；统计部门要建立有关妇女事务分类统计指标，建立妇女状况动态研究、数据采集和资料传播机制等十大具体目标，并就十大目标的如期实现制定一系列政策和措施。

《儿童规划》规定："全旗儿童事业发展的主要目标是：严格控制人口的过快增长，加强育龄妇女的保健，降低婴儿死亡率、5岁以下儿童死亡率、孕产妇死亡率，普及初等义务教育，积极发展幼儿教育，提高3~6岁儿童入园率，巩固和发展各级各类儿童活动阵地，提高儿童的综合素质。"同时，制定各个主要目标要达到的程度及为实现目标要采取的政策措施。

上述两个"九五"规划颁布实施后，旗妇儿工委办协调各有关部门，组织开展丰富多彩的宣传、实施"九五"规划的活动。结合"九五"规划卫生保健、基础教育、科技培训、家教、法律保护的各项指标措施，先后在12个苏木乡镇区举办20余期宣传骨干培训班，培训各苏木乡镇区党政负责人及有关工作人员、妇代会主任1 032人次，召开专项会议10次；结合庆"六一"开展大型宣传活动，举办书面知识竞赛1期，参赛人数2 000人次，现场家庭知识竞赛、妇女儿童法律知识竞赛3期，参赛组12个，观众300余人；举办法律培训、卫生保健培训、"三优"知识培训共6期，培训妇女1 000余人；组织儿童少年宫及各校中小学生深入基层为牧民妇女儿童演节目、做宣传等。为进一步促进职工群众学习、认识、了解《鄂温克旗妇女发展"九五"规划》、《鄂温克旗儿童事业发展"九五"规划》内容，推动各项工作发展，旗妇儿工委办围绕"九五"规划内容，结合《妇女权益保障法》的宣传、贯彻、实施，于1996年重点开展《婚姻法》、《未成年人保护法》、《义务教育法》等有关法律法规的宣传培训咨询活动。旗司法局、旗妇联联合举办《妇女法》、《未成年人保护法》培训班2期，培训骨干123人；基层妇联与司法部门联合举办培训班23期,受教育人数920余人次。

1997年,旗妇联组织妇女学习宣传《妇女权益保障法》,走上街头向行人发放"一法一例"宣传单1 000余份,教育广大妇女"自尊、自信、自立、自强"。

1999年,为确保《妇女权益保障法》的进一步实施,旗妇儿工委办要求各级妇女组织认真做好"两纲"、"两法"宣传工作,为妇女多办实事,解决妇女受侵害等实际问题。2月,大雁矿区妇联与综合事务办公室、法律事务所联合成立妇女权益保障法咨询站,为妇女群众免费提供法律咨询服务,接待来信来访妇女92人次;5月9日,旗妇联与旗计划生育局联合开展庆祝"母亲节"向贫困母亲献爱心活动,活动中发放《妇女法》等宣传单1 000余份,出宣传板报3块,并设立咨询服务台解答妇女疑难问题、免费发放计划生育药具和保健品,为部分群众免费体检。活动还组织救助贫困母亲献爱心捐款活动;7月,大雁矿区妇联与有关部门联合,走上街头进行"两纲"、"两法"宣传,悬挂横标3幅,出宣传板报4块,发放宣传单100余份;1999年,巴彦托海镇、辉苏木还先后邀请司法部门举办法律知识培训班。

2000年3月,旗妇联联合旗司法局,开展"148"妇女维权周活动。活动以依法治国基本战略为方针、以保障和维护广大妇女合法权益为宗旨,借助"148"法律服务热线,为广大妇女提供优质、高效、便捷的法律服务。伊敏河镇妇儿工委开展"两纲"知识宣传周活动。活动中,旗妇联印发《妇女权益保障法》、《未成年人保护法》、《预防未成年人犯罪法》、《义务教育法》宣传手册300本,全旗家长受教育率达到90%。

二、《鄂温克旗妇女儿童事业发展"九五"规划》的实施与监测

1998年,旗妇联、旗统计局对"九五"规划中期目标完成情况进行检查督促。在中期评估中,各项指标基本完成,为"两基"达标、进入全国先进文化旗县做出应有的贡献。

同年,全旗有 7 个苏木、1 个民族乡、3 个镇和 1 个矿区,还有 3 个国家企业单位,人口总数达 14.65 万,其中 0~14 岁儿童 38 236 人,占人口总数的 26.1%。

(一)提高妇女参与政治和社会事务决策及民主管理的程度

旗委、旗人民政府重视男女平等基本国策的宣传、贯彻和实施工作。通过新闻报道、电视讲话、典型事例的宣传,肯定各族妇女在管理社会事务中的特殊作用及重大贡献,宣传妇女参政议政的重要意义,提高社会对妇女政治权利的认识,推动男女平等进程。

1997 年,旗妇联通过建立人才库和开展各种活动,积极发现并向组织部门推荐优秀妇女人才 17 人,组织部门提拔使用 6 人,发挥了培养、输送妇女干部的基地作用。同时,在旗委组织部门的培养下,至 1998 年底,全旗 12 个苏木乡镇区党政领导班子中,有 7 个苏木乡镇党政领导班子配备了女性领导,占 58%;在 40 个党政部门领导班子中,有 24 个部门配备了女领导干部,共 34 人;在嘎查、居委会党支部中也配备了女性领导。

(二)妇女参与改革开放和试验区建设,推动全旗各项事业向前发展

为落实"九五"规划目标,旗妇联协调旗工商局、旗乡企局、旗扶贫办、旗文体广电局等有关部门举办"先进人物事迹报告会"、"发展非国有经济经验座谈会"、"外出参观学习先进经验"、"妇女手工制作展"等一系列活动,兴办经济实体 4 个,教育、鼓励妇女走致富之路,在建立社会主义市场经济体制和调整城乡产业结构、大力发展第三产业的过程中,增加妇女就业人数,扩大妇女就业领域,发挥妇女在经济建设中的重要作用。

2000 年,根据盟妇联"双学双比"试点工程考核标准的要求,旗妇联确定在巴彦托海镇开展"114 工程"试点工作,在抓好雅尔斯嘎查试点的基础上,重点抓巴彦托海嘎查的试点工作。10 月,旗妇联深入巴彦托海嘎查,深切感受到该嘎查的变化:嘎查以实施科技致富工程为主,大力发展奶牛事业。融资 85 万元的百头高产奶牛厂已建成,14 户牧民集资 52 万元修建房屋、棚圈等,嘎查投资 10 万余元兴建育肥基地、综合服务站、1 800 亩人工

饲料地;引导妇女走农业、产业化道路。春天播种的340亩蔬菜当天批发,马铃薯卖大存小,冬天加工成粉条销售;壮大经济实力,重视扶贫帮困。嘎查利用集体机动牧场办农场,成立打草队、基建队承包工程项目等,全年创收3万余元。其中4 000元用以解决白灾后嘎查畜草不足问题,还用一些收入扶持了部分贫困户。

(三)发展妇女儿童教育,提高妇女的科学文化水平

旗教育部门认真实施《中华人民共和国义务教育法》,保障女童受教育权利,对贫困和鄂温克民族女童,在政策和资金等方面给予倾斜和扶持,保证适龄女童入学率,使其失、辍学率小学控制在0.5%以下,初中控制在3%以下,杜绝新文盲的产生。至1998年底,小学完成率由1990年的88.53%提高到93.54%,提高5.01个百分点;初中入学率由1990年的91.8%提高到92.60%;初中完成率由1990年的77.51%提高到86.61%,提高9.1个百分点,其中女生初中完成率由1990年的70.77%提高到91.02%,男生初中完成率由1990年的86.36%下降到82.31%;青壮年妇女文盲685人,非文盲率达98%。1999年,为保证教学质量、提高教学水平,旗教育部门采取多种措施培养和培训各级教师,小学教师学历合格率由1990年的84%上升到98.88%,提高14.88个百分点;全旗3～6岁儿童入园率达到47.7%;小学净入学率达到100%,比1990年提高2.44个百分点;小学辍学率由1990年的0.76%降低到0.37%,降低0.39个百分点;15岁及以上人口文盲率由1990年的12.37%下降到7.43%,下降4.94个百分点。

市场经济的发展、社会文明的进步,对各族妇女素质的提高提出更高的标准与要求。各级妇联组织重点从加强妇联干部业务培训,加强居民、牧民妇女实用技术培训入手,努力提高广大妇女的综合素质。1997年,旗妇联先后派出7名妇联干部前往北京、北戴河、呼伦贝尔盟委党校、旗委党校学习;派出10名牧民妇女参加呼伦贝尔盟妇联举办的开阔视野、热爱祖国、共建文明进京参观考察活动。1998年,旗妇联又组织基层妇联干部赴

陈巴尔虎旗呼和诺尔苏木、白音布日德嘎查、哈腾胡硕嘎查实地考察学习"扶贫结对子"工作。1999年,旗妇联派出4名女干部参加全国妇女干部基地举办的培训,派出2名干部参加旗级副科级以上的岗位培训,派出1名女干部参加盟级副科级以上干部培训;锡尼河东苏木、伊敏河镇等地妇联先后举办6期实用技术培训班,邀请旗畜牧局、旗科委业务人员讲解《草原适用增产技术》《牲畜品种改良》《怎样预防羊痘病》等知识,受训妇女达259人次。2000年,旗妇联在巴彦托海镇、锡尼河东苏木、锡尼河西苏木、北辉苏木、伊敏河镇、巴彦嵯岗苏木组织举办妇女干部业务知识培训班,派出5名基层妇联干部到中华女子学院参加短期业务培训;旗妇联还联合旗科委、旗畜牧局在锡尼河西苏木、锡尼河东苏木、巴彦托海镇、巴彦嵯岗苏木、大雁矿区、伊敏苏木、巴彦塔拉乡、辉苏木、伊敏河镇等地举办实用技术培训班16期,参加培训的牧民妇女达1 000余人次。截至2000年,全旗50%的嘎查妇代会主任成为农牧民技术员,773名妇女获得农牧民技术员证。

(四)提高妇女儿童的健康水平

提高妇女儿童的健康水平作为"九五"规划中的重要任务之一,得到各有关部门的高度重视。1996～2000年,旗妇联、旗总工会等部门多次举办集体舞培训比赛、健身操培训及秧歌舞、环城赛等健身活动,先后有上千人次参加。提高了妇女儿童积极参加体育锻炼和全民健身活动,增强体质的意识和积极性。

为解决牧区妇女保健工作存在的困难,在定期举办培训班的同时,旗计生局工作人员还经常深入牧区为妇女免费体检。仅1997年,旗计生局工作人员就带着B超机、乳透机、人流吸引器等医疗仪器深入各苏木乡镇区,免费为78名牧民妇女进行妇科检查。同时,对各种病例进行详细讲解,为她们早发现、早预防、早治疗疾病奠定基础。

为使全旗妇女儿童人人享有良好的妇幼保健服务,旗卫生局积极争取到世界银行卫VI项目,加强妇幼卫生机构建设,改善苏木级卫生院,特别是妇产科的条件和设施、服务能力和质量都得到了提高,出色地完成了各项指标。至1999年,新生儿死亡率、婴儿死亡率、5岁以下儿童死亡率均有明显下降,新生儿死亡率由1990年的34.54‰下降到12.3‰;婴儿死亡率由1990年的39‰下降到20.3‰;5岁以下儿童死亡率由1990年的42.9‰下降到21.0‰,提前实现"九五"儿童规划到2000年将婴儿死亡率和5岁以下儿童死亡率降低三分之一的目标。1999年,全旗产前检查率由1990年的79.45%上升到90%;新生儿访视率由1990年的62.5%上升到100%;住院分娩率由1990年的38.95%上升到96.6%;非住院分娩新法接生率由1990年的60.3%上升到99.9%。

(五)建立平等、文明、和睦、稳定的家庭

为发扬中华民族的优良传统,形成良好的社会主义道德风尚,在家庭内部、邻里之间,建立和发展平等、团结、友爱、互助的关系,全旗成立了"五好文明"家庭创建活动领导小组,制定活动方案,开展"家庭知识竞赛"、"读书在我家"、"三个一"工程活动,提高了家庭生活质量和成员素质。

1998年,为贯彻实施《鄂温克旗家庭教育工作"九五"计划》,旗妇联积极协调教育、关工委、民政、计划生育等有关部门,成立旗家庭教育工作领导小组,由旗委副书记任组长,制定《鄂温克旗家庭教育工作方案》,开展以"优生、优育、优教"为主要内容的家庭教育工作。全旗33所家长学校(其中学校办24所、妇联办8所、广播父母家长学校1所)对8 000余名家长学员上课达49课时,讲解《家长教育行为规范》、《义务教育法》、《家庭环境建设》、《未成年人保护法》、《儿童常见病防治》等有关"三优"知识,受教育家长占90%。其中,由旗妇联、旗人民广播电台联合开办的《广播父母家长学校》专栏节目,自1995年1月至2000年末共播出节目167期,家庭教育宣传覆盖率达60%。进入2000年,"减负"提出的如何教育孩子、培养高素质人才的教学方法成为广大家长关注、重视的焦点。针对这一观念,旗妇联组织各家长学校对江泽民《关于教育问题的谈话》和《全社会都要关心支持教育事业》的评论员文章进行学习、讨论,家长学员一致认为,教育孩子主要在于包括家长在内的教育者,首先要提高自身的素质。自此,家长学校越来越受欢迎,其作用愈加得到社会、学校、家长的认可。

(六)扶持贫困妇女儿童

在提高妇女脱贫致富能力上,旗妇儿工委各有关部门开展养牛、养羊、种植等方面的实用技术培训工作,提高妇女的生产技术。1996～1997年,旗妇联兴办以妇女为主的扶贫经济实体4个,分别是养牛场、铁钳加工厂、服装店、菜园,安排贫困妇女24人就业,扶持发展脱贫示范户12个。

实施春蕾计划,救助贫困儿童是一件切实服务于儿童少年的实事、好事。旗妇联克服资金紧张等实际困难,实施"春蕾计划"。1995年,旗妇联开始组织"捐资助学"、庆"六一"义演活动,接受各单位、个人捐款6 220元,救济不同年级学生32人至毕业。1996年,旗妇儿工委组织旗女领导干部联谊会,筹得捐款1 200元,救助6名贫困儿童;"六一"期间,各苏木乡镇区为贫困学生捐款12 990元、捐物290件。1998年,旗妇联6名职工资助扶贫联系点嘎查小学6名贫困生1 200元。1995年至2000年,各级基层妇联组织先后捐款、争取"春蕾女童"资金28 620元,资助贫困生104人。

1998年8月1日,在建旗40周年大庆当日,接受了内蒙古妇联最珍贵的礼物——实施"春蕾计划"捐助款15 000元。在呼伦贝尔盟妇联的监督指导下,根据上级要求,分配给伊敏苏木、巴彦托海镇、巴彦嵯岗苏木的60名贫困儿童(其中走读生30名,每人300元;住宿生30人,每人200元),解决了她们一学年的学习费用。在此款项使用过程中,旗妇联始终本着高度负责的态度,在苏木、镇领导重视,学校认真负责、家长监督、班主任尽心工作下,做到不挪用、不挤用、不占用,账目清楚,手续完备,全部用于学生的学习、生活。由于受助对象都是小学生,人数较多,未能挤出技术培训费用。1998年6月1日,旗妇联工作人员在主席斯仁吉木的带领下,又购置1 000余元的学习用品前往3个苏木乡镇,检查自治区资助的春蕾女童的学习情况及经费使用情况。60名女童受到资助后倍受鼓舞,她们把"春蕾计划"化作学习的动力,刻苦努力,纷纷表示不辜负党的关怀和期望,一定会用实际行动向党和人民交一份满意的答卷。其中,河东小学的涂圆妹上初中后,学习成绩名列前茅,涂秋妹、郭华梅两名同学的美术作品被编入《中国少儿美术、书法、文学》作品奖中,为学校、家长赢得了荣誉。

(七)改善妇女儿童发展的社会环境

在改善妇女儿童发展的社会环境的过程中,首先,旗妇儿工委大力倡导全社会树立马克思主义妇女观、力行儿童优先原则,以提高全社会对妇女作用、妇女地位和儿童工作重要性的认识。旗新闻媒体无论是在"三八"国际劳动妇女节、"六一"儿童节,还是在旗庆等大型节庆活动中,都不失时机地宣传报道妇女在全旗经济、社会发展中的作用与贡献,宣传发扬"四自"精神的先进妇女,宣传"三优"知识。其次,旗妇儿工委重视妇女儿童合法权益的保障工作,开展大规模的有关妇女儿童权益法律法规的宣传、服务工作。1997 年,成立全盟首家《妇女权益保障法》法律咨询站暨法律服务中心。1996~2000 年,旗妇联共接待、处理妇女儿童来信来访 70 起,在各部门间的配合及工作人员的努力下,结案率达 100%;全旗 12 个苏木乡镇区普遍举办了 5 期以上的培训班,受教育人群达 80% 以上,地区覆盖率为 100%。

三、发挥示范带动作用,实施《鄂温克旗妇女儿童发展规划》

2001 年以来,旗委、旗人民政府以邓小平理论和"三个代表"重要思想为指导,坚持马克思主义妇女观、坚持男女平等基本国策和儿童优先原则,全面贯彻落实科学发展观,把维护好、发展好妇女儿童的根本利益作为一切工作的出发点,在加快经济发展的同时,通过多种有效途径千方百计地为妇女儿童做好事、办实事、解难事。社会秩序日益稳定,人民生活水平日益提高,城市建设日新月异,经济和社会持续快速地发展为妇女儿童生存、保护和发展提供了有力保障,妇女儿童事业的进步有了良好的外部环境和条件。

(一)主要做法和措施

1.加强领导,强化措施,努力做好示范县工作。为全面落实"两个规划"内容,做好示范工作,建立目标管理、工作例会、督查督办制度,形成党政领导重视、妇儿工委协调、部门分工负责、社会共同参与的工作机制,实施"两纲"示范工作规范、扎实、稳步向前推进。

2.健全机构,完善制度,全面创新工作方法。完善的工作制度是做好妇女儿童工作的前提和保障。旗妇儿工委成立后,先后多次调整,工作力量不断增强。同时,积极加强苏木乡镇组织机构建设,形成自上而下、全面覆盖的工作网络。通过建立健全妇儿工委工作机构和联络员制度、报告制度、考核述职制度、督导制度等,以制度推进工作的落实,促进实施"两个规划"工作的顺利进行。

3.政府推进,管理规范,积极推进各项目标。旗人民政府在实施"两个规划"中,坚持"五个纳入",即:把"两个规划"纳入全旗经济和社会发展总体规划,纳入精神文明建设的重要内容,纳入政府工作的重要议事日程,纳入政府各部门的职责范围,纳入政府财政预算。"两个规划"下发后,旗人民政府专门组织召开实施规划启动会议,与各职能部门签订了目标管理责任书,推动各成员单位按照目标责任书的要求认真履行职责,主动开展工作。同时,旗妇儿工委办公室核定配备1个事业编制,保证5万元的工作经费纳入财政预算,不断优化办公环境,改善办公条件,使工作持续有效进行。旗政府每年不定期地召开妇儿工委全委会,及时总结、分析、部署工作,对工作运行机制和管理进行研究改进;旗委常委会、旗人民政府常务会议,每年听取1~2次妇儿工委专题工作汇报;及时组织开展督查工作,对目标完成情况和工作运行情况进行全面督查、评估和指导。

4.加强"两个规划"的宣传培训工作,营造良好社会环境。本着"立足基层、面向领导、培训骨干、力求实效"原则,整合社会资源,构建多层次、全方位的培训体系,宣传培训工作得到经常化,宣传覆盖率达到90%,营造社会各界关心支持妇女儿童发展的良好氛围。一是面向领导、培训骨干。2004年,《中国妇女儿童发展纲要》、"男女平等基本国策"、"儿童优先原则"、"社会性别主流化"等内容进入党校课程。至2010年,通过培训、专题讲座等形式向500余人次科级领导干部和社会性别主流化宣传培训骨干进行培训,扩大了社会性别意识宣传的辐射面。二是开辟鄂温克旗妇儿工委工作网页、妇儿工委工作简报,对妇儿工委工作进行全面宣传报道。制作妇女儿童工作的专题片、"两个规划"实施情况的展板,对实施规划的成果做宣传。三是印发《妇女儿童发展规划(2001~2010年)学习宣传手册》、《鄂温克旗人民政府妇女儿童工作委员会工作手册》、《社会性别意识培训手册》、"两个规划"蒙汉文宣传单、"婚前医学检查"、反家庭暴力蒙汉文宣传单、艾滋病防治知识宣传单等各类宣传材料进行宣传。四是加强调研工作,形成《鄂温克旗托幼机构卫生保健情况调查》、《论民族地区加强和改进未成年人思想道德建设的思考和建议》、《关于牧区中小学家庭教育工作的实践与思考》等调研报告。

5. 充分利用人大、政协对政府部门的监督职能,推动"两个规划"的贯彻落实。2009年11月18日,旗人大常委会副主任李振国和法制委负责人同旗妇联、旗妇儿工委负责人深入辉苏木,对妇女儿童发展规划执行情况进行调研,与学校、卫生院、民政、计生、司法所等部门负责人举行座谈。11月20日,旗人大常委会在巴彦托海镇地区组织召开29个成员单位主要负责人参加的《妇女儿童发展规划(2001~2010年)》实施情况调研座谈会。座谈会上,统计、卫生、教育、民政、劳动、审判、公安、司法、计生、建设、环保、宣传、质监等单位的负责人就《妇女儿童发展规划(2001~2010年)》实施情况及存在的问题发言,并围绕妇女儿童合法权益保护与生存环境改善、困难儿童救助、预防未成年人犯罪、法制宣传教育等重点、难点指标问题进行深入交流。12月18日,旗人大常委会第十一次常委会议听取旗人民政府关于《妇女儿童发展规划(2001~2010年)》实施情况的报告。2010年12月,旗政协民族宗教委在全旗范围内开展以推动妇女事业与经济社会协调发展为主题的调研工作,最终形成重视妇女病普查工作、提高孤儿补助标准等有价值的建议,有力地推动了《妇女儿童发展规划(2001~2010

年)》的实施及重点、难点指标的解决。

(二)"两个规划"中期监测评估

2006年,是实施《中国妇女儿童发展纲要(2001～2010年)》和《鄂温克旗妇女儿童发展规划(2001～2010年)》的中期评估年。通过监测评估,各项工作得到规范和提升,顺利通过呼伦贝尔市、自治区、国家级检查评估,得到各级检查评估组的高度评价和认可。同时,鄂温克妇女儿童工作经验被国务院妇儿工委采用,分别刊登在国务院《两纲通讯》和《人民日报》上,在全国范围内做了经验介绍和宣传。由于代表自治区接受国家检查并取得高度评价,获得1万元奖金,旗人民政府被评为自治区实施妇女儿童发展纲要先进集体。

1. 经济社会快速发展,为妇女儿童生存、发展创造了良好的外部环境。

2005年,鄂温克族自治旗辖10个苏木乡镇,44个嘎查(村),14个社区。总人口142 791人,其中,女性88 203人,占总人口的61.77%,0～17岁人口37 097人,占总人口的25.98%。全旗地区生产总值完成27.3亿元,5年间年均递增24%;财政总收入4.84亿元、年均递增16.8%,其中,地方财政收入达到2.37亿元、年均递增14.9%;城镇居民人均可支配收入达到7 591元、年均递增10.9%;牧民人均纯收入达到4 781元、年均递增7.8%。2001年至2005年,全旗财政性教育、卫生事业投入分别是16 848万元和8 171万元,财政性计划生育事业费1 479万元、用于扶贫方面的投入631万元。自治旗县域经济基本竞争力跻身国家西部百强县,名列84位,从而为妇女儿童生存、发展创造了良好的基础和外部条件。

2. 推进"两个规划"各项目标,妇女儿童事业全面发展。

《鄂温克旗妇女发展规划》妇女与经济、妇女参与决策和管理、妇女与教育、妇女与健康、妇女与法律保护、妇女与环境六个领域中,设置36项主要目标、54项策略措施。通过2005年中期评估,有7项达到2010年终期目标、有改善的25项、无改善的4项,妇女发展总体状况良好。《鄂温克旗儿童发展规划》儿童与健康、儿童与教育、儿童与法律保护、儿童与环境四个领域中,设置了17项主要目标、52项支持性目标、35项策略措施。52项支持性目标中有13项提前达到2010年终期目标、有改善的34项、无改善的2项、无法判断的3项,儿童发展整体形势良好。

(1)经济社会持续快速发展,为广大妇女创造了更多的就业机会和就业岗位。就业是女性获得独立经济收入的途径,是女性最根本的保障。2005年,全社会从业人员46 433人,其中女性17 575人,占就业人员总数的37.85%,比2000年提高14个百分点,达到"规划"的中期目标;随着市场经济体制的不断完善和产业结构调整力度的不断加大,下岗、失业妇女再就业成为落实"规划"的重点难点问题。为此,旗委、旗政府通过制定和完善促进妇女平等就业的相关政策、开发公益就业岗位,积极引导下岗、失业女性灵活就业。5年间,全旗累计登记下岗、失业女工553人,通过各种途径安置了397人,其中女性199人,占总数的50.13%。至2005年,全旗享受最低生活保障金的9 522人,参加城镇企业职工生育保险的2 914人,其中女性1 524人,占总数的52.3%。

(2)女干部数量持续增加,女干部比重逐年提高。女性的政治参与是女性社会政治地位和国家政治民主程度的具体体现。2001年以来,妇女的参政范围有所拓宽,各级党政领导女干部配备率稳步攀升。到2005年,旗委、人大、政府、政协领导班子中均配备了女性领导干部,配备率为100%;7个苏木乡镇政府领导班子女领导的配备率为30%。嘎查(村)委员会和居民委员会中女性比重分别达到17.5%和75.3%。全旗干部3 183人,其中女干部1 769人,占干部总数的55.58%,女性干部比2000年提高4个百分点。处级女干部5人,占处级干部总数的15.15%。全旗科级干部总数314人,其中科级女干部64人,占科级干部总数的20.38%,比2000年提高13个百分点。全旗处级后备干部28人,其中女性后备干部4人,占总数的14.29%。科级后备干部347人,其中女性145人,占总数的41.79%,女性后备干部比2000年增加108人。优秀女性人才储备初具规模。

2005年,旗人大代表156人,其中女性38人,占代表总数的24.36%,

旗政协委员99人,其中女性30人,占委员总数的30.3%,与2000年相比,均增加4人,女性参与国家和社会事务决策及管理的程度总体呈上升趋势。

3.教育教学条件不断改善,妇女儿童受教育权利得到保障。

为改善妇女儿童的受教育条件,重点实施职业教育、民办教育、中小学教育、教育信息化、校园建设等工程。2005年,全旗32所中小学校中已有23所安装远程教育地面接收系统。2001~2005年,新建校舍7所,建筑面积达5 738平方米,小学生均建筑面积达7.46平方米,初中生均达9.30平方米,妇女儿童受教育环境进一步改善,受教育水平进一步提升。

一是九年义务教育普及程度不断提高,女童平等接受教育的权利得到保障。九年义务教育普及程度已全部达标,其中,小学学龄儿童净入学率为100%,小学五年巩固率为100%;初中学生毛入学率为111.06%,其中女生达109.12%,初中三年巩固率为99.30%;普通中小学残疾儿童在校学生27人,中小学三类残疾儿童入学率为85.19%。为了确保义务教育各项指标的落实,在牧区全面落实"两免一补"政策,受益学生达10 589人次,补助金额421.7万元。

二是学前教育稳步发展,多数目标提前实现。2005年,3~6岁儿童入园率达75.13%,牧区儿童学前一年入班率达90.74%。

三是大力实施扫盲教育,逐步普及高中教育。全旗高中阶段毛入学率为93.47%,超过支持性目标,基本普及高中阶段教育。同时,大力开展扫盲教育,成人女性识字率和青壮年妇女识字率不断提高。2005年,成人妇女识字率达91.02%,青壮年妇女识字率达99.11%。

四是构建"三位一体"的家庭教育网络。从家庭教育工作的特点和规律入手,家庭教育领导小组领导,各有关部门搭台,妇联、教育局、关工委唱戏,以家庭为点,以社区为面,以家长学校为线,全面整合家庭教育工作资源,实现了家庭教育工作的创新。2005年,全旗共有学校家长学校、社区家长学校、嘎查(村)家长学校90所,0~17岁儿童家长家庭教育知识普及率达95%。旗关工委在家长学校的创办、创新中成绩突出,被国家授予"全国关心下一代工作先进集体"荣誉称号。鄂温克中学兴办的"马背家长学校"不辞辛苦、育人有法,被全国妇联命名为"全国优秀家长学校"。辉苏木嘎鲁图嘎查(村)家长学校以德育人、为国教子,获得"自治区级双合格家长学校"殊荣。

4. 积极推进医疗卫生体制改革,妇女儿童健康状况不断改善。

2001年以来,加快卫生医疗改革发展步伐,服务层次和水平有显著提高。一是构建和完善医疗体系。通过加强对旗属医院产科、妇幼保健所、卫生院、卫生室的执法监督力度,大力提倡住院分娩。2005年,全旗住院分娩率达98.28%,比2000年提高2个百分点。婴儿和5岁以下儿童死亡率分别为6.05‰和7.05‰,均比2000年有了大幅度下降。二是努力提高儿童营养水平,增强儿童体质。全旗各医疗卫生部门全部承担着儿童计划免疫工作,共设有计划免疫接种点22个,计划免疫接种率(四苗/全程)连续5年保持在95%以上。乙肝疫苗接种率达97.35%,5岁以下儿童中、重度营养不良患病率为0.87%。7岁以下儿童保健管理率为75.19%,均接近或达到终期目标。2004年,开始全面开展牧区合作医疗试点工作,全旗参加合作医疗人数达13 386人,其中妇女儿童7 107人,参合率为53.09%。坚持广泛深入地开展防治艾滋病宣传活动,大力普及艾滋病预防知识,2000~2005年,全旗累计报告艾滋病病毒感染者1人,性病报告316例,其中女性137例。妇科病普查普治工作逐步得到加强,全旗妇女享有良好的生殖保健服务。

5. 加大执法力度,拓展维权平台,切实维护妇女儿童合法权益。

全面实施"两个规划"以后,本旗积极贯彻保护妇女儿童权益的法律法规,逐步建立健全各种维权机制,先后建立法律援助制度、人民陪审员制度,成立少年法庭、妇女法庭等。各苏木乡镇全部成立妇女儿童维权岗,嘎查(村)、社区成立了妇女儿童维权站。公安部门建立了家庭暴力接警中心和伤情鉴定中心,司法部门开设"148"维权热线,有效地维护了妇女儿童的合法权益。到2005年,全旗建立为妇女儿童提供法律援助的机构13个,得到法律援助的妇女儿童106人。

6. 努力创造有利于妇女儿童全面发展的社会环境,积极改善妇女儿童的生存环境。

一是积极营造和优化妇女儿童生活、生存、发展的社会环境。2001~2005年,旗委、旗人民政府不断强化对妇女儿童生活、文化发展环境的建设和管理,加大环境保护力度,提高生活环境质量,加大对牧区改水、改厕以及环境污染治理方面的投入力度,城镇环境得到进一步改善。到2005年,城镇污水处理率达到66%,生活垃圾无害化处理率达到95%。牧区自来水普及率为11.65%,通过后五年的努力,能够达到规划提出的50%的目标。二是提高妇女享有社会福利水平,优化儿童发展的社会环境。到2005年,除通过建立养老、医疗、失业、生育保险以及最低生活保障等社会保障制度来提高妇女儿童的社会福利水平外,还积极探索通过其他社会途径来保障她们的福利水平,如增加社区儿童教育、文化、科技、体育、娱乐等课外活动设施和场所。加大文化管理部门的执法力度,开展为儿童成长创造良好家庭环境的系列活动。三是提高妇女儿童参与环境保护的意识,保护处于困境中的儿童。通过对环境保护和家庭美德宣传,引导广大妇女儿童不断增强参与环境保护的意识,形成家庭成员互相尊重的氛围,家务劳动走向社会化。同时,努力保护处于困境中的儿童,对残疾儿童进行康复治疗,努力改善孤儿弃婴的供养、教育、康复医疗水平。

(三)"两个规划"终期监测评估

2010年,全旗总人口144 357人,其中女性69 163人,占总人口的47.9%;0~17岁人口20 151人,占总人口的14.0%。全旗地区生产总值(GDP)完成65.2亿元,年均增长18.9%;财政总收入完成15.5亿元,年均增长26.2%;城镇居民人均可支配收入达到13 855元,年均增长12.8%;牧民人均纯收入达到9 067元,年均增长13.7%。自治旗县域经济基本竞争力排名在全国2 005个参评县市中,从第五〇九位跃升至第四七九位。

实施"两个规划"的10年,全旗妇女儿童的生存、发展环境得到明显改善,各项指标进展态势良好。在《鄂温克旗妇女发展规划》的36项主要目标中,通过2010年终期评估,有19项达到终期目标,有改善的达到14项;在《鄂温克旗儿童发展规划》的17项主要目标和52项支持性目标中,有37项支持性目标达到终期目标,有改善的达到12项。

1. 各司其职,共同推进妇女儿童工作新发展。

旗妇女儿童工作委员会成员单位认真履行职责,积极落实"两个规划"目标责任,在解决妇女儿童发展中的突出问题、为妇女儿童办实事等方面做了大量工作。旗发展改革局在拟订规划和制定政策过程中,注意保护和支持妇女儿童等社会弱势群体的利益,支持中小学危房改造、中小学远程教育、公共卫生服务体系建设,为妇女儿童就学、就医和享受文化生活创造良好条件;旗教育局加强基础教育工作和推进妇女扫盲工作,完成"两基"达标工作,2010年,全旗小学适龄女童入学率及初中女童毛入学率均达到100%。成人女性识字率和青壮年妇女识字率不断提高,分别达到96.91%和98.25%。全旗中小学生享受"两免一补"人数达到19 245人次,补助资金达到509万元;旗卫生局积极推进公共卫生体系建设,疾病预防控制体系进一步完善。全面开展牧区合作医疗试点工作,至2010年底,参合人数达到15 412人,其中妇女儿童9 867人,妇女儿童参合人数占总参合人数的64%。大力提倡住院分娩,2008年开始为牧区孕产妇住院分娩补助400元/例。2010年,全旗住院分娩率达99.64%,比2000年提高了3个百分点。婴儿和5岁以下儿童死亡率分别为6.02‰和10.84‰,均比2000年有大幅度下降。儿童计划免疫接种率(四苗/全程)连续10年保持在95%以上。乙肝疫苗接种率达99%,5岁以下儿童中、重度营养不良患病率为0.24%。7岁以下儿童保健管理率为85.93%,均达到终期目标;旗扶贫办认真实施"千村扶贫开发工程"、"整村推进"、"以工代赈"、"劳动力转移培训项目"、"人口较少民族整体脱贫试点工作村"工作,2001~2010年,共筹集发放扶贫资金1 930万元,扶持贫困妇女儿童3 160人,培训妇女2 800

人次,解决妇女儿童温饱问题2 680人;社会保障工作得到加强,截至2010年,全旗参加社会养老保险职工10 722人,其中女性4 825人,占参保人数的45%;参加2009年启动的牧区养老保险的11 044人,其中女性5 467人,占参保人数的49%;参加城镇职工基本医疗保险职工50 883人,其中女性13 004人,占参保人数的26%;参加2008年启动的城镇居民基本医疗保险的27 252人,其中女性14 988人,占参保人数的55%;参加失业保险的28 606人,其中女性5 120人,占参保人数的18%;参加工伤保险的企业职工8 753人,其中女性3 561人,占总参保人数的41%;全旗参加生育保险的企业职工8 948人,其中女性3 169人,保险覆盖率为16%。全旗享受最低生活保障金的6 331人。积极指导女性下岗失业人员灵活就业,对40岁以上的就业困难群体实行特殊的扶助政策,开发公益就业岗位,2005～2010年共安置412名就业困难人员,其中女性210人,占51%;旗住房和城乡建设局、旗卫生局、旗水务局等部门不断加大对牧区改水、改厕及环境污染治理方面的投入力度,积极优化妇女儿童生存发展的社会环境,到2010年,生活垃圾无害化处理率达到95%,牧区自来水普及率达到72%,均达到终期目标;旗人口与计划生育局建立健全人口与计划生育管理服务体系,为广大妇女提供多种服务。启动开展"关爱女孩行动"、"一杯奶生育关怀行动"、"出生缺陷一级预防"、"免费婚检"等工作,并积极推进"幸福工程"救助贫困母亲活动等;旗工商局依法查处假冒伪劣各类侵害消费者尤其是妇女儿童合法权益的违法行为;旗质监局加大对妇女儿童用品的质量监督力度,严厉打击假冒伪劣妇女儿童用品;旗文体广电局积极制作和播出涉及妇女儿童的优秀节目;旗残联为残疾妇女儿童提供康复服务、法律服务等,10年来,接受免费康复治疗的残疾儿童达到56人次;旗妇联积极深入开展"双学双比"、"巾帼建功"、"五好文明家庭"三大主体活动,开展实用技术培训、劳务输出工作,实施牧户家庭旅游、民族手工艺品发展培训、香港回归扶贫基金等适合女性创业的增收致富项目;旗妇联、旗纪检委、旗委组织部联合开展家庭助廉工作,成立"家庭助廉之家",100余名科级领导干部配偶参加家庭助廉培训,93名正科级领导干部及其家属订阅了《创建廉政家庭——家庭助廉教育读本》;截至2010年,全旗共有妇女儿童法律援助机构14个,累计接受法律援助的妇女儿童总数达200余人。

2.重点、难点指标逐步实现。

指标一:提倡进行婚前医学检查:2003年以来,婚前医学检查率受政策影响骤然下降,新婚夫妇对婚检的重要性也缺乏足够认识,直到2007年全旗婚前医学检查率依然连年持续为0。为有效提高人口素质,降低出生缺陷发生率,从2008年10月开始,由政府出资,计生、卫生、民政等部门配合,大力提倡婚前医学检查。2010年,各部门联合加大此项工作的捆绑式服务,使检查率提高到5.94%。

指标二:提高牧区卫生厕所普及率:由于缺乏资金,改厕目标一直难以实现。2010年,在自治区普建牧区(农村)卫生厕所项目及旗人民政府相应配套资金的支持下,全旗1 000个牧民家庭的卫生厕所建设工程正式破土动工,这些家庭最晚将于2011年全部使用上卫生厕所,将极大地改善他们的生活卫生状况。

指标三:上级妇儿工委保障妇女健康政策的倾斜,提高牧民妇女享受卫生保健的水平和抵御疾病风险的能力:2010年,在呼伦贝尔市妇儿工委的重视与支持下,为全旗2 250名牧民妇女免费办理"两癌"保险。

3.项目助推,提高妇女儿童健康水平。

(1)"改善早期儿童营养"项目进展顺利。2009~2010年,旗妇儿工委与旗妇幼保健所成功实施国务院妇儿工委提供的"改善早期儿童营养"项目。

2009年10月,项目正式启动后,旗妇儿工委与旗妇幼保健所的工作人员几度深入辉苏木,对调查摸底过程中确定的100名项目儿童进行身高、体重、血色素、微量元素四项初检。随着检查结果的公布,完成项目健康档案的建立工作。

2009年12月,依据初检报告,旗妇儿工委与旗妇幼保健所确定药补与食补相结合的干预方针——在为100名项目儿童提供不同剂量药品的同时不断加强家庭随访,对0~6个月儿童母亲强化母乳喂养、对6~24个月儿童进行辅食添加引导、给2~5岁儿童发放营养补充品等。

2010年6~8月,旗妇儿工委、旗妇幼保健所领导及工作人员多次下乡开展项目跟踪服务活动——为存在不同程度营养不良的项目儿童免费发放首儿复合维D钙、果维铁、果维锌,希望通过一定疗程的药物投服使孩子们早日恢复健康。并相继开展家庭随访、体检监测,了解掌握儿童服用药物及喂养情况,发现服用药物的儿童缺锌、缺钙、贫血的临床症状得到了一定程度的改善,饭量明显增加、身体日益强壮。与此同时,通过电视、广播、培训、印发宣传单,广泛开展项目宣传,使全旗科学喂养知识普及率达到85%,实现了预期目标。

(2)深入开展"母亲健康快车"项目工作。2007~2010年,旗政府妇儿工委办严格按照《中国妇基会"母亲健康快车"项目管理办法》的要求,结合自身工作实际,成立"母亲健康快车"项目领导小组,配备驾驶员(兼职)1名,医生(兼职)2名,并克服困难、组织有关人员深入到全旗各苏木乡镇50余次,通过发放宣传资料、举办培训班、义诊服务等活动,为广大贫困母亲讲授健康知识、传授健康理念。2010年,"母亲健康快车"发放宣传资料1 500份,举办培训班3期、参训牧民妇女达230人次,为1 241名牧民妇女进行免费义诊,提高基层妇女的疾病预防和健康保健意识。

4.获得的荣誉。

2005年,在全国第四次妇女儿童工作会议上,自治旗被命名为"全国实施妇女儿童发展纲要示范单位"。

2006年,自治旗被评为自治区级妇女儿童工作先进集体。

第四节 维护妇女儿童合法权益

1950年,国家第一部《婚姻法》颁布实施后,索伦旗妇联积极宣传,倡导自由婚姻、反对包办婚姻。1951年,全旗有23对新婚夫妇自由恋爱结婚、有15对包办夫妇离婚。

1951年,索伦旗妇联在上级妇联和旗委、旗政府的支持下,开展抗美援朝爱国主义宣传教育活动。活动中,旗妇联开展民族团结、慰问军人家属等活动。巴彦嵯岗苏木、巴彦托海苏木开展《爱国主义和平条约》宣誓签名仪式,参加人员中50%是妇女,极大地激发了广大妇女的爱国主义热情。

1953年,为保护妇女儿童身心健康,旗妇联提出要严厉打击强奸妇女的犯罪活动、打击杀害私生子的行为。

1954年,为提高妇女干部的政治地位,在旗委的重视下,旗妇联配备4名干部、5个苏木配备5名妇联干部。

1956年,旗妇联举办扫盲班,223名妇女参加并基本脱盲,能够写信、读报纸、看杂志。

1958年,全旗受理民事案件197起,其中婚姻纠纷案件41起,占38.32%。

1959年,根据中共中央八届六中全会决议,旗妇联提出:一是要照顾妇女生理特点,二是要针对孕期、经期、哺乳期妇女的情况安排劳动保护措施的建议。当年全旗共受理民事案件64起,其中婚姻纠纷35起,占64.8%。

1960年,《婚姻法》颁布10周年之际,旗妇联提出宣传贯彻《婚姻法》,要求各苏木指定1名宣传员,利用广播、黑板报和生产队召开的各种会议、夜校学习的方式来宣传学习;要以好人好事、尊老爱幼、平等互助等为内容,做到家喻户晓、人人皆知。

1965年,全旗女共产党员占全旗党员总数的13.1%,女共青团员占40.1%,副科长以上妇女干部9名,在各政府机关和企业部门的妇女工作人员300多名。普选成为妇女参政的推动力量,许多优秀妇女被选为人大代表、推选为政协委员,全旗妇女代表占人大代表的29%,基层代表中妇女代表占总数的22%。1975年,全旗召开先进青年代表大会,96名代表中有女性代表41名,她们积极响应党的号召,在各项工作中起带头作用,受到群众的爱戴和信任。

1976年,在旗妇联的努力下,恢复旗民族幼儿园,全旗2个苏木、18个生产队陆续建立季节性托儿所,为妇女参加生产工作提供有力的后勤保障。

1982年,《中共中央书记处关于坚决维护妇女儿童合法权益的指示》下达后,旗妇联在全旗范围内对几年内出现的迫害、蹂躏、残害妇女儿童的行为进行全面的调查。

1983年,为维护妇女儿童的合法权益,旗妇联设立法律宣传部,大力宣传《婚姻法》。5月,呼伦贝尔盟妇联、盟司法局联合下发关于旗市妇联设立法律顾问小组的通知。6月,旗妇联与旗法律顾问处签订法律顾问聘请合同书,法律顾问参与妇联的各项法律活动,业务上受旗司法局的指导并受委派单位的监督。法律顾问的职责主要是向妇女群众宣传社会主义法制,维护《宪法》和《婚姻法》等法律的正确实施,动员社会各方面的力量和舆论切实保障妇女、儿童合法权益;解答有关婚姻、家庭、计划生育、保障妇女儿童人身、民主权利等方面的法律问题,提供法律咨询意见;为重大侵害妇女儿童人身、民主权利或其他合法权益案件的受害者提供法律帮助;调查研究有关保障妇女、儿童法律法规执行情况和经验,向有关部门提出建议。11月,旗妇联与巴彦托海镇妇联联合在全旗范围内针对妇女需求、妇女关注的问题、妇女存在的问题等现状做调研,为以后工作提供资料。

1984年,旗妇联内设"维护妇女儿童合法权益部"(简称权益部),建立旗、苏木、嘎查接待群众来信来访的信访网络:旗级信访网络由旗委分管群团工作的副书记任组长,政府分管信访工作的副旗长和旗妇联主任任副组长,成员由公安、检察、审判、司法行政、民政、工会、共青团、妇联等部门机关人员组成;苏木级信访网络由苏木乡镇分管群团工作的副书记任组长,政府副苏木达、副乡长、副镇长和妇联主任任副组长,成员由公安、法庭、民政、司法、工会、共青团、妇联等相关部门组成;嘎查级由嘎查达、妇代会主任、治保主任等组成基层调解委员会。法律顾问和信访网络接待来信来访时,主要听取申诉、询问和帮助分析问题,提供法律依据。对涉及到家庭婚姻的案件,由妇联接待,并配合当地调解委员会进行调解,大案要案由信访领导小组接待并处理。

针对旗内屡屡发生歧视、虐待、残害妇女儿童的现象和恶性案件及包办婚姻、借婚姻索取财物、甚至早已绝迹的暗娼活动又重新出现的情况,为维护妇女儿童的合法权益,根据中央政法委员会、中宣部、全国妇联等13个单位联合通知部署,经旗委批准,旗妇联从1984年2月10~3月10日在全旗开展维护妇女儿童合法权益法制宣传月活动。活动期间,领导小组先后召开27次会议,各级领导小组召开412次会议,全旗共选出133名宣传员,举办22期培训班,培训人员811名,全旗城镇居民受教育者占城镇人数的95%,牧区受教育者占牧区人数的90%。

旗财政为宣传月活动拨款5 400元(其中包括公社)。动用广播电台和报纸以及宣传车等工具,开展声势浩大的宣传活动,一个月内张贴标语、横幅457幅,印发宣传材料60种类、1 000余份;举办展览和墙报板报共计60期,在电台、报纸、电视台发表稿件18篇;办宣传橱窗60个,展出132期;出动宣传车24台次,举办法律咨询和讲座150次,受教育群众3 412人次,为妇女儿童办好事251件。本着宣传教育为主、打击为辅的原则,对一般性的歧视和严重虐待甚至残害妇女儿童的典型,采取教育调节和坚决打击的办法。活动中,发现有关侵犯妇女儿童合法权益方面的问题229起,虐待老人事例13起。经过调解和说服教育妥善解决176起。接待群众来访49人中,解决47人的问题,解救妇女儿童9人,司法部门逮捕3名犯罪分子,拘留3人,查处3人。

大雁镇妇联和大雁矿务局党委规定各基层领导每人解决几个问题,分片包干,居民有事找居委,职工有事找部门,责任制的层层落实,做到了出事有人抓,一级负责一级。

巴彦托海镇在全镇动员大会后,召集居委会主任、嘎查妇代会主任安排部署宣传月活动,各居委会、嘎查召开会议78次,大大提高了妇女的法律观念,并发现不少问题,其中比较严重的3起案件移交司法部门处理。

孟根楚鲁公社成立23个学习点,直属单位建立10个小组,召开群众宣传学习会议67次,受教育者达1 042人。在宣传教育中,发现了几起案件,其中1起严重的摧残妇女的案件移交公安部门处理。

巴彦塔拉公社先后召开大小动员会10次,组织开展学习宣传会25次。在普遍宣传教育的基础上,集中为9名歧视虐待妇女儿童的人员办专门学习班,进行批评教育,收到较好效果。

锡尼河西公社抽调23名干部,集中宣传中央1号文件精神,分片下各生产点,开宣传会52次,并调查了解12人因喝酒打骂妻子儿女的事件。经过宣传教育,多数人承认错误,表决心改正。

在人口较集中的巴彦托海镇和大雁镇,大规模的集中教育活动较多。大雁地区召开动员会后,动用7台宣传车在大街小巷进行宣传。在活动月启动当天,整个大雁地区的浴池全部为妇女儿童免费开放,商店、百货的儿童玩具降价20%,并且专设妇女儿童专柜。影剧院免费为妇女儿童上映专场电影,各机关、厂矿为妇女儿童筹款捐款合计229 200元,并为幼儿园购买图书玩具等。

在这次维护妇女儿童合法权益法制宣传月中,各行各业都涌现出许多先进个人和先进集体,评选出维护妇女儿童合法权益法制先进集体6个、先进个人16人,并在3月7日全旗纪念"三八"国际劳动妇女节暨表彰维护妇女儿童合法权益法制宣传月表彰大会上进行表彰奖励。

此后,全旗各地采取各种方法,对广大妇女进行广泛深入的宣传教育,使妇女同胞们运用法律武器来维护自己的合法权益,并懂得在社会和家庭生活中,树立自尊、自立、自爱、自重、自强意识才能提高自己的地位,才能维护自己的合法权益。各级妇联部门紧密配合,对侵犯妇女儿童合法权利的行为进行坚决斗争,对罪犯予以严厉打击。全旗各苏木乡镇相继恢复健全调解委员会,绝大部分家庭纠纷、邻居纠纷等都解决在萌芽状态之中,推动了社会风气的好转。由于各级妇联信访组织健全,到1988年,信访工作基本上在基层得到解决。

1991年12月24日,经自治区第七届人大常委会二十四次会议审议,决定批准实施《内蒙古自治区妇女儿童保护条例》,其保护对象是自治区区域内的妇女和6岁以下的儿童。旗妇联对《条例》进行了广泛宣传。

1992年,《中华人民共和国妇女权益保障法》经七届全国人大五次会议审议通过,并于10月1日起实施。这是我国第一部全面保障妇女权益的重要法律,标志着妇女工作进一步走上制度化、法律化的轨道,是我国各族人民特别是广大妇女政治生活中的一件大事。为做好中共呼盟委宣传部《关于认真贯彻落实呼党联(92)4号文件通知》的具体要求,旗妇联结合本旗的实际情况,将学习宣传《妇女权益保障法》列入社会治安综合治理和"二五"普法规划中。

同时,旗委宣传部、旗司法局、旗妇联、旗总工会、共青团旗委5个单位于5月末联合发出开展学习宣传《妇女权益保障法》的通知。成立以旗委副书记杜古、敖强为顾问,副旗长图木热为主任,由21个成员单位组成的旗保护妇女儿童委员会,下设办公室负责日常工作。6月中旬,召开全体委员第一次会议,制定宣传月活动方案,明确任务。宣传活动分三个阶段进行:

第一阶段,6月8~15日,健全组织,制定方案,宣传教育动员阶段。旗和乡镇、区、苏木成立宣传月领导小组13个,出动宣传车,发放传单1 000份,张贴标语口号,建立司法咨询台,书写黑板报等形式进行宣传。各苏木乡镇也开展宣传月活动。旗广播电台举办专题新闻进行宣传,配合宣传月活动,录制《妇女权益保障法》全文,蒙汉两种语言播放数次,进行有针对性宣传。

第二阶段:6月15日~7月5日,大造声势、广泛宣传,具体分工,深入宣传阶段。

1.6月29日,保护妇女儿童委员会副主任斯日古楞在旗委九届四次会议上作关于学习宣传《妇女权益保障法》的专题发言,与会人员达100多名

（科局长、各乡、镇、苏木负责人）。6月30日，旗人民政府副旗长图木热发表关于《妇女权益保障法》的宣传学习的广播讲话，做到党政领导重视，层层发动，家喻户晓，人人皆知。

2. 领导深入基层，搞试点工作。6月，宣传月活动办公室到北辉苏木播放蒙语录音带，发放蒙文《妇女权益保障法》，受教育群众达2 000人次。7月4~7日，宣传组深入到伊敏河镇、北辉苏木宣传《妇女权益保障法》。发放宣传单1 730份，并出动宣传车，现场建立了法律咨询台，受教育群众5 000余人次。

3. 举办旗、苏木、乡镇、区两级培训班。6月10日，旗妇联举办旗直各机关妇女小组妇女工作委员会主任《妇女权益保障法》培训班，大雁矿区、红花尔基镇、伊敏河镇、巴彦塔拉乡也举办各种形式的培训，培训了骨干，参加人数达521人次。同时，召开全旗妇女干部座谈会，对于当前有关保护妇女权益规定的执行情况进行一次全面了解。

4. 旗公检法机关配合宣传月活动，旗人民法院于6月10日公开审理4起侵害妇女儿童合法权益的案件，维护了法律的尊严和妇女儿童的合法权益。旗司法局、普法办在人力、物力上给予大力支持，深入到基层宣讲《妇女权益保障法》，建立法律咨询台、解答问题，深受群众的欢迎。

第三阶段，7月5~15日，总结验收，表彰奖励阶段。经旗宣传月活动领导小组研究决定，表彰奖励在宣传月活动中涌现出的旗司法局、伊敏河镇等5个先进集体、乌云娜等10名先进个人。

1993年，在《中华人民共和国妇女权益保障法》、《内蒙古自治区妇女儿童保护条例》（简称"一法一例"）颁布一周年之际，旗委副书记杜古发表"妇女权益保障法常抓不懈"的广播讲话，听众人数达3 000余人次，旗保护妇女儿童委员会召开座谈会，总结一年来的工作，提出了今后的工作思路。

在维护妇女儿童合法权益工作中，旗妇联密切配合有关部门，参加涉及妇女权益的大案要案的查办，旗妇联干部多次以人民陪审员身份参加维权案件合议庭,在信访工作中接待来访 14 起,解决 12 起。

在宣传贯彻"一法一例"活动中,6~8 月,旗人大常委会、旗委政法委、旗妇联等有关部门开展对"一法一例"执法自查活动,组织召开旗直属机关、企事业、学校等有关方面代表征求对自治区执行《妇女权益保障法》补充规定的补充修改意见。旗法院共受理民事案件 1 000 余件,其中涉及妇女人身、财产权益方面的案件占 50% 左右。

旗妇联发挥其代表维护妇女权益的职能作用,组织、协调各部门宣传贯彻"一法一例",主动热情接待来信来访,1992~1995 年,接待来信来访 30 件,结案、转案 19 件。对重大侵犯妇女儿童案件,旗妇联积极参与,到发案区深入调查,积极呼吁并提出建议,惩治罪犯、伸张正义。在接待民事案件中,深入家庭,调解劝导,挽救一个又一个即将破裂的家庭,对离婚案件,积极协调法院,提出建议,保护妇女的人身及财产权益。

1994 年,旗妇联举办为期一天的宣传《妇女保障法》骨干培训班,旗直机关组织各妇女小组组长 54 人参加。通过座谈讨论企业存在岗位分配及工资待遇不合理的现象,旗妇女儿童保护委员会派出专人调查并予以及时纠正。大雁矿区妇女儿童保护委员会组织培训 84 名街道骨干宣传员,深入居民住户宣传,印发材料 680 份。各级妇联接待来信来访 32 件,结案 18 件。其中苏木乡镇级接待来信来访 21 件,结案 10 件,旗妇联 11 件,结案 8 件。1992~1995 年,旗人民法院公开审理 8 起侵害妇女儿童合法权益的犯罪分子,做到快审快判。

由于各级党委、各成员单位的共同努力,宣传活动做到有计划、有步骤、有成效,取得较为满意的成果。旗妇女儿童保护委员会荣获自治区、盟两级表彰,10 名先进个人、5 个先进集体分别受到旗妇女儿童工作委员会表彰。

1996 年,旗妇联进一步强化维权工作,举办妇女权益培训班 1 期,维护妇女权益座谈会 1 次,参加人数达 123 人次。全年接待来信来访 10 件,结案 8 件,结案率 80%。

1997年，旗妇联接待来信来访5起，有3起结案，2起转案。其中针对孟根楚鲁苏木发生的1起虐待案，旗妇联在接到此案后，及时与旗公安局、旗人民法院、旗司法局联合到现场了解处理案件，并将此案移交到法院处理。9月23日，旗妇联、旗司法局联合开办法律服务中心和妇女权益法律咨询站，召开座谈会，举行挂匾仪式，促进保护妇女权益工作。

为确保《妇女权益保障法》的进一步实施，旗妇联于5月8日举办旗妇儿工委成员及旗女领导干部联谊会成员参加的座谈会，对该旗宣传贯彻实施《妇女权益保障法》取得的成绩给予肯定，与会人员就培训妇女干部、提高妇女参政比例、提高妇女整体素质及依法实现男女平等等问题展开热烈讨论。

5月9日，旗妇联与旗司法局、旗计生局、旗总工会联合举行纪念《妇女权益保障法》颁布五周年和迎接"母亲节"街头宣传咨询活动，并举行为"贫困母亲"献温暖募捐活动，使《妇女权益保障法》的宣传做到家喻户晓、人人皆知。

1998年，为全面实施旗妇联《关于在全旗各族妇女中开展法制宣传教育的第三个五年规划》，上半年，旗妇联协调旗司法局等部门到各苏木乡镇举办7期法制培训班，在北辉苏木协助苏木党委、政府举办全旗首届牧民法律知识竞赛，内容包括《妇女权益保障法》、《婚姻法》、《未成年人保护法》、《计划生育条例》、《刑法》、《义务教育法》、《治安处罚条例》、《民法》、《草原法》、《土地法》等10部有关牧民生产生活的法律法规。锡尼河东苏木妇联深入嘎查开展法律培训。全年各级妇联举办的法制宣传骨干培训8期，620人次参加培训，全面系统地学习了《婚姻法》、《妇女权益保护法》、《自治区妇女儿童保护条例》、《未成年人保护法》。各级妇联接待来信来访28件，调解、转案28件。

1999年，为确保《妇女权益保障法》的进一步实施，提高妇女的地位，教育更多的妇女"自尊、自信、自立、自强"提高参政意识，旗妇联要求各妇女组织认真宣传"两纲"、"两法"，为妇女多办实事，解决妇女受侵害的实际问题。2月,大雁妇联与综合事务办公室、法律事务所联合成立妇女权益保障法咨询站,为妇女群众免费提供法律咨询服务,接待来信来访妇女72人次,解答并帮助解决妇女提出的疑难问题。旗妇联全年接待来信来访16件,结案16件。

2000年8月,锡尼河西苏木发生8岁儿童、7岁儿童被强奸案,此案严重侵害了女童人身权益,并对两位女童身心健康造成严重危害,情节恶劣,后果严重,旗妇联在调查的基础上,代表受害女童及家属和全旗各族妇女儿童向执法部门提出对犯罪分子依法从重从快处理的建议,以切实保护女童的合法权益,震慑罪犯。

11月25日,大雁矿区发生特大煤矿瓦斯爆炸事件。12月4日,旗妇联主席斯仁吉木与盟妇联领导、大雁矿区妇联主任前往大雁煤业公司第二煤矿,了解"11.25"特大爆炸事故的情况,特别询问遇难家属与善后处理事宜及子女情况,对"11.25"事故中的遇难者表示哀悼,还为遇难者家属送去部分慰问金。

全年接待来信来访9件,结案9件,结案率100%。其中1件离婚案的处理,旗妇联为女方争取到男方补偿医疗费4 500元;1件幼儿园教师虐待儿童案中,为受害者争取到补偿费2 000元。大雁矿区居委会调解民事纠纷32起,大雁矿区妇联接待来信来访协调解决1件,移交法庭处理1件。

2001年,各级妇联广泛宣传《两纲》、《两法》,为妇女儿童办实事:北辉苏木妇联于3月举办《法律知识培训班》,邀请司法部门讲解《妇女保障法》等知识,有32人参加培训。3月24日,大雁矿区妇联配合矿区综合治理办开展"法律宣传日活动",发放法律宣传单10 000份,悬挂横幅20幅,出板报50块,展出法制宣传图片5幅,出动流动宣传车1台,设置法制宣传广播台1处,先后集中组织妇女干部学习法律知识3次。通过法律宣传活动,增强了群众的法律意识,维护了社会稳定,为矿区的经济发展创造了良好的环境。3月27日,巴彦嵯岗苏木妇联举办"全社会都来关心支持教育事业"的法律知识培训班,参加培训人员126人。伊敏苏木妇联举办法律知识培训班,106人次参加培训。3月29日,伊敏河镇举办社会治安综合治理宣传月活动,活动中出动宣传车,重点宣传《中华人民共和国未成年人保护法》、《中华人民共和国预防未成年人犯罪法》、《妇女保障法》等法律法规,并在镇区主要街道张贴宣传标语。3月31日,辉苏木妇联组织开展法律宣传活动,出动宣传车2辆,宣传《妇女权益保障法》、《未成年人保护法》等法律法规,张贴标语20幅,发放宣传单300份。巴彦托海镇妇联联合综合治理办于3月31日在团结嘎查、雅尔斯嘎查分别举办法律培训班,参加培训人员60余人。学习班结束后,出动宣传车在两个嘎查宣传中共中央、国务院《关于加强社会治安综合治理的决定》,增强牧民妇女的法律意识、法制观念。3月,旗地税局妇女小组开展维护女职工合法权益活动,检查《妇女权益保障法》、《女职工劳动保护规定》等法律法规的落实情况,发现问题及时纠正,维护女职工的合法权益。旗妇联联合旗司法局开展"148"妇女维权周活动,借助"148"法律服务专用电话,为广大妇女提供及时、方便、优质、高效的法律服务和法律保障,增强妇女的法律意识和依法维权能力。3月,受理23条"148"法律咨询,其中2条予以调解,3条落实服务措施,18条给予圆满解答。

2002年,旗妇联认真做好来信来访工作,全年接待来信来访6件,结案5件、待解决1件。为制止家庭暴力,旗妇联与旗公安局协商,在旗公安局建立家庭暴力110报警中心,将全旗各派出所的接警电话公布于社会。为制止家庭暴力、解救受害妇女提供服务,并对侵害妇女合法权益的施暴者制裁。4月19日,旗妇联组织《妇女权益保障法》、新《婚姻法》知识竞赛闭卷考试,参加考试的有13个单位、39人。4月28日,旗妇联组织"水利杯"《妇女权益保障法》、新《婚姻法》现场知识竞赛活动。

2003年,旗妇联接待来信来访6件,结案6件。各苏木乡镇举办法律培训班10期,法律知识竞赛活动2次,发放宣传单1 000份;协同团旗委、旗公安局等部门组织学校学生开展"远离毒品、关爱未来"宣传活动,在活动中各校出板报8块、宣传图片2块。大雁矿区妇联在组织开展青少年远离毒品图片展中,观看图片展学生200余人。旗妇联还在旗人民法院设立人民陪审员,建立健全了妇联干部陪审员制度。

2004年,为适应新形势下妇女维权工作的新要求,旗妇联全年接待来信来访12件,结案率100%。其中配偶有外遇的案件3起,离婚财产分割、子女抚养纠纷或其他问题4起,绑架儿童案1起,强奸案1起,伤害儿童案1起,家庭暴力案2起。旗妇联在认真实施"依法维权工程"过程中,积极调解疏导家庭、婚姻纠纷,维护妇女儿童和未成年人合法权益,加强反家庭暴力的专项斗争,深入宣传《中华人民共和国妇女儿童保护法》,大力提倡男女平等和儿童优先的原则。组织举办"妇女、儿童、家园、环境"知识竞赛,22个系统、单位参加比赛。内容涉及新《婚姻法》、《未成年人保护法》、《妇女权益保障法》、《鄂温克旗妇女儿童发展纲要》,效果非常好。不仅宣传普及了与妇女儿童息息相关的法律法规,还进一步增强了"两个规划"的贯彻力度。

2005年,旗妇联在旗电视台的配合下,针对"家庭暴力"这一社会问题,制作专题节目,以大量的事实证据、图像警示,告诫广大群众家庭暴力对家庭、对社会的危害性,呼吁群众重视家庭暴力问题,有关部门要更好的发挥"家庭暴力接警中心"、"家庭暴力伤情鉴定中心"的作用。全年,旗妇联接待来信来访8件,结案率100%。在全旗范围内发放1 000份家庭暴力情况调查问卷,回收率90%。在全旗44个嘎查、12个社区建立妇女儿童维权站和家长学校。旗妇联副主席红梅被确定为旗人民法院人民陪审员,参与法院陪审离婚案2起。

2006年,旗妇联继续开展"平安家庭"创建活动。3月1日,旗妇联副主席诺敏带领法律援助中心及电视台工作人员、伊敏苏木公安派出所干警和苏木妇联相关人员深入伊敏苏木,解决"家庭暴力事件",录制一部反"家庭暴力"为主题的专题片,呼吁广大妇女遇到家庭暴力时勇敢以法律武器维护自身的合法权益。旗妇联将维护妇女儿童合法权益工作作为重中之重,宣讲《妇女儿童发展纲要》、《婚姻法》、《妇女儿童权益保障法》等有关妇女儿童的法律法规，有3 000余人次妇女接受宣讲教育。全年，接待来信来访14件，结案率100%。

2007年4月23日，以自治区人大常委会委员云晓明为组长、内蒙古妇联副主席宝笑平为副组长的立法调研组一行6人到鄂温克旗进行《内蒙古自治区实施＜中华人民共和国妇女权益保障法＞的补充规定》的立法调研，调研以听取汇报、座谈、实地查看等形式进行。旗人民政府副旗长樊秀敏向调研组汇报旗妇女儿童工作委员会贯彻实施《妇女权益保障法》和《内蒙古自治区实施＜妇女权益保障法＞的补充规定》的情况。调研组与旗内相关人员座谈，对牧区妇女土地草原承包情况、女职工劳动保护情况等问题展开热烈讨论，并到巴彦托海镇雅尔斯嘎查牧户进行实地调查。调研组肯定了该旗实施《妇女权益保障法》和《补充规定》所取得的成绩，同时也提出了具体要求。旗委副书记那晓光、旗人大常委会主任敖金福、副主任李振国参加座谈。

6月1日，旗妇联与旗妇儿工委、团旗委在巴彦托海镇民贸大楼前举行"尊重儿童 保护儿童"的集中宣传活动，发放《中华人民共和国未成年人保护法》800余份、《内蒙古自治区预防制止家庭暴力条例》宣传单500份，为少年儿童营造了良好的维权环境。6月26日，为贯彻落实中共中央、国务院《关于进一步加强和改进未成年人思想道德建设的若干意见》及国家禁毒委员会、中央综治办、教育部、团中央《关于进一步加强中小学生毒品预防教育工作的通知》，旗妇联与旗公安局、旗委宣传部、旗人民法院等10个单位联合在全旗范围内开展"6·26"禁毒宣传活动，采用出板报、悬挂横幅、出示禁毒挂图、发放宣传单等方式向广大群众进行宣传，起到良好的警示教育作用。发放《禁毒知识宣传单》、《艾滋病预防知识宣传单》500份。

全年接待信访案件15起，其中涉及家庭暴力10起、财产纠纷1起、婚外情2起、选举矛盾1起、草场纠纷1起，结案率100%。信访案件以及家庭暴力、婚外情问题较为严重。

2008年3月27日，旗妇联与旗综治办联合开展"消除家庭暴力，建设美好家园"宣传活动,发放《妇女权益保障法》蒙汉文宣传册200册。

4月11日,旗妇联召开巾帼维权志愿者服务团座谈会,来自公、检、法、司等职能部门及人民陪审员队伍的20名维护妇女儿童权益志愿者围绕如何加大源头防范、发挥部门优势积极参与,主动为广大妇女儿童提供最直接、最有效的法律服务和妇女儿童权益保障中存在的热点、难点等议题畅所欲言,并讨论服务团2008年的工作要点。旗妇联巾帼维权志愿者服务团2007年成立至2008年4月,开展普法宣传10余次,接待咨询信访50余次,发放宣传单5 000余份,座谈会上,志愿者们纷纷表示将在过去工作的基础上,继续坚持以维护妇女儿童权益为己任,努力践行"奉献、友爱、互助、进步"的志愿者精神,通过深入基层面对面宣讲、定期开展妇女儿童维权工作调研、开通巾帼维权咨询服务电话等多种途径,实实在在地为全旗妇女儿童办实事、解难事、做好事,为构建平安、稳定、和谐的鄂温克而做出新的、更大的贡献。

5月12~13日,人民陪审员、旗妇联副主席红梅参加旗人民法院刑事审判庭的一起拐卖妇女儿童、强迫卖淫及被拐卖妇女强奸、容留卖淫案的审判。这起案件因涉案人员多,性质恶劣,在鄂温克旗刑事案件史中属首次。从组成合议庭开始,经过阅读庭审记录、庭审合议,对13名被告给予适当的量刑,给被害人及其家属满意的答复。13名被告中有在校生,其中还有3人属未成年人,但因法律意识淡薄,人生观、价值观严重扭曲,对多名同学实施犯罪行为,给她们在生理上和心理上造成严重的创伤,犯下了严重的罪行。

9月10日,旗妇联与旗司法局等部门联合举行《内蒙古自治区预防和制止家庭暴力条例》街头宣传活动,发放100余份宣传册、500余份宣传单。9月19日,在巴雁镇举办"妇女学法律,家庭平安促和谐"普法培训班,讲解《中华人民共和国物权法》和《婚姻法》,对涉及妇女切身利益的内容与学员进行深入探讨和交流。

2009年,在"3·8"维权周、法制宣传日、社会治安综合治理宣传、关心下一代工作宣传月等活动中,出宣传板块5个,发放《中华人民共和国妇女权益保障法》、《内蒙古自治区预防和制止家庭暴力条例》、《鄂温克旗妇女儿童发展规划》等宣传单、宣传手册约2 500份。

2009年3月25日,旗妇联履行社会综合治理委员会成员单位职责,参加全旗社会治安综合治理集中宣传活动。活动中,展示写有"稳定千家乐 和谐百姓安"的宣传板一块,发放《中华人民共和国妇女权益保障法》、《内蒙古自治区实施<中华人民共和国妇女权益保障法>办法》、《内蒙古自治区预防和制止家庭暴力条例》等内容的妇女权益宣传手册200本,《鄂温克旗妇女儿童规划》蒙汉文宣传单500份。

4月23日,旗妇联与旗人民法院、旗公安局、旗司法局等部门共同召开妇女权益与制止家庭暴力工作座谈会,就家庭暴力取证难、如何实现多部门合作、应对家庭冷暴力等问题进行热烈讨论,达成共识,为维权工作提供更多保障。

5月12日,在汶川地震一周年之际,旗妇联参加旗关心下一代工作委员会在巴彦托海镇民贸大楼门前举行的"关心下一代宣传月活动"。旗妇联围绕"净化社会文化环境 促进未成年人健康成长"这一主题,出宣传板一块,发放《内蒙古自治区预防和制止家庭暴力条例》、《鄂温克旗儿童发展规划(2001~2010年)》、《中华人民共和国未成年人保护法》、《未成年人自我保护常识》等宣传单共计1 000份,促进广大群众对未成年人法律法规的知晓与掌握。

8月,伊敏河镇滨河社区本着服务群众、突出特色、开拓创新、注重实效的原则,从维护社区和谐出发,以辖区派出所、司法所为依托,以社区干部为主、居民调解为铺,在社区的8个居民小组创办"倾诉小屋",力求通过为矛盾双方提供平和的交流空间,防止因家庭琐事、邻里关系处理不当等引发的"民转刑"案件和治安案件的发生,从而推进和谐社会建设。在进行矛盾化解时,工作人员通过向双方阐明相关法律政策要求,合理合法地给予调解,力争将矛盾双方的积怨彻底化解,将此项工作延伸到矛盾调处的最前沿,充分发挥"倾诉小屋"事前预防、事后化解的作用,截至2010年,"倾诉小屋"调处矛盾纠纷42人次。

2009年,旗妇联接待来信来访13起,其中父母干涉子女婚姻自由案1起,配偶有外遇的3起,家庭暴力3起,求助捐款3起,人身伤害案3起,经妇联多方协调,结案率100%。

2010年,旗妇联开展推荐妇联干部担任人民陪审员的工作,8月23日,在旗十一届人大常委第十六次会议上,旗妇联办公室牡其热、锡尼河镇妇联南吉乐玛、辉苏木妇联萨娜被任命为新一届人民陪审员。新任命的3名人民陪审员深入调查研究,准确把握自治旗妇女权益维护状况和存在问题,了解妇女群众最关心、最直接、最现实的普遍利益问题,发挥人民陪审员的作用,真正承担起维护妇女儿童的合法权益的光荣使命。年内,旗妇联与旗法律援助中心签订委托办理合同,为需要帮助的妇女提供法律援助服务。全年,旗妇联接待信访案件20起,其中家庭暴力案8起,婚外恋案2起,离婚家庭子女抚养纠纷案2起,人身伤害案6起,生活困难申请低保的2起,经过多方协调,结案率100%。

2011年,旗妇联维权工作坚持"以人为本"的维权理念,不断创新工作载体、创新工作措施,为维护社会稳定、构建和谐鄂温克作出了重要贡献。全旗各地、各部门妇女维权意识明显提高,妇女儿童的合法权益得到了有效的维护。全旗各级妇联共举办《婚姻法》、《妇女权益保障法》培训14期。为了扩大维权周的规模和影响,3月29日,旗妇联与旗司法局共同举办"妇女法律宣传在行动"大型广场宣传活动,组织妇联系统、法律援助中心以及部分律师走上街头,为市民面对面提供法律咨询和服务,大力宣传《婚姻法》、《妇女权益保障法》、防艾知识,发放宣传资料1 000余份,在社会上营造了维护妇女权益的良好氛围。

国庆节前夕,旗妇联与旗综合治理办、旗司法局联合下发《关于加强基层妇女维权站建设意见》的通知,要求进一步做好妇女维权工作,提升维权服务的质量,使广大妇女能够得到高效快捷的法律帮助,把妇女维权各项措施真正落实到基层、落实到妇女身边。

与此同时,为更好地贯彻落实呼伦贝尔市妇联《关于开展"温暖教育主题活动"的通知》部署,充分发挥妇联组织优势,鼓励、支持看守所女民警立足本职岗位建功立业,维护在押女性人员的合法权益,切实为她们排忧解难。9月9日,在一年一度中秋节来临之际,旗妇联主席索龙格、副主席诺敏一行4人走访慰问旗看守所女民警杜玉荣,女性在押人员乌某、金某及年仅15岁的癌症病患者何艺。一年中,旗妇联干部担任陪审员,参与"维护妇女权益合议庭"审议各类典型案件共18起,为2名被强奸妇女伸张正义,保护了她们的合法权益。

旗妇联全年接待处理来信来访33件,其中土地类2件,婚姻家庭暴力类16件,赌博类2件,患病生活困难类8件,财产权益类2件,综合类3件,结案33件,结案率达100%。

2012年,旗妇联开展创建"平安家庭"、"反家庭暴力"等多种活动,把平安宣传、化解矛盾、维护妇女儿童合法权益等工作做细做实,为稳定社会环境建设、和谐鄂温克作出了积极努力。

旗妇联充分利用"三八"维权周、"6.26"国际禁毒日等有利时机积极开展集中宣传活动,通过发放宣传资料、举办知识讲座、现场咨询服务等形式,扩大社会影响。进一步增强了广大妇女群众和青少年学法、用法、守法意识,积极营造全社会尊重妇女、保护妇女合法权益的良好氛围。配合市妇联组织开展"12338"妇女维权热线大型主题宣传活动。以禁毒宣传进学校、进社区、进牧区、进场所、进单位的"六进"活动为载体,组织开展一系列形式新颖、内容丰富的主题活动,在全社会普及禁毒知识,倡导健康文明、积极向上的生活理念,营造浓厚的社会舆论氛围。

3月12日,旗妇联邀请旗委党校教研室主任娜仁托娅就"反对自由主义,加强机关作风建设"议题进行专题讲座,使广大干部职工深受纪律教育,从而坚定了积极投身转变作风提高素质集中教育培训活动,不断加强学习、增强工作执行力,更好地服务妇女儿童、服务基层的决心。

3月20日,旗妇联领导班子深入辉苏木针对嘎查妇代会工作开展情况、妇代会主任工资待遇及牧民妇女需求等问题进行了调研。了解到嘎查贫困户的主要原因是因病致贫、因贷返贫、理财不当、家庭责任缺失等,各嘎查牧民不同程度地患有布病,牧民合作社运营存在诸多困难。座谈中,旗妇联领导第一时间形成有价值、有质量的调研报告呈报旗委、旗政府,为旗委、旗政府科学决策提供重要参考。

为进一步加强妇联基层组织建设提高妇女综合素质,将"下基层、访妇情、办实事"活动引向深入。4月14日,旗妇联为嘎鲁图嘎查"妇女之家"送去价值10 000元的15套办公桌椅、3架书柜及价值4 000元的1 200余本(册)蒙汉书刊。书刊内容涉及民族文化、传统手艺、疾病防御、日常健康、法律保护、健康饮食、世界名著、儿童教育等知识,为"妇女之家"开展活动、牧民获取信息提供了方便。

6月4日,旗妇联与旗委宣传部、旗公安局刑警大队、团旗委等部门联合举办"打击拐卖妇女儿童犯罪"宣传活动,宣传中悬挂条幅1个,发放宣传单200余份。

9月29日,旗妇联深入辉苏木嘎鲁图嘎查艾罕鄂温克"妇女之家",组织举办"加强和创新社会管理,维护社会和谐稳定"为主题的庆国庆、迎十八大牧民歌舞晚会。活动现场悬挂蒙文条幅2个,发放宣传单100余份,以民族歌舞、服饰表演、游戏等节目烘托节日气氛,实现了进一步激励广大牧民妇女积极参与家庭道德建设,共同推进家庭与社会文明、和谐进步的目的。

大雁镇永安社区居民委员会16岁的刘某某,小时候被父母抛弃,与拾荒为生的80多岁爷爷奶奶相依为命。5月,初三即将中考的她却陷入"无户口、不能报考"的困境中。在接到刘某某的求助后,旗妇联的干部多次协调旗公安局、旗计生局、旗保健站、街道等部门解决了其户口问题,实现了她的中考梦。

同年,旗妇联选派2支代表队、8名选手参加了全市首届家政服务技能竞赛;组织21名中小学生参加了全球华人少年儿童"致未来的信"征文活动;推荐3名优秀居牧民妇女参加了呼伦贝尔市十杰女性评选活动;推荐伊娜家庭参加了石油销售杯内蒙古"家和万事兴"家庭才艺展示大赛,获得特等奖。

2012年,旗妇联接待处理妇女群众来信来访45件,其中家庭暴力15起、家庭婚姻矛盾8起、遗弃案1起、女职工劳动保护案1起、上学困难1起、户口问题1起、未成年人怀孕1起、未婚先孕2起、草场纠纷1起、生活困难求助7起、人身伤害案5起、热线接待2起,受访率100%,办结率100%,参与法院陪审案48起。

2013年,旗妇联维权工作,在旗委的领导下,真抓实干,圆满完成了年初确定的各项工作目标。为增强广大妇女群众学法、懂法、守法、用法的积极性,提高妇女群众依法表达诉求、维护自身合法权益能力,邀请呼伦贝尔市法院、市妇联的工作人员于3月5日、3月25日、10月12日分别到巴彦托海镇安门社区、伊敏苏木苇子坑嘎查、旗职业中学等地举办法制讲座。结合生活案例进行的精彩讲解,实实在在地为社区居民、嘎查牧民、学校学生提供了专业、规范、权威的咨询服务。

为增强妇联干部职工的法制意识,提高防范抵制邪教的能力,10月,组织全体干部职工参加了反邪教法律知识竞赛活动,通过登陆凯风网进行在线知识答题,使大家认清了参与邪教活动的违法性,更加坚定了知法守法、坚决抵制邪教的决心和信念。

在旗民政局的大力支持下,7月8日,鄂温克旗反家庭暴力妇女庇护所在鄂温克旗救助管理站挂牌成立,自此,全旗受到家庭暴力伤害的妇女儿童、老人有了温馨的庇护之所。

2013年,旗妇联接待来信来访50件(基层妇联接待1件),两名妇联陪审员共参与42起陪审案件。

2014年,鄂温克旗妇女维权工作在上级妇联的指导下,不断拓展服务渠道,把握联系、服务、教育、引领的宗旨,切实为维护社会稳定、构建和谐鄂温克作出重要贡献。

3月,旗妇联与有关部门联合建立了使用四种语言服务的移动维权站,并分别由专人负责提供咨询和服务。

6月,旗妇联邀请呼伦贝尔市精神卫生中心心理治疗师胡志刚老师,在鄂温克中学举办2场、430余名学生参加的青春期心理健康教育知识培训;9月,开展"春蕾计划·护蕾行动"宣传活动,为鄂温克中学的学生发放针对如何预防和减少青少年侵害的图书100本,帮助他们健康快乐地度过青春期这一特殊时期。

同年,旗妇联接待处理来信来访来电58件。其中基层妇联接到8起信访案件。包括伤害事件投诉3起、家庭暴力事件12起、职工劳动待遇纠纷问题2起、妨碍公务事件1起、贫困患病求助7件、反映嘎查牧户牲畜患"巴氏杆菌"事件1起、咨询问题1件、未成年人被强奸案1件、创业咨询7件、户口在嘎查没有草场的问题3件、项目房变危房事件3件、咨询解决户口问题3件、贫困学生问题5件、婚姻纠纷求助9件。妇联2名人民陪审员共参与了5起陪审案件,很好地维护了妇女儿童的合法权益。全年接收四种语言热线15个,答复率达到100%、年内移动维权站下乡12次。

移动维权站成立后,履行职责,宣传国家政策、法律法规,不断提高广大妇女依法维权的能力,开展权益保障和法律服务援助活动,分别到巴彦托海镇雅尔赛嘎查、辉苏木辉道嘎查、大雁镇,发放《妇女儿童移动维权站宣传手册》蒙语版2 000册、汉语版1 000册;接待和处理来信来访来电,倾听妇女群众的意见、建议和呼声,积极开展矛盾纠纷排查化解工作,预防和制止家庭暴力,开展预防和制止家庭暴力的宣传教育,提高妇女的自我保护、相互保护的意识和能力,扎实推进"零家庭暴力嘎查、社区"创建活动,开展对受暴妇女的帮助救助以及协调工作。本年,旗妇联曾接待过一名蒙古国妇女的来访,该名妇女与辉苏木男子相识登记结婚,因无法忍受丈夫酒后施暴行为,欲离婚回国,这是首例涉外求助上访案,受到妇联领导干部的高度重视,一边努力克服语言沟通障碍、了解具体情况,一边及时与相关部门联系,深入上访妇女家中调解,帮助蒙古国妇女办理了协议离婚手续,维护了受害妇女的合法权益。

2014年4月起,旗妇联根据各乡镇苏木实际情况,在全旗启动实施为期2年的平安家庭创建"双十佳"示范活动。活动确定12个试点嘎查(社区)、12个示范户,并在全旗44个嘎查、15个社区均建立平安家庭工作档案、10个婚姻家庭调解室,以规范婚姻家庭纠纷调解工作,以婚姻家庭为重点参与大调解,促进平安家庭创建活动。

2014年,旗妇联以"三八维权周"、"国际反家庭暴力日"、"6.26"法制宣传日活动为契机,组织义工联、巾帼志愿者服务队开展集中维权、反邪教、树立新生活观等活动,深入伊敏苏木、锡尼河西苏木、巴彦托海镇、大雁镇、巴彦嵯岗苏木等地,发放宣传册20 000余册、宣传单3 000余份,使广大牧民进一步认识到了邪教的真面目。旗妇联联合团旗委、旗电影院开展以"珍爱生命、远离毒品"为主题的禁毒宣传教育活动,并在活动中播放《关爱生命远离毒品》、《家庭小药箱使用规则》等宣传片,并向锡尼河西苏木中心校学生送上200余册图书,呼吁青少年热爱生活、珍惜美好年华。整个活动营造了浓厚的宣传氛围,得到了师生们的一致好评。

同年,旗妇联开展专项调研完成妇女维权维稳、贯彻男女平等基本国策、婚姻家庭继承民事案件等调研、调查工作报告,为掌握情况、开展工作提供实践基础。制定《鄂温克旗妇联信访接待管理制度》,印发《妇女之家活动登记册》、《平安家庭"双十佳"活动登记册》,形成旗、乡镇苏木、嘎查社区三级服务网络。选派人员参加婚姻家庭咨询培训班,提升工作人员素质。

2014年,旗妇联荣获全区维护妇女儿童权益贡献奖先进集体、自治区普法教育先进集体荣誉称号。在本年度全旗政法会议上,旗妇联荣获全旗普法依法治理工作先进集体。

2015年,旗妇联牵头成立覆盖全旗的三级婚姻家庭纠纷人民调解委员会,司法机关担任业务指导,调解员从懂法律、有专长、为人公道正派、懂少数民族语言的妇代会主任中选聘,协同推进婚姻家庭纠纷的有效解决,构建和谐社会。

同年,完善旗所在地巴彦托海镇家庭暴力110接警中心的工作制度、工作流程,为辖区派出所报警点重新更换标识标牌,进一步规范基层有治安权的派出所报警点建设,为受害人拿起法律武器,捍卫自身合法权益提供有力保障。协调旗法院开通妇女儿童维权合议庭绿色通道,确保所有涉及妇女儿童权益的案件都得到优先立案、优先审判和优先执行,畅通了妇女儿童权益保障渠道,有效解决了弱势群体的"告状难"问题。

同年,旗妇联深入基层和校园大力开展禁毒宣传工作,采用发放宣传册、海报,播放禁毒课件、视频等多种方式宣传毒品危害,帮助树立"远离毒品、健康生活、拥抱美好人生"态度,提高广大妇女和青少年的毒品防范意识。"世界艾滋病日"时,联合社区、鄂温克宾馆等地开展艾滋病防治宣传活动,免费发放购物袋、宣传折页等,旨在提高居民防艾意识,向"零艾滋"目标迈进。

"三八"妇女节前夕,对刑满释放妇女进行摸底调查,详细了解她们的年龄、犯罪原因、服刑年限、生活现状等情况,在征得本人和家属同意后,看望了因弟弟吸毒而杀害弟弟的乌某、因遭受家庭暴力而杀害丈夫的洪某和误信邪教的丽某三位妇女,并送去了慰问品,鼓励她们重新树立对生活的信心,回归社会。

4月,通过旗电台《草原之声》栏目开展"创建平安家庭、拒绝家庭暴力"专题讲座,用蒙语介绍了全旗反家暴工作现状以及预防和制止家庭暴力的对策,使广大妇女明确了在遭受家庭暴力时如何用法律武器保护自己。

同年,旗妇联继续开展移动维权站送法下乡活动,宣传法律法规和政策,让基层妇女群众学法知法懂法用法,增强维权意识,用法律武器保护自己。热心接待来信来访人员,耐心倾听他们的诉求,尽力为上访群众排忧解难,全年共接待来信来访56件,接听热线10起,得到了广大妇女的信任和赞誉。

同年,旗妇联继续坚持妇联干部特邀陪审员制度,全年共参与涉及妇女儿童的庭审案件14起,从妇联角度为案件审判提出了合理建议,有效维护了女性当事人的合法权益。11月,受邀到呼伦贝尔市中级人民法院参与因遭受家庭暴力杀害丈夫的李某的庭审案件,认真听取案件的过程、细节,适时提出问题,庭后与政协代表、市妇联代表一起围绕案件的前因后果座谈,结合案件实际,为法院提出从轻审判建议,最大限度维护妇女利益。

2016年,旗妇联借助微信、电台、电视台等舆论阵地多渠道宣传《反家庭暴力法》,举办"弘扬优秀家风 构建和谐家庭"反家庭暴力知识讲座,慰问受家暴妇女,就规范执行反家庭暴力告诫书制度、人身安全保护令制度致函相关部门,协调公安机关发出全旗首张《家庭暴力行为告诫书》,进一步保护和提升妇女地位。

1月,举办婚姻家庭纠纷调解委员会三级网络联动培训暨模拟调解课堂,针对妇女儿童维权过程中常见的热点问题进行现场模拟调解,由法官和律师现场点评,并邀请市委党校法学教授讲解《人民调解法》以及调解过程中所需的方法与技巧,提高基层维权工作的专业性。全旗10个乡镇苏木、44个嘎查、18个社区的妇联主席及妇代会主任共74名妇女干部参加了此次活动。

3月,旗妇联与旗人大常委会法制委、旗人民政府法制办联合制定《关于建立鄂温克旗法规政策性别平等评估工作机制的意见》,成立鄂温克旗法规政策性别平等评估委员会和鄂温克旗法规政策性别平等评估专家组,推进社会性别意识主流化。

5月27日,旗委宣传部、旗关心下一代工作委员会、旗教育局、旗司法局、旗妇联、团旗委、旗委推进依法治旗领导小组普法工作专项组联合主办的全旗青少年法治故事演讲比赛在旗影剧院隆重举行。来自全旗各中小学校的36位小选手结合自身生活、学习经历和感悟,用丰富的内容、生动的事例,声请并茂地讲述了身边的法治故事,精彩的表现不时引来阵阵掌声。

9月,顺利执行"全国妇联——美国LDS慈善协会"轮椅项目,将50辆轮椅和50台助行器送到受助人手中,并为他们详细讲解轮椅的使用、保养方法,举办该项目发放仪式,美方代表皮特森夫妇以及全国妇联、自治区、市妇联有关领导出席仪式。

11月,举办法规政策性别平等评估培训暨座谈会,邀请旗委党校教师孟涛作题为《促进性别平等,建设和谐社会》的专题培训,旗法规政策性别平等评估委员会专家组成员、旗政府妇儿工委部分成员单位、基层立法联系员、基层妇联主席共40余人参加培训和座谈。

同年,妇女儿童"四语"移动维权站深入基层开展宣传、咨询、讲座活动13场次,发放各类宣传材料1 000余份,接待群众咨询200余人次。旗妇联信访接待站全年受理群众来访、来电53人次,100%给予调解处理,妇联干部担任人民陪审员参与5起典型案件审理,有效维护了妇女儿童合法权益,收到受助妇女赠送的锦旗2面,被评为呼伦贝尔市普法依法治理先进集体。

◆鄂温克族自治旗妇女联合会志◆

第七章

项目工作

◇第一节　重要创业项目与创业贷款扶持

◇第二节　促进妇女儿童平等发展项目

第七章　项目工作

按照市妇联和旗委、旗人民政府的统一部署,旗妇联多渠道争取资金,在推动妇女参政、创业增收及儿童健康、教育等方面做了大量工作,先后实施"春蕾计划"、"民族手工艺品发展培训"、"全手工绿色洗衣店"、"香港回归扶贫基金"、"红粉笔乡村教育计划"、"安康(公益)婴幼儿成长教育网络管理信息系统"、"对女性农民工面对面宣传教育"、"龙凤集团捐赠乒乓球运动器械"、"恒爱行动"、"母亲健康快车"、"改善早期儿童营养"、"推动公民参与政策制定"等项目,丰富了妇联工作载体,提高了妇联干部及广大妇女儿童的素质。

第一节　重要创业项目与创业贷款扶持

一、"民族手工艺品发展培训"项目

在中国国际民间组织合作促进会的指导下,旗妇联在2005年10月30日~2006年9月30日间,实施中国国际民间组织合作促进会提供的"民族手工艺品发展培训项目"。

2006年3月、7月、9月,旗妇联在巴彦托海镇举办4期民族手工艺品发展项目培训班,分别邀请乌兰、新吉玛、乌云花等3位少数民族手工艺人及大连市外国语学院韩国文化交流院朴鸿燕老师,结合民族旅游产品的开发,为学员们讲授民族民间手工艺品和小旅游纪念品的制作技术,来自全旗7个苏木乡镇的有手工艺制作基础、有组织能力、能带动邻里的100余名贫困妇女参加培训。通过培训,基本掌握了制作鄂温克族传统帽子、达

斡尔族男女香包、刺花、剪纸、布里亚特蒙古族编织链等民间手工艺品及小羊、小熊等小旅游产品的制作技术。

通过民族手工艺品发展培训项目的实施,100余名贫困妇女基本掌握了8种难度较大的手工艺品的制作工艺,为她们及更多的妇女探索新的增收致富的路子奠定了基础;使广大妇女重树自信,普遍意识到自己完全可以掌握制作民间旅游产品的技术,在观念、意识上有了重大转变;培训本身也是对旗内优秀民族传统文化的继承与发扬;对旅游产品开发、牧区富余劳动力转移等工作起到了积极的促进作用;也提高了妇联干部实施项目的能力。

二、"全手工绿色洗衣店"妇女创业

2006年3月,全国妇联妇女创业项目—鄂温克旗首家"全手工绿色洗衣店"在巴彦托海镇落户。巴彦托海镇待业妇女娜仁托丽,结束在全国妇联人才开发培训中心举办的短期培训,带着洗衣店专项设备和环保洗衣技术开始她的创业。这是旗妇联所推介的适合女性自主创业的新型援助项目之一,也是旗妇联鼓励广大妇女自谋职业、自主创业、增收致富的重要举措。

三、"香港回归扶贫基金"项目

鄂温克旗在2006年6月~2007年6月、2008年1月~2009年1月、2009年6月~2010年6月间3次实施香港庆回归养羊扶贫项目,共得到项目资金支持50万元。

为认真选好项目内容、项目嘎查和项目户,保证项目效益,在接到"香港回归扶贫基金"项目旗通知后,旗妇联组织开展调查摸底和选项工作。

鄂温克旗是以畜牧业为基础产业的牧业旗,养羊业是畜牧业的产业支柱。因此,帮助牧民妇女发展养羊业是脱贫致富的有效途径。为此,在充分尊重项目户本人意愿的前提下,选择投资少、周期短、见效快、风险小、有

销路又力所能及的养羊项目。

辉苏木是鄂温克族聚居的苏木,嘎鲁图嘎查2006年有64户、244人。巴彦托海镇巴彦托海嘎查2006年有114户、506人,嘎查党支部书记、嘎查达乔玉芳是全国劳动模范,是新时期带领牧民脱贫致富的典范。巴彦塔拉乡朝格嘎查有48户、152人,嘎查达敖云毕力格是全国星火项目带头人,也是新时期带领牧民脱贫致富的典范。嘎鲁图嘎查、巴彦托海嘎查均为旗妇联新牧区建设的试点嘎查,两个嘎查两委班子成员全部是女性。选择在这三个嘎查实施妇女扶贫项目能够最大限度地发挥项目效益——既能惠及主体民族乡又能起到示范效应。考虑诸多因素,分别确定嘎鲁图嘎查、巴彦托海嘎查、朝格嘎查为项目嘎查。

在选择项目户时,坚持借穷不借富、借个人不借单位和团体、进嘎查入户的原则,以低收入家庭为基本扶持对象,重点扶持具有劳动能力、有强烈脱贫致富愿望、有一定公信度和带动能力的牧户为首选项目户,通过嘎查委员会集体研究后予以公示,最终推选出项目户,使项目内容、项目嘎查、项目户的选择得到群众的普遍认可和支持。

在选择项目时,采取入户宣传和集中宣传相结合的方法,大力宣传香港回归扶贫基金项目。组织工作人员逐一入户进行登记,并与项目户逐一签订借款协议,与3个项目嘎查分别签订还款协议,嘎查委员会为项目户做担保,项目期满后项目户如不按时足额返还项目款,嘎查委员会负责偿还项目款,从而保证项目款的返还率。

2006年,旗妇联、苏木乡妇联及嘎查委员会从始至终参与购买、发放项目羊的全过程,保证项目资金的合理使用,提高项目资金使用的透明度。

同年,项目为嘎鲁图嘎查25个项目户购买332只基础母羊、4只羔羊,其中15个项目户每户分到14只项目羊,9个项目户每户分到12只项目羊,1户分到14只基础母羊、4只羔羊。项目为巴彦托海嘎查25个项目户购买200只带羔基础母羊,每户分到8只带羔基础母羊。巴彦托海嘎查采用"协会+牧户"的经济合作模式进行管理,并且夏季集中饲养、入秋后分到各户舍饲圈养。巴彦托海嘎查牧民协会与项目户之间签订了协议,对协会的选择进行公示。

2008年,项目为嘎鲁图嘎查的40个项目户和巴彦托海嘎查的40个项目户购400只带羔基础母羊,每户分到5只带羔基础母羊。

2009年,项目为嘎鲁图嘎查的20个项目户和朝格嘎查的20个项目户购买400只基础母羊,每户分到10只带羔基础母羊。

为提高项目的透明度、公信度和群众的知晓率,旗妇联制作"香港回归扶贫项目嘎查"户外项目标识、"香港回归扶贫项目户"户内项目标识。各项目嘎查分别组织项目启动仪式,以增强项目户的责任感。通过新闻媒体报道、散发蒙汉文宣传单等多种形式,对香港回归扶贫基金项目进行全方位地宣传报道。及时对项目相关人员进行项目管理培训,提高工作人员执行项目的能力,保证项目的顺利实施。注重项目实施情况的影像资料、图片资料的搜集,完善档案管理工作。

香港回归扶贫基金项目是由香港各界爱国同胞捐款设立的,为保证项目的顺利实施,成立以旗委副书记为组长、旗政府副旗长为副组长,旗妇联、旗农牧业局、旗扶贫办等部门领导组成的项目执行领导小组,加强对项目的具体管理。旗妇联具体负责项目的实施,旗扶贫办加大对项目户的扶贫力度,旗农牧业局帮助项目户解决技术、销路等问题。为保证项目取得良好的社会和经济效益,旗妇联按照《中国妇女发展基金会香港回归扶贫项目管理办法》,结合自治旗实际情况制定《鄂温克旗"香港回归扶贫项目"管理办法》,并认真组织实施,实现对项目的有效管理和全程跟踪监督。

项目的实施产生了较好的社会效益。一是项目受益户深切感受到香港同胞的热心帮助和殷切期望,密切了旗内牧民与香港同胞之间的关系。二是通过实施项目,提高了工作人员尤其是妇联干部实施项目的能力。三是通过实施香港回归扶贫基金项目,对旗内争取其他项目资金起到很大的借鉴和促进作用。四是密切了干部群众的关系和邻里关系,提升了妇联的形象。五是项目的实施,引起其他苏木乡镇和嘎查的密切关注,在全旗范围内起到良好的示范效应。六是通过实施项目,推动了资源整合、部门合作,形成脱贫工作的合力。七是通过实施项目,推动了"妇"字号基地建设,加快了妇女参与经济建设的步伐。八是通过扶持贫困妇女依靠自己的双手脱贫致富,对提高她们在社会、家庭中的地位具有积极作用。

四、玫琳凯妇女创业基金项目

玫琳凯妇女创业基金是以农村、城镇贫困妇女为帮扶对象,发展种植、养殖、加工业及可带动妇女脱贫致富的其他项目的小额扶贫循环金。旗妇联于2011年9月成功竞标中国妇女发展基金会玫琳凯妇女创业基金招投标项目,成为全国仅5个中标单位之一,获得项目资金30万元,积极协调旗政府争取到配套资金30万元,使受益家庭达到60户。

2011年12月15日、2012年1月16日,旗妇联先后为伊敏苏木巴音塔拉嘎查、巴彦托海镇团结嘎查、辉苏木嘎鲁图嘎查的60个贫困家庭,送去了每户1万元的玫琳凯妇女创业项目金,并与60个项目妇女签订了协议书,达成了使用项目金养殖肉羊,由项目户定期组织、带动非项目妇女参加旗妇联和所在嘎查举办的培训、活动等协议。项目在历时1年的执行期内得到有效实施,为每个项目户创造了约4 000元左右的纯收入,并延伸覆盖540人次妇女,为她们提供了学习交流、合作互助的平台。

五、妇女创业小额循环项目

2012年11月15日,旗妇联执行的中国妇女发展基金会玫琳凯妇女创业基金项目圆满结束。为进一步扩大项目经济效益,扶持更多牧民妇女走创业致富道路,12月7日、10日,旗妇联将收回的旗委、政府给予配套支持的30万元妇女创业小额循环金发放到30名牧民妇女手中。帮助她们在3年时间里,以个人和合作社的形式,通过购买牲畜、建立民族服装制作工作坊、开展牧民生活体验游、组建牧民妇女婚庆服务队等多元途径创业增收。项目共计惠及2个苏木(镇)、5个嘎查,并将辐射带动全旗1 440人次妇女受益。

六、母亲创业循环金项目

通过2013年中国妇女发展基金会母亲创业循环金项目申请绿色通道，自治旗获得项目资金30万元。经过充分的调查摸底，旗妇联确定了项目以"小额借款、循环使用"的方式，帮助巴彦塔拉乡朝格嘎查"扶持贫困妇女畜牧养殖专业合作社"的20户贫困家庭集体发展肉羊养殖业。

项目共计购买了160只基础母羊、5只种羊，由合作社集中饲养与管理。项目在一年执行期内得到了顺利实施，2014年3月归还项目款后，160只基础母羊、5只种公羊和152只春季接羔均属合作社所有，每户预计获纯收入2 000元以上（项目实施过程中产生的其他费用由嘎查委员会承担）。

一年中，按照项目要求，朝格嘎查制作项目户内外标识，举办项目妇女带领非项目妇女参加的法律维权、手工艺制作等内容的培训4期、120人次，进一步加强了项目宣传，扩大了项目覆盖面。

2015年，为促进女性参与文化产业项目，扩大妇女手工艺生产规模，增加妇女家庭收入，繁荣自治旗旅游纪念品市场，旗妇联再次争取到中国妇女发展基金会母亲创业循环金项目50万元，受益妇女10名，全部用于旗民族手工艺的发展。尽管项目周期相对较短、户均额度相对较少，但项目的社会效益和经济效益日益凸显，且所有项目资金回收率均为100%。

2016年，中国妇女发展基金会项目组对项目运行情况进行回访后，在市妇联、自治区妇联的积极协调下，自治旗再次申请项目资金100万元，项目中标——获得由广州天创时尚鞋业股份有限公司提供的资金100万元（扣除实际拨付项目款的3.5%作为中国妇女发展基金会项目管理费用后，到户965 000元）。旗妇联立即组成项目办公室，工作人员先后深入巴彦托海镇、锡尼河西苏木、锡尼河东苏木、创业园对从事民族手工艺品制作、销售的妇女家庭或生产地点摸底调研、宣传选户，要求申请贷款的妇女在规定时间提交担保人基本情况证明、个人信用报告，经项目办公室会议研究，确定了符合项目要求、具有还款能力、个人信用良好的31名手工艺创业妇女为项目户。

七、妇女创业小额担保贷款

妇女创业小额担保贷款是指由妇联系统初审推荐,内蒙古鼎新担保有限责任公司统一提供担保,农村信用社发放,用于妇女自谋职业和自主创业的专项贷款。2014年,旗妇联首次争取到了由自治区妇联匹配担保金、各级财政部门贴息、周期18个月的妇女创业小额担保贷款100万元。

依据《内蒙古妇女创业小额担保贷款管理办法》和《关于2014年内蒙古妇女创业小额担保贷款工作的意见》,旗妇联对平日来信来访中有贷款诉求、有创业意愿和创业能力的女高校毕业生、女复转军人、女刑释解教人员、失业妇女、残疾妇女的登记信息进行认真梳理和电话确认,经严格筛选初步确定了11名受贷妇女。为使贷款真正发放给有需求的妇女,确保贷款按时足额返还,旗妇联、信用社的工作人员深入每家每户实地调查了解情况,最终于12月27日举行全旗妇女创业小额担保贷款发放仪式。为符合贷款条件的8名女高校毕业生、3名失业妇女分别发放了5万元、10万元不等的民族手工艺品加工、发展畜牧业养殖、扩大经营规模的启动资金100万元,解决了她们创业过程中缺少资金的难题。

第二节 促进妇女儿童平等发展项目

一、"春蕾"计划

"春蕾计划"是一项旨在帮助因生活贫困而辍学或濒临辍学的女童重返校园接受学校教育的爱心工程,是1989年中国儿童少年基金会发起并组织实施的一项救助贫困地区失学女童重返校园的社会公益事业。

1998年8月1日,在建旗40周年大庆当日,旗妇联接受内蒙古妇联最珍贵的礼物——实施"春蕾计划"捐助款15 000元。在呼盟妇联的监督指导下,根据项目标准要求,分配给伊敏苏木、巴彦托海镇、巴彦嵯岗苏木的60名贫困儿童(其中走读生30名、每人300元,住宿生30人,每人200元),解决她们一学年的学习费用。在此款项使用过程中,本着高度负责的态度,在苏木、镇领导重视、学校认真负责、家长监督、班主任尽心工作下,旗妇联做到不挪用、不挤用、不占用,账目清楚,手续完备,全部用于学生的学习、生活。

2005年10月,从内蒙古妇联争取到中国儿童少年基金会"春蕾计划"贫困生救助款30 000元,解决了全旗50名贫困生三年的学费。

二、"红粉笔乡村教育计划"

2006年11月6日,"红粉笔乡村教育计划"走进内蒙古呼伦贝尔启动仪式在辉苏木中心校举行。这是"红粉笔乡村教育计划"志愿者经旗妇联引荐,首次支援内蒙古、支援该旗。旗委常委、副旗长齐全出席启动仪式并代表旗委、旗人民政府致欢迎词,副旗长樊秀敏讲话,旗妇联副主席诺敏主持仪式,辉苏木党委和政府、旗教科局、团旗委的相关领导及辉苏木中心校的全体师生参加仪式。

"红粉笔乡村教育计划"是由《21世纪经济报道》、《21世纪商业评论》和中国青少年社会服务中心联合主办,通过号召和组织受过良好教育的商务人士到乡村学校支教,致力于帮助改善偏远地区师资力量薄弱的状况,推动当地教育事业的发展,从而促进当地社会可持续发展的志愿服务行动。深入辉苏木中心校支教的14位志愿者来自全国各地,都是2006年自愿报名后经过严格审核、甄选、培训,获选来到辉苏木中心校的。在两个星期的施教时间里,与辉苏木中心校的老师们、学生们进行广泛交流,并对学生尝试开展个性化的教学,以他们丰富的人生阅历、先进的教育理念言传身教、寓教于乐,启发学生心智、开拓学生视野、培养学生独立思考的能力,唤起学生学习的动力和对生活的追求。

2007年6月11日,"红粉笔乡村教育计划"再次走进鄂温克旗——支援红花尔基中心校。旗妇联副主席索龙格在欢迎仪式上致欢迎词,旗教育科技局副局长孙晓峰向支教队伍授旗,伊敏苏木党委副书记达赖主持欢迎仪式。深入红花尔基中心校支教的来自全国各地的20位志愿者,高效利用为期两个星期的施教时间,与红花尔基中心校的师生们共同学习、共同活动,丰富课堂教学内容,开阔学生视野。支援队伍还为辉苏木中心校校庆捐赠1.5万元的物品。

三、亲情图书站项目

2007年,旗妇联接受中国儿童少年基金会捐赠的"安康(公益)婴幼儿成长教育网络管理信息系统"价值1万元的图书,并在赛克社区建立亲情图书站,为社区的广大家长和儿童提供阅读场所。至2010年,系统所捐赠的图书为儿童开拓视野,增长知识,起到了不可替代的作用,深受欢迎。

四、"面对面"宣传教育活动项目

2007年10月,旗妇联被内蒙古妇联确定为开展对女性农民工"面对面"宣传教育活动的旗县后,旗妇联主席索龙格多次主持召开专门会议,研究制定联合行动的具体方案及各项活动内容的实施步骤,并指定分管防治艾滋病工作的副主席具体负责活动的开展。

10月15日～11月3日,旗妇联组织相关人员分别到辉苏木、巴彦塔拉乡、锡尼河镇、巴彦托海镇进行大型"面对面"宣传教育活动,在宣传教育过程中,旗妇联始终以服务女性为宗旨,以提高女性防治艾滋病的能力、减少艾滋病对女性的危害、帮助女牧民掌握艾滋病防治知识、提高女牧民自我保护意识、促进广大女牧民健康发展为目的,克服单位人员少、宣传教育对象居住分散等困难,圆满地完成宣传教育任务。

10月29日,旗妇联邀请呼伦贝尔市人民医院、旗疾病控制中心及旗妇幼保健所的专家一行10人,深入辉苏木,以文艺演出、发放宣传资料、咨询指导、免费内检等形式,对女牧民进行面对面地艾滋病防治、性生殖保健等宣传教育。活动中,接受免费检查的女牧民共计42人。

10月15日、11月3日,旗妇联与市人民医院、旗疾病控制中心及旗妇幼保健所的专家们,先后深入巴彦塔拉乡、锡尼河镇举办防治艾滋病女性牧民骨干培训班。培训班上,旗疾病控制中心专家向女性牧民们介绍艾滋病的防治知识,提醒大家要注重自我保护,注重健康生活习惯的培养。培训以蒙、汉双语形式进行,共计有246人参加培训。培训结束后,专家们还耐心解答了学员们的疑问,为她们进行免费体检,发放宣传资料。

11月1日,旗妇联与巴彦托海镇安门社区、赛克社区的工作人员共同制作防治艾滋病宣传橱窗,在社区门外宣传橱窗的醒目位置及社区活动大厅张贴防治艾滋病宣传画,并在社区书报架上摆放防治艾滋病宣传手册,以提高社区广大群众的防艾意识,促进对妇女防艾宣传教育工作的经常开展。同时,邀请市人民医院宫颈癌前病变国家科研项目组的专家为229名女牧民进行免费筛查,市医院妇产科专家对288名牧民妇女进行梅毒病检查,旗疾病控制中心及旗妇幼保健所的专家还向女牧民们介绍预防其他常见地方传染病的方法等,丰富了宣传教育活动的内容,增强了宣传教育活动的实效性。

五、"恒爱行动"项目

2007年12月,旗妇联争取到恒源祥集团无偿提供的优质毛线,组织为贫困孩子、孤儿编织毛衣的"恒爱行动"。

2008年3月14日,旗妇联的工作人员为巴彦托海镇地区各中小学的36名孤残儿童穿上新毛衣。这些毛衣是由36位"爱心妈妈"即旗直妇女小组成员、社区居民、退休职工等积极参与"恒爱行动",利用业余时间,历时1个多月特意为他们编织的。

"恒爱行动"是中国儿童少年基金会与恒源祥(集团)有限公司在2005年联合开展"寻找万名爱心父母为孤残儿童编织毛衣"活动取得成功的基础上,于2007年在内蒙古自治区继续开展的"恒爱行动——寻找万名父母为孤残儿童编织爱心"的活动。旗妇联在接受爱心行动完成40斤毛线编织的任务后,经历启动、回收两个阶段,终于在发放仪式上将一针一线、丝丝缕缕都凝聚着"爱心妈妈"对孩子们关爱的毛衣赠送给孩子们,同时也将社会的关注传递给他们。发放仪式上,还表彰了在此次活动中表现突出的达丽呼等3名"爱心妈妈"、旗卫生系统妇女委员会等7个旗直妇女组织。

2014年底,旗妇联再次争取到爱心毛线90斤,在大雁镇妇联的支持和爱心妈妈们的辛勤努力下,仅用1个月时间,就编织完成了60多件爱心毛衣,全部发放给了孤残儿童。

六、"乒乓球运动器械捐赠"项目

2007年,旗妇联争取到台资企业龙凤集团捐赠的总价值4.5万元的60套室外乒乓球运动器械。当时,全旗辖有4个镇、1个民族乡和2个苏木,44个嘎查、14个社区,拥有中小学校32所。在落实项目时,旗妇联及时向旗委分管副书记汇报、与旗教育科技局取得联系,各司其职,较好地完成了项目工作。

由于鄂温克旗地理位置相对偏远,项目器械未能如期(9月10日)到来,推迟至9月末,旗妇联与旗教育科技局联合举行台资企业龙凤集团"国球情牵两岸 儿童共享蓝天"乒乓球运动器械捐赠活动,旗妇联主席索龙格向参加活动的广大师生介绍项目背景及旗妇联落实项目的基本情况,并提出使用乒乓球运动器械的几点要求,随后接受捐赠的各学校校长领取乒乓球运动器械并签写了《捐赠确认表》。

9月3日,结合项目工作旗妇联下发《关于开展全旗妇女儿童"迎奥运"健身运动的通知》,号召全旗广大妇女儿童通过健身操训练、乒乓球比赛等多种运动形式增强体魄、磨炼意志,号召受捐赠学校有效利用项目器械。10~11月,旗妇联工作人员陆续深入到受捐赠学校,检查乒乓球运动器械的使用情况,各学校利用项目提供的器械设施,较好地开展乒乓球教学与训练。

七、"母亲健康快车"项目

2007年,旗妇儿工委争取到中国妇女发展基金会提供的价值12万元的"母亲健康快车"项目车,并及时启动项目车工作。按照《中国妇基会"母亲健康快车"项目管理办法》的要求,结合自身工作实际,成立"母亲健康快车"项目领导小组,配备驾驶员(兼职)1名,医生(兼职)2名。此后几年,组织有关人员深入到全旗各苏木乡镇50余次,通过发放宣传资料、举办培训班、义诊服务等活动,为广大贫困母亲讲授健康知识、传授健康理念,提高了基层妇女的疾病预防和健康保健意识。

2007年,"母亲健康快车"深入辉苏木、锡尼河镇、巴彦塔拉乡、巴彦托海镇,发放宣传资料1 000份,举办培训班2期、参训妇女246人次,为288名牧民妇女免费进行健康体检。

2008年,"母亲健康快车"深入全旗7个苏木乡镇,发放宣传资料3 551份,举办培训班4期、参训妇女265人次,为491名妇女免费义诊、发放价值1 200余元的药品,免费救助心脏病复发妇女1人。

2009年,"母亲健康快车"深入全旗7个苏木乡镇,发放宣传资料5 000份,举办培训班4期、参训妇女333人次,为296名妇女儿童免费义诊。

2010年,"母亲健康快车"发放宣传资料1 500份,举办培训班3期、参训妇女230人次,为1 241名妇女儿童免费义诊,免费救助孕产妇1人、危重病人3人。

2011年,"母亲健康快车"深入全旗5个苏木乡镇,发放女性健康宣传资料3 000份,举办培训班3期,参训牧民妇女达500人次,为1 569名妇女儿童免费义诊,免费救助孕产妇2人,危重病人2人。

2012年7月,又争取到一辆金叶基金"草原母亲健康快车",投放于大雁镇。大雁镇卫生院为"母亲健康快车"配备由妇产科、儿科、B超参与的具有一定实践经验、优秀医务人员组成的技术服务组,负责对项目进行技术培训和服务指导,使每个需要救助的孕产妇、婴幼儿都得到及时有效的救治。全年接待义诊咨询200人、乳腺癌筛查725人、培训妇女200人、救助孕产妇6人、救助其他危重病人1人、发放宣传资料2 000份;原有"母亲健康快车"在辉苏木卫生院医务人员的大力配合下,为广大牧民开展健康培训2次,健康普查2次,访视孕产妇16人,救助其他危重病人13人,发放宣传资料1 900份,为偏远地区牧民提供了便捷的卫生服务。

2013年,"母亲健康快车"为辉苏木广大牧民妇女开展健康培训2次,健康普查1次,义诊咨询1次,运送孕产妇2人,救助其他危重病人10人,发放宣传资料5 000余份,发放药品120盒,价值3 000元;"草原母亲健康快车"深入大雁镇永安社区开展义诊咨询2次,健康普查4 542人次,接送孕产妇5人,发放宣传资料20 000余份。

2014年,"草原母亲健康快车"为大雁镇社区居民开展健康培训2次,健康普查2次,义诊咨询1次,运送孕产妇11人,救助其他危重病人2人,发放宣传资料5 000余份,发放药品100余盒,价值近4 000元。

2015年,该旗又争取到6辆神华母亲健康快车,分别投放到伊敏河镇卫生院、红花尔基林业局职工医院、伊敏苏木中心卫生院、锡尼河东苏木孟根卫生院、巴彦嵯岗苏木卫生院和锡尼河西苏木卫生院。2015~2016年,大雁镇卫生院利用母亲健康快车开展健康培训21次1 242人次、健康普查16次2 836人次、义诊咨询19次1 460人次、运送孕产妇6人、发放宣传资料23 000余份。伊敏苏木中心卫生院利用母亲健康快车开展健康培训4次142人次、健康普查7次155人次、义诊咨询4次141人次、发放价值1 800元的药品、发放宣传资料3 000余份。巴彦嵯岗苏木卫生院利用母亲健康快车开展健康培训2次75人次、健康普查2次120人次、义诊咨询2次86人次、运送孕产妇1人、发放价值5 000元的药品、发放宣传资料2 000余份。红花尔基林业局职工医院利用母亲健康快车开展健康培训3次110人次、义诊咨询3次110人次、发放宣传资料3 300余份。伊敏河镇卫生院利用母亲健康快车开展健康培训18次589人次、健康普查18次864人次、义诊咨询20次500人次、发放宣传资料4 300余份。锡尼河西苏木卫生院利用母亲健康快车开展健康培训23次624人次、健康普查20次642人次、义诊咨询29次1 336人次、发放宣传资料4 500余份。锡尼河东苏木孟根卫生院利用母亲健康快车开展健康培训31次520人次、健康普查21次605人次、义诊咨询28次387人次、发放价值1 600元的药品、发放宣传资料4 500余份。

八、"改善早期儿童营养"项目

鄂温克旗作为全国6个"改善早期儿童营养项目"旗县之一，截至2010年12月，按照项目工作计划、结合地区实际，全方位开展全旗0～5岁儿童中重度营养不良及贫血状况调查、进行项目宣传、举行项目启动仪式暨动员座谈会、建立项目健康档案、采取干预措施进行项目跟踪服务、举办早期儿童科学喂养知识培训班、进行项目效益评估等各方面工作，取得显著成效。

2009年2月，成立以旗委副书记为组长、旗妇女儿童工作委员会主任为副组长，旗妇儿工委、旗妇联、旗教科局、旗卫生局为成员单位的项目领导小组。明确职责分工：旗妇女儿童工作委员会负责项目的实施；专家组由旗妇儿工委、旗卫生局、旗教科局等部门领导及专家组成，负责摸底调查、评估、考核等工作；旗卫生局负责健康监测、营养干预等工作；旗妇儿工委办负责资金管理和宣传培训工作；旗乡两级妇儿工委办负责采购和配送。利用电视、广播、网络、宣传单、宣传册等传播媒体，向广大群众积极开展早期儿童营养健康与改善知识的宣传，宣传覆盖率达到85%，提升了项目的社会影响和效益。项目实施期间，共播出电视专栏节目12期、广播节目24期、在鄂温克政务网上刊登项目宣传稿件3篇、印发蒙汉文宣传单10 000份、发放宣传手册3 000本（根据国务院妇女儿童工作委员会办公室〔2009〕35号通知要求，将收到的《婴幼儿科学喂养——改善早期儿童营养知识宣传手册》于2009年12月底按2∶1∶7的比例分发到全旗各社区、妇幼保健医院和居牧民家庭）。

经专家组前期全面的调查摸底,2009年10月28日,在0~5岁儿童中重度营养不良及贫血状况相对集中的辉苏木,举行项目启动仪式暨动员座谈会。座谈会邀请旗妇幼保健所专业医师就改善早期儿童营养的重要性、母乳喂养、辅食添加、合理膳食等相关知识进行培训,并围绕如何实施好此项目与到会家长进行座谈。最终达成通过加强母乳喂养、合理添加辅食等途径,促进早期儿童健康成长的共识。

为提高全旗早期儿童科学喂养知识普及率,促使社会各界更多关注早期儿童营养改善的问题,12月1日,旗妇儿工委在巴雁镇举办早期儿童科学喂养知识培训班。培训班邀请旗妇幼保健所儿科专业医师就早期儿童母乳喂养、辅食添加、均衡营养的方法及其科学道理进行讲解,并简要介绍国内外儿童营养工作的最新发展状况、现场解答参学人员提出的问题,受到参训者欢迎,60余名家长参加培训。此外,在坚持定期发放药物的跟踪服务活动中,妇幼工作者既一遍又一遍耐心详细地讲解各种药物服用须知,又不忘及时进行儿童膳食喂养、儿童保健常识等方面的指导宣传。2010年,向家长面对面发放项目蒙汉宣传单近5 000份。

2009年10月,项目正式启动后,旗妇儿工委与旗妇幼保健所的工作人员多次深入各个苏木乡镇,对调查摸底过程中确定的100名项目儿童进行身高、体重、血色素、微量元素4项初检。随着检查结果的公布,完成项目健康档案的建立工作。

12月,旗卫生局出具以下初检报告:报告反映体弱儿:1人;缺锌:2人;缺钙:31人;贫血:19人;轻度贫血11人。

依据以上报告,旗乡两级妇女儿童工作委员会确定药补与食补相结合的干预方针——在为100名项目儿童提供不同剂量药品的同时不断加强家庭随访,对0~6个月儿童母亲强化母乳喂养、对6~24个月儿童进行辅食添加引导、为2~5岁儿童发放营养补充品等。

2010年6~8月,旗政府妇儿工委、旗妇幼保健所领导及工作人员多次下乡开展项目跟踪服务活动——为存在不同程度营养不良的项目儿童免费发放首儿复合维 D 钙、果维铁、果维锌,希望通过一定疗程的药物服用使孩子们早日恢复健康。并相继开展家庭随访、体检监测,了解掌握儿童服用药物及喂养情况,发现服用药物的儿童缺锌、缺钙、贫血的临床症状得到了一定程度的改善,饭量明显增加、身体日益强壮。

10～11 月,旗妇儿工委、旗妇幼保健所又组织工作人员对项目儿童跟踪服务情况进行终期抽查与评估。抽查结果:抽查贫血儿童 13 人,全部恢复正常;抽查缺钙儿童 26 人,血钙浓度均恢复正常;缺锌儿童 2 人,已恢复正常;体弱儿 1 人,已转归。上述项目的实施,产生了较好的效益。一是广泛开展项目宣传,使全旗科学喂养知识普及率达到 85%,实现了预期目标。二是项目落地自治旗最偏远、最贫困的苏木,真正为基层困难群体服务,使项目儿童中存在不同程度营养不良的孩子通过食补与药补相结合的干预措施,在一定疗程内得到病情改善。三是项目具体实施人员、妇幼工作者、新闻媒体工作者、家长都在参与的过程中受益匪浅。四是项目促进了部门联动与合作。

九、消除婴幼儿贫血项目

全国妇联、卫生部、中国儿童少年基金会共同开展的"消除婴幼儿贫血行动"项目自 2015 年 5 月起在鄂温克旗实施,该项目实施期限为一年半,共为全旗 1 000 名贫血婴幼儿送去爱心营养包 9 000 盒,总价值 801 000 元。

2015 年 5 月 7 日,旗妇联与旗卫生和计划生育局联合举办"消除婴幼儿贫血行动"爱心营养包发放启动仪式及培训会,旗妇联主席娜仁托雅、旗卫计局副局长席伟东出席启动仪式,各项目区苏木乡镇分管领导、妇联主席及嘎查社区妇代会主任、基层卫生院医务人员共 80 余人参加启动仪式及培训。会上,旗妇联主席娜仁托雅就全国妇联、国家卫计委、中国儿童少年基金会实施的"消除婴幼儿贫血行动"项目重要意义、总体目标、项目内容及项目执行标准等方面做了说明,严格重申了营养包的统计、领取、分发以及儿童建档等工作。旗卫计局副局长席卫东就如何做好项目相关的专业技术管理、培训以及"爱心营养包"的宣传教育,提高项目的社会宣传和影响力,促进项目深入实施和可持续性发展作了针对性部署。项目受益地区代表也在会议上作了典型发言。旗妇联现场与各项目区苏木乡镇领导签订了承诺书。各项目区针对认真做好项目工作,领回营养包之后严格按照项目要求科学存放,督促该地区嘎查社区妇代会主任及基层卫生院按要求落实工作作出书面承诺。之后,旗妇幼保健所医务人员,就婴幼儿科学喂养、婴幼儿缺铁性贫血的防治知识等进行了培训。

项目执行其间,鄂温克旗三级妇联及基层卫生院工作人员带着"消除婴幼儿贫血项目"爱心营养包走进嘎查社区居牧民家中,为每位婴幼儿家长耐心细致地讲解"爱心营养包"的作用、服用方法及注意事项等,为婴幼儿监护人发放"消除婴幼儿贫血行动"家长手册,认真登记婴幼儿统一编号、姓名、性别、出生日期等信息,介绍营养包服用日记录卡的填写方法等,并同家长一起签定《家长知情同意书》。使婴幼儿家长对儿童营养特别是对贫血的危害性和预防的重要性认识有了进一步的提高。

十、"旗帜"奶粉项目

免费发放"旗帜"奶粉是中国儿童少年基金会与旗帜婴儿乳品股份有限公司近几年联合推出的公益活动之一,旗妇联于2016年1月底首次获得中国儿童少年基金会捐赠的"旗帜"奶粉5箱30罐,价值10 800元。经过对巴彦托海镇辖区内符合条件的家庭进行核实摸底,并将符合条件的家庭情况上报至呼伦贝尔市妇联后,旗妇联为符合条件的0~36个月龄的5名婴幼儿各发放了1箱6罐奶粉。

十一、贫困母亲两癌救助项目

全国妇联、中国妇女发展基金会、中央专项彩票公益金"贫困母亲两癌救助"项目是由全国妇联和国家卫生计生委共同实施的关系妇女健康、家庭幸福、社会和谐的公益活动。

旗妇联于2015年初,联合10个乡镇苏木妇联及嘎查、社区妇代会,通过入户走访、调查,开展了全旗96名贫困妇女"两癌"信息采集工作。经严格审核,其中符合条件的24名贫困"两癌"妇女被列入全国妇联"两癌"项目信息库。2015年末,经过市妇联、自治区妇联及全国妇联的层层审核,项目库中的8人被确定为救助对象,这也是自治旗首次获得该项目。

2016年1月25~26日,旗妇联分别在巴彦托海镇、大雁镇地区举行"贫困母亲两癌救助"资金发放仪式,妇联干部及患病妇女与家属共同参加仪式。旗妇联主席娜仁托雅出席仪式并分别为巴彦托海镇、巴雁镇共8名患病妇女发放了由"中央彩票公益金—中国福利彩票和中国体育彩票"支持的每人1万元的救助资金。共计发放"两癌"救助资金8万元整。

十二、全国妇联——美国 LDS 慈善协会轮椅项目

"全国妇联——美国 LDS 慈善协会轮椅项目"由全国妇联国际部和美国 LDS 慈善协会共同实施,在2015~2016年度向全区的残疾、贫困和行动不便的老年妇女、女童捐赠1 500辆轮椅和1 500个助行器。2015年6月,自治旗申请到该项目。

为确保慈善项目的有效实施,旗妇联派专人赴呼和浩特市参加项目培训班,取得了项目评估员资质。2015年9月,旗妇联项目评估员深入全旗各苏木乡镇对残疾妇女儿童进行摸底调查。评估员详细了解了残疾妇女儿童的基本情况,并进行现场测量,为她们选定合适的轮椅、助行器型号。

2016年9月,满载着爱心的50辆轮椅和50个助行器到达我旗,旗妇联工作人员以及实施项目的苏木乡镇妇联主席深入到受赠人家中挨家挨户进行发放,同时现场为家属讲解和示范轮椅的使用、维护方法,让受赠人感动不已。该项目全国发放仪式在巴彦托海镇艾里社区举办,美方代表皮特森夫妇以及全国妇联、自治区、市妇联有关领导出席仪式。

十三、"推动公民参与政策制定"项目

2010年,旗妇联实施由世界银行提供的"推动公民参与政策制定项目",即在《鄂温克族自治旗自治条例》重新修订过程中,有效推动社会男女平等进程。

《鄂温克族自治旗自治条例》于1997年5月17日鄂温克旗第八届人民代表大会第四次会议通过,1997年5月31日内蒙古自治区第八届人民代表大会常务委员会第二十六次会议批准。2010年,自治旗人大常委会本着"开门立法"的原则,广泛征求人民群众意见,对条例进行重新修订。为在《自治条例》重新修订过程中,更大程度地体现妇女的权益与意愿,4月29日,旗妇联组织举办全旗提高公民参与政策制定能力专题讲座,来自全旗各地区、各部门的50余名妇女工作负责人听取旗委党校教师所作的题为《发挥半边天作用,为鄂温克旗法制建设做贡献》讲座,重温《鄂温克族自治旗自治条例》,进一步明确妇女在政治、经济、文化、社会和家庭生活等各领域所享有的与男子平等的权利,了解掌握了修订自治条例需要把握的原则和问题等,为从性别角度对自治条例修订工作进行积极建言献策奠定了基础。

2010年5~6月,旗妇联工作人员又多次深入到各苏木乡镇,针对公民参与政策制定工作的意义、途径方法、注意事项等内容进行宣传,发放宣传资料5000余份。

◆鄂温克族自治旗妇女联合会志◆

人物·荣誉

◇ 第一节 人　　物

◇ 第二节 荣　　誉

人物·荣誉

第一节 人 物

一、人物传略

海　瑞（1907～1944）又名玛尼拉,达斡尔族,生于清光绪三十三年(1907),内蒙古索伦左翼正白旗莫和尔图(今鄂温克旗巴彦嵯岗苏木)人。

1919年,海瑞到郭道甫、福明泰创办的女子学校学习。当时,在这所学校任教的有一位从俄罗斯请来的女教师索尼。索尼一边教学,一边宣传俄国十月革命,使海瑞懂得了很多革命道理。她在郭道甫、索尼的支持和帮助下,与桂瑞、松贤、仁贤、孟贤瞒过家人,以到海拉尔办事为由,离家出走。

1924年秋,海瑞等人辗转到苏联,在那里加入共产党组织,并被保送到莫斯科东方大学学习。1929年,海瑞毕业后,受共产国际派遣,到蒙古人民共和国工作。1932年,海瑞在乌兰巴托时,听说家乡已被日本侵略军占领,毅然提出回国的申请。

1934年,海瑞带着收集日军政治、经济、军事情报的重任回到祖国,在哲里木盟(今通辽市)开鲁县活动。按照组织安排,海瑞和孟和巴特尔(化名刘德禄)以夫妻名义在一起开展活动。他们以小商人的身份做掩护,摆小摊做买卖,秘密收集情报,夜深人静时,搬出收发报机发情报,接受上级指令。

1938年的一天。海瑞和孟和巴特尔正在发报时,几乎被日本特务机关探测器发现,海瑞机警地密藏发报机,毁掉情报,躲过这次搜捕。之后,海瑞转移到北平(今北京市)。不久,孟和巴特尔与另一名地下工作者转移后,杳无音讯。海瑞转移到克什克腾旗,由于日本宪兵对突然失掉的电台线索继续到处搜查,海瑞又回到北平。

1940年,海瑞最后一次同乌力吉敖其尔(中华人民共和国成立后,任内蒙古自治区交通厅厅长)联系,把乌了解到的日军情报全部电传给有关方面。1941年5月,海瑞向乌兰巴托发出所掌握的全部情报,对方通知她以后不再联系。从此,她与组织失去联系,处境更加艰难。由于叛徒出卖,日本特务以检查卫生为由,搜查海瑞的住处,从炕洞中搜出发报机,逮捕了海瑞。日本特务将海瑞移送当时的德王化德县监押刑讯,面对酷刑,她矢口否认,敌人一无所获。日特为"放长线钓大鱼",将海瑞放出来,又释放1名叫都古尔苏荣的蒙古侦查员,逼迫他们同居,在街里摆小摊。海瑞知道,自己的全部行动都在特务的监视之中,一点疏忽都会导致严重后果,要想重新回到抗日队伍中,必须冲出日本特务的圈套。

1944年冬,海瑞与都古尔苏荣趁着风雪之夜,骑马向锡林郭勒草原奔去。第二天,他们不幸被驾车尾随追来的日本宪兵追上,年仅37岁的海瑞惨死在日本宪兵的屠刀之下。

秀 杰(1900~1968)达斡尔族,生于清光绪二十六年(1900),内蒙古鄂温克旗巴彦托海镇人。

青少年时,秀杰在家自学满、汉文,后升入齐齐哈尔女子中学。1929年中东路事件发生后,她与母亲到沈阳远房姐姐家居住。后与郭道甫结婚,翌年10月生下一男一女双胞胎。1931年12月郭道甫远赴苏联后,她独自承担起抚养子女的责任,使他们以后陆续成长为国家的栋梁之才。

1947年,她无偿捐献自己的牲畜,用以修缮本旗莫和尔图学校校舍,同时,向海拉尔第一中学捐赠10匹骟马,支持民族教育事业发展。1950年抗美援朝战争爆发后,她积极响应党的号召,捐献银元和牲畜,以购买飞机大炮。她长期生活、劳动在牧区,积极响应党提出的扶助贫苦牧民发展生产的号召。积极参加初级社和高级社,对推动全旗合作化运动起到了模范带头作用。1958年,在人民公社化运动中,她又带头将自家的全部牲畜交给公社,受到公社党委的表彰。她曾被命名为旗级"三八"红旗手,当选为旗妇联执行委员、公社管委会委员,是旗第一、第二、第三届人民代表大会代表。在政协鄂温克旗第二届委员会第二次会议和第三届委员会第一次会议上,曾当选为旗政协常委,是呼伦贝尔盟和自治区政协委员。

1966年,"文化大革命"开始后,秀杰受到严重冲击,身心健康受到极大损害。1968年夏,她含冤逝世,终年68岁。1979年,中共鄂温克旗委为包括秀杰在内的8名爱国开明人士召开追掉大会,宣布予以平反昭雪,恢复名誉。

桑 瑞(1901~1968)达斡尔族,生于清光绪二十七年(1901),内蒙古鄂温克旗巴彦托海镇人。1959年加入中国共产党。

1947年,桑瑞为学习文化,主动报名参加夜校学习,经过学习,她能阅读蒙文报刊和文件,用蒙文书写信件、写出简短的歌词等,很快由一个不识字的文盲转变成有文化的、自食其力的劳动者。此后,她积极努力工作,当选为巴彦托海苏木妇联委员。她还亲自办起夜校,动员其他劳动妇女参加夜校、学习文化,推动苏木扫盲工作的顺利开展。为发展畜牧业,她发动妇女到野外栽种野葱,在高岗上洒种土碱;为防止畜疫,她带领青年妇女连续几个夏天到野外道口站岗,检查过往的人和牲畜;为发展手工业生产,她发动妇女编织土篮、苇帘、草袋等。

1948年，桑瑞贯彻执行内蒙古党委"人畜两旺"方针，带头把自己的一部分房屋拆掉，在辉河口建立冬营地，饲养幼弱牲畜。她还动员邻近的几户牧民亲属组成生产互助组，受到旗党组织和政府的表扬，并向全旗推广了她们的经验。为破除迷信、改变旧法接生的陋习，桑瑞在苏木建立起索伦旗第一个助产站，接收孕妇安全生产。

1950年10月，在抗美援朝运动中，桑瑞发动组织妇女缝制布鞋、布袜、被褥、棉衣裤、棉鞋帽等支援前线，受到苏木和旗委、旗政府的表扬。

1958年春，中共索伦旗委发出"向无水草原进军、改变无水草原面貌、使人和牲畜饮到足够的净水"的号召，桑瑞作为旗人大代表、苏木妇联委员，积极响应旗委的号召，在苏木妇女代表大会上提出修建敖仁保力格水库的建议，受到旗委、旗人民委员会和旗妇联的支持，在她和淑义的带动下，附近的妇女积极参加修建水库的劳动。劳动过程中，盟、旗、苏木领导曾多次带领部队、机关干部前去支援，这座水库后被命名为"三八"水库。桑瑞因此被授予旗级"三八"红旗手，是呼伦贝尔盟和内蒙古自治区政协委员；同年冬，她出席全国牧业生产积极分子代表大会，受到毛泽东、刘少奇、朱德、周恩来等党和国家领导人的亲切接见。年底，北京农业展览馆展出"三八"水库的模型。她应邀担任讲解员，介绍水库的修建情况和各族妇女在劳动中的先进事迹。

人民公社化后，桑瑞离开南屯前往巴彦塔拉公社，拿出自己的财产，发动一部分牧民组建巴彦温都尔牧业大队，并任大队委员。她以队为家，与队员们同吃、同住、同劳动，春夏到野外走敖特尔，秋冬住冬营地。在牧业生产劳动竞赛活动中，大队多次夺走流动红旗，获得"先进队"称号。

"文化大革命"开始后，桑瑞遭到迫害。1968年12月30日，桑瑞含冤逝世，终年67岁。1978年，中共鄂温克旗委作出决定，推倒一切不实之词，为她彻底平反，恢复名誉。

淑　义（1905～1974）　鄂温克族,生于清光绪三十一年(1905),黑龙江省讷河市兴旺鄂温克民族乡人。1956年加入中国共产党,曾任鄂温克旗巴彦托海公社爱国生产队党支部书记、巴彦塔拉公社一队党支部书记等职。

1958年春,淑义响应索伦旗委"向无水草原进军"的号召,全力协助苏木妇联委员桑瑞,发动和组织妇女群众投入敖仁保力格水库的建设,受到上级的好评。1959年,她和鄂温克旗委书记图盟巴雅尔等人一起出席全国建设社会主义积极分子代表大会,获全国"三八"红旗手和全国农业劳动模范荣誉称号,受到毛泽东、刘少奇、朱德、周恩来等党和国家领导人的亲切接见。

淑义关心集体,乐于助人。1959年,她负责秋收工作时,一方面深入群众广泛动员各族妇女积极参加生产劳动,一方面设身处地出主意、想办法,为妇女解决后顾之忧。有些妇女的孩子无人照管,她就找到公社妇联主任商量,征得女社员们的同意后,把临时托儿所搬到了劳动现场,使女社员们安心投入秋收劳动。

1963年冬,淑义远离自己家到冬营地放牧,有人捎信来说家里有急事,叫她立即回家。她刚走出不远,天气骤变,下起暴风雪,她心里惦记集体的那些瘦弱牲畜和幼畜,便义无反顾返回冬营地,不顾疲劳和大家一起苦盖棚圈,把瘦弱的牲畜和幼畜收进暖圈,保住了集体财产。在她的带领下,生产队的仔畜成活率由1960年的93%提高到1963年的99.64%。

1965年,淑义出席内蒙古自治区第三次妇女代表大会,并被选举为内蒙古妇联第三届委员会执行委员。

"文化大革命"开始后,她遭受打击迫害。1974年11月9日,淑义含冤逝世,终年69岁。1978年,中共鄂温克旗委为淑义做出平反决定,推倒强加给她的不实之词,为她彻底平反昭雪,恢复名誉。

玛如喜（1927~1978） 达斡尔族，1927年出生于今鄂温克旗巴彦托海镇，中共党员。

玛如喜从小聪明伶俐，在学校期间学习成绩突出，天生具有超常的记忆力。1941年，在她不满14岁的时候，出于收集日伪军事情报的需要，其父额尔登毕力格（共产国际派遣呼伦贝尔情报组成员，又名苏东宝）和其舅舅哈斯巴特尔（共产国际派遣呼伦贝尔情报组副组长，又名荣茂），通过关系，将玛如喜安插到伪索伦旗政府当勤杂工。

她到伪索伦旗政府的任务是利用职务之便，尽可能收集日军政治、军事、经济情报。她开始被安排做"博易"（日本参事官的勤杂），每天打扫办公室时把日本参事官废弃的资料带回家，从中寻找有价值的情报资料。后来，她又到哈尔滨学习打字业务，学习结束后分到伪政府打字室工作。由于熟通日、蒙古和达斡尔等语言，又被调到伪警察署任话务员。其间，她利用职务之便，凭着胆大心细以及过目不忘的记忆能力，先后将收集到的大批高机密、高质量的日军情报，源源不断地传递给情报组成员，从未失手。正是她和情报组成员出色而卓有成效的工作，最终为诺门罕战争和苏联大反攻解放东北的胜利起到了重要作用。

1942年，哈斯巴特尔因被日本特务怀疑被捕，玛如喜也以"公出"为名被捕，在日本人的严刑拷打面前，她没有透露一点秘密。此时苏军情报部门为防止她叛变，计划密杀她，因其亲人们的坚决反对最终放弃。由于从她身上得不到任何有用的线索，日本特务机关不得不将其释放。被释放后，她不顾个人安危又立即投入工作，但也因被捕而受到严重的伤害，病魔伴随她的一生。

新中国成立后，玛如喜自觉接受中国共产党的领导，并加入党组织，先后在鄂温克旗第一实验小学任教师、校长，后调入旗商业局工作。"文化大革命"期间，由于其父亲在苏联以及其本人的情报员经历，她被诬陷为"苏修特务"，被关押批斗一年之久，精神和肉体受到严重的摧残。其丈夫（时任旗人民委员会副旗长)毕力格图也因所谓的"破坏民族团结"、"分散主义"、"对合作社不满"等罪名于1959年被错划为右派,受到开除党籍、行政撤职、降薪处分。后又在"文化大革命"中被扣上"走资派"、"统一党"分子等莫须有的罪名,遭到打击迫害。玛如喜对此持有不同意见,支持丈夫向上级有关部门申冤。

1978年,玛如喜夫妇均得以平反,恢复了名誉,恢复了党籍。8月,她因日伪时期的旧伤复发,不幸逝世,终年51岁。俄罗斯曾出版《外贝加尔国际主义者与和平缔造者——祖国忠诚的儿子》一书,记录了朱可夫等二战时期俄罗斯国家英雄50人,其中就有年龄最小的情报员玛如喜。2012年,中国中央电视台多个频道播放的三集纪录片《马背谍影》,讲述了玛如喜以及共产国际呼伦贝尔地下情报组抗日战争的往事,对玛如喜等人给予客观、真实、公正的评价。

斯如杰(1918~1980) 达斡尔族,1918年出生于莫力达瓦旗,中共党员。

1957年,她由莫力达瓦旗搬迁到索伦旗巴彦嵯岗苏木。1958年,她积极投身于生产技术革命,自己动手发明自卸牛粪翻斗、削角瓜条半自动机,受到旗人民委员会的表彰。1959年,被选为大雁种马场二分场(今巴彦嵯岗苏木)妇女主任。此后,她组织妇女参加扫盲运动,举办"扫盲夜校";在三年自然灾害时期,她带领妇女步行数十里种菜、打草,进行生产自救、抗灾保畜。她吃苦耐劳,以身作则,受到公社社员的信任和爱戴,是旗内外闻名的"女强人",1962年,被内蒙古妇联授予"三八红旗手",同年被选为莫和尔图东队队长。"文化大革命"开始后,她受到残酷打击迫害,身心健康受到极大摧残,但她始终坚定共产主义信念,相信党,相信历史会给自己做出公正的结论。1971年,"挖肃"结束后,得以平反,任东队党支部书记。她组织社员恢复生产,抓经济建设,利用当地木材优势,生产"勒勒车"和雪橇,产品销至新巴尔虎左旗、新巴尔虎右旗,到1978年,不但还清了东队在"文化大革命"中造成的欠款,还略有结余。此后,她因年迈辞去党支部书记职务。由于过度的劳累,加之"文化大革命"中留下的病症加重,1980年9月因病逝世,终年62岁。

敖 英(1963～1982) 达斡尔族,1981年参加工作,1980年加入中国共青团,鄂温克旗锡尼河西苏木人。

1971年,敖英在自治旗锡尼河西公社小学读书,1976年,考入海拉尔第一中学。在校期间,她是个品学兼优的好学生,多次受到学校的奖励。1981年,她毕业后到海拉尔百货大楼附属联营商场工作,在较短的时间里,她很快就熟悉了业务,受到商场领导的赞誉。

1982年6月13日,敖英回家探亲,在伊敏河淌水过河时,与她同行的小学生索玉霞不慎被冲入激流,敖英顾不上自己不会游泳,奋不顾身地冲向索玉霞,将她推向岸边。索玉霞得救了,敖英却被湍急的河水夺去了年轻的生命,牺牲时年仅19岁。敖英牺牲后,中共呼伦贝尔盟委召开表彰大会,同时做出《关于开展向舍己救人的模范共青团员敖英同志学习的决定》。共青团呼伦贝尔盟委授予敖英"模范共青团员"称号,号召全盟共青团员和青年向敖英学习。

恩 勤(1925～1992) 达斡尔族,生于1925年,内蒙古莫力达瓦达斡尔族自治旗博荣乡人。1946年参加革命工作,1949年10月加入中国共产党。1946年1月～1952年,先后任莫旗布西(今尼尔基镇)青年团工作大队队员、博荣小学教员、内蒙古自治联合会莫旗支会干事、阿尔拉完全小学教员、莫旗公安局科员。1952~1958年,呼纳盟公安处科员、内蒙古东部区行署公安厅二处科员、内蒙古森工公安处科员。1958年,鄂温克旗委办公室科员。1959年,鄂温克旗文教科副科长。1961年,鄂温克旗人民法院副院长。1980年12月,在政协鄂温克旗第四届委员会第一次会议上当选为旗政协副主席。1985年8月离休。

思勤在40年的革命生涯中,始终如一地为党的事业和人民利益工作,为鄂温克旗各项事业的发展做出了应有的贡献。"文化大革命"期间,她深受迫害,被打成"走资本主义道路的当权派"、"里通外国的'统一'党分子",在精神和肉体上受到极大地摧残,特别是其丈夫图盟巴雅尔(时任鄂温克旗委书记)遭受打击迫害被打致死后,她一方面抚养尚未成年的孩子,一方面为自己的丈夫伸张正义、抵制错误路线。

平反后,她以满腔热情投入工作。在政协任职期间,她认真贯彻党的民族统战政策,为政协工作的开展、增强各民族的团结、促进参政议政等工作做出了积极的努力。1992年10月30日,因病逝世,终年67岁。

嘎拉森道力玛 (1938~1993)蒙古族,生于1938年12月,内蒙古鄂温克旗人。1956年5月参加工作,同年3月加入中国共产党,小学文化。1956年5月在索伦旗锡尼河东苏木参加工作,1958年11月任锡尼河东公社副社长(副主任),1963年8月任鄂温克旗妇联副主任,1985年3月任鄂温克旗妇联主任直至逝世。

她参加工作以后,长期任职在妇联领导岗位上,在长达30年的妇联工作历程中,始终坚持中国共产党的领导,积极开展妇女工作。号召妇女勇敢地走出家门、走向社会,参加社会活动;组织妇女开展"四有"、"四自"活动,动员妇女投身"四化"建设,培养出一大批优秀妇女人物。1985年,任旗妇联主任后,定期深入基层,率领旗妇联工作人员认真宣传全国党代会精神，到机关、学校、牧区和各族妇女儿童中调查研究。围绕牧区经济体制改革，鼓励妇女提高科学文化素质、勤劳致富，并支持召开全旗妇女奶牛专业户经验交流大会。同年10月，出席自治区第五次妇女代表大会，并以《充分发挥牧区妇联在经济建设中的半边天作用》为题，介绍鄂温克旗牧区妇女工作经验。在此后的工作中，她注重调动旗妇联工作人员和基层妇联组织的积极性，加强机关自身建设，领导和开展多项妇女活动，在两个文明建设中取得优异成绩，多次受到旗委、旗政府和上级党委、政府及妇联组织的表彰奖励。

长年超负荷工作，严重损害了她的身体健康，不得不住院治疗。治疗其间，还关心着鄂温克旗经济社会的发展，念念不忘妇女儿童工作和妇女干部的疾苦，向前去探视的工作人员询问妇联工作进展情况，勉励他们努力工作。1993年1月，因病不幸逝世，终年55岁。

晓　云（1912~1997）　达斡尔族，1912年出生，内蒙古鄂温克旗巴彦托海镇人。1920年后，她父母先后为她聘请教师在家学习汉、蒙古、俄、日等语言文字，后送其到齐齐哈尔国民高等学校学习，又到哈尔滨学习俄语。

1935年，晓云在其丈夫的引导下，加入苏联红军情报部门。1936年，在日本东京明治大学学习，毕业后回国任伪兴安北省文教科科员。苏联情报部门按照专业情报人员的要求，对其进行了严格训练，使她很快掌握了有关电台收发报技术和使用密电码要领，并以优异的成绩通过考察，获得教官的赞誉。训练结束后，她利用职务作掩护，不断地为苏方提供日本关东军和伪满的军政情报。在1939年5月的诺门罕战争和1945年8月苏联红军对日宣战的两次战役中，她传递了诸多重要情报，由于情报及时准确，苏联红军顺利、迅速地取得了诺门罕战争和后来大反攻的胜利。为此，苏情报部门领导赞叹不已："你们对日军的情况了解得如此全面准确,在战场上是极为罕见的"。

1945年,朋斯格(新中国成立后任内蒙古自治区政府副主席)以商人身份为掩护,到海拉尔开展地下工作,就住在晓云家。在此期间,她按照组织的指示,对他细心照料,做好保护工作。同年8月9日,苏联对日本宣战后,她按照苏方指示,掩护额尔钦巴图(后任呼伦贝尔地方自治政府主席、呼伦贝尔盟首任盟长)撤离海拉尔,抗战胜利后又将其接回海拉尔。10月,在苏军帮助下,呼伦贝尔地方自治政府成立,额尔钦巴图任主席。由于晓云在地方自治政府筹建过程中发挥了重要作用,地方自治政府成立后,她被任命为妇女会会长。在她的领导下,妇女会积极向社会和广大妇女宣传妇女解放的道理,为呼伦贝尔妇女运动作出了贡献。

1945年末~1947年初,除本职工作外,晓云还承担为解放战争收集国民党情报的工作任务,再次受到苏军情报部门的强化训练。她不顾国民党反动势力的威胁和封官许愿,曾参与摧毁国民党海拉尔市自治公署、拒绝国民党黑龙江省党部要求在海拉尔建立党部、逮捕日本特务及隐藏的国民党地下特工等行动。

1947年7月,晓云按照苏联情报部门的指示,转入地下工作,携带家眷和电台回到陈巴尔虎旗乌固诺尔、哈腾胡硕一带,继续收集、传递情报。

1949年10月,晓云圆满完成工作任务,迎来新中国的成立,回到海拉尔,按照苏方指示,将电台交给海拉尔市政府。之后,她到海拉尔第二中学任俄文教师,直至1975年退休,后改为离休。1997年,她因病逝世,终年85岁。

涂秀琴(1929~2003) 鄂温克族,1929年出生,内蒙古阿荣旗人。1947年11月参加革命工作,1950年4月加入中国共产党。1947年11月,阿荣旗查巴奇土改工作队队员。1949年,查巴奇农会妇女主任兼共青团支部书记。1950年查巴奇村长。1951年,阿荣旗霍尔奇区妇联干事,同年11月任妇联副主任。

1952年,霍尔奇区副苏木达。1952年末,鄂伦春旗妇联组织部部长。1955年,鄂伦春旗妇联副主任。1957年,索伦旗(今鄂温克旗)妇联副主任。1960年7月,鄂温克旗民政科副科长。1964年,鄂温克旗辉公社供销社指导员。1973年,鄂温克旗工业科副科长。1979年,鄂温克旗信访科副科长,1980年任科长。1984年10月,鄂温克旗人大常委会委员、政法委(后改名法制委)主任,后离休。

涂秀琴在40多年的工作中,始终对党忠诚,无论从事什么工作,都坚决服从组织安排,不计较个人得失,工作中,她努力学习,认真贯彻党的各项方针政策。在妇联工作期间,积极向广大妇女宣传党的方针、宣传妇女解放的道理,帮助她们解决实际问题,鼓励妇女勇敢地走出家门、走向社会、参加生产、支援前线、投身革命。1960年后,她离开妇联,先后到旗直部门和基层工作,她走到哪里,就把党的政策贯彻到哪里,关心人民群众的疾苦,帮助他们解决实际问题和困难。

"文化大革命"开始后,她深受打击迫害,但她始终坚信中国共产党,坚信社会主义。平反后不抱怨,立即投入到新的工作中。1984年10月,她在鄂温克旗第五届人民代表大会第一次会议上,当选为旗人大常委会委员并任旗人大常委会政法委主任。任职期间,她大力推进民主与法制建设,依法履行职责,为鄂温克旗安定团结的政治局面做出了自己应有的贡献。离休后,她关心鄂温克旗各项事业的发展。2003年8月28日,因病逝世,终年74岁。

阿尔腾(1936~2006) 鄂温克族,生于1936年10月,内蒙古莫力达瓦达斡尔族自治旗汉古尔河人。1952年7月参加工作。1956年1月加入中国共产党。1952年7月,在莫旗汉古尔河供销社工作。1957年1月,在呼伦贝尔盟合作干部学校学习。1958年10月,鄂温克旗商业局供销经理。1960年8月,鄂温克旗妇联副主任。1962年5月,鄂温克旗总工会副主席,其间于1978年参加中国工会第九次全国代表大会。1981年1月,鄂温克旗劳动科科长。1984年3月,中共鄂温克旗委统战部部长。1987年9月,在政协鄂温克旗第六届委员会第一次会议上当选为旗政协副主席。

阿尔腾自参加工作以后,贯彻落实党的各项方针政策,始终以饱满的工作热情和坚定的人生信念,献身所从事的各项工作。无论组织上把她安排在哪里,都以高度的事业心和责任感,克服困难,忘我工作。她的足迹踏遍鄂温克草原,为鄂温克旗的建设与发展,贡献毕生的心血和精力。她为人正派,关心他人,乐于助人,严格要求子女及亲属,廉洁从政,深受广大干部群众的爱戴和拥护。

"文化大革命"开始后,她受到冲击,被"隔离审查",遭受逼供毒打,身心健康受到严重摧残,但她仍坚信党的事业,坚信社会主义信念。平反后,她忘我地工作。特别是在旗委统战部和旗政协工作期间,她注重党的统战民族政策的贯彻,团结各族各界人士,调动一切积极因素,为鄂温克旗的经济建设和各项事业的发展贡献力量。

1994年11月退休后,她仍关心鄂温克旗经济社会的发展,勉励子女努力工作。2006年1月4日,因病在海拉尔逝世,终年70岁。

韩 桦（1953~2008） 蒙古族,1953年6月出生,内蒙古扎鲁特旗人。1969年11月参加工作,1977年1月加入中国共产党,大学学历。1969年11月,内蒙古成吉思汗农场下乡知青。1972年,大雁矿务局党委宣传部科员。1975年,在哈尔滨师范学院学习。1979年,鄂温克旗委宣传部科员。1984年3月,鄂温克旗委宣传部副部长。1985年3月,鄂温克旗委常委、宣传部部长。1993年,呼伦贝尔盟委宣传部副部长。2000年,呼伦贝尔盟妇联主席、党组书记。2002年3月,呼伦贝尔市计划生育委员会主任、党组书记。2004年,呼伦贝尔市人口和计划生育委员会主任、党组书记。

韩桦大学毕业后,长期从事党的宣传工作。她以马克思主义基本理论为指导,常常书报不离手,注重将学到的知识运用到实际工作中,有较高的政治觉悟和理论水平。她经常深入基层调研,围绕党的中心工作合理摆布自己分管的工作,提出自己的意见建议。她思维敏锐,心怀坦荡,为人正直,工作责任心强,勤勤恳恳,任劳任怨,细心研究探索党的宣传思想工作出现的新课题、新情况、新问题,不断总结经验,圆满完成组织上交给的各项工作任务,为鄂温克旗各项事业的发展做出重要贡献。1990年,被自治区党委宣传部授予全区宣传战线先进个人和全区理论正规化教育先进个人荣誉称号。1993年后,她调出鄂温克旗,在市直部门工作,但她仍关注着鄂温克旗各项事业的发展。2008年2月,因病在北京逝世,终年55岁。

阿　荣（1933～2008）达斡尔族,生于1933年12月,内蒙古莫力达瓦达斡尔族自治旗人。1950年1月参加工作,1953年9月加入中国共产党,中师学历,1988年退休。

阿荣于1961年任鄂温克旗妇联副主任。1973年,任鄂温克旗广播事业科副科长、旗广播事业局副局长。在妇联工作期间,根据旗委的部署,发动和组织妇女走出家门,走向社会,参加以畜牧业为中心的生产劳动,开展"五爱"活动,宣传卫生科技知识,她身体力行,经常深入牧区,深入实际,调查研究,宣传党的方针政策,鼓励妇女提高科学文化素质,关心妇女的生产生活,为她们解决实际困难,同时,注意发挥基层妇联组织的作用,使妇女工作开展得有声有色。

"文化大革命"中,她受到冲击,被剥夺工作的权利。1973年复职后,出任旗广播事业科副科长。她坚持以马克思主义基本理论和党的宣传工作方针为指导,认真学习宣传新闻方针政策,将学到的知识运用到实际工作中,兼任旗广播站站长后,亲自撰写稿件,写出了许多有份量、有价值的稿件。她心怀坦白,为人正直,工作责任心和事业心强,作风踏实,工作中勤勤恳恳,任劳任怨,从不计较个人得失,合理摆布自己所担当的工作,圆满地完成了组织上交给的各项工作,为鄂温克旗广播事业和妇女工作的发展做出了重要贡献。2008年,因病逝世,终年75岁。

哈斯挂（1922～2010） 鄂温克族,1922年6月出生,内蒙古鄂温克旗人。1949年9月参加革命工作,1954年加入中国共产党。1949年9月,在索伦旗接生训练班工作。1951年,在鄂温克旗辉苏木工作。1961年,在鄂温克旗妇幼保健站工作。1977年,在鄂温克旗辉苏木卫生院工作。1992年离休。

哈斯挂在40多年的工作生涯中,始终以饱满的工作热情和坚定的人生信念,献身鄂温克旗卫生事业。她以高度的事业心和责任感,高昂的热情和求实的态度,克服困难,忘我工作。始终保持艰苦朴素、密切联系群众的优良作风,勤奋刻苦,积极努力提高自己治病救人的医疗水平,为牧民群众解除疾病痛苦。由于工作实绩突出,1959年被国务院授予全国妇幼保健先进工作者,1956年和1984年,两次被自治区政府授予自治区劳动模范,1979年,被黑龙江省妇联授予黑龙江省"三八"红旗手称号,并多次获得呼伦贝尔盟和鄂温克旗的表彰奖励。曾当选旗党代会、旗人代会和妇代会代表。

她具有高尚的医德和高度的社会责任感,长期在基层卫生院工作,作风严谨,任劳任怨,全力医治牧民群众病患,对患者关怀备至,深得牧民群众的信赖。2010年7月23日,因病逝世,终年88岁。

玛　扎（1928~2012）　达斡尔族，1928年6月出生，内蒙古鄂温克旗人。高中文化，1947年3月参加革命工作，1949年2月加入中国共产党。1947年3月，海拉尔呼伦小学任教。1949年，通辽职业学校教员。1951年，内蒙古人民广播电台二台编辑。1963年后，在内蒙古呼伦贝尔师范专科学校、海拉尔第一中学、呼伦小学任教。1970年，鄂温克旗文化馆馆长。1973年，鄂温克旗妇联主任。1979年，鄂温克旗广播事业局局长。1984年4月离休，享受县处级待遇。1991年4月~1997年离休后，任鄂温克旗关心下一代工作委员会委员、副主任、常务副主任。

玛扎在40多年的工作中，无论是在艰苦的革命战争年代还是社会主义建设时期，她都认真贯彻党的路线、方针、政策，坚持个人利益服从党和人民的利益，吃苦在前，享受在后，克己奉公，服从分配。无论在哪个岗位，都能以高度的事业心和责任感为党工作，从不计较个人得失，不断加强学习，把一生献给了中国共产党和家乡的各项事业，为振兴家乡经济和各项事业的发展做出了应有的贡献。

"文化大革命"期间，她受到打击迫害，身陷囹圄，身心受到严重摧残。尤其是其丈夫郭荣祥（原乌兰浩特第一中学校长兼党支部书记）被迫害致死后，她仍坚信党的领导，坚定社会主义信念，坚信丈夫绝不是什么"反革命"。她一边为丈夫申冤，一边含辛茹苦地抚养尚未成年的4个子女，使他们以后陆续成为部门骨干。

离休前，她曾抽调鄂温克旗落实政策办公室工作，她以切身之痛奔走呼吁，帮助受迫害的干部群众和牧民、城镇居民及其家属落实政策，得到客观公正的待遇。

离休后，她积极投身关心下一代事业，继续发挥共产党员的光和热。其间，她深感责任重大，边工作边学习，潜心调查研究，编写教育指导青少年的宣传材料，并用蒙汉两种语言以对话形式在广播中坚持不懈地宣传家庭教育和学校教育,通过对司法部门的调研,结合实际,撰写失足青少年教育材料达数万余字。在自己生活并不富裕的情况下,坚持每年为母校鄂温克旗第一实验小学捐助善款,设立助学基金,资助特困生完成学业,还为残疾儿童购买录音机等教学辅助用具。她还为中国西部贫困母亲捐款,希望那里的贫困母亲早日脱贫。在汶川地震和多次灾害发生时,第一时间捐款捐物,缴纳特殊党费,表达了一个共产党员的无限忠诚和对受灾群众的关怀,以实际行动实践入党时的誓言。

1999年,因健康原因,她从关心下一代工作岗位上退下来,但仍关心下一代工作的进展。她曾获得多个荣誉,1994年、1996年两次被呼伦贝尔盟关心下一代工作委员会授予全盟关心下一代工作先进工作者,并多次荣获旗级优秀共产党员称号。2012年11月8日,因病逝世,终年84岁。

孙桂琴（1936~2014） 1936年9月出生,黑龙江省安达县人,1952年4月参加工作,1959年6月加入中国共产党。1952年4月,牙克石采木公司被服厂工人。1952年9月,喜桂图旗(今牙克石市)教育局科员。1955年,喜桂图旗林业贸易公司秘书。1959年,奈曼旗商业局科员。1963年,扎赉特旗工会科员。1967年,海拉尔市(今海拉尔区)人事科科员。1971年,鄂伦春旗旗委组织部科员、旗人民银行副指导员、旗直属机关党委副书记、旗革委会办公室副主任。1981年,中共鄂温克旗委组织部副部长。1984年3月,中共鄂温克旗纪律检查委员会副书记。1988年5月,政协鄂温克旗第六届委员会副主席。1990年,呼伦贝尔盟计划生育处副处长。

孙桂琴于1981年由鄂伦春旗调鄂温克旗工作,1990年调出鄂温克旗,在鄂温克旗工作10年,先后任旗委组织部副部长、旗纪检委副书记、旗政协副主席。在鄂温克旗工作期间,始终以饱满的工作热情和坚定的人生信念,献身鄂温克旗的各项事业。以高度的事业心和责任感,高昂的热情和求实的态度,忘我工作,为鄂温克旗的建设与发展,贡献毕生的心血和精力。她为人正派,关心他人,乐于助人,严格要求子女及亲属。在任旗委组织部副部长期间,她认真贯彻执行党的组织路线和干部政策,坚持任人唯贤,注重培养选拔各族干部,对他们严格要求,使一批中青年干部相继走上各级领导岗位。1981年,经她与自治区有关部门联系,旗委决定派一批年轻干部到自治区高校进修学习。他们在高校学习后,回到旗里成为建设鄂温克的中坚力量,有的成为旗级领导成员。在任旗纪检委副书记期间,她坚持原则,不徇私情,廉洁奉公,廉洁从政,生活简朴,作风民主,处处严格要求自己,带头开展批评与自我批评,亲自办理复杂、疑难案件。在任旗政协副主席期间,她认真履行职责,贯彻党的民族统战政策,为政协工作的开展、增强各民族的团结、促进参政议政等工作做出了积极的努力。1994年,退休。2014年9月29日,因病在海拉尔区逝世,终年78岁。

二、人物简历

（一）女性领导干部简历

额尔登挂 曾用名孟慧君,达斡尔族,1925年8月出生,内蒙古鄂温克旗人,初中文化,1946年4月参加革命工作,1947年11月加入中国共产党。1946年4月,入北安军政大学学习;1947年3月~1948年9月,先后任乌兰浩特干部学校、呼伦贝尔高等学校教员、政治指导员,其间,于1947年4月出席内蒙古自治政府成立大会。1948年9月,入中共内蒙古党校学习。1949年7月~1951年7月,先后任新巴尔虎右旗妇女培训班负责人、中共新巴尔虎左旗工委副书记兼组织委员。1951年7月,海拉尔第一中学党支部副书记兼教员。1953年3月,中共陈巴尔虎旗委宣传部部长。1954年10月~1956年12月,先后在内蒙古人民广播电台二台任新闻组组长、中共呼伦贝尔盟委党校教员。1957年1月,中央人民广播电台蒙编组组长。

1960年3月,内蒙古人民广播电台蒙编组组长。1960年10月,鄂温克旗人民委员会副旗长兼妇联主任。1975年10月,鄂温克旗毛纺厂党支部书记兼厂长。1978年10月,鄂温克旗革命委员会副主任。1980年12月,在政协鄂温克旗第四届委员会第一次会议上当选为旗政协副主席。1983年7月,离休。

哈森其其格 鄂温克族,大专学历。1949年8月出生,内蒙古鄂温克旗人,1968年7月参加工作,1973年加入中国共产党。

1968年7月~1971年4月,鄂温克旗合营牧场下乡知青。1971年4月~1973年10月,鄂温克旗辉公社学校教员。1973年10月~1976年5月,鄂温克旗辉公社妇联主任、旗妇联副主任、主任。1976年5月,中共呼伦贝尔盟委组织部副部长。1978年3月,在中央民族学院干训部学习。1979年3月,中共鄂温克旗委常委、旗妇联主任。1980年12月,中共鄂温克旗委常委、旗人民政府副旗长。1983年11月,中共鄂温克旗委常委、旗妇联主任。1984年9月~1986年7月,在中共内蒙古党校大专班学习。1987年9月,鄂温克旗人大常委会副主任。1994年1月,鄂温克旗政协副主席。1999年1月,鄂温克旗人大常委会主任、党组书记。2004年1月,鄂温克旗人大常委会调研员。2009年退休,曾当选为中国妇女第六次全国代表大会代表、内蒙古自治区第八届人民代表大会代表、呼伦贝尔市第一届人民代表大会代表、呼伦贝尔市第一届人大常委会委员。

涂志娟 鄂温克族,大专学历。1950年出生,内蒙古阿荣旗人,1968年7月参加工作,1973年加入中国共产党。

1968年7月,山西省平陆县下乡知青。1970年,鄂温克旗第一实验小学教员。1973年,在共青团鄂温克旗委工作。1974年,鄂温克旗劳动局、旗人事局科员。1984年3月,鄂温克旗劳动人事局副局长,其间1984年10月~1986年7月,在内蒙古党校大专班学习。1988年5月,鄂温克旗人民政府办公室副主任。1991年5月,鄂温克旗人民政府办公室主任。1995年12月,在中共鄂温克旗第十届委员会第一次会议上当选为旗委常委。1996年1月,鄂温克旗委常委、旗委宣传部部长。2000年11月,鄂温克旗人大常委会党组成员。2001年3月,鄂温克旗人大常委会副主任。2004年1月,鄂温克旗人大常委会副调研员。2010年,退休。

阿 娜 鄂温克族,大专学历,1957年2月出生,内蒙古扎兰屯市人,1975年8月参加工作,1989年6月加入中国共产党。

1975年8月,扎兰屯市鄂伦春民族乡下乡知青。1978年9月,在扎兰屯师范学校学习。1980年7月,鄂温克旗计划委员会科员。1990年,鄂温克旗财政局副局长。1995年2月,鄂温克旗财政局局长。1999年10月,鄂温克旗人民政府旗长助理。2000年1月,鄂温克旗人民政府副旗长。2002年3月,呼伦贝尔市人大常委会财经委员会副主任、主任。2007年3月,呼伦贝尔市人大常委会委员、财经委员会主任。2012年12日,呼伦贝尔市人大常委会财经委调研员。

娜日斯 蒙古族,大学学历。1967年3月出生,内蒙古通辽市人,1983年6月参加工作,1986年4月加入中国共产党。

1983年6月,共青团鄂温克旗大雁镇委员会科员、书记。1988年9月,共青团鄂温克旗委员会科员、副书记、书记。2000年11月,中共鄂温克旗委常委、旗委宣传部部长。2007年11月,中共鄂温克旗委常委、旗人民政府副旗长、党组副书记。2011年5月,中共鄂温克旗委副书记、旗委党校校长。2013年4月,中共呼伦贝尔市委组织部副部长、市委正处级组织员。2016年7月,新巴尔虎右旗委副书记、代理旗长。

车淑芳 蒙古族,大专学历。1959年2月出生,内蒙古科尔沁左翼中旗人。1976年10月参加工作,1990年6月加入中国共产党。

1976年10月,喜桂图旗(今牙克石市)库都尔商业分局工作。1977年10月,鄂温克旗贸易公司店员。1978年10月,鄂温克旗物资局科员、副局长。1995年10月,鄂温克旗商贸局副局长。1999年7月,鄂温克旗审计局局长。2002年10月,中共鄂温克旗伊敏河镇委员会书记。2004年1月,鄂温克旗人大常委会副主任、党组副书记。2007年11月,中共鄂温克旗委常委、旗纪律检查委员会书记。2016年7月,呼伦贝尔市纪委派驻市政协办公厅纪检组组长。

孙庆杰 1969年1月出生,辽宁省人,研究生学历,硕士学位。1994年8月参加工作,无党派。

1994年8月,在呼伦贝尔盟中级人民法院工作。1995年5月,呼伦贝尔盟中级人民法院助理审判员。1996年4月,呼伦贝尔盟中级人民法院副科级助理审判员。1996年7月,呼伦贝尔盟中级人民法院副科级审判员。2000年9月,呼伦贝尔盟中级人民法院全国法院干部业余法律大学呼伦贝尔分部副主任、副科级审判员。2001年10月,呼伦贝尔盟中级人民法院全国法院干部业余法律大学呼伦贝尔分部副主任、正科级审判员。2002年3月,呼伦贝尔市中级人民法院一庭副庭长、正科级审判员。2003年11月,鄂温克旗人民政府副旗长。2006年6月,呼伦贝尔市人民检察院副检察长。

敏 杰 鄂温克族,大专学历。1964年1月出生,内蒙古鄂温克旗人。1981年8月参加工作,1994年3月加入中国共产党。

1981年8月,在鄂温克旗人民政府办公室工作。1981年9月,在内蒙古大学哲学系进修。1983年8月,鄂温克旗妇联科员、妇儿部部长。1994年5月,鄂温克旗妇联副主席,其间,2000年11月参加内蒙古自治区第八次妇女代表大会,当选为自治区第八届妇女联合会执委。2001年10月,中共鄂温克旗委组织部副部长、旗直属机关党工委书记。2004年1月,鄂温克旗政协副主席。2007年11月,鄂温克旗巴雁镇党委书记。2011年4月,鄂温克旗大雁镇党委书记。2012年10月,鄂温克旗人民政府副旗长。2016年7月,鄂温克旗委常委、政法委书记。

樊秀敏 1962年12月出生,山东省巨野县人,大学学历,经济师。1986年7月参加工作并加入中国共产党。

1982年9月,在内蒙古大学国民经济计划与统计专业学习。1986年6月,呼伦贝尔盟计划委员会科员。1996年5月,呼伦贝尔盟计划委员会副科长、科长。2006年6月,鄂温克旗人民政府科技副旗长。2007年11月,鄂温克旗人民政府副旗长。2012年10月,呼伦贝尔市教育局副局长。2014年12月,呼伦贝尔市残联理事长、党组书记。

田　华　达斡尔族，大专学历。1963年3月出生，辽宁省开原县人。1983年8月参加工作，1991年6月加入中国共产党。

1983年8月，鄂温克旗财政局预算股总预算会计、股长，其间，1985年9月～1988年7月，在中央财政金融学院财务会计专业学习。1995年2月，鄂温克旗财政局副局长。其间，1997年9月～1999年1月，在国家财政部财政科学研究所研究生部学习；2000年9月～2003年12月，吉林大学经济管理专业学习。2001年10月，鄂温克旗财政局局长。2007年11月，鄂温克旗政协副主席。2012年11月，鄂温克旗人大常委会副主任、党组副书记。

马会宁　大学学历。1976年4月出生，河北省保定市人。1995年7月参加工作，2002年7月加入中国共产党。

1992年9月，在内蒙古大兴安岭林业师范学校普师班学习。1995年7月，内蒙古绰尔林业局电视台记者，其间，1996年10月～1999年12月，在内蒙古师范大学汉语言文学专业大专自考班学习。2002年12月～2006年3月，呼伦贝尔市委组织部电教中心科员，其间，2003年10月～2005年12月，在内蒙古师范大学汉语言文学专业本科自考班学习。2006年3月～2009年7月，呼伦贝尔市委组织部电教中心副主任。2009年7月，呼伦贝尔市副处级信访专员。2010年12月～2011年5月，鄂温克旗人民政府副旗长。2011年5月，中共鄂温克旗委常委、宣传部部长。2012年10月，鄂温克旗人民政府副旗长。

索优勒玛 鄂温克族,大学学历。1968年5月出生,内蒙古鄂温克旗人。1990年8月参加工作,1995年6月加入中国共产党。

1988年9月,在呼伦贝尔盟艺术学校师资班学习。1990年8月,共青团鄂温克旗委员会科员。1996年10月,共青团鄂温克旗委员会副书记。2001年10月,共青团鄂温克旗委员会书记。2004年2月,鄂温克旗委组织部副部长、旗直属机关工委书记。2008年3月,鄂温克旗委组织部副部长、旗人事、劳动和社会保障局局长。2010年9月,鄂温克旗委组织部副部长、旗人力资源和社会保障局局长。2012年5月,鄂温克旗委组织部副部长、旗人力资源和社会保障局局长、党组书记。2012年10月,鄂温克旗政协副主席、旗委组织部副部长、旗人力资源和社会保障局局长、党组书记。2013年1月,鄂温克旗政协副主席。

(二)旗妇联历届领导人

1. 旗妇联主席

索日玛德苏荣 达斡尔族,1930年5月出生,内蒙古鄂温克旗人。1947年9月参加革命工作,1948年10月加入中国共产党。

1947年9月,在齐齐哈尔内蒙古军政大学二院学习、哲里木盟(今通辽市)参加土改。1948年8月,索伦旗(今鄂温克旗)中心小学教员。1949年11月,索伦旗党支部妇女委员、妇联主任。1953年9月,索伦旗人民法院副院长。1955年5月,新巴尔虎左旗妇联主任、纪律监察委员会副书记。1959年4月,新巴尔虎右旗人民委员会副旗长。1961年6月,呼伦贝尔盟牧业干部学校副校长。1973年4月,鄂温克旗巴彦托海公社党委书记、革委会主任。1975年4月,呼伦贝尔盟畜医工作站指导员。1979年11月,呼伦贝尔盟妇联副主任。1985年5月离休,享受盟市级待遇。

阿拉坦 蒙古族,1927年12月出生,内蒙古科尔沁左翼后旗人。1948年1月参加革命工作,1952年加入中国共产党。1948年1月,在内蒙古军政大学学习。1948年7月,在满洲里市税务局工作。1950年1月,在呼伦贝尔纳文慕仁盟税务局工作。1952年10月,海拉尔市(今海拉尔区)直属机关妇联主任兼生产福利部部长。1953年2月,莫力达瓦达斡尔族自治旗妇联生产福利部部长。1954年1月,索伦旗妇联副主任。1956年,索伦旗妇联主任。1958年12月,呼伦贝尔盟牧业干部学校办公室副主任。1959年9月,呼伦贝尔盟妇联生产福利部部长。1984年3月离休,享受县处级待遇。

斯日古楞 鄂温克族,大专文化。1945年5月出生,内蒙古鄂温克旗人。1964年9月参加工作,1973年6月加入中国共产党。1964年9月,在鄂温克旗巴彦嵯岗公社工作。1970年10月,鄂温克旗巴彦塔拉公社妇联主任。其间,于1983年和1985年两次被内蒙古妇联授予全区优秀妇联干部称号。1987年3月,鄂温克旗辉苏木党委副书记,其间,于1988年11月被内蒙古党委、自治区人民政府授予全区民族团结进步先进个人称号。1990年8月,鄂温克旗妇联主任。1994年8月,鄂温克旗政协民族宗教委员会主任。1995年退休。1997~2013年,任鄂温克旗关心下一代工作委员会副秘书长、常务副主任、副主任兼机关党支部书记。由于业绩突出,2001年、2006年和2011年被呼伦贝尔市委、市人民政府授予全市关心下一代工作先进工作者荣誉称号。2009年10月被授予全区关心下一代工作先进工作者称号,并多次被旗委、旗政府授予"优秀共产党员"、"劳动模范"、"优秀党务工作者"等荣誉称号。

萨其仁贵 鄂温克族,中师学历。1949年2月出生,内蒙古鄂温克旗人。1968年1月参加工作,1988年8月加入中国共产党。1968年1月,在内蒙古乌兰察布盟(今乌兰察布市)察右后旗民族中学任教。1979年9月,鄂温克旗革委会翻译科、蒙古语文委员会翻译。1980年12月,鄂温克旗人大常委会秘书。1984年10月,鄂温克旗人大常委会科教文卫委副主任。1988年5月,鄂温克旗民族宗教事务局副局长。1995年2月,鄂温克旗妇联主席,其间,1995年12月出席内蒙古妇女第七次代表大会,被选为内蒙古妇联第七届执行委员。1997年被内蒙古妇联授予全区优秀妇联干部称号。1998年出席中国妇女第八次全国代表大会。1999年8月,鄂温克旗妇联主任科员。2004年,退休。

斯仁吉木 蒙古族,大专学历。1952年10月出生,内蒙古陈巴尔虎旗人。1968年3月参加工作,1986年3月加入中国共产党。1968年3月,陈巴尔虎旗下乡知青。1972年3月,陈巴尔虎旗乌兰牧骑演员。1977年1月,鄂温克旗妇联科员。1985年,鄂温克旗妇联副主任,其间,1988年9月~1990年7月,内蒙古党委党校党政管理班学习。1990年8月,鄂温克旗总工会副主席。1999年7月,鄂温克旗妇联主席。2002年10月,鄂温克旗妇联主任科员。2007年,退休。

涂淑芝 鄂温克族，大专学历。1958年8月出生，黑龙江省讷河市人。1981年8月参加工作，1989年6月加入中国共产党。1981年8月，鄂温克旗第一中学、第二中学教师，其间于1984年9月～1987年7月，在内蒙古师范大学生物系学习。1990年12月，鄂温克旗伊敏河镇党委科员。1996年10月鄂温克旗伊敏河镇党委副书记、党委委员、纪检委书记。1999年11月，鄂温克旗伊敏河镇党委副书记。2002年10月，鄂温克旗妇联主席。2004年2月，鄂温克旗总工会主席。2008年3月，鄂温克旗总工会主任科员。2013年8月，退休。

索龙格 鄂温克族，大学学历。1971年10月出生，内蒙古鄂温克旗人。1992年12月参加工作，2001年6月加入中国共产党。

1992年12月，鄂温克旗北辉苏木卫生院会计，其间，1995年9月参加在北京召开的联合国第四次世界妇女大会。1996年5月，鄂温克旗妇幼保健所干事。1997年5月，鄂温克旗教育科技局成人办教员，其间于1995年9月～1997年7月，在内蒙古广播电视大学行政管理专业学习。2000年5月，鄂温克旗医疗保险管理中心会计。2001年10月，鄂温克旗妇联副主席，其间于1998年10月～2005年6月，在内蒙古大学行政管理专业自考本科班学习。2005年，被内蒙古妇联授予全区优秀妇联干部称号。2006年11月，鄂温克旗妇联主席，其间于2008年5～11月，挂职锻炼任呼伦贝尔市科技局局长助理。2012年5月，鄂温克旗妇联主席、党组书记。2013年1月，鄂温克旗人口与计划生育局局长、党组书记。2014年12月，鄂温克旗卫生和计划生育局党组书记、副局长。

娜仁托雅 蒙古族,研究生学历。1975年8月出生,内蒙古科尔沁左翼后旗人。1993年9月参加工作,2001年12月加入中国共产党。

1990年9月,在海拉尔蒙古族师范学校汉语文专业学习。1993年9月,鄂温克旗民政局科员。2002年6月,鄂温克旗委宣传部科员。2004年2月,鄂温克旗委宣传部副部长,其间于2002年7月~2005年6月,在内蒙古师范大学法学专业本科班学习。2009年1月,鄂温克旗委宣传部副部长、文明办主任。2013年1月,鄂温克旗妇联主席、党组书记。

注:任旗妇联主席的还有额尔登挂(详见 页)、玛扎(详见 页)、哈森其其格(详见 页)、嘎拉森道力玛(详见 页)。

2. 旗妇联副主席(副主任)

呼 群 达斡尔族,1922年12月出生,内蒙古莫力达瓦达斡尔族自治旗人。1946年8月参加革命工作。

1946年8月,莫力达瓦达斡尔族自治旗国民优级学校教师。1947年7月,在齐齐哈尔内蒙古军政大学学习,其间于11月参加哲里木盟(今通辽市)科尔沁左翼中旗土改工作队。1948年,回校总结土改工作,毕业后分配到乌兰浩特内蒙古日报社编辑部工作。1951年,内蒙古军区后勤部工作。1952年5月,内蒙古妇联宣传部妇女杂志社编辑。1953年,妇女杂志社改为妇女日报社任副总编。1958年3月,索伦旗(今鄂温克旗)巴彦托海公社副主任兼妇联主任。1959年4月,鄂温克旗妇联副主任。1960年11月,鄂温克旗科委副主任。1961年,鄂温克旗商业局副局长。1984年4月,离休。

董静影 上海知青,1973~1976年,任鄂温克旗妇联副主任(不脱产),后返城工作。

张述学 工人,1974~1975年,任鄂温克旗妇联副主任(不脱产)。

沃彩金 达斡尔族,1977年3月~1979年,任鄂温克旗妇联副主任。

娜仁其其格 鄂温克族,大专学历。1949年出生,内蒙古鄂温克旗人。1971年参加工作,中共党员。

1971~1978年,鄂温克旗辉公社小学教师。1978年,鄂温克旗辉公社妇联副主任、主任。1980年,鄂温克旗妇联科员。1982年,鄂温克旗妇联副主任。1995年2月,鄂温克旗委宣传部副部长(正科级)。1998年4月退休。

诺 敏 鄂温克族,中专学历。1963年12月出生,内蒙古鄂温克旗人。1982年8月参加工作,1992年加入中国共产党。

1982年8月,鄂温克旗妇联科员。1994年5月,鄂温克旗妇联副主席。2004年2月,鄂温克旗妇联副主席(正科级)。2013年1月,鄂温克旗妇联主任科员。

红　梅　鄂温克族,大学学历。1970年3月出生,内蒙古察哈尔右翼后旗人。1992年8月参加工作,1996年6月加入中国共产党。

1988年9月,在内蒙古师范大学生物系生物专业学习。1992年8月,鄂温克旗职业中学教师。1994年9月,鄂温克旗鄂温克中学教师。1996年12月,鄂温克旗委组织部科员。2001年10月,鄂温克旗委组织部副主任科员。2004年2月,鄂温克旗妇联副主席。2009年12月,鄂温克旗职业中学党支部书记,其间于2012年4月~2013年3月,挂职锻炼任海拉尔区教育局副局长。2013年1月,鄂温克旗人大常委会选举任联络委员会主任。2014年2月,在旗第十二届人民代表大会第三次会议上,当选为鄂温克旗第十二届人大常委会委员。

萨　仁　鄂温克族,大学学历。1971年9月出生,内蒙古莫力达瓦达斡尔族自治旗人。1995年8月参加工作,无党派。1993年9月,在内蒙古供销学校对外贸易专业学习。1995年8月,鄂温克旗旅游局科员,其间于1996年8月~1999年6月,在中共中央党校函授学院经济管理专业学习。2003年7月~2004年2月,鄂温克旗政府办公室挂职任主任助理。2004年2月,鄂温克旗旅游局副局长,其间于2001年9月~2004年2月,在内蒙古大学外国语学院英语专业本科班学习。2004年9~11月,参加呼伦贝尔市委组织部、市委党校举办的青年干部培训班。2009年10~12月,北京市顺义区杨镇政府挂职任镇长助理。2010年9月,鄂温克旗妇联副主席。

萨如拉 蒙古族,大学学历。1988年10月出生,内蒙古通辽市库伦旗人。2011年2月参加工作,中共党员。

2006年9月~2010年7月,哈尔滨工业大学人文学院广播电视编导专业学习;2011年2月~2013年7月,共青团鄂温克旗委员会宣传、学少部长;2013年7月~2014年12月,鄂温克旗信访局副科级信访专员(其间:2011年3月~2013年12月,内蒙古农业大学经济管理学院农村与区域发展专业学习);2014年12月,鄂温克旗妇联副主席、党组成员。

注:任旗妇联副主席(副主任)的还有玛扎(详见页)、阿拉坦(详见页)、涂秀琴(详见页)、阿尔腾(详见页)、阿荣(详见页)、嘎拉森道力玛(详见页)、哈森其其格(详见页)、斯仁吉木(详见页)、敏杰(详见页)。

(三)省级以上代表人物

1. 全国人民代表大会代表

阿尤勒图贵 鄂温克族,1940年出生,内蒙古鄂温克旗人,中共党员。

1957年,在家乡鄂温克旗巴彦嵯岗公社扎格达木丹嘎查从事牧业生产劳动。1963年被评为先进共青团员、模范民兵。1965年荣获乌兰夫主席签发的"抗灾保畜模范奖状"。同年赴呼和浩特参加自治区第四届人民代表大会,并作为少数民族代表团成员赴北京参加建国16周年庆祝大会,10月1日,应邀登上天安门参加国庆典礼。1973年5月,呼伦贝尔盟妇女代表大会筹备组组长;1973年8月,呼伦贝尔盟妇联主任(不脱产),其间,1971年在黑龙江省党代会上当选为黑龙江省委候补委员。1973年1月、1976年1月,当选为中共鄂温克旗第四、第五届委员会常委。1975年,当选为第四届全国人民代表大会代表。1979年,被录用为国家干部,曾任巴彦嵯岗公社管委会副主任。后退休。

哈斯托娅 鄂温克族,1955年2月出生,内蒙古鄂温克旗人,1973年参加工作。

1973年,在鄂温克旗卫生学校毕业后,任辉公社辉道生产队"赤脚医生"。1977年,当选为黑龙江省第五届人民代表大会代表,1979年《中共中央、国务院关于恢复内蒙古自治区原行政区划的通知》下发后,转为内蒙古自治区第五届人民代表大会代表。1978年,当选为全国第五届人民代表大会代表。1980年,在鄂温克旗辉公社卫生院从事妇幼保健工作。1988年,被评为中级职称;1991~1992年,在呼伦贝尔盟卫生学校进修。2002年提前离岗。

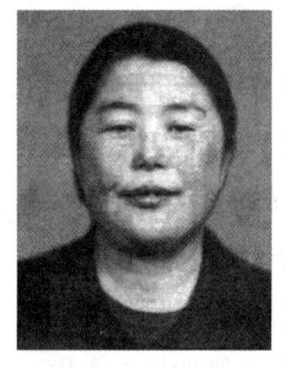

娜仁格日勒 鄂温克族,1955年9月出生,内蒙古鄂温克旗人。1973年参加工作,1975年12月加入中国共产党。

1973年,鄂温克旗辉公社中等专业学校蒙文专业毕业后,辉公社嘎鲁图生产队民办教师;1983年,当选为第六届全国人民代表大会代表。1985年,辉苏木嘎鲁图嘎查党支部书记。1990年,鄂温克旗辉苏木妇联主任。1996年10月,鄂温克旗北辉苏木党委副书记兼人大副主席。1997年7月,鄂温克旗北辉苏木人大主。2000年10月,鄂温克旗北辉苏木党委副书记、苏木达。2001年5月,北辉苏木与辉苏木合并后,任辉苏木人大主席、北辉办事处党总支书记;2012年10月,鄂温克旗辉苏木党委主任科员。后退休。

2. 参加全国群团代表大会代表

斯仁道力玛（1951－1996） 蒙古族,初中文化,1951年出生于鄂温克族自治旗锡尼河西苏木特莫胡珠嘎查。1972年加入中国共产党。1975年参加工作。

1975~1996年,在锡尼河西苏木人民政府工作,期间一直负责本苏木妇联工作,1978年9月参加中国妇女第四次全国代表大会。1996年,因病逝世。

桂 花 鄂温克族,初中文化。牧民,1944年4月出生,内蒙古鄂温克族自治旗辉苏木乌兰宝力格嘎查人,中国共产党党员。1981~1991年被评为嘎查优秀党员。1983年,参加中国妇女第五次全国代表大会。

牧其乐 鄂温克族,中专学历,护师职称。1970年4月出生,内蒙古鄂温克旗巴彦嵯岗苏木人。1988年7月参加工作。

1988年7月~1990年7月,在鄂温克旗巴彦塔拉乡卫生院工作;1990年7月~2002年9月,在鄂温克旗人民医院工作。2002年9月,因病提前退休。工作期间,曾代表鄂温克旗人民医院多次参加旗、盟(市)、自治区级文艺演出、汇演、比赛,为单位获得荣誉。1993年9月,参加中国妇女第七次全国代表大会。

白荣挂 鄂温克族,大专学历。1957年2月出生,内蒙古鄂温克旗人,1977年7月参加工作。

1977年7月在海拉尔第一中学毕业后,到鄂温克旗辉公社乌兰宝力格生产队插队。同年,鄂温克旗辉公社乌兰宝力格生产队小学民办教师。1980年,鄂温克旗辉公社妇联干事。1982年,鄂温克旗辉公社妇联主任。1990年,鄂温克旗卫生局科员。1993年,鄂温克旗卫生系统工会主席。1998年9月,参加中国工会第十三次全国代表大会,并被选为主席团成员。1999年,当选为鄂温克旗第九届人民代表大会代表。同年10月,参加内蒙古工会第七次代表大会,并当选为内蒙古工会第七届委员会委员。2013年8月,退休。

敖慧如 鄂温克族,大学学历,学士学位。1984年11月出生,内蒙古莫力达瓦达斡尔族自治旗人。2002年11月参加工作,2009年6月加入中国共产党。

2002年11月,鄂温克旗妇幼保健所工作。2007年12月~2014年12月,鄂温克旗卫生监督所工作,其间于2008年6月参加共青团第十六次全国代表大会。

3.自治区人民代表大会代表

敖登格日勒 鄂温克族,1939年1月出生,内蒙古鄂温克旗人。1962年7月参加工作,同年加入中国共产党。

1962年7月,内蒙古医学院毕业后,在鄂温克旗辉公社卫生院工作;1965年,在鄂温克旗人民医院工作;1976年,鄂温克旗巴彦托海镇卫生院院长 1981年,鄂温克旗卫生局副局长;1984年,鄂温克旗卫生局局长；1987年，当选为内蒙古自治区第七届人民代表大会代表；曾当选为内蒙古自治区科学技术协会第二届代表、委员。1994年，退休。

苏 荣 达斡尔族，大专学历。1963年9月出生，内蒙古鄂温克旗人。1982年7月参加工作，中学高级教师。

1982年7月，在鄂温克旗教育局工作。1985年9月，在内蒙古师范大学学习。1987年7月，鄂温克旗第三中学教员。1993年9月，鄂温克旗第一中学教员。1997年，当选为内蒙古自治区第九届人民代表大会代表。2008年10月，鄂温克旗鄂温克中学教员。

乌云娜 鄂温克族，高中文化。1970年5月出生，内蒙古鄂温克旗人。

1978年，鄂温克旗辉苏木学校学生。1983年9月，海拉尔第一中学学生。1999年7月，鄂温克旗辉苏木哈库木嘎查牧民。2007年12月，当选为内蒙古自治区第十一届人民代表大会代表。2012年12月，当选为内蒙古自治区第十二届人民代表大会代表。

三、人物简介

赛音斯琴 鄂温克族，1935年出生，内蒙古鄂温克旗人。1951年，考入内蒙古歌舞团，当年在内蒙古艺术学校接受培训。1953年，作为团里唯一的鄂温克族演员随同中国艺术团赴朝鲜慰问演出。1954年，参加了慰问中国人民解放军演出团。同年，随中国青年艺术团赴苏联演出，其间，表演具有民族特色的《鄂温克族舞蹈》、《布特亚特婚宴舞》、《乌克兰》、《筷子舞》《鄂尔多斯舞蹈》等10多个舞蹈,受到广大观众的欢迎和好评。1955年,在北京参加了全国人民代表大会专场演出。1956年,参加全国首届舞蹈会演。1959年,随中国艺术团赴蒙古人民共和国慰问演出。她作为中国北方优秀的少数民族舞蹈演员,还曾荣幸地为党和国家领导人专场演出,受到毛泽东、刘少奇、朱德、周恩来等人的接见。

她是一位多才多艺的艺术家,在表演的同时,还创编了许多舞蹈作品,如《双人舞》、《一对红花》、《各民族团结友爱》、《闪光的布利亚特》、《山中铃声》、《达斡尔族姑娘》、《鄂温克青年》、《相会》等佳作,其中大部分由本人演出。还参与集体创作,如《在那达慕上》、《盅碗群舞》、《牛奶站》等。她不忘哺育她成长的鄂温克旗的家乡父老乡亲,经常回到鄂温克旗,与基层和牧民打成一片,为他们演出,让他们欣赏艺术之美。在深入基层,探索民族民间舞蹈的基础上,撰写的论文《试论鄂温克舞蹈艺术的传统与发展》刊登在《舞蹈艺术》杂志上,同时收录在《鄂温克族研究文集》,并获内蒙古鄂温克族研究会创作三等奖。论文《从鄂温克、鄂伦春民间舞蹈的传统与发展,谈舞蹈的时代性和民族性》,被内蒙古蒙文版《金钥匙》杂志收入。同时,还注重收集、整理、研究、普及民族舞蹈工作。退休后,她没有满足于安享晚年的平静生活,在挖掘、整理的基础上,创编鄂温克族集体舞,简便、易学,又不失艺术性和民族性,并在自治区内的鄂温克族聚居区和其他省、区、市鄂温克族聚居区内得以普及。她热爱自己的舞蹈事业,为之奋斗了一生,是中国舞蹈家协会会员、中国少数民族舞蹈研究会会员、中国舞蹈家协会内蒙古分会会员、呼伦贝尔市舞蹈家协会理事,同时也是内蒙古鄂温克族研究会常务理事。

敖　嫩　鄂温克族,大专学历,1935年12月出生,内蒙古鄂温克旗人。1957年7月参加工作,1974年加入中国共产党。1957年7月毕业于内蒙古语文专科学校,同年被选送到内蒙古党委党校任教员;1961年调回鄂温克旗工作,先后在教育科、妇联任科员;1982年6月,任鄂温克旗文联副主席;1984年4月,文联与文化局合并后,任旗文化局副局长;1986年,文联与文化局分设,任旗文联副主席。1993年退休。

敖嫩于1982年6月开始文学创作,在常年下乡体验生活、创作等实践中,细心向牧民、猎民、学习请教,挖掘民族民间故事、传说和谚语、谜语等遗产,丰富和充实自己的文学生涯。她是呼伦贝尔市一位不断努力创新并具有独特风格的鄂温克族女作家,创作的作品较全面地反映了鄂温克族人民的生活。创作发表的小说有:《呼兰》、《泪》、《悔恨》、《复苏》、《猎人之子》、《鄂温克人的婚礼》、《半醉》、《觉醒》、《海瑞》等;报告文学有:《孔雀驱起了"萨满"》、《奋战硕果》、《民族团结的赞歌》、散文《猎人兄弟》、《路是歪的》。电视剧《被遗忘草原的海瑞》于2013年9月在中央电视台第10套中播出。她收集整理的《鄂温克族民间故事(蒙文集)》一书1989年由内蒙古文化出版社出版。此外,《讷河民间文学集成》、《呼伦贝尔文学》(后改为《骏马》)等刊物上,收录和发表过她整理的多篇鄂温克族民间故事。在中国作家世纪论坛2005年文学作品比赛中,其散文《奥茸》获二等奖。2009年,《鄂温克族民间故事集》被中国民间文艺协会评为第九届山花奖,并于2010年被评为呼伦贝尔市第六届文学艺术创作骏马奖。她是中国少数民族作家协会会员、中国作家协会内蒙古分会会员、中国民间艺术协会内蒙古分会会员、呼伦贝尔市作家协会理事、内蒙古鄂温克族研究会理事、三级创作员。

斯琵勒 鄂温克族,1938年9月出生,内蒙古鄂温克旗人。1959年加入中国共产党,1953年,任鄂温克旗锡尼河公社孟根楚鲁生产队(后于1961年将锡尼河公社孟根楚鲁生产队分出,同年和合营牧场组建了孟根楚鲁公社)妇代会主任。在她的带领下,广大妇女积极参加生产劳动,打贮草、做毡子、积肥、抹土房、盖地窖,哪里艰苦,哪里就有她们的身影。她们还主动帮助学校修校舍,为生产队饲养牛犊和瘦弱牲畜。1955年,斯琵勒出席自治区劳动模范奖励大会,被授予自治区劳动模范称号;1958年,参加全国社会主义青年积极分子代表大会,被国务院授予全国社会主义青年积极分子荣誉称号;1979年,被黑龙江省妇联授予黑龙江省"三八"红旗手;1979年和1983年,两次被全国妇联授予全国"三八"红旗手;1979年,被自治区妇联授予自治区"三八"红旗手标兵和"三八"红旗手;1984年,被自治区妇联授予全区维护妇女儿童合法权益先进工作者。1995年,从嘎查妇代会主任的岗位退下来。

杜　彤 鄂温克族,大学学历,1939年7月出生,内蒙古扎兰屯市萨玛街鄂温克民族乡人。1963年7月参加工作,1984年11月加入中国共产党。1963年7月~1965年10月,内蒙古包头医学院医疗系毕业后,在阿荣旗人民医院从事内科临床诊疗工作,任旗医院住院医师。1965年10月~1970年8月,阿荣旗图布新中心医院住院医师。1970年8月~1982年5月,在新巴尔虎左旗人民医院任住院医师、主治医师等职,并任内科副主任。1973年10月~1974年10月,在哈尔滨医科大学附属一院内科进修,在理论水平与实践经验上又有了进一步提高。1979年10~12月,在哈尔滨医科大学心血管学习班学习,当年又参加了黑龙江省牡丹江市消化系统学术活动。1982年5月至退休,在鄂温克旗人民医院工作,曾任副院长、副主任医师等职务与职称。1983年7月,参加全国遗传学术活动,因长期在边境、农村牧区、少数民族地区工作,于1983年7月,又被国家民委、劳动人事部、中国科协授予在少数民族地区长期从事科技工作荣誉称号。1984年8~12月,在呼伦贝尔盟科技处参加英语学习班,并获结业证书。是政协鄂温克旗第五届委员会委员,1984年10月,在政协鄂温克旗第五届委员会第一次会议上,当选为常委。1985年4月~1986年4月,鄂温克旗人民医院代院长管理旗医院的全面工作。

她长期从事农村、牧区、少数民族地区医疗卫生工作,积累了丰富的基层诊疗临床经验及理论知识,从医30多年,保持良好的医德医风、发扬救死扶伤的人道主义精神,全面贯彻全心全意为人民服务宗旨,得到患者的信赖好评。努力专研业务,对技术精益求精,较熟练地掌握内科的基础理论,临床诊疗知识,能够对内科疑难杂症及内科急危重症做出较正确的诊断和治疗及抢救,能很好承担起科内疑难病会诊及院外出诊工作。为回报党和人民对她的培养,为之付出了青春年华及全部精力。

赵文军 初中文化,1940年11月出生,辽宁省北宁市人。1956年1月参加工作,1959年加入中国共产党。1956年1月,辽宁省北宁市广宁公社畜牧场技术员;1964年,辽宁省北宁市正安公社副社长;1971年,辽宁省北宁市四方台五七生产队队长;1972年,鄂温克旗档案科科员;1981年,鄂温克旗毛纺厂股长;1984年,鄂温克旗计划生育服务站副站长;1986年,鄂温克旗计划生育委员会副主任;1988年5月,鄂温克旗计划生育委员会主任;1995年2月,鄂温克旗计划生育局主任科员;1997年退休。

赵文军自参加工作以后,干一行,爱一行,肯于专研,工作中有一股执着的韧劲。1958年被授予全国社会主义建设积极分子,1959年被授予辽宁省特等劳动模范,她的事迹还被编辑成连环画册在辽宁省广为宣传。1984年,她由鄂温克旗毛纺厂调任旗计划生育服务站副站长,开始了她的"天下第一难"——计划生育工作,她经常深入基层,当时,旗内财政状况吃紧,而计划生育经费相对缺少,单位又无交通工具,她带领下属只能乘坐公共汽车,由于车上旅客较多,有时没有座位,她们一站就是一天,下车后住个体小旅店,饥一顿饱一顿。工作中,她们苦口婆心地劝说、开导、讲实例、讲政策、讲人生、讲家庭。一次次地拜访做思想工作,经过工作,大部分人转变了观念,采取了相应的节育措施。1994年,她被国家计划生育委员会授予全国优秀计划生育工作者。

敖铁叶 达斡尔族,副研究馆员,1943年5月出生,黑龙江省泰来县人,高中文化。1959年7月参加工作,1975年7月加入中国共产党。1959年7月,在鄂温克旗商业局工作。1960年,在鄂温克旗歌舞团工作。1962年,鄂温克旗乌兰牧骑演员。1964年,在内蒙古艺术学校进修。1965年,鄂温克旗乌兰牧骑演员。1998年退休。退休后,于1999年开始担任鄂温克旗苍松老年艺术团团长。

敖铁叶1960年开始从事艺术表演工作,独唱歌曲多首被中央人民广播电台、内蒙古人民广播电台、呼伦贝尔人民广播电台和兄弟省区广播电台灌录和播出,1963年,由中央人民广播电台录制了一部专辑。1964年,参加内蒙古专业文艺汇演,获独唱优秀表演奖。1979年,出席全国少数民族民间歌手座谈会,受到党和国家领导人的接见。1980年,参加内蒙古东三盟文艺汇演,获独唱表演奖。同年,参加内蒙古文学艺术界联合会代表大会。1981年,出席全国农村文艺先进集体和先进个人表彰大会,并在人民大会堂为党和国家领导人演出。1991年,参加首届沈阳中国秧歌大赛,获组织奖。1977~1983年,当选为黑龙江省第五届和内蒙古自治区第五届人民代表大会代表;是政协内蒙古第五届委员会委员,同时也是政协呼伦贝尔盟第五届委员会委员;中国音乐家协会内蒙古分会会员。2009年,被呼伦贝尔市委、市人民政府授予"呼伦贝尔文化事业突出贡献奖"称号。

单玉珍 达斡尔族,1943年10月出生,内蒙古鄂温克旗巴彦塔拉乡布拉尔嘎查牧民。中共十一届三中全会以后,全党工作重点向经济建设转移,她勤劳致富、勤勤恳恳,调动广大妇女积极投入到各项经济建设中,发挥妇女"半边天"的作用。同时,做好维护儿童的合法权益和抚育、培养、教育儿童成长等一系列工作,当时,巴彦塔拉乡妇联协调公、检、法等部门,开展对侵害妇女儿童的行为调查并在乡里进行集中培训教育。单玉珍积极参与,认真搞调查研究,对侵害妇女儿童的行为作坚决的斗争。她和老伴那仁旺吉拉善待老人尊老爱幼、邻里关系好。单玉珍是致富带头人,自己生活富裕了,不忘贫困人群,帮助他们共同走富裕道路。1982年,他们一家在党的富民政策指引下勤劳致富的先进事迹在呼伦贝尔日报(蒙文版)上发表,引起强烈的反响。1983年9月被授予全国"五好家庭"荣誉称号。

涂玉珍 鄂温克族,1952年9月出生于黑龙江省讷河县团结公社。1960~1966年在鄂温克旗巴彦托海镇第二小学学习,1966~1969年在海拉尔第一中学学习,1970~1973年鄂温克旗南屯公社红旗队下乡知青,1974~1976年在海拉尔蒙古族师范学校学习。1977~2007年在鄂温克旗第一中学、第二中学、鄂温克中学、职业中学任教并兼任工会主席,其间曾在哈尔滨师范学院生物系进修两年,2007年9月退休。

涂玉珍作为鄂温克族女知识分子,长期在教育工作一线工作,她甘于奉献、勇于担当，教学中她勤奋备课、认真教学，受到学生好评，在30多年的教育教学工作中，无论是担当班主任还是科任教师，都尽职尽责，对学生认真负责、循循善诱、动之以情、晓之以理，既教书又育人。她兼职校工会主席多年，更是把教师的冷暖挂在心上，为校领导分忧、为教师解愁，深得教职员工的拥戴，多次被旗总工会评为工会先进工作者，获得旗教学能手称号。1990～1998年，曾当选为内蒙古总工会第五、第六届代表大会代表，并被选为此两届的常务委员。1993年，被选为中国工会第十二次全国代表大会代表，出席在北京人民大会堂召开的代表大会，并获得全国总工会先进工作者称号，受到全国总工会表彰奖励。还被选为鄂温克旗第五、六、七、八届人民代表大会代表，五、六、八届旗人大常委会委员，呼伦贝尔盟第八届政协委员。在这些社会兼职活动中，她认真履行职责、勇于担当，认真调查全旗民族教育的现状和存在的问题，及时以议案和建议的书面或口头形式反映给人大、政协组织，为政府决策提供参考。

王立贤 满族，大专文化，1952年10月出生，大专文化，中共党员。1976年调到鄂温克旗公安局大雁分局工作，1982年2月至1997年2月，先后任鄂温克旗公安局大雁东升派出所指导员、大雁胜利派出所教导员、所长。其间，她在维护大雁地区社会安定、打击刑事犯罪、保护人民生命财产安全等方面都付出极大的心血，做出了重要贡献，多次受到表彰奖励。1984年被鄂温克旗委、旗人民政府授予全旗政法系统先进工作者，1988年被鄂温克旗委授予全旗优秀共产党员，1995年8月被内蒙古妇联授予"三八红旗手"，同年9月被内蒙古公安厅授予全区警界女十杰，记二等功一次，1996年2月被国家公安部授予全国优秀人民警察等称号。曾于1986年12月和1996年11月，当选为中共鄂温克旗第八次和第十次代表大会代表。1997年2月，调海拉尔市（今海拉尔区）公安局工作。2007年，退休。

安　娜 鄂温克族，大专学历，1954年9月出生，黑龙江省讷河市人。1972年参加工作，无党派人士。1972年，鄂温克旗南屯公社（巴彦托海镇）知青；1974年，在黑龙江省牡丹江电校学习；1976年，在黑龙江省富拉尔基热电厂工作；1977年，在鄂温克旗农机修造厂工作；1982年8月，鄂温克旗文联创作员（其间，1982年9月～1984年7月在内蒙古师范学院文学研究班学习）；1991年，内蒙古鄂温克族研究会办公室科员；1997年，内蒙古鄂温克族研究会办公室主任；2002年，内蒙古鄂温克族研究会办公室主任科员；2006年当选为内蒙古鄂温克族研究会副会长兼秘书长，后任常务副会长。2009年退休。

她是中国少数民族作家协会会员，中国作家协会内蒙古分会会员。1978年开始文学创作，主要作品有：短篇小说《金霞与银霞》、《牧野上，她发现一颗星》、《牧野深处的眷恋》、《心波》、《飞驰的天使》、《芦苇荡的回声》、《哈迪姑姑》；散文诗《欢腾的伊敏河》、《摇篮.摇篮曲》、《心潮》、《祝福您，鄂温克》等，分别发表于《民族文学》、《哈尔滨文艺》、《草原》、《呼伦贝尔文学》（现骏马文学刊物），其中《牧野上，她发现一颗星》收入《异卉奇花》（中国少数民族青年女作者作品选，1985年广西民族出版社出版）。《金霞和银霞》、《飞驰的天使》、《摇篮·摇篮曲》，分别获1984年、1994年、2002年呼伦贝尔文学创作"骏马奖"。2009年，出版小说散文集《静谧的原野》。1991年，参与编辑《鄂温克族研究文集》第二辑；1993年，在《鄂温克风情》一书任责任编辑；1997年，参与编辑《鄂温克族人物志》，任副主编；2002年，主编《鄂温克研究》期刊；2003年，主编《海兰察》专集；2007年，在《鄂温克地名考》中为责任编辑；2008年，在《鄂温克族百年实录》中任副主编（全国政协文史资料研究委员会、鄂温克旗政协编纂）；2012年，在《鄂温克研究资料集》第一集中任执行副主编；自1995年创办《鄂温克研究》刊物，任责任编辑、副主编、主编。1997年、2002年，两次被内蒙古社科联授予"优秀社科工作者"称号。

那色林 鄂温克族,大学学历,1956年3月出生,内蒙古阿荣旗人。1974年7月参加工作,1987年6月加入中国共产党。1974年7月~1975年11月,鄂伦春旗托扎敏公社希日特奇生产队知青;1975年11月~1980年,在鄂伦春旗托扎敏公社广播站工作;1980年~1985年8月,鄂伦春旗人民广播站记者、编辑;1985年调入鄂温克旗工作,先后任旗广播站记者、编辑、广播站副站长。在任副站长后,她主抓宣传业务,在工作中,她有计划地安排每个阶段新闻报道任务,还亲自撰写稿件。1987年,被呼伦贝尔盟新闻系列中级职称评定委员会评为中级编辑职称。1988年5月~1995年2月,任鄂温克旗广播电视局副局长,其间,1989~1992年在中央党校函授学院本科班学习。在任副局长后,她仍坚持深入一线写稿,1989年采写的新闻专稿《引路天鹅》获呼伦贝尔盟级一等奖;1990年由她撰稿、编辑的专栏《广播家长学校》总15期,获全区先进专栏奖;1991年,鄂温克调频台成立,由她主抓自办鄂温克、蒙古、汉三种语言的《全旗新闻》节目、11个专栏和文艺节目,深受广大听众的喜爱。1994年采写的专题《洒向鄂温克草原的情和爱》获呼伦贝尔盟级一等奖,1995年该专题获全国优秀奖。在分管宣传业务工作中,鄂温克、蒙古、汉三种语言广播节目获全国、全区、全盟一等奖、二等奖、三等奖、优秀奖、特别奖40余次,文艺节目获全国奖5次,播音获全国、全区、全盟奖10余次,单位获各种荣誉10余次,个人获奖20余人次。1995年2月~2004年2月,任鄂温克旗文体广电局副局长,围绕旗委、旗政府的中心工作,在旗党代会、人代会、政协会以及各种大型会议、传统节日、那达慕等,她都承担了宣传报道任务,发挥着广播迅猛、快捷、及时的优势和特点,将现场实况广播或录音报道及时报道给听众。2001年10月,任正科级副局长。2004年2月~2011年3月,任鄂温克旗文体广电局主任科员。

2004年，专题《牧民的贴心人 致富的领头雁》获全国奖，同年，她在北京人民大会堂参加第十届中华大地之光评奖，受到党和国家领导人的亲切接见并颁奖。2011年3月退休。在30多年的工作生涯中，她勤勤恳恳，把主要精力都献给了自己钟爱的新闻事业，多次受到各级的表彰奖励，1990年，被鄂温克旗委、旗人民政府授予全旗民族团结进步先进个人称号；1991年，被鄂温克旗直属机关党委授予模范共产党员称号；1994年，被鄂温克旗妇联授予"三八"红旗手称号；2000年，被呼伦贝尔盟文体广电局评为全盟文体广电系统先进个人和执法先进个人；2001年，被评为呼伦贝尔盟第五次人口普查宣传先进个人；2004年，被鄂温克旗妇联授予"巾帼建功"标兵称号。她分管的村村通广播电视管护中心2008年被评为全国广电系统"双先"暨"十七大安全播出先进集体，旗图书馆曾获鄂温克旗委、旗人民政府和呼伦贝尔文化系统的表彰。2000年，她当选为中共鄂温克旗第十一次代表大会代表，是政协呼伦贝尔盟第九届委员会(1999～2002年)委员和政协呼伦贝尔市第一届委员会(2002～2007年)委员。

乔玉芳 1956年出生，中共党员，内蒙古鄂温克旗巴彦托海镇巴彦托海嘎查牧民。1973年，乔玉芳由黑龙江省讷河市到鄂温克旗，成为一名下乡知识青年；1995年，任巴彦托海镇巴彦托海嘎查副嘎查达；1997年，任嘎查党支部书记；1999年，当选为嘎查达。她团结带领牧民从80亩菜地起步，逐步建立起高产奶牛示范区，使嘎查牧民人均收入突破6 000元，从全旗最贫困嘎查一跃成为最富有嘎查，进而成为全自治区6个新牧区建设示范点之一。乔玉芳多次受到表彰奖励：1998年，被内蒙古妇联授予女状元荣誉称号；2001年，被中央组织部授予全国优秀党务工作者；2004年，获第十三届"半月谈思想政治工作创新奖"；2005年，被国务院和自治区人民政府授予全国和自治区劳动模范；2006年，被自治区人民政府授予自治区十大女杰荣誉称号;2007年,被评为自治区首届感动内蒙古人物;同年,被全国妇联等10家媒体评为第六届中国十大女杰提名奖;同年被自治区党委、政府授予全区民族团结进步模范个人称号。多次被授予呼伦贝尔市(盟)和旗级劳动模范、优秀共产党员、优秀党务工作者等荣誉称号。2008年,被国务院授予中共改革之星优秀人物奖;2010年,被全国农村基层干部十大新闻人物评选组委会评为第九届全国农村基层干部十大新闻人物。

阿荣挂 达斡尔族,高中学历,1956年12月出生于内蒙古鄂温克旗。1975年7月参加工作。1975年7月,在鄂温克旗高中毕业后,到巴彦塔拉公社下乡插队。1978年,开始从事群众文化工作,在鄂温克旗文化馆工作,直到退休。她兴趣广泛,是呼伦贝尔市美术、摄影、作家协会会员和摄影家协会理事,曾任鄂温克旗摄影家协会副主席。1983年,她的摄影作品《乐在其中》入选"全国首届妇女摄影工作者作品展"。1991年,《牧人之子》在"全国第二届全国妇女摄影者作品比赛"中获优秀奖。这个作品在1994年获呼伦贝尔盟第二届文学艺术创作骏马奖。同年12月,《家里来了陌生人》入选全区十四届摄影艺术展览(又于2000年入选内蒙古摄影艺术展览中获优秀奖,并在上海展出)。《马背上的少年》于1993年在内蒙古摄影家协会成立30周年第三届会员作品展览中获三等奖。《敖包会》在1994年分别在庆祝内蒙古自治区成立50周年美术、书法、摄影作品展览中获优秀奖,在内蒙古自治区第十六届摄影艺术展览获三等奖。《彩虹》和《傲慢与强者》在呼伦贝尔盟展览中获佳作奖和优秀奖。在1985年"鄂温克族民俗与文化节艺术展览"进京展入选作品73幅。从1991年起,她又热心于文学创作,短篇小说《流泪的桑格玛》、《淌不出草原的河》在呼伦贝尔《骏马文学》上刊登。广播小说《其木格和她的牛妈妈》在呼伦贝尔人民广播电台录制并播出。小说《雾中草原》分别于1997年和2007年刊登在呼伦贝尔

《骏马文学》和国家《民族文学》刊物上。

敖德巴拉 鄂温克族,1959年11月出生,1980年4月参加工作,1992年加入中国共产党。1980年7月,敖德巴拉由海拉尔第一中学毕业后参加工作,任民办教师。1981年11月,调入鄂温克旗锡尼河东苏木政府工作,先后任食堂管理员、打字员、秘书、民政助理、文教卫生助理、妇联干事等职;1987年3月,任计划生育助理。任计划生育助理后,在苏木建立一套完整的育龄妇女家庭档案,办起苏木人口学校,使学校成为广大妇女学文化、学本领的平台。她不畏艰辛,一年四季骑着马往返于苏木3 000多平方公里的土地及500多户牧民家中,路远的地方往返一走就是几天。下马后,不顾旅途疲劳,走家串户宣传计划生育国策,宣传党的方针政策,传播致富经验,使苏木的计划生育工作一直走在全旗前列,敖德巴拉也因此多次受到上级的奖励。1995年和1997年,被自治区人民政府授予全区劳动模范;1997年,被全国总工会授予全国"五一"奖章;1998年,被国家计划生育委员会授予全国计划生育优秀工作者;1999年,在全国职工职业道德建设双十佳表彰活动中,被评为先进个人。连续5次被授予市(盟)、旗、苏木的优秀党员、劳动模范、先进工作者称号。

敖红梅 达斡尔族,大专学历,1962年10月出生于内蒙古鄂温克旗,中共党员。1980年12月~1982年3月,鄂温克旗锡尼河东苏木供销社营业员。1982年4月~1985年1月,鄂温克旗孟根楚鲁苏木供销社会计。1985年1月~1992年8月,鄂温克旗锡尼河西苏木供销社会计。1992年9月,任鄂温克旗锡尼河商贸有限责任公司总经理。2000年,任鄂温克旗锡尼河商贸有限责任公司董事长。

敖红梅1980年参加工作，是鄂温克旗锡尼河西苏木供销社的一名会计。因她出色的业务能力和认真工作的态度得到了组织的肯定，曾多次荣获市级、旗县级"三八"红旗手、优秀共产党员、先进工作者荣誉称号。1992年下岗后，她自谋出路承包了濒临破产的鄂温克旗锡尼河西苏木供销社门市部，开始了自己的创业之路。凭借着她的努力不仅实现了承包门店的盈利还逐步发展成为一个拥有6个直营店，59个加盟店，1个配送中心的全旗最大的流通企业——鄂温克旗锡尼河商贸有限责任公司。经营品种由当初的不足1 000种，发展到现在的10 000余种；服务范围也由当初的鄂温克旗锡尼河西苏木拓展到现在的全旗各个苏木，辐射面积占全旗牧区的100%；公司现有的营业用房面积3 000平方米，仓储面积10 000平方米，年销售额达到2 000多万元，年上缴税金50多万元；从业人员128人，其中安置下岗职工56人。2008年，锡尼河商贸有限责任公司成为国家商务部"万村千乡市场工程"承办企业，为鄂温克旗的新农村新牧区建设作出了突出贡献。到2016年，锡尼河商贸有限责任公司已经成长为设施完备、功能齐全、活力四射、备受牧民群众信赖的鄂温克族自治旗最大的商品营销企业。锡尼河商贸有限责任公司曾获得过多项荣誉：2005年，她被授予"呼伦贝尔市优秀民营企业"；2005～2009年，被评为"鄂温克旗先进基层党支部"、"五个好"非公有制企业党组织、鄂温克旗新农村建设优秀奖；被呼伦贝尔市工商联、市委统战部评为全市民营企业参与社会主义"新农村"建设先进集体，敖红梅本人也多次被旗委授予"民族团结先进个人"称号；2006年3月被评为"呼伦贝尔市'双学双比'女状元"；被评为鄂温克旗优秀党务工作者；2008年7月，被授予"呼伦贝尔市关爱员工实现双赢优秀企业家称号"等荣誉；2009年4月，荣获呼伦贝尔市优秀乡土人才称号；2012年10月，荣获呼伦贝尔市诚实守信模范称号。她先后当选锡尼河西苏木十三届人大代表，中共锡尼河镇第一届人大代表，自治旗第十二次党代会代表，是自治旗政协第十届、第十一届、十二届委员会委员。

涂 亚 鄂温克族，1962年11月生于鄂温克旗巴彦托海镇。1979年9月考入鄂温克旗乌兰牧骑；1984年8月，鄂温克旗团委干事；1988年，鄂温克旗民族少年宫任舞蹈教师兼副主任（其间，1988～1990年在内蒙古青城大学音乐系学习）。1992年加入中国舞蹈家协会，1994年加入中国儿童歌舞学会，2008年任鄂温克旗舞蹈家协会名誉主席，是鄂温克旗第十届政协委员。

1993年被国家文化部和共青团中央授予"全国优秀青少年宫工作者"称号；1994年6月在"伊敏河之夏"文艺调演中创编的《幸福的蒙古少女》获创作奖；1999年5月被呼伦贝尔盟妇联评为全盟少儿校外教育工作先进个人；2002年5月获鄂温克旗首届"电信杯"歌手大赛"优秀歌手"奖；2004年被文化部、团中央授予"全国优秀青少年宫工作者"称号；同年，在呼伦贝尔市少儿艺术大赛中获优秀指导奖；同年，被授予鄂温克旗"巾帼建功标兵"称号；同年，旗少年宫《乌日切》艺术团参加全国第六届"冬之梦"艺术大赛，获组织奖、个人优秀指导奖；2006年，参加首届呼伦贝尔"步森杯"民歌通俗演唱获二等奖；同年，因挖掘整理鄂温克民族文化遗产工作中成绩突出，获贡献奖。8月，在全市建设社会主义新农村新牧区首届文艺调演中荣获编导一等奖和表演二等奖；2007年5月，少年宫《乌日切》艺术团赴香港参加金紫金花国际青少年大赛获组织金奖、优秀指导奖、学生表演奖；同年6月，"多彩的鄂温克"大型文艺晚会上少年宫《乌日切》少儿艺术团、舞蹈队与"吉祥三宝"和中、俄、蒙三国演员同台演出。8月，少年宫鄂温克语言班在第一小学、幼儿园、少年宫、民族中学开课；8月1日，在旗文化局主办"伊敏河之夏"文化活动周上，少年宫乌日切艺术团进行专场演出；2008年1月，少年宫乌日切艺术团赴韩国参加中韩友谊小使者文艺展演交流活动获编导奖、组织奖，学生获优秀表演奖；2009年1月，创编的少儿舞蹈"布谷鸟"入选2009呼伦贝尔少儿春晚联欢晚会；2010年2月8日，前往北京参加《2010同一片蓝天》新春少儿晚会。

乌日娜 鄂温克族,研究生学历,硕士学位,1963年2月出生,内蒙古鄂温克旗人。1983年8月参加工作,1987年7月1日加入中国共产党。鄂温克族女高音歌唱家,国家一级演员,中央民族大学副教授;硕士研究生导师,鄂温克民歌传承人。中国少数民族声乐学会理事,中国音乐家协会会员,中国少数民族音乐协会会员,内蒙古文化艺术界特殊贡献人才,入选《21世纪人才库》中国专家人才卷和《中国音乐家名人录》。

乌日娜多次参加国内大型音乐会,并应邀赴蒙古国、俄罗斯、美国、日本、韩国、新加坡、马来西亚和台湾、香港等地访问演出。1985年,获全国少数民族青年声乐比赛"金凤奖"(最高奖);1988年,在中央民族大学举办了《乌日娜独唱音乐会》。1992年,获"和山杯"全国少数民族大赛青年组民族唱法三等奖;全国"歌王歌后"大赛中民歌组的"挑战者"奖(第二名)。2000年,在新加坡国维多利亚音乐厅举办了《新蒙藏歌曲飘狮城》乌日娜主唱音乐会。2004年,在俄罗斯圣彼得堡留学期间成功举办一次个人音乐会,两次双人音乐会和一次三人家庭音乐会。2005年,获得中国歌曲排行榜夏季十大金曲奖、年度十大发烧唱片奖、中国音乐先锋榜年度内地十大先锋金曲奖;2006年,演唱的歌曲《吉祥三宝》获中央电视台《春节联欢晚会》歌曲类第一名、中国歌曲排行榜冠军、香港中文歌曲龙虎榜冠军、亚太音乐榜冠军、中国民歌榜冠军、2007年获中宣部三年一度评选的政府最高奖"五个一工程奖"。同年,她和丈夫布仁巴雅尔创意起名,以艺术总监的身份与呼伦贝尔政府和凤凰卫视共同组办了五彩传说呼伦贝尔儿童合唱团并在全国各地成功演出,还出版《五彩传说》CD专辑,专辑获得全国最佳其他语言奖及最佳组合奖。2008年,获改革开放三十周年流行歌曲金奖。2009年7月与根河市政府合作一台使鹿鄂温克风情晚会《敖鲁古雅风情》

在根河敖鲁古雅首场演出,担任总导演并参加演出。2010年,担任"天之蓝"杯第十四届CCTV全国青年歌手大奖赛原生态组评委。同年8月,由她任总导演的鄂温克大型歌舞剧《敖鲁古雅》在北京保利剧院上演。2011年,歌舞剧《敖鲁古雅》艺术团在智利第四届国际民俗艺术节上获团体"世界民族文化特殊贡献奖"。在第二届、第三届、第四届、第五界全国青年歌手大奖赛中分别获得铜奖、优秀奖、荧屏奖等。

多年来,乌日娜教授各民族学生300多名,其中蒙古族学生乌兰图雅、诺恩吉娅组合、哈林、科尔沁姐妹组合、鄂温克族学生其其格玛、藏族学生泽郎金、苗族刘恋、侗族王馨、维吾尔族邦丹等都已成为了各单位的业务骨干,在全国和各省市的声乐比赛中频繁获大奖。发表的作品有:个人专辑CD和盒带《祝福你,鄂温克》,出版有《鄂温克风情》MTV(学苑影像出版社出版),CD专辑《吉祥三宝》、《春天来了》,单曲《七个母音》、《春天来到我的家》等;2008年出版鄂温克族自治旗建旗50周年献礼原生态专辑CD《历史的声音》和MTV《历史的声音》;2009年初作品MTV《敖鲁古雅》等。论文有《鄂温克人的传说音乐具有代表民族身份的意义》(远方出版社出版)和《鄂温克音乐文化》(黑龙江出版社出版)。

马兰梅 回族,大专学历,1963年7月出生,山东省人。中共党员,呼伦贝尔绿祥清真肉食品有限责任公司总经理,呼伦贝尔市清真寺管委会主席、鄂温克旗工商联副主席、呼伦贝尔市工商联(总商会)副主席、鄂温克旗巴彦托海镇人大代表、呼伦贝尔市政协委员。

1981年8月～1999年3月海拉尔市食品公司服务员、副经理、经理。1999年3月任呼伦贝尔市绿祥公司总经理。2007年4月当选为呼伦贝尔市工商联(总商会)副主席。

2000年,马兰梅拿出手里的全部积蓄300万元,又筹资100万元,建起了当时呼伦贝尔盟唯一的一家清真肉食品有限公司。公司的成立填补了清真肉食品加工的空白，使当地穆斯林吃上了"放心肉"。为拓展企业生存空间，壮大企业实力，公司在抓好主业肉食品加工外，于2001年起进军餐饮、零售业，在海拉尔区分别以收购、租赁、承包等方式投资100多万元，先后开办了"绿祥阁饭店"、"南苑宾馆"、"绿祥回民饺子馆"三家饭店和一个"绿祥清真肉食品商场"。2008年，投资1 800万元兴建了4 000平方米的绿祥宾馆，形成了呼伦贝尔境内服务业"航母"。2002年，"绿祥"牌羔羊肉卷、牛羊分割肉获自治区消费者协会推介产品，获得ISO9001国际标准管理体系认证和绿色食品认证并在国家工商局注册。同时公司连续五年被中国农业银行内蒙古自治区分行信用等级评为AAA级企业，2006~2007年被中国农业发展银行内蒙分行评为AA级企业。

马兰梅和她的绿祥公司近10年的奋斗，到2007年新厂开始生产运营，公司总投资近2 000万元，拥有了一个地理位置优越、设备配套齐全，内部机制完善、管理有序，成为集牛羊吊宰、肉食品精加工、餐饮、商贸于一体的综合性民营企业，企业有固定资产2亿元，流动资产2 000万元，年生产能力6 000吨，销售收入1.8亿元。

有耕耘就会有收获，辛苦的付出赢得事业的成功，也赢得了党和人民的称赞，2002年9月，马兰梅荣获自治区"民族团结进步先进个人"称号；2003年被呼伦贝尔市工商局授予"诚信私营企业"；2004年，马兰梅被中共呼伦贝尔市委统战部、市总商会授予呼伦贝尔市非公有制经济人士社会主义事业"优秀建设者"称号；2007年被授予全国"关爱员工优秀企业家"；2008年被呼伦贝尔市评为优秀社会主义事业建设者。她的公司生产的"绿祥"牌产品不但销往北京、天津、沈阳、长春、哈尔滨、大庆、齐齐哈尔等大中城市，还出口沙特阿拉伯。在2008年北京奥运会期间，产品被指定为奥运会专用"清真食品"。

马兰梅深知企业的发展得益于党的民族政策，受益于呼伦贝尔人民，她坚持每年为海拉尔清真寺解决部分困难，为广大穆斯林群众的宗教活动提供帮助,多次向灾区、贫困地区捐款捐物,受到各族群众的好评。与此同时,随着企业的发展,公司共为社会提供350个就业岗位,解决了部分下岗失业人员的困难,她热心公益事业,累计向社会捐助款物300多万元。

杜　娟 鄂温克族,大专学历,1963年11月出生,内蒙古扎兰屯市萨马街鄂温克民族乡人。1978年7月参加工作,无党派。1978年7月~1980年10月,鄂伦春旗乌兰牧骑演员;1980年10月~1983年10月,鄂温克旗乌兰牧骑演员;1983年10月~2011年5月,鄂温克旗图书馆馆员、副馆长、馆长。其间,1985年9月~1987年7月,在北京师范大学图书馆学系学习;1991年10~11月,在全国图书馆馆长研习班学习;1992年12月被授予图书馆员专业技术资格;1999年1月,在东北师范大学信息管理系本科结业。

1983年10月,杜娟到鄂温克旗图书馆工作以后,积极努力工作,整理图书,将报刊、图书分类、注录、装订成册、登记上架、排序,进行总括登记等一系列专业技术工作,使图书馆各项工作走向标准化、规范化,给读者营造了一个舒适、整洁、宽敞明亮的读书环境和浓厚的学习氛围。主持全馆工作以后,她努力履行职责,认真搞好藏书建设和读者工作,制定全馆的发展规划、工作计划、各项规章制度,合理确定机构设置,明确机构职责,定编定岗,竞争上岗,搞好馆内软硬件设施建设,开展全国文化共享工程。与此同时,她自己也积极开展专业技术活动,1997年8~9月,在中国图书馆学会民族图书馆委员会主办的"全国第六次民族地区图书馆会议"上,她向会议递交了论文,并在学术研讨会上进行交流;论文《浅谈少数民族古籍人才培养》2008年12月发表在《内蒙古图书馆馆长》第4期上;论文《试论图书馆员的素质和能力》2009年9月发表在《内蒙古图书馆工作》第3期上,并荣获三等奖;论文《浅谈民族图书馆服务水平的提高》2009年11月发表在

《内蒙古科技与经济》第21期上，该论文在2009年3月被呼伦贝尔市图书馆学会评为第九届全市中青年论文大赛三等奖。在她的领导下，图书馆各项工作都取得了优异的成绩，多次受到旗委、旗政府和上级业务主管部门的表彰奖励，她本人也在2000年3月被鄂温克旗妇联授予"三八"红旗手称号，2003年7月被鄂温克旗委、旗人民政府授予全旗民族团结进步先进个人称号，2007年11月，被呼伦贝尔市文化局评为图书馆工作先进工作者。

正　月　鄂温克族，大专学历，1965年12月出生，内蒙古鄂温克旗人。1985年参加工作，中共党员。1985年10月，正月高中毕业回到家乡辉苏木，在广大牧民拥戴和苏木领导的推荐下，走上家乡学校的讲台，开始她的教学生涯，一干就是20多年。工作中，她认真负责，兢兢业业，不满足于只学习书本，为了上好一堂课、组织好一次主题中队会，她虚心向有经验的老教师请教、三番五次地修改教案，直到满意为止。由此，她很快成长为学校的教学骨干和学科带头人，多次被评为学校、苏木和旗级教学能手、优秀辅导员，她所教的班级成绩名列全旗之首，入学率、巩固率一直是100%。

1997年，正月被任命为北辉小学校长。她成立第一个牧区家长学校，并成立"失学儿童资助协会"，通过"手拉手、一助一"活动，使16名失学儿童重返学校。自协会成立以后，共资助贫困生262人次，3.47万元；救助4名中学生继续就读，还为1名考上大学的贫困生解决了学费。她先后被授予市和旗级先进教育工作者、优秀共产党员、劳动模范、"三八"红旗手、民族团结进步模范个人等荣誉称号20余次。1998年，被国家教育部授予全国优秀教师称号。2007年，她光荣地出席中国共产党第十七次全国代表大会。2008年12月，被任命为鄂温克旗教师进修学校副校长。

阿拉腾其木格 鄂温克族,高中文化,1965年12月出生,内蒙古鄂温克旗辉苏木希贵图嘎查牧民。1993年11月加入中国共产党。2006年她被选为嘎查党支部书记后,就通过上级争取和牧民自筹等方式为20户牧民的草场解决打草设备。2007年,为嘎查贫困牧民争取到12户项目房和12个牲畜棚圈。2008年,通过旗民族宗教事务局争取到38户项目房,同年,引进安全饮水工程,为嘎查26户牧民通上自来水和电,引入网围栏41 100亩,解决了57户牧户草场无网栏的问题,同时,带领嘎查牧民修通嘎查至苏木所在地的20公里公路。2009年,通过努力,建起60平方米的嘎查卫生室,为嘎查牧民就近求医提供了方便,争取到卫星地面接收器20个、收音机160套,还争取到上级扶贫项目资金70万元,以帮助贫困牧民发展畜牧业。经过几年的努力,嘎查大部分贫困户的生活得到改善,嘎查经济逐年壮大。2008年,嘎查党支部被鄂温克旗委命名为旗级"五个好"嘎查党支部,她本人也于2007年被授予全旗"优秀党务工作者"称号,2009年被呼伦贝尔市委授予"优秀共产党员"称号,2010年4月被自治区人民政府授予全区劳动模范称号。

阿　玲 鄂温克族,大专学历,1966年11月出生,内蒙古扎兰屯市南木乡人。1984年4月参加工作,2005年7月加入中国共产党。1984年4月,在鄂温克旗政府办工作;1984年5月,莫力达瓦旗文化馆美工;1995年9月,鄂温克旗文化馆美工;1998年至今,在鄂温克旗人民武装部民兵基地工作。她从小就对文学艺术有独特的灵性,擅长散文、摄影和剪纸。论文《谈地方文献资源建设工作》2006年发表在《内蒙古图书馆工作》第1期上;《眷恋》2012年发表在内蒙古自治区国防教育办公室主办的《国防之窗》第10期"长城文苑"栏目上,《飘雪》2012年发表在《国防之窗》第12期"长城文苑"栏目上;摄影作品1995年在内蒙古自治区文化厅和儿童基金会举办的"希望杯"内蒙古自治区青少儿美术、书法、摄影大赛中,获摄影类二等奖,摄影作品1996年10月在新世纪艺术大展组委会、徐悲鸿国际艺术研究会、中国历史博物馆联合举办的"新世纪"书画、摄影艺术大展中,荣获三等奖,摄影作品在内蒙古自治区文化厅举办的全区群文干部美术、书法、摄影比赛中,获佳作奖;剪纸照片《琥珀飘香》1994年在全区首届群艺(文化)馆业务人员技能演展大赛中,获优秀奖,剪纸作品1995年5月在首届中华巧女手工艺品大奖赛中,获鼓励奖,剪纸作品1995年12月入选"故乡情"书画创作大赛,并被东昌海峡两岸书画家联谊会收藏,剪纸作品《远去的鼓声》2008年6月在中华民族文化促进会剪纸艺术委员会和西风烈·中国剪纸艺术大赛组委会举办的西风烈·中国剪纸艺术大赛中获铜奖,2012~2013年,她的8部剪纸作品发表在北京军区主办的《华北民兵》杂志上。2015年她被鄂温克旗人民政府授予"鄂温克族皮剪传承人"称号。

杜 敏 鄂温克族,大学学历,1967年8月出生,内蒙古扎兰屯市萨马街鄂温克民族乡人。1989年7月参加工作。1980年,由于父亲工作调动,全家搬迁到鄂温克旗,就读于鄂温克旗第一中学。1989年至今在呼伦贝尔市林业科学研究所工作,防沙治沙管理监测室主任,正高级工程师。

2008年8月,她承担呼伦贝尔沙区综合治理规划设计工作,经过两个月反复调查研究,完成《呼伦贝尔沙地治理规划(2009~2013年)》,此规划于2008年11月20日在北京通过了高层专家论证,市政府第14次常务会讨论通过。同时编制完成《2009年呼伦贝尔沙地治理实施方案》、《三北防护林体系建设工程呼伦贝尔沙地重点区域建设项目》、《呼伦贝尔沙区综合治理项目作业设计》等多项呼伦贝尔沙区综合治理工程中的重大项目的设计。

她编制了草原沙化监测与防沙治沙成效监测的实施方案、呼伦贝尔草原沙尘暴监测的实施方案;在沙地生态监测方面也有突破,建立了固定的生态状况监测样地和自动气象站1处,进行综合性监测(包括气象因子、植被、固沙效果等)。

在呼伦贝尔市沙区综合治理工程中,承担并完成国家"十一五"科技支撑项目《呼伦贝尔沙地草场风蚀沙化控制技术研究与试验示范》、《呼伦贝尔沙地综合治理技术研究与示范》、《呼伦贝尔传统治沙集成与示范》、《呼伦贝尔沙地天然樟子松林更新观测研究》等多项防沙治沙的科研项目并取得一定的研究成果,编写了《呼伦贝尔沙地治理战略布局探讨》、《沙地樟子松天然林野生苗特征研究》、《直播生物沙障固沙效果的研究》等20余篇论文。

由于业绩突出,获得多项荣誉称号和奖励。2007年当选为海拉尔区第十三届人民代表大会代表;2010年入选呼伦贝尔市首批"421中青年高层次人才培育工程"人选;2015年3月被聘请为内蒙古自治区标准化专家;2009~2013年连续五年被中共呼伦贝尔市委员会、呼伦贝尔市人民政府授予"全市沙区综合治理先进个人"荣誉称号;2011年被评为"呼伦贝尔市优秀专业技术人才"荣誉称号;2011年晋升正高级工程师。《呼伦贝尔沙地治理规划(2009~2013年)》,获得2009年度全国优秀工程咨询成果奖三等奖和2009年度国家林业局优秀工程咨询成果奖二等奖。科研项目:《呼伦贝尔沙地植被恢复技术研究与示范》,获得2012年内蒙古林业"十一五"科技贡献一等奖;《流动沙地植被重建综合配套技术研究》,获得2012年内蒙古自治区科学技术进步三等奖;《呼伦贝尔沙地封育条件下人工促进植被恢复技术研究》,获得2013年呼伦贝尔市科学技术进步二等奖;《流动沙地直播生物沙障综合治沙技术推广》,获得内蒙古自治区农牧业丰收奖;《呼伦贝尔沙地樟子松天然林自然落种特征研究》,获得第十届中国林业青年学术年会优秀论文奖;《呼伦贝尔沙地天然樟子松林更新规律研究》项目中的种子库的研究,属国内首创并获得发明专利1项(一种新型的接种器);2015年8月她被自治区人民政府授予"自治区突出贡献专家"称号;同年,获呼伦贝尔市科技进步二等奖。

萨日娜 达斡尔族,大学学历,1967年出生于内蒙古鄂温克旗。1989年9月参加工作,1997年8月加入中国共产党。1989年9月~1998年3月,鄂温克旗第二中学教员、副教导主任;1998年3月~1998年11月,鄂温克旗鄂温克中学副教导主任;1998年11月,鄂温克旗教育局教研室数学教研员。

1992年以来,萨日娜积极参与鄂温克旗第二中学学习推广上海"青浦教改经验"活动并取得了显著成绩,被评为旗级教学能手;1993年评为盟级教学能手;1994年论文"改革教学方法的体会"获盟级二等奖;1995年被评为盟级"青浦教改"实验先进个人;同年被评为自治区级优秀教师。1996~1998年进行第二、第三轮推广上海"青浦教改"实验,萨日娜任教导主任,培养了10多个旗、盟级教学骨干、能手、学科带头人,1998年被评为旗级首届教改先进个人,同年被评为全国优秀教师。

1998年11月,萨日娜任中小学蒙汉数学教研员后继续积极推广"青浦教改"实验;1999年,开始负责北师大"教育与发展"课题实验,将1~10册实验教材翻译成蒙古文,推广在蒙古语授课学校,经过5年的工作,顺利通过国家课题中心组的中期检查,得到专家、教授们的好评;1999年被评为区级模范教师;5年中,培养了8个区级基本功能手,其中1名教师参加8省"创新课"比赛中获国家二等奖;2000年论文"提高教师素质与学生心理发展关系"研究课题的认识及实施获盟级二等奖,2001年论文"浅谈我旗数学学科的现状"获盟级二等奖。同年论文"吸取青浦教改,发挥学生主体地位"获自治区级一等奖;同年,全国教育科学"十五"规划国家重点课题"教育与发展"中,撰写的论文"命题中贯彻新理念片面谈"被评为优秀论文二等奖,论文"如何在考试命题中体现新课标的教育理论"在北师大"教育与发展"课题研究通讯的2003年3期上发表,被评为市级"111"人才。2003年被评为市第二批小学数学学科带头人;2004年被评为自治区第二批小学数学学科带头人。

何冬梅 达斡尔族,大学学历,1968年4月出生于鄂温克旗,1986年12月参加工作,2001年6月加入中国共产党。1986年12月参加工作后,她一直奋战在鄂温克旗环境卫生战线,从清扫工做起,成长为今天的旗环境卫生管理处主任、党支部书记。20多年的环卫工作生涯,赋予了她一种坚忍不拔的精神,养成了不怕苦、不怕累、不怕脏、在急、难、险、重任务面前冲在前、干在前的作风,积累了丰富的一线工作经历。

2002年,她被任命为鄂温克旗环境卫生管理处主任、党支部书记后,恰逢呼伦贝尔撤盟改市、迎鄂温克旗成立45周年和迎自治区精神文明建设经验交流会在呼伦贝尔市召开,在任务繁重的情况下,面对巴彦托海镇内清扫面积大、管理经费不足、一线职工少等诸多困难,她率先垂范,积极投身到迎庆、迎会的大会战中,每天工作量在10小时以上,早出晚归,甚至几天也顾不上家里,加班加点,带领全体职工夜以继日,顶着严寒酷暑,圆满完成了迎庆迎会工作任务。她注重学习专业知识,从班组管理入手,建立健全各项规章制度,完善和细化班组人员的职责。工作中,她时时处处牢记自己的职责,坚持从我做起,严格规范自己的言行,用人格的力量感化队伍,调动全体职工的积极性,完成一个又一个的任务,树立了鄂温克旗环卫工人的形象。环卫处党支部多年被鄂温克旗直属机关党工委评为一类支部,环卫处机关也多次被旗委、旗人民政府授予先进集体等荣誉称号。

勤奋使她进步,执着使她成功。她曾于2001年5月被共青团呼伦贝尔盟委授予"全盟优秀共青团员";2002~2012年,被旗委、旗人民政府授予"迎庆迎会工作表现突出先进个人"、"迎庆工作先进个人"、"抗击非典先进个人"、"双拥工作先进个人"、"消防工作先进个人"、"优秀党务工作者"、"优秀共产党员"等称号;2004年7月被评为"内蒙古自治区2003年度用户满意杰出管理者",9月被呼伦贝尔市委、市人民政府授予"全市劳动模范"称号;2006年4月荣获"呼伦贝尔市第三届十大杰出青年提名奖";2007年4月荣获首届"呼伦贝尔市青年五四奖章",同年6月入选内蒙古自治区成立60周年"迎大庆劳模榜";2008年4月被内蒙古自治区总工会授予"全区五一女职工奖章";2009年4月荣获"全国女职工建功立业标兵";2010年4月被内蒙古自治区人民政府授予"全区劳动模范"等荣誉称号;2014年被中华全国总工会授予全国"五一"奖章。

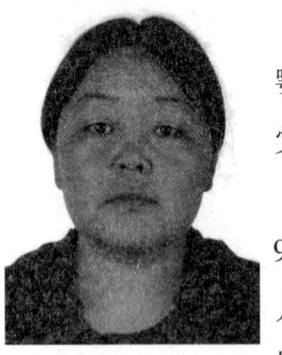

哈斯托亚 鄂温克族,1968年7月生于内蒙古鄂温克旗巴彦嵯岗苏木。1994年5月加入中国共产党。

1975~1981年,在巴彦嵯岗中心校学习。1981年9月~1984年,在鄂温克旗第二中学学习。1984年9月~1987年,在鄂温克旗鄂温克中学学习。毕业后,回乡参加生产劳动,1992年任阿拉坦敖希特嘎查妇代会主任。1998年,任嘎查计生助理。2003年,任嘎查党支部宣传委员。2006年,任嘎查党支部书记。2001年7月,被鄂温克旗委授予全旗优秀共产党员;2005年7月,被鄂温克旗委授予优秀党务工作者;2006年,当选为中共鄂温克旗第十一次代表大会代表;2008年7月,被鄂温克旗委、旗人民政府授予民族团结进步模范个人;同年,被鄂温克旗委授予优秀共产党员;2009年,被鄂温克旗委授予优秀党务工作者;2010年3月,被鄂温克旗委、旗人民政府授予2009年度水利工作先进个人;2012年,当选为鄂温克旗第十二届人民代表大会代表;同年,被内蒙古党委、自治区人民政府授予全区民族团结进步模范个人;2013年,被鄂温克旗委、旗人民政府授予全旗民族团结进步模范个人;同年7月,被呼伦贝尔市委授予全市基层党组织建设示范带头人称号。

梅　花 鄂温克族,生于1970年8月,内蒙古鄂温克旗人。1989年9月参加工作,1998年7月加入中国共产党。1989年9月,鄂温克旗巴彦嵯岗学校教师;1991年8月,鄂温克旗伊敏中心校教师;1994年8月,鄂温克旗北辉中心校教师、副校长、党支部书记;2006年8月,鄂温克旗第一实验小学教师;2009年4月,鄂温克旗伊敏苏木中心校校长。

梅花出生于牧民家庭,长在草原,深知牧民的疾苦,了解牧民的心声,心里始终装着生活贫困的牧民。她从1989年参加工作后,一直工作在教学一线,1994年自愿申请到北辉中心校。当时的北辉苏木,地处偏远,交通不便,不通电,不通邮,这一干就是8年。其间,学校还没有实施"两免一补"政策,因交不起学费,班里有一部分孩子正面临辍学,她骑着摩托车奔波在苏木、嘎查的各部门间,为学校里将面临辍学的孩子们争取到相应的入学经费,资助十几个孩子顺利地读完小学。在教学中,她把每一个学生都看成是可塑之才,去精心雕琢。

2009年4月,她被任命为伊敏苏木中心校校长。此时,学校教学质量面临滑坡,学生生源大量流失,家长对学校工作有意见、有怨气,社会对学校工作不满意。面对这种局面,她对教职工提出"内强素质、外树形象、求真务实、狠抓常规"的教学理念,在学校管理上,对领导班子成员提出"统一步调、分工协作、各司其职、各负其责"的要求,建立健全学校规章制度,规范学校的教育教学行为,有效推进学校的各项工作。与此同时,她有计划地组织教师参加各类培训,在教师和学生中,经常性地开展教学和学习竞赛活动。在她任校长的3年多来,学校发生了翻天覆地的变化,危房改造、校舍加固、新增现代化教学设备和校车,整合教学资源,校园里充满浓郁的学习氛围,学校在校生源总数增加了4倍。2011年,学校党支部被授予全旗优秀党组织。梅花在20多个春秋的教学生涯中,始终站在教育第一线,守望着自己的理想,谱写了一曲人生平凡而伟大的乐章。2004年和2006年,她两次荣获全旗优秀党务工作者称号;2007年,荣获呼伦贝尔市优秀教师称号;2009年,荣获全国优秀教师和全国中小学优秀班主任称号。2012年11月,她光荣地出席了中国共产党第十八次全国代表大会,受到胡锦涛、习近平等党和国家领导人的亲切接见。

乌 云 蒙古族,大学学历,1970年12月出生,内蒙古鄂温克旗人。中华医学会内蒙古眼科分会委员,1993年7月参加工作。

1988年9月在内蒙古民族大学医学院学习。1993年7月,大学毕业后分配到鄂温克旗人民医院工作。1998年,在呼伦贝尔盟(市)人民医院工作。2001年晋升为主治医师,2008年晋升为副主任医师。

乌云从事眼科临床工作20年,先后在北京同仁眼科中心学习三次,发表论文20篇,其中眼科专业核心期刊4篇、省级论文10篇。开展新业务新技术获奖20余次,其中"玻璃体视网膜联合术在玻璃体视网膜病变的应用"、"眼底激光在眼底病的应用"、"复合工小梁切除青光眼的临床应用"等获呼伦贝尔市科技进步二等奖。在呼伦贝尔地区率先开展"玻璃体视网膜手术"、"眼底激光治疗",已成功完成玻璃体视网膜手术2 000余例,完成白内障复明手术5 000余例,完成眼底激光治疗手术7 000余例,为呼伦贝尔市各族人民的身心健康作出了一定的贡献。

董金霞 大学本科学历,中学高级教师。1971年7月出生,河北省枣强县人。1989年8月参加工作,1998年9月加入中国共产党。

1989年8月毕业于扎兰屯师范学校,毕业后分配在鄂温克旗第二实验小学任教师,其间于1991年9月~1994年7月在呼伦贝尔教育学院汉语言专业(大专)学习;2000年12月晋升小学高级教师。2006年9月,鄂温克旗第二实验小学副校长,其间于2007年7月晋升中学高级教师;2008年在大雁第五小学支教;2011年1月~2013年6月在呼伦贝尔学院汉语言文学专业(大学本科)学习。1992年、1993年连续两年被鄂温克旗人民政府授予优秀教师,1992年被授予旗级教学能手;1995年被授予呼伦贝尔市教学能手,同年10月在内蒙古教学基本功大赛中,她的参赛课《较复杂的平均数应用题》获二等奖;1997年3月获呼伦贝尔市"五百五十工程"科教有贡献的人物;1998年被授予呼伦贝尔市优秀教师;同年,撰写的论文《浅谈小学数学教学中的美育》获国家级一等奖;2000年获呼伦贝尔市模范教师;2001年获内蒙古园丁奖;2002年,撰写的论文《优化课堂教学过程,培养学生的创新意识》获国家级比赛三等奖;2003年被评为内蒙古首批骨干教师;2004年5月,撰写的论文《关于"从非智力因素入手,培养学生智力的研究"的课题总结》发表在北师大的课题研究通讯上并获国家级二等奖;同年6月,教学录像《周长与面积》获国家级二等奖;同年,做全旗精品课《小数乘法》展示;2005年7月,论文《"教育与发展"课题实验给我的启示》发表在北师大的课题研究通讯上;2006年,获国家级"教育与发展"课题先进个人;2007年,论文《有效克服小学生思维定势的产生之我见》获内蒙古教育学会评比一等奖;2008年3月,论文《一次成功的心理健康教育研讨课活动引发的思考》发表在北师大的课题研究通讯上;同年,入选"呼伦贝尔市421人才工程";2009年,被评为旗级学科带头人;同年,论文《让爱为学生的心灵成长导航》被评为呼伦贝尔市级论文二等奖;2010年5

月,参加全旗教学能手和学科带头人展示课;同年10月,论文《试谈如何立足教学实践培养学生良好的学习习惯》获呼伦贝尔市级教学会论文评比一等奖。

敖仁其其格 鄂温克族,中学高级教师,1973年3月出生,内蒙古鄂温克旗巴彦嵯岗苏木人。1992年8月参加工作,大学学历。

1988~1992年,在内蒙古民族师范学校学习。1992年8月~2014年8月,鄂温克旗第一实验小学教师。其间,1994年6月~1997年6月,在内蒙古师范大学汉语言文学专业学习;1998年5月~2001年11月,在内蒙古大学蒙古语言文学专业学习。

1996年,她的论文《如何教好音乐课》发表于《呼伦贝尔日报》;1998年,论文《高度吸引学生注意力才是教学成功的条件》获内蒙古自治区三等奖;2007年,论文《研究性学习的计划》发表在《阿拉腾文都苏》刊物上;2008年,论文《积累有助于培养学生语文能力》获八省区一等奖。1996年,在呼伦贝尔盟音乐优质课评比中获二等奖;2002年6月,获内蒙古自治区第二届小学语文创新课一等奖;2004年8月,获呼伦贝尔市中小学蒙语文教师演讲朗诵比赛一等奖;2005年11月,在内蒙古自治区蒙语文教改实验中获教改成果奖;2008年9月,被评为市级优秀教师。1998年5月,作为共青团第十四次全国大会代表,参加了共青团第十四次全国代表大会;2004年,被推荐为政协鄂温克旗第十届委员会委员。

其其格玛 鄂温克族,1975年10月出生,内蒙古鄂温克旗人。中国当今最负影响力的女高音长调歌唱家,国家一级演员,内蒙古自治区人大常委会委员,全国青联委员,内蒙古自治区青联委员,中国少数民族声乐家协会会员,内蒙古自治区长调协会理事。

1999年毕业于中央民族大学音乐学院。2003年,被国家教委公派到蒙古国文化艺术大学进修一年,攻读蒙古国文化艺术大学声乐硕士。

2000年6月,参加第九届全国青年电视歌手大奖赛获内蒙古赛区民族唱法一等奖;同年10月,在大型蒙古剧《满都海斯琴》中成功扮演了牧羊女角色,并担任长调的演唱,该剧获"第六届中国艺术节大奖"。2001年7月,参加内蒙古自治区首届长调民歌大赛,获得一等奖;同年9月,参加全国第二届少数民族文艺汇演,获"优秀新人奖"、"突出表现奖"、"长调齐唱金奖"。2002年7月,再次参加第十届全国青年电视歌手大奖赛,获内蒙古赛区民族唱法一等奖;同年10月,在韩国釜山举行的国际奥林匹克合唱大赛担任领唱的两首歌曲分别获得了三项金奖。2003年荣获2002年度第二届院长奖。2004年4月,在蒙古国留学期间参加由东方省举办的周边国家国际青年歌手大奖赛,荣获银奖,并荣获最佳演唱奖和观众最喜爱的歌手奖。2004年7月,参加在蒙古国东方省举办的中、俄、蒙"阿拉特日嘎那"那达慕文化交流会,代表中方担任歌手大奖赛评委。2005年6月,在内蒙古自治区举办的第二届长调民歌大赛中担任评委。2006年7月,获"锡尼河杯"二十周年"悠扬的锡尼河"第二届文化艺术节贡献奖,同年赴维也纳金色大厅参加演出;6月,受鄂温克旗政府邀请参与第二届《敖包相会》国际情歌大赛,荣获金奖,为家乡赢得荣誉。2008年7月,参加第二届"宝音德力格尔"杯长调大赛,担任评委,并参加颁奖晚会;同年10月,应邀参加韩国釜山举办的国际民间艺术节。2008~2009年,受文化部委派同安达组合赴美国中西部20个州参加文化交流演出。2009年4月,在俄罗斯乌兰乌德市举办了个人首场音乐会获得成功。2010年3月,赴俄罗斯莫斯科、圣彼德堡、阿金斯克举办了个人演唱会,与当地著名歌唱家共同演绎了两国经典歌曲,促进两国文化交流;同年,获"蓝色经典天之蓝杯"第十四届全国青年歌手大奖赛原生态组银奖;7月,参加第三届"宝音德力格尔"杯长调大赛,担任评委,并参加颁奖晚会。2011年1月,所演唱的歌曲《东泉》获《全国音乐排行榜》2010年度十大金曲奖和最佳歌手奖提名;同年,参加中央电视台春节联欢晚会。

其其格玛在国际、国内观众心中,被称为蒙古公主、天籁之音,草原上的百灵鸟。她不断将自己的艺术追求与中国优秀民族音乐结合在一起,从她演唱的作品中能清晰的听到中国民族声乐传承、扩展和再创造的轨迹。

胡雪梅 女,鄂温克族,大学学历,图书馆员。1975年12月出生,内蒙古莫力达瓦旗人。1996年12月参加工作,2004年5月加入中国共产党。

1992年9月~1996年7月,在内蒙古大兴安岭林业干部学校审计专业学习;1996年12月~1998年4月,在鄂温克旗房产管理局工作;1998年4月至今,在鄂温克旗图书馆工作。

1998年4月,胡雪梅调入鄂温克旗图书馆以后,积极努力工作,努力履行职责,认真搞好藏书建设和读者工作,积极开展专业技术活动,2007年与卓莉、琳良合写的论文《浅谈构建和谐社会对图书馆服务工作的要求》发表在《内蒙古图书馆工作》第2期上,论文《浅谈图书馆建设发展研究》2012年发表在国家级学术刊物《飞》杂志素质教育版第12期上,同时,在优秀作品评比中荣获一等奖。她的论文还曾发表在《内蒙古图书馆工作》、《内蒙古经济与科技》等刊物中。

四、人物录

鄂温克旗妇女参加全国各级代表大会妇女名表

姓　　名	民族	工作单位	参加代表大会名称	参加代表大会时间
桑　　瑞	达斡尔	巴彦托海公社	全国牧业积极分子代表大会	1958年
斯　琵　勒	鄂温克	锡尼河东公社	全国社会主义青年积极分子代表大会	1958年
淑　　义	鄂温克	南屯公社	全国建设社会主义积极分子代表大会	1959年
阿尤勒图贵	鄂温克	巴彦嵯岗公社	第四届全国人民代表大会	1975~1978年
哈斯托娅	鄂温克	辉公社	第五届全国人民代表大会	1978~1983年
斯仁道力玛	蒙古	锡尼河西公社	中国妇女第四次全国代表大会	1978年
娜仁格日勒	鄂温克	辉公社	第六届全国人民代表大会	1983~1988年
敖仁其其格	鄂温克	旗第一小学	共青团第十次全国代表大会	1985年
桂　　花	鄂温克	辉公社	中国妇女第五次全国代表大会	1983年
哈森其其格	鄂温克	旗人大常委会	中国妇女第六次全国代表大会	1988年
牧　其　乐	鄂温克	旗医院	中国妇女第七次全国代表大会	1993年
涂　玉　珍	鄂温克	旗职业中学	中国工会第十二次全国代表大会	1993年
索　龙　格	鄂温克	旗妇联	联合国第四次世界妇女大会	1995年
萨其仁贵	鄂温克	旗妇联	中国妇女第八次全国代表大会	1998年
白　荣　掛	鄂温克	旗卫生局	中国工会第十三次全国代表大会	1998年

姓　名	民族	工作单位	参加代表大会名称	参加代表大会时间
正　月	鄂温克	辉苏木中心校	中国共产党第十七次全国代表大会	2007 年
敖慧茹	鄂温克	旗卫生监督所	共青团第十六次全国代表大会	2008 年
梅　花	鄂温克	伊敏苏木中心校	中国共产党第十八次全国代表大会	2012 年

鄂温克旗妇女参加自治区级代表大会妇女名表

姓　名	民族	工作单位	参加代表大会名称	参加代表大会时间
阿尤勒图贵	鄂温克	巴彦嵯岗公社	内蒙古自治区学习毛泽东文选积极分子代表大会	1966 年
阿尤勒图贵	鄂温克	巴彦嵯岗公社	黑龙江省第四次妇女代表大会	1973 年
哈森其其格	鄂温克	旗妇联	黑龙江省第五次妇女代表大会	1975 年
哈斯托雅	鄂温克	辉公社	黑龙江省第五届人民代表大会	1977～1979 年
敖铁叶	达斡尔	旗乌兰牧骑	黑龙江省第五届人民代表大会	1977～1979 年
水灵花	鄂温克	伊敏公社	内蒙古自治区第六届人民代表大会	1983～1988 年
嘎拉森道力玛	蒙古	旗妇联	内蒙古自治区第五次妇女代表大会	1985 年
索伦挂	鄂温克	巴彦嵯岗苏木	内蒙古自治区第五次妇女代表大会	1985 年
哈　木	蒙古	孟根楚鲁苏木	内蒙古自治区第五次妇女代表大会	1985 年
娜仁其木格	鄂温克	辉苏木	内蒙古自治区第五次妇女代表大会	1985 年

姓 名	民族	工作单位	参加代表大会名称	参加代表大会时间
敖登格日勒	鄂温克	旗卫生局	内蒙古自治区第七届人民代表大会	1988~1993年
额尔登挂	鄂温克	辉苏木	内蒙古自治区第七届人民代表大会	1988~1993年
娜仁其其格	鄂温克	旗妇联	内蒙古自治区第六次妇女代表大会	1990年
玉 花	鄂温克	伊敏苏木	内蒙古自治区第六次妇女代表大会	1990年
涂玉珍	鄂温克	旗职业中学	内蒙古自治区总工会第五次代表大会	1990年
哈森其其格	鄂温克	旗人大常委会	内蒙古自治区第八届人民代表大会	1993~1998年
涂玉珍	鄂温克	旗职业中学	内蒙古自治区总工会第六次代表大会	1994年
萨其仁贵	鄂温克	旗妇联	内蒙古自治区第七次妇女代表大会	1997年
苏 荣	达斡尔	鄂温克中学	内蒙古自治区第九届人民代表大会	1998~2003年
白荣挂	鄂温克	旗卫生局	内蒙古自治区总工会第七次代表大会	1999年
敏 杰	鄂温克	旗妇联	内蒙古自治区第八次妇女代表大会	2000年
斯仁吉木	蒙古	旗妇联	内蒙古自治区第八次妇女代表大会	2000年
娜仁花	蒙古	伊敏苏木	内蒙古自治区第八次妇女代表大会	2000年
乔玉芳	汉	巴彦托海镇	中国共产党内蒙古自治区第七次代表大会	2001年

姓　名	民族	工作单位	参加代表大会名称	参加代表大会时间
涂　淑　芝	鄂温克	旗总工会	内蒙古自治区总工会第八次代表大会	2004 年
索　龙　格	鄂温克	旗妇联	内蒙古自治区第九次妇女代表大会	2005 年
乔　玉　芳	汉	巴彦托海镇	内蒙古自治区第九次妇女代表大会	2005 年
娜　　拉	鄂温克	辉苏木	内蒙古自治区第九次妇女代表大会	2005 年
刘　晓　华	俄罗斯	巴彦嵯岗苏木	内蒙古自治区第九次妇女代表大会	2005 年
乌　日　娜	鄂温克	旗文联	内蒙古文联民间文艺家协会第七次代表大会	2006 年
乌　日　娜	鄂温克	旗文联	内蒙古翻译家协会第二次代表大会	2006 年
乌　云　娜	鄂温克	辉苏木	内蒙古自治区第十一届人民代表大会	2008～2013 年
丹　　砾	蒙古	旗总工会	内蒙古自治区总工会第九次代表大会	2009 年
索　龙　格	鄂温克	旗妇联	内蒙古自治区第十次妇女代表大会	2010 年
乔　玉　芳	汉	巴彦托海镇	内蒙古自治区第十次妇女代表大会	2010 年
斯日斯格玛	蒙古	锡尼河镇	内蒙古自治区第十次妇女代表大会	2010 年
金　俊　英	达斡尔	巴彦塔拉乡	内蒙古自治区第十次妇女代表大会	2010 年

姓　名	民族	工作单位	参加代表大会名称	参加代表大会时间
索优乐玛	鄂温克	旗人社局	内蒙古自治区第九次党代会	2011年
乌　日　娜	鄂温克	旗文联	内蒙古文联民间文艺家协会第八次代表大会	2011年
丹　砾	蒙古	旗总工会	内蒙古自治区总工会第十次代表大会	2014年

第二节　荣　　誉

一、先进集体

(一)获国家级(含系统)表彰的先进集体

1958～2016年,全旗有16个单位先后受到国务院和各部委的表彰并授予荣誉称号。

鄂温克旗妇女组织获国家级(含系统)先进集体名青

单位名称	荣誉称号	表彰单位	表彰时间
南屯公社"三八"水库	全国农业社会主义建设先进单位	国务院	1958年
辉公社乌兰宝力格妇代会	"三八"红旗集体	全国妇联	1983年
孟根楚鲁苏木妇联	中国少年基金会先进集体	国家教育基金会	1986年
孟根楚鲁苏木中心校	全国民族教育先进集体	国家教育基金会	1990年
鄂温克旗	儿童少年工作先进市县	国务院少儿工委	1994年

单位名称	荣誉称号	表彰单位	表彰时间
鄂温克中学"马背"家长学校	优秀示范家长学校	国家教育部、全国妇联	2001年
旗人民政府	全国实施妇女儿童发展纲要示范单位	国务院妇儿工委	2005年
巴彦托海镇巴彦托海嘎查	全国"巾帼示范村"	全国妇联、全国农村妇女"双学双比"活动领导小组	2006年
旗妇联	妇联工作先进集体	全国妇联、国家人事部	2007年
巴彦托海镇巴彦托海嘎查	全国"三八"红旗集体	全国妇联	2009年
旗公安局巴彦托海镇南街派出所	全国"巾帼文明岗"	全国妇联	2010年
鄂温克旗	"幸福工程"—援助贫困母亲行动项目示范点	中国人口福利基金会、中国计生协会、中国人口报社	2010年
巴彦托海镇艾里社区	全国妇联基层组织建设示范社区	全国妇联	2011年
旗公安局巴彦托海镇南街派出所	全国巾帼文明示范岗	公安部	2011年
旗人社局	全国新型农村和城镇居民社会养老保险工作先进单位	国务院	2012年
锡尼河西苏木供销联合社	全国供销合作社系统先进集体	人力资源和社会保障部、中华全国供销合作总社	2012年
旗人口和计划生育局	全国计划生育优质服务先进单位	国家人口计生委	2013年
旗妇联	全国妇联系统先进集体	人力资源和社会保障部、全国妇联	2016年

(二)获自治区、省(含系统)先进集体

1979～2016年,全旗有22个单位获内蒙古妇联、黑龙江省妇联和自治区妇儿工委表彰并授予荣誉称号。

鄂温克旗妇女组织获自治区级(含系统)先进集体名表

单位名称	荣誉称号	表彰单位	表彰时间
辉公社乌兰宝力格妇代会	"三八"红旗集体	黑龙江省妇联	1979年
孟根楚鲁苏木妇联	"三八"红旗集体	内蒙古妇联	1983年
巴彦嵯岗苏木莫和尔图家长学校	先进家长学校	内蒙古妇联	1987年
孟根楚鲁苏木妇联	先进妇联集体	内蒙古妇联	1989年
旗妇联	儿童少年工作先进集体	自治区妇儿工委	1994年
旗人民政府	妇女儿童工作先进集体	自治区妇儿工委	2006年
旗妇联	妇联系统办公室示范单位试点旗	内蒙古妇联	2006年
巴彦托海镇巴彦托海嘎查	新农村建设示范点	内蒙古妇联	2006年
巴彦托海镇艾里社区	基层组织建设示范社区	内蒙古妇联	2010年
辉苏木嘎鲁图嘎查	基层组织建设示范嘎查	内蒙古妇联	2010年
巴雁镇阿拉坦敖希特嘎查	基层组织建设示范嘎查	内蒙古妇联	2010年
锡尼河商贸有限责任公司	全区示范化企业工会	内蒙古总工会	2010年
巴彦托海镇团结嘎查	基层组织建设示范嘎查	内蒙古妇联	2011年
大雁镇雁北社区	基层组织建设示范社区	内蒙古妇联	2011年
锡尼河西苏木巴彦胡硕嘎查	基层组织建设示范嘎查	内蒙古妇联	2011年
旗人口和计划生育局	自治区计划生育优质服务先进单位	自治区人民政府	2011年

单位名称	荣誉称号	表彰单位	表彰时间
旗人民政府	妇女儿童工作先进集体	自治区人民政府	2012年
旗法院	优秀巾帼志愿者队伍	内蒙古妇联	2012年
辉苏木嘎鲁图嘎查"艾罕鄂温克"妇女之家	全区"妇女之家"示范点	内蒙古妇联	2012年
旗地方税务局伊敏分局	全区巾帼文明示范岗	内蒙古妇联	2012年
旗妇联	"三八"红旗集体	内蒙古妇联	2012年
巴彦托海镇安门社区	自治区基层党组织建设示范点	自治区党委组织部	2013年
呼伦贝尔绿祥清真肉食品有限责任公司	自治区诚信守法先进企业	自治区党委、人民政府	2013年
呼伦贝尔绿祥清真肉食品有限责任公司	自治区农牧业产业化重点龙头企业	自治区人民政府	2013年
呼伦贝尔绿祥清真肉食品有限责任公司	自治区扶贫龙头企业	自治区人民政府	2013年
呼伦贝尔绿祥清真肉食品有限责任公司	"绿祥"商标为内蒙古自治区著名商标	内蒙古著名商标认定委员会	2014年
旗蒙医医院	"三八"红旗集体	内蒙古妇联	2014年
旗妇联	青少年普法教育先进集体	内蒙古青少年普法教育工作委员会	2014年
旗妇联	维护妇女儿童权益贡献先进集体	内蒙古自治区维护妇女儿童权益和平安家庭创建专项组	2014年
旗义工联合会	优秀巾帼志愿者队伍	内蒙古妇联	2015年

三、获中共呼伦贝尔盟(市)委、行政公署(市政府)表彰的先进集体

2001~2016年，全旗有6个单位荣获中共呼伦贝尔盟(市)委、行政公署(市政府)表彰并授予荣誉称号。

鄂温克旗妇女组织获市(盟)级(不含系统)先进集体名录

单位名称	荣誉称号	表彰单位	表彰时间
鄂温克中学家长学校	关心下一代工作先进集体	呼伦贝尔盟委、行署	2001年
鄂温克中学家长学校	关心下一代工作先进集体	呼伦贝尔市委、市政府	2009年
旗妇联	维护妇女儿童权益先进集体	呼伦贝尔市维护妇女儿童权益暨"平安家庭"创建活动领导小组	2011年
旗国土资源局	全市巾帼文明示范岗	呼伦贝尔市"双学双比"活动领导小组	2011年
旗计生服务站	全市优秀基层站所	呼伦贝尔市人民政府	2012年
旗教育局	实施妇女儿童发展纲要先进集体	呼伦贝尔市人民政府	2013年
巴彦托海镇安门社区	全市基层党组织建设示范点	中共呼伦贝尔市委组织部	2013年
旗计生服务站	全市文明标兵单位	呼伦贝尔市人民政府	2014年
旗妇联	全市普法依法治理先进集体	呼伦贝尔市委、市政府	2016年

二、先进个人

(一)获国家级(含系统)表彰的先进个人

1958~2016年,全旗有63人次受到国务院和各部委、团体的表彰并授予荣誉称号。

鄂温克旗妇女获国家级(含系统)先进个人名表

姓　名	民　族	荣誉称号	受表彰时所在单位	表彰单位	表彰时间
斯　琵　勒	鄂温克	全国社会主义青年积极分子	锡尼河东公社	国务院	1958年
桑　　瑞	达斡尔	全国牧业积极分子	巴彦托海公社	国务院	1958年
桑　　瑞	达斡尔	全国妇女社会主义建设积极分子	巴彦托海公社	全国妇联	1958年
淑　　义	鄂温克	全国"三八"红旗手	南屯公社	全国妇联	1959年
淑　　义	鄂温克	全国农业劳模	南屯公社	国务院	1959年
哈　斯　挂	鄂温克	全国妇幼保健工作先进工作者	辉公社	国务院	1959年
斯　琵　勒	鄂温克	全国"三八"红旗手	孟根楚鲁公社	全国妇联	1979年
斯　琵　勒	鄂温克	全国"三八"红旗手	孟根楚鲁公社	全国妇联	1983年
阿　　英	达斡尔	全国"五好家庭"	巴彦托海镇	全国妇联	1983年
玉　　珍	达斡尔	全国"五好家庭"	巴彦塔拉公社	全国妇联	1983年
杜　　彤	鄂温克	在少数民族地区长期从事科技工作者	旗人民医院	国家民委、劳动人事部、中国科协	1983年

姓　名	民族	荣誉称号	受表彰时所在单位	表彰单位	表彰时间
阿　　荣	达斡尔	全国优秀教师	旗教育局	国家教育部	1984年
斯琴其木格	达斡尔	全国优秀教师	旗第一实验小学	国家教育部	1989年
武　亚　明	鄂温克	全国优秀教师	旗第四小学	国家教委、人事部	1990年
乌云格日勒	达斡尔	教育儿女金榜奖	旗福利院	国家老龄委	1990年
张　香　计	汉	农机行业财务工作先进个人	旗农机公司	国家物资部	1990年
孟　吕　巧	达斡尔	全国优秀教师	旗第一实验小学	国家教委	1993年
涂　玉　珍	鄂温克	工会积极分子	旗职业中学	全国总工会	1993年
涂　　亚	鄂温克	全国优秀青少年宫工作者	旗民族少年宫	国家文化部、共青团中央	1993年
赵　文　军	汉	优秀计划生育工作者	旗计生委	国家计生委	1994年
索　龙　格	鄂温克	参加第四次世界妇女代表大会工作突出嘉奖	北辉苏木卫生院	第四次世界妇女大会中国组委会	1995年
王　立　贤	满	全国优秀人民警察	大雁胜利派出所	国家公安部	1996年
敖　德巴拉	鄂温克	全国"五一"劳动奖章	锡尼河东苏木	全国总工会	1997年
正　　月	鄂温克	全国少数民族妇女民族团结进步模范个人	北辉苏木	全国总工会、全国妇联	1998年

姓　　名	民族	荣誉称号	受表彰时所在单位	表彰单位	表彰时间
敖德巴拉	鄂温克	优秀计划生育工作者	锡尼河东苏木	国家计生委	1998年
萨日娜	达斡尔	全国优秀教师	旗教师进修学校	国家教委	1998年
恩和其其格	鄂温克	第六届全国少数民族传统体育运动会道德风尚奖	旗民族宗教局	国家民委、国家体委	1999年
索布德	达斡尔	卫生系统先进个人	巴彦托海镇	国家卫生部、人事部、中医药管理局	1999年
任洪娴	汉	先进女职工	财险鄂温克旗支公司	中国人民保险集团公司	1999年
乔玉芳	汉	全国优秀党务工作者	巴彦托海镇	中共中央组织部	2001年
乌云格日勒	鄂温克	全国优秀教师	旗教育局	国家教育部	2001年
滕凤云	汉	先进个人	大雁矿区政府	国务院第五次全国人口普查领导小组	2002年
白玉兰	蒙古	先进工作者	旗电力公司	国家财政部	2002年
乔玉芳	汉	新世纪杰出女性人物	巴彦托海镇	中国妇女儿童事业发展中心	2003年
正月	鄂温克	全国优秀教师	辉苏木中心校	国家教育部	2004年
涂亚	鄂温克	全国优秀青少年宫工作者	旗民族少年宫	国家文化部、共青团中央	2004年

姓 名	民 族	荣誉称号	受表彰时所在单位	表彰单位	表彰时间
乔玉芳	汉	全国劳动模范	巴彦托海镇	国务院	2005年
乌日娜	鄂温克	"彩虹巾"获得专利权	旗文联	国家知识产权局	2005年
王梅花	蒙古	优秀社区残疾人专职委员	大雁矿区向辉社区	中国残联	2005年
徐晓波	汉	优秀人民警察	海雁公安分局	国家公安部	2005年
敖 嫩	鄂温克	文学作品二等奖	旗文联	中国作协	2005年
玉 梅	鄂温克	先进个人	巴彦托海镇	第一次全国经济普查领导小组	2005年
乔玉芳	汉	全国"三八"红旗手	巴彦托海镇	全国妇联	2006年
乔玉芳	汉	"双学双比"女能手	巴彦托海镇	全国农村妇女"双学双比"活动领导小组	2006年
安淑梅	鄂温克	全国"五好文明家庭"	巴彦托海镇	全国妇联	2007年
马兰梅	回	关爱员工优秀企业家	呼伦贝尔绿祥清真肉食品有限责任公司	中华全国工商业联合会、中华全国总工会	2007年
乔玉芳	汉	中国改革之星优秀人物	巴彦托海镇	国务院	2008年
乔玉芳	汉	中国农村基层干部十大新闻人物	巴彦托海镇	国家农业部等9部门	2009年

姓　名	民族	荣誉称号	受表彰时所在单位	表彰单位	表彰时间
梅　花	鄂温克	全国优秀教师	伊敏苏木中心校	国家教育部	2009 年
梅　花	鄂温克	全国中小学优秀班主任	伊敏苏木中心校	国家教育部	2009 年
哈森其其格	鄂温克	非物质文化遗产传承人	旗鄂温克族研究会	国家文化部	2009 年
何　冬　梅	达斡尔	全国建功立业标兵	旗环卫处	全国总工会	2009 年
敖　　嫩	鄂温克	中国民间文艺山花奖	旗文联	中国民间艺术家协会	2009 年
月　　玲	达斡尔	先进个人	旗计生协会	中国计生协会	2010 年
滕　文　秀	汉	全国普法先进个人	旗司法局	国家司法部	2010 年
乌云格日勒	蒙古	连续从事防火工作20年全国森林防火纪念奖章	旗防火办	国家森林防火总指挥部、国家林业局	2010 年
哈　　森	蒙古	连续从事防火工作20年全国森林防火纪念奖章	旗防火办	国家森林防火总指挥部、国家林业局	2010 年
滕　文　秀	汉	全国"五五"普法工作先进个人	旗司法局	中宣部、司法部、全国普法办	2012 年
李　　萍	蒙古	全国企业"一套表"联网直报先进个人	旗统计局	国家统计局	2012 年

姓　　名	民族	荣誉称号	受表彰时所在单位	表彰单位	表彰时间
齐　　红	汉	全国新闻宣传传媒发展实践学术成果交流最佳播音金牌奖	旗广播电视台	中国影视文化协会	2013年
红　　伟	达斡尔	全国第八届青少年未来工程师博览与竞赛活动优秀组织工作者	旗教育局	全国科技活动周组委会、中国教育科学研究院	2013年
何　冬　梅	达斡尔	全国"五一"劳动奖章	旗环卫处	中华全国总工会	2014年
慧　　慧	达斡尔	全国巾帼建功标兵	旗法院	全国妇联	2015年

(二)获自治区级(含系统)表彰的先进个人

1956～2016年，全旗妇女228人次受到内蒙古党委、自治区人民政府、内蒙古妇联和各厅委办、团体的表彰并授予荣誉称号。

鄂温克旗妇女获自治区级(含系统)先进个人名表

姓　　名	民族	荣誉称号	受表彰时所在单位	表彰单位	表彰时间
哈　斯　挂	鄂温克	劳动模范	辉公社	自治区党委	1956年
桑　　瑞	达斡尔	劳动模范	巴彦托海公社	自治区党委	1958年
斯　如　杰	达斡尔	"三八"红旗手	巴彦嵯岗公社	内蒙古妇联	1962年
阿尤勒图贵	鄂温克	抗灾保畜先进个人	巴彦嵯岗公社	自治区党委	1965年

姓　　名	民　族	荣誉称号	受表彰时所在单位	表彰单位	表彰时间
阿尤勒图贵	鄂温克	学习毛主席著作积极分子	巴彦嵯岗公社	自治区党委	1966 年
哈森斯德	达斡尔	医药系统先进个人	旗卫生局	黑龙江省卫生厅	1972 年
阿尤勒图贵	鄂温克	劳动模范	巴彦嵯岗公社	黑龙江省革委会	1973 年
斯　琵　勒	鄂温克	"三八"红旗手	孟根楚鲁公社	黑龙江省妇联	1979 年
哈　斯　挂	鄂温克	"三八"红旗手	辉公社	黑龙江省妇联	1979 年
敖　亚　苏	达斡尔	"三八"红旗手	旗幼儿园	黑龙江省妇联	1979 年
斯仁道力玛	蒙　古	"三八"红旗手	锡尼河西公社	黑龙江省妇联	1979 年
恩格陶特格	蒙　古	"三八"红旗手	锡尼河西公社	黑龙江省妇联	1979 年
斯　琵　勒	鄂温克	"三八"红旗手	孟根楚鲁公社	内蒙古妇联	1979 年
单　秀　珍	达斡尔	先进工会工作者	旗一建公司	自治区总工会	1981 年
陈　东　霞	蒙　古	农行系统金融红旗手	农行鄂温克支行	农行内蒙古分行	1981 年
阿　　荣	达斡尔	新华书店系统先进个人	新华书店大雁门市部	自治区新华书店	1982 年
阿　　英	达斡尔	"五好"妇女	巴彦托海镇	内蒙古妇联	1982 年
斯日古楞	鄂温克	优秀妇联干部	巴彦塔拉公社	内蒙古妇联	1983 年

姓　　名	民　族	荣誉称号	受表彰时所在单位	表彰单位	表彰时间
帕　格　玛	达斡尔	优秀保教工作者	旗第一小学	内蒙古妇联	1983年
卜　学　华	鄂温克	民族团结先进个人	旗医院	内蒙古党委、政府	1983年
乌云其其格	鄂温克	学习使用蒙古语文先进个人	伊敏苏木	自治区语委	1984年
斯　琵　勒	鄂温克	维护妇女儿童合法权益先进个人	孟根楚鲁公社	自治区维护妇女儿童合法权益法制宣传月活动领导小组	1984年
敖　正　月	达斡尔	维护妇女儿童合法权益先进个人	巴彦托海镇	自治区维护妇女儿童合法权益法制宣传月活动领导小组	1984年
梅	达斡尔	维护妇女儿童合法权益先进个人	巴彦嵯岗公社	自治区维护妇女儿童合法权益法制宣传月活动领导小组	1984年
陶　义　格	蒙古	"三八"红旗手	锡尼河西苏木	内蒙古妇联	1985年
图　　雅	蒙古	"三八"红旗手	旗妇幼保健站	内蒙古妇联	1985年
额尔敦其木格	鄂温克	"三八"红旗手	伊敏苏木	内蒙古妇联	1985年
韩·道尔基	蒙古	农行系统先进工作者	农行鄂温克支行	农行内蒙古分行	1985年
陈　秀　珍	蒙古	司法系统先进工作者	旗法院	自治区高级人民法院	1985年

姓　　名	民　族	荣誉称号	受表彰时所在单位	表彰单位	表彰时间
张　玉　珍	蒙古	"五好"家庭	巴彦托海镇	内蒙古妇联	1985年
陶　桂　琴	达斡尔	"五好"家庭	大雁镇	内蒙古妇联	1985年
斯　日　古　楞	鄂温克	优秀妇联干部	巴彦塔拉乡妇联	内蒙古妇联	1985年
索　布　德	达斡尔	民族团结先进个人	巴彦托海镇	自治区党委、政府	1985年
都古斯日玛	蒙古	供销系统先进工作者	锡尼河西苏木	自治区供销社	1985年
宋　丽　敏	汉	立功奖	旗气象局	自治区气象局	1985年
艾　　花	鄂温克	劳动模范	伊敏苏木	自治区政府	1986年
郭　明　荣	达斡尔	"三八"红旗手	旗邮电局	自治区邮电局	1986年
敖　玉　珍	鄂温克	档案系统先进工作者	旗档案局	自治区档案局	1986年
斯　　仁	蒙古	乌兰牧骑先进工作者	旗乌兰牧骑	自治区文化厅	1987年
李　纯　欣	汉	优秀保教工作者	巴彦托海镇	内蒙古妇联	1987年
艾　　花	鄂温克	女状元	伊敏苏木	内蒙古妇联	1987年
娜仁其木格	鄂温克	优秀妇联干部	辉苏木	内蒙古妇联	1987年
高　　娃	达斡尔	优秀少先队工作干部	共青团旗委	共青团内蒙古区委	1987年

姓　名	民　族	荣誉称号	受表彰时所在单位	表彰单位	表彰时间
斯日古楞	鄂温克	民族团结进步模范个人	辉苏木党委	自治区党委、政府	1988年
其　其　格	鄂温克	工行系统金融先进工作者	工商银行鄂温克旗支行	工商银行内蒙古分行	1988年
张　香　计	汉	农机公司系统财务工作先进个人	旗农机公司	自治区农机公司	1988年
额尔敦掛	鄂温克	"三八"红旗手	北辉苏木	内蒙古妇联	1988年
布　日　玛	蒙古	优秀团干部	伊敏苏木	共青团内蒙古区委	1989年
娜仁格日勒	鄂温克	扶贫工作先进个人	北辉苏木	自治区政府	1989年
德　淑　芝	达斡尔	法院系统先进工作者	旗法院	自治区高级人民法院	1989年
包　凤　英	蒙古	农机公司系统统计工作先进个人	旗农机公司	自治区农机公司	1989年
其　木　格	达斡尔	商业系统劳模	巴彦塔拉粮站	自治区商业厅	1989年
额尔敦掛	鄂温克	女状元	北辉苏木	内蒙古妇联	1989年
孟　吕　巧	达斡尔	优秀教学能手	旗第一小学	自治区教委	1989年
萨仁高姓	蒙古	全区优秀教育工作者	伊敏苏木中心校	自治区教育厅	1989年
韩　　桦	蒙古	宣传战线先进工作者	旗委宣传部	自治区党委宣传部	1990年
韩　　桦	蒙古	理论正规化教育先进个人	旗委宣传部	自治区党委宣传部	1990年

姓　　名	民　族	荣誉称号	受表彰时所在单位	表彰单位	表彰时间
康　金　玲	达斡尔	农机公司系统文档工作先进个人	旗农机公司	自治区农机公司	1990年
孟　玉　琴	达斡尔	档案系统先进个人	旗档案局	自治区档案局	1990年
孟　光　军	达斡尔	全区德育先进工作者	旗第三小学	自治区教育厅	1990年
满　都　杰	达斡尔	优秀统计工作者	旗农水局	自治区水利厅	1991年
徐　德　琴	汉	优秀护士	旗医院	自治区卫生厅	1991年
包　玉　荣	蒙古	先进工作者	旗检察院	自治区检察院	1991年
满　都　杰	达斡尔	优秀统计工作者	旗农水局	自治区水利厅	1992年
乌日达那顺	蒙古	女状元	锡尼河西苏木	内蒙古妇联	1992年
索　布　德	达斡尔	先进工作者	巴彦托海镇	自治区政府	1993年
英　　华	达斡尔	"五好"管库员	人行鄂温克旗支行	人行内蒙古分行	1993年
王　立　贤	满	女状元	大雁胜利派出所	内蒙古妇联	1993年
哈森吉木	达斡尔	先进工作者	旗关工委	自治区关工委	1994年
巴　义　拉	蒙古	女状元	辉苏木	内蒙古妇联	1994年
乌云满达	鄂温克	优秀妇联干部	辉苏木	内蒙古妇联	1994年

姓 名	民 族	荣誉称号	受表彰时所在单位	表彰单位	表彰时间
满都杰	达斡尔	先进工作者	旗农水局	自治区水利厅	1994年
英 华	达斡尔	优秀工会干部	人行鄂温克旗支行	人行内蒙古分行	1994年
郑珠玉	汉	优秀辅导员	伊敏河镇第二小学	自治区教委少工委	1994年
娜 热	达斡尔	全区优秀教师	旗第四小学	自治区教育厅	1994年
乌 仁	鄂温克	劳动模范	伊敏苏木	自治区政府	1995年
满都杰	达斡尔	优秀统计工作者	旗农水局	自治区水利厅	1995年
敖银花	达斡尔	优秀护士	旗医院	自治区卫生厅	1995年
苏德玛	鄂温克	优秀护士	辉苏木卫生院	自治区卫生厅	1995年
王立贤	满	"三八"红旗手	大雁胜利派出所	内蒙古妇联	1995年
任洪娴	汉	先进个人	人保鄂温克旗支公司	人保内蒙古分公司	1995年
金晓艳	达斡尔	优秀服务先进个人	旗邮电局	自治区邮电局	1995年
敏 杰	鄂温克	实施儿童发展规划先进个人	旗妇联	内蒙古妇联	1996年
娜仁格日勒	鄂温克	优秀党支部书记	北辉苏木	内蒙古党委组织部	1996年
敖德巴拉	鄂温克	劳动模范	锡尼河东苏木	自治区政府	1997年

姓　名	民　族	荣誉称号	受表彰时所在单位	表彰单位	表彰时间
乔　玉　芳	汉	女状元	巴彦托海镇	内蒙古妇联	1997年
鄂　来　新	达斡尔	先进个人	旗统计局	自治区第一次农业普查办公室	1997年
王　淑　梅	蒙古	先进个人	旗统计局	自治区第一次农业普查办公室	1997年
鄂　来　新	达斡尔	先进个人	旗统计局	自治区第三次工业普查领导小组	1997年
杨　淑　华	汉	先进个人	旗统计局	自治区第三次工业普查领导小组	1997年
滕　凤　云	汉	先进个人	大雁矿区政府	自治区第一次基本单位普查办公室	1997年
敏　　　杰	鄂温克	先进个人	旗妇联	自治区少儿工委	1997年
孟　玉　琴	达斡尔	个人三等功	旗档案局	自治区档案局、人事厅	1997年
高　　　娃	鄂温克	全区优秀少先队辅导员	旗教育局	共青团内蒙古区委	1997年
安　　　娜	鄂温克	优秀学会工作者	内蒙古鄂温克族研究会办公室	自治区社科联	1997年
孟　华　珍	达斡尔	先进个人	建行鄂温克支行	建行内蒙古分行	1998年
张　俊　英	汉	优秀库管员	人行伊敏河支行	人行呼和浩特中心支行	1998年
英　　　华	达斡尔	优秀工会干部	人行鄂温克旗支行	人行呼和浩特中心支行	1998年

姓　名	民　族	荣誉称号	受表彰时所在单位	表彰单位	表彰时间
郑珠玉	汉	优秀辅导员	伊敏河镇第二小学	自治区少工委、团委、教育厅、人事厅	1998年
郭晓春	鄂温克	全区优秀教师	旗第一中学	自治区教育厅	1998年
敖智	达斡尔	先进计划生育工作者	锡尼河西苏木	自治区计生委	1999年
田华	达斡尔	义务教育工程先进个人	旗财政局	自治区义务教育工程协调领导小组	1999年
乌仁	鄂温克	劳动模范	伊敏苏木	自治区政府	1999年
萨其仁贵	鄂温克	优秀妇联干部	旗妇联	内蒙古妇联	1999年
满都杰	达斡尔	优秀统计工作者	旗农水局	自治区水利厅	1999年
萨日娜	达斡尔	全区模范教师	旗教育局	自治区教育厅	1999年
吕燕	汉	国内安全保卫先进个人	海雁公安分局	自治区公安厅	2000年
刘丽萍	汉	先进生产者	旗电信局	自治区电信公司	2000年
多晓云	达斡尔	"三五"普查法优秀人民调解员	巴彦托海镇	自治区党委、政府	2001年
萨仁格日勒	鄂温克	学习使用蒙古语言文字先进个人	旗民族宗教局	自治区政府	2001年
滕凤云	汉	先进个人	大雁矿区政府	自治区第五次人口普查办公室	2001年

姓　名	民族	荣誉称号	受表彰时所在单位	表彰单位	表彰时间
黄　　芳	汉	先进个人	大雁矿区政府	自治区第五次人口普查办公室	2001年
李　雅　珍	汉	"三八"红旗手	大雁矿区运管站	内蒙古妇联	2001年
张　淑　梅	汉	先进个人	大雁矿区政府	自治区第五次人口普查办公室	2002年
萨　立　丽	鄂温克	先进个人	旗法院	自治区党委、政府	2002年
翟　丽　红	汉	先进个人	旗委宣传部	自治区文明办	2002年
娜　日　斯	蒙古	先进个人	旗委宣传部	自治区文明办	2002年
张　桂　华	蒙古	先进个人	巴彦托海镇党委	自治区文明办	2002年
萨　立　丽	鄂温克	争创"双满意"活动标兵	旗法院	自治区高级人民法院	2002年
安　　娜	鄂温克	优秀学会工作者	内蒙古鄂温克族研究会办公室	自治区社科联	2002年
何　秀　珍	达斡尔	优秀护士	旗医院	自治区卫生厅	2002年
鄂　来　新	达斡尔	先进个人	旗统计局	自治区第五次人口普查办公室	2002年
金　晓　勇	达斡尔	先进个人	旗统计局	自治区第五次人口普查办公室	2002年
孟　玉　兰	达斡尔	先进个人	旗统计局	自治区第五次人口普查办公室	2002年

姓　　名	民　族	荣誉称号	受表彰时所在单位	表彰单位	表彰时间
斯　　琴	蒙古	先进个人	旗统计局	自治区第五次人口普查办公室	2002年
滕凤云	汉	先进个人	大雁矿区政府	自治区第五次人口普查办公室	2002年
苏日米德	达斡尔	地方志工作先进个人	旗档案史志局	自治区政府办公室、地方志编委会、人事厅	2003年
何冬梅	达斡尔	用户满意优秀管理者	旗环卫处	共青团内蒙古区委	2003年
金晓勇	达斡尔	先进个人	旗统计局	自治区第二次基本单位普查办公室	2003年
鄂来新	达斡尔	先进个人	旗统计局	自治区第二次基本单位普查办公室	2003年
悦　　红	达斡尔	先进个人	旗统计局	自治区第二次基本单位普查办公室	2003年
斯　　琴	蒙古	先进个人	旗统计局	自治区第二次基本单位普查办公室	2003年
乌云斯琴	蒙古	"三八"红旗手	旗畜牧工作站	内蒙古妇联	2003年
王晓香	汉	人民调解先进个人	伊敏河镇	内蒙古妇联	2003年
任洪娴	汉	先进个人	财险伊敏河支公司	财险内蒙古分公司	2003年
满吉格玛	鄂温克	先进个人	旗档案史志局	自治区档案局、人事厅	2004年

姓　名	民族	荣誉称号	受表彰时所在单位	表彰单位	表彰时间
杜丽霞	达斡尔	依法行政工作先进个人	旗政府法制办	自治区政府	2004年
樊兴萍	汉	政务信息工作优秀信息员	旗政府督查室	自治区政府	2004年
张金花	蒙古	优秀调解员	红花尔基镇	自治区司法厅	2004年
滕文秀	汉	"六进社区"活动先进个人	旗司法局	自治区文明委、综治委	2004年
何冬梅	达斡尔	用户满意杰出管理者	旗环卫处	自治区工会、共青团质量协会	2004年
德日格尔玛	蒙古	先进工作者	旗关工委	自治区关工委	2004年
晨霞	蒙古	民族团结进步工作先进个人	旗电力公司	内蒙古电力公司	2004年
鄂敏	达斡尔	"巾帼建功"标兵	人行鄂温克旗支行	人行天津支行	2004年
牡其热	鄂温克	科学育儿知识竞赛先进个人	旗妇联	内蒙古妇联	2004年
吴淑雅	达斡尔	优秀党务工作者	旗委党校	内蒙古党委党校	2004年
吴淑雅	达斡尔	优秀教育工作者	旗委党校	内蒙古党委党校	2004年
萨日娜	达斡尔	自治区第二批小学数学学科带头人	旗教育局	自治区教育厅	2004年
索龙格	鄂温克	优秀妇联干部	旗妇联	内蒙古妇联	2005年
乔玉芳	汉	劳动模范	巴彦托海镇	自治区政府	2005年
乔玉芳	汉	"三八"红旗手	巴彦托海镇	内蒙古妇联	2005年

姓　　名	民　族	荣誉称号	受表彰时所在单位	表彰单位	表彰时间
樊　兴　萍	汉	政务信息工作优秀信息员	旗政府督查室	自治区政府	2005年
春　　红	蒙古	党政机关蒙古语文翻译工作先进工作者	旗政府办公室	自治区政府	2005年
娜　日　斯	蒙古	先进个人	旗委宣传部	自治区文明委	2005年
蒋　立　宏	汉	一等奖	旗草原站	自治区农牧业丰收奖评审委员会	2005年
悦　　红	达斡尔	先进个人	旗统计局	自治区1%人口抽样调查办公室	2005年
乔　菊　春	回	"12.31"总决战标兵	中国网通大雁分局	自治区通信公司	2005年
李　淑　霞	汉	会计工作先进个人	伊敏河镇政府	自治区第一次全国经济普查领导小组	2005年
杨　秋　香	汉	优秀骨干教师	伊敏河镇第二小学	自治区教育厅	2005年
柳　婷　婷	汉	优秀大客户经理	网通伊敏河分公司	自治区通信公司	2005年
王　艳　华	汉	改陋习树新风先进个人	大雁矿区政府	内蒙古妇联	2005年
吴　春　荣	汉	先进个人	大雁矿区政府	自治区第一次全国经济普查领导小组	2005年
高　　娃	鄂温克	全区实施"33211"工程先进个人	旗教育局	自治区教育厅	2005年
索　龙　格	鄂温克	实施"春蕾女童"计划先进个人	旗妇联	内蒙古妇联	2006年
乔　玉　芳	汉	十大女杰	巴彦托海镇	自治区政府	2006年

姓　名	民　族	荣誉称号	受表彰时所在单位	表彰单位	表彰时间
赵　玉　莲	蒙古	《蒙古语文工作条例》知识竞赛三等奖	旗政府办公室	自治区民委、蒙古语文工作委员会	2006年
正　　　月	鄂温克	全区劳动模范	辉苏木中心校	自治区政府	2006年
乌　荣　挂	达斡尔	民族中小学优秀教师	鄂温克中学	自治区教育厅	2006年
乌　荣　挂	达斡尔	全区第三批中小学学科带头人	鄂温克中学	自治区教育厅	2007年
安　淑　梅	鄂温克	"五好文明家庭"标兵	巴彦托海镇	内蒙古妇联	2007年
乔　玉　芳	汉	感动内蒙古人物	巴彦托海镇	自治区政府	2007年
乔　玉　芳	汉	全区民族团结进步模范个人	巴彦托海镇	自治区党委、政府	2007年
乔　玉　芳	汉	优秀党务工作者	巴彦托海镇	自治区党委	2007年
何　冬　梅	达斡尔	自治区成立60周年迎大庆英模榜	旗环卫处	自治区政府	2007年
马　兰　梅	回	民族团结进步先进个人	呼伦贝尔绿祥清真肉食品有限责任公司	内蒙古自治区工商联、总工会	2007年
托　　　娅	达斡尔	全区优秀教育工作者	旗民族幼儿园	自治区教育厅	2007年
金　　　花	鄂温克	内蒙古"双学双比"女能手	辉苏木嘎鲁图嘎查	内蒙古"双学双比"活动领导小组	2007年
牡　其　热	鄂温克	全区妇联系统信访先进工作者	旗妇联	自治区党委、政府、信访局、妇联	2008年

姓　　名	民　族	荣誉称号	受表彰时所在单位	表彰单位	表彰时间
张　　影	汉	全区国税系统征收标兵	旗国税局	自治区国税局	2008年
张　荣　菊	汉	农牧业气象优秀个人	旗气象局	自治区气象局	2008年
日　　娜	鄂温克	"三八"红旗手	旗第一实验小学	内蒙古妇联	2008年
张　荣　菊	汉	农牧业气象优秀个人	旗气象局	自治区气象局	2009年
伟　　娜	鄂温克	侨联系统先进个人	旗侨联	自治区侨联	2009年
斯　日　古　楞	鄂温克	全区优秀通讯员	旗关工委	自治区关工委	2009年
乔　玉　芳	汉	"心系60年、情系大草原"公益之星	巴彦托海镇	自治区政府	2009年
乔　玉　芳	汉	诚信经纪执业人	巴彦托海镇	自治区政府	2009年
娜　仁　托　雅	蒙古	未成年人思想道德建设先进工作者	旗委宣传部	内蒙古党委宣传部	2010年
黎　　英	蒙古	先进个人	旗政府法制办	自治区政府法制办	2010年
阿拉腾其木格	鄂温克	劳动模范	辉苏木	自治区政府	2010年
何　冬　梅	达斡尔	劳动模范	旗环卫处	自治区政府	2010年
关　红　梅	汉	敬老孝星	伊敏河镇	内蒙古妇联	2010年
何　梅　萍	达斡尔	"三八"红旗手	旗妇联	内蒙古妇联	2010年
慧　　慧	达斡尔	维权特别贡献奖	旗法院	内蒙古妇联	2010年

姓　名	民族	荣誉称号	受表彰时所在单位	表彰单位	表彰时间
吉日嘎拉	蒙古	全区五好文明家庭	锡尼河西苏木	内蒙古妇联	2010年
项海君	汉	全区纪检监察先进个人	纪委监察局	自治区纪律检查委员会、监察厅	2010年
杨淑华	汉	内蒙古自治区第二次资源清查先进个人	旗统计局	自治区第二次资源清查领导小组办公室	2011年
车淑芳	蒙古	全区纪检监察系统先进工作者	旗纪委	自治区纪律检查委员会、人力资源和社会保障厅、监察厅	2011年
索优乐其	鄂温克	2010年度全区农业技术推广工作先进个人	旗农技推广站	自治区农业技术推广站	2011年
包春梅	蒙古	自治区民族中小学优秀教师	旗民族幼儿园	自治区教育厅、人民教育基金会	2011年
张宇杰	汉	全区地税系统优秀共产党员	旗地税局大雁分局	自治区地税局	2011年
苏伦高娃	蒙古	敬老孝星	伊敏苏木中心校	自治区老龄工作委员会、民政厅	2012年
郭丽红	达斡尔	全区地税系统创先争优活动共产党员先锋(示范)岗	旗地税局	自治区地税局	2012年
梅花	鄂温克	自治区教育系统创先争优优秀共产党员	伊敏苏木中心校	自治区教育厅	2012年

姓　　名	民　族	荣誉称号	受表彰时所在单位	表彰单位	表彰时间
道　日　娜	蒙古	敬老孝星	伊敏苏木政府社会事务办	自治区老龄工作委员会、民政厅	2012年
黎　　英	蒙古	法制信息宣传工作先进个人	旗政府法制办	自治区政府法制办	2012年
郭　海　花	汉	自治区优秀教师	大雁二中	自治区教育厅	2012年
闫　秀　萍	达斡尔	自治区优秀班主任	旗第二实验小学	自治区教育厅	2012年
乌　荣　挂	达斡尔	自治区特级教师	鄂温克中学	自治区教育厅	2012年
孟　金　英	达斡尔	内蒙古优秀巾帼志愿者	旗司法局	内蒙古妇联	2012年
孙　　宁	汉	法制信息宣传工作先进个人	旗政府法制办	自治区政府法制办	2012年
鄂　来　新	达斡尔	全区统计系统模范统计工作者	旗统计局	自治区统计局	2012年
马　兰　梅	回	"五一"劳动奖章	呼伦贝尔绿祥清真肉食品有限责任公司	自治区总工会	2012年
马　兰　梅	回	诚信守法先进企业家	呼伦贝尔绿祥清真肉食品有限责任公司	自治区党委、政府	2013年
秦　秀　娟	蒙古	内蒙古自治区农牧业"丰收奖"二等奖	旗畜牧工作站	自治区农牧业厅	2013年
高　丽　娟	汉	全区国税系统"我身边的好税官"	旗国税局	自治区国税局	2013年

姓　　名	民族	荣誉称号	受表彰时所在单位	表彰单位	表彰时间
张　　灵	蒙古	内蒙古自治区农牧业"丰收奖"二等奖	旗畜牧工作站	自治区农牧业厅	2013年
蒋　立　宏	汉	内蒙古自治区农牧业"丰收奖"二等奖	旗草原工作站	自治区农牧业厅	2013年
索　优　乐　其	鄂温克	内蒙古自治区农牧业"丰收奖"三等奖	旗植保植检站	自治区农牧业厅	2013年
郭　丽　红	达斡尔	全区地税系统税收宣传月先进个人	旗地税局	自治区地税局	2013年
郭　丽　红	达斡尔	全区地税系统税收宣传月先进个人	旗地税局	自治区地税局	2014年
丹　　砾	蒙古	自治区"五一"劳动奖章	旗总工会	自治区总工会	2014年
金　斯　斯　格	达斡尔	优秀教师	昕辉学校	自治区教育厅	2014年
唐　宝　荣	达斡尔	优秀班主任	伊敏河镇第二小学	自治区教育厅	2014年
焦　　爱	汉	优秀德育工作者	大雁第一小学	自治区教育厅	2014年
乌　　仁	鄂温克	百佳文明农牧民	伊敏苏木阿贵图嘎查	内蒙古党委宣传部	2014年
杜　丽　霞	达斡尔	法制信息宣传工作先进个人	法制办	自治区政府法制办	2014年
鄂　妩　瑛	达斡尔	全球基金结核病项目耐多药防治工作先进个人	旗结核病防治所	自治区卫生厅	2014年
乌云其木格	蒙古	全区巾帼建功标兵	锡尼河西苏木	内蒙古妇联	2015年

(三)获呼伦贝尔盟(市)委、行政公署(市政府)表彰的先进个人

1958~2014年,全旗有63人次获呼伦贝尔盟(市)委、行政公署(市政府)的表彰并授予荣誉称号。

鄂温克旗妇女获市(盟)级(不含系统)先进个人名表

姓 名	民族	荣誉称号	受表彰时所在单位	表彰单位	表彰时间
罗 日 古	达斡尔	民族教育模范教师	巴彦托海公社	呼伦贝尔盟行署	1958年
色吉德玛	达斡尔	妇幼卫生工作先进个人	旗妇幼保健站	呼伦贝尔盟行署	1958年
色吉德玛	达斡尔	优秀共产党员	旗妇幼保健站	呼伦贝尔盟委	1983年
索 布 德	达斡尔	劳动模范	巴彦托海镇	呼伦贝尔盟行署	1984年
索 布 德	达斡尔	先进个人	巴彦托海镇	呼伦贝尔盟行署	1984年
安 娜	鄂温克	呼伦贝尔盟首届文学艺术创作骏马奖	鄂温克旗文联	呼伦贝尔盟委	1984年
玛 扎	达斡尔	先进个人	旗关工委	呼伦贝尔盟行署	1994年
安 娜	鄂温克	呼伦贝尔盟第二届文学艺术创作骏马奖	内蒙古鄂温克研究会	呼伦贝尔盟委、盟行署	1994年
阿 荣 挂	达斡尔	呼伦贝尔盟第二届文化艺术创作骏马奖	旗文化馆	呼伦贝尔盟委、行署	1994年

姓　名	民族	荣誉称号	受表彰时所在单位	表彰单位	表彰时间
拥　梦	达斡尔	档案史志工作先进个人	旗防疫站	呼伦贝尔盟委、行署	2000年
乔玉芳	汉	优秀共产党员	巴彦托海镇	呼伦贝尔盟委	2001年
乔玉芳	汉	优秀党务工作者	巴彦托海镇	呼伦贝尔盟委	2001年
张桂华	蒙古	优秀党务工作者	巴彦托海镇党委	呼伦贝尔盟委	2001年
田　华	达斡尔	关心下一代工作先进个人	旗财政局	呼伦贝尔盟委、行署	2001年
斯日古楞	鄂温克	关心下一代工作先进个人	旗关工委	呼伦贝尔盟委、行署	2001年
敖玉珍	鄂温克	关心下一代工作先进个人	旗关工委	呼伦贝尔盟委、行署	2001年
德日格尔玛	蒙古	关心下一代工作先进个人	旗关工委	呼伦贝尔盟委、行署	2001年
包鹦鸽	蒙古	学习使用蒙古语文先进个人	旗政协	呼伦贝尔盟委、行署	2002年
安　娜	鄂温克	呼伦贝尔市第五届文学艺术创作骏马奖	内蒙古鄂温克研究会	呼伦贝尔市委、政府	2002年
双　燕	达斡尔	全市党政优秀信息工作者	旗国税局	呼伦贝尔市委、政府	2004年
何冬梅	达斡尔	劳动模范	旗环卫处	呼伦贝尔市委、政府	2004年
萨　仁	鄂温克	争创中国优秀旅游城市先进个人	旗旅游局	呼伦贝尔市委、政府	2004年

姓　　名	民族	荣誉称号	受表彰时所在单位	表彰单位	表彰时间
乔　玉　芳	汉	劳动模范	巴彦托海镇	呼伦贝尔市委、政府	2004年
乌　日　娜	鄂温克	文学创作骏马奖	旗文联	呼伦贝尔市委、政府	2005年
乔　玉　芳	汉	优秀乡土人才	巴彦托海镇	呼伦贝尔市委、政府	2005年
斯　日　古　楞	鄂温克	关心下一代工作先进个人	旗关工委	呼伦贝尔市委、政府	2006年
敖　玉　珍	鄂温克	关心下一代工作先进个人	旗关工委	呼伦贝尔市委、政府	2006年
德日格尔玛	蒙古	关心下一代工作先进个人	旗关工委	呼伦贝尔市委、政府	2006年
笑　　梅	汉	全市外宣工作先进个人	旗广播电视台	呼伦贝尔市委、政府	2006年
郭　玉　玲	达斡尔	优秀党务工作者	巴雁镇党委	呼伦贝尔市委	2006年
田　　华	达斡尔	带状补播草甸草原技术研究二等奖	旗财政局	呼伦贝尔市政府	2007年
笑　　梅	汉	全市外宣工作先进个人	旗广播电视台	呼伦贝尔市委、政府	2007年
慧　　慧	达斡尔	全市优秀团干部	旗广播电视台	呼伦贝尔市委、政府	2007年
金　淑　玲	达斡尔	优秀牧民	巴彦托海镇	呼伦贝尔市委、政府	2007年
红　　霞	鄂温克	民族团结进步模范个人	旗民族宗教局	呼伦贝尔市委、政府	2007年

姓　名	民　族	荣誉称号	受表彰时所在单位	表彰单位	表彰时间
乔　玉　芳	汉	敬业模范提名奖	巴彦托海镇	呼伦贝尔市委、政府	2008年
郭　玉　玲	达斡尔	优秀公务员暨三等功	巴雁镇党委	呼伦贝尔市委、政府	2008年
孟　丽　丽	达斡尔	"双拥"工作先进个人	旗委办公室	呼伦贝尔市委、政府	2008年
笑　　梅	汉	全市外宣工作先进个人	旗广播电视台	呼伦贝尔市委、政府	2008年
伊　　兰	达斡尔	全市外宣工作先进个人	旗广播电视台	呼伦贝尔市委、政府	2009年
莫　丽　娜	达斡尔	劳动模范	巴彦托海镇	呼伦贝尔市委、政府	2009年
敖　铁　叶	达斡尔	呼伦贝尔市文化事业突出贡献奖	旗苍松老年艺术团	呼伦贝尔市委、政府	2009年
敖　　嫩	鄂温克	文学创作骏马奖	旗文联	呼伦贝尔市委、政府	2010年
郭　玉　玲	达斡尔	防范邪教工作先进个人	巴雁镇党委	呼伦贝尔市委、政府	2010年
斯日斯格玛	蒙古	劳动模范	锡尼河镇	呼伦贝尔市委、政府	2010年
乔　　娜	蒙古	全市信息工作先进个人	旗广播电视台	呼伦贝尔市委、政府	2010年
樊　兴　萍	汉	全市信息化工作先进个人	旗政府信息化办公室	呼伦贝尔市委、政府	2010年
阿拉腾其木格	鄂温克	劳动模范	辉苏木	呼伦贝尔市委、政府	2010年

姓　名	民族	荣誉称号	受表彰时所在单位	表彰单位	表彰时间
安　娜	鄂温克	呼伦贝尔市第七届文学艺术创作政府奖（骏马奖）	内蒙古鄂温克研究会	呼伦贝尔市政府	2011年
敖　嫩	鄂温克	呼伦贝尔市第七届文学艺术创作政府奖（骏马奖）	旗文联	呼伦贝尔市委、政府	2011年
娜仁其其格	鄂温克	呼伦贝尔市第七届文学艺术创作政府奖（骏马奖）	旗鄂温克研究会	呼伦贝尔市委、政府	2011年
萨仁格日勒	鄂温克	呼伦贝尔市第七届文学艺术创作政府奖（骏马奖）	旗鄂温克研究会	呼伦贝尔市委、政府	2011年
李　萍	蒙古	全市第六次人口普查先进个人	旗统计局	呼伦贝尔市第六次全国人口普查领导小组办公室	2011年
何　英	达斡尔	巾帼建功标兵	旗档案史志局	呼伦贝尔市"双学双比"活动领导小组	2011年
杨淑华	汉	全市第六次人口普查先进个人	旗统计局	呼伦贝尔市第六次全国人口普查领导小组办公室	2011年
孟玉兰	达斡尔	全市第六次人口普查先进个人	旗统计局	呼伦贝尔市第六次全国人口普查领导小组办公室	2011年

姓　名	民　族	荣誉称号	受表彰时所在单位	表彰单位	表彰时间
敖　红　梅	达斡尔	优秀党员	锡尼河商贸有限责任公司	呼伦贝尔市非公有制经济组织创先争优活动指导小组	2011年
敖　红　梅	达斡尔	诚实守信模范	锡尼河商贸有限责任公司	呼伦贝尔市政府	2012年
玲　　丽	达斡尔	全市督查工作先进个人	旗旅游局	呼伦贝尔市委、政府	2012年
杜·高　娃	鄂温克	呼伦贝尔市第八届文学艺术创作政府奖（骏马奖）	辉苏木	呼伦贝尔市委、政府	2013年
娜　　玛	蒙古	呼伦贝尔市维护妇女儿童合法权益先进个人	伊敏苏木妇联	呼伦贝尔市维护妇女儿童权益暨"平安家庭"创建领导小组	2013年
敖　红　梅	达斡尔	优秀共产党员	锡尼河商贸有限责任公司	呼伦贝尔市非公有制企业系统委员会	2013年
乌兰哈斯	蒙古	全市基层大讲堂建设工作优秀宣讲员	旗司法局	呼伦贝尔市委宣传部	2014年

◆鄂温克族自治旗妇女联合会志◆

大事记

大 事 记

1924 年

是年 在俄国十月革命影响下,索伦旗莫和尔图的 5 位达斡尔族姑娘——海瑞、桂瑞、松贤、孟贤、仁贤前往苏联布里亚特共和国首府乌金斯科学习。次年 12 月,她们考入苏联莫斯科东方大学。

1946 年

年初 索伦旗进步妇女托亚等组建妇女组织——"新力量会",创办会刊《团结》。3 月 8 日,新力量会在南屯召开"妇女解放纪念会",约 20 名妇女参加。

秋 额尔登挂带领索伦旗 10 余名女青年到内蒙古军政大学学习。

1949 年

11 月 索伦旗民主妇女联合会成立,索日玛德苏荣任主任。
是年 索伦旗举办有 42 名妇女参加的妇幼卫生知识学习班。

1950 年

10 月 索伦旗妇联主任索日玛德苏荣赴北京全国妇干校学习。

△ 索伦旗妇联举办2次培训班:第一次,妇女卫生员与接生员技术培训,24名妇女参加培训;第二次,妇女工作与生产劳动方面的知识培训,32名妇女参加培训。

1951年

1~3月 在旗妇联的号召下,开展为期3个月的治疗梅毒病患者工作,并取得显著成效。

4月 索伦旗妇女联合会正式成立,参加成立大会的代表40名,最大的48岁、最小的18岁。

是年 在上级妇联的领导下,旗妇联开展抗美援朝爱国主义教育活动。巴彦嵯岗、巴彦托海等地开展"爱国主义和平条约"宣誓签名仪式,极大地激发了广大妇女的爱国主义热情,参加人员中50%是妇女,其中年龄最大的妇女60岁。锡尼河苏木78岁的老额吉亲手编织10双毛袜子捐给抗美援朝的解放军战士。

1953年

是年 全旗采用新办法生育的妇女达50%。旗妇联倡导经期妇女必须使用纸、棉花和白布,勿用毡子和旧布。使用此种新办法的妇女已达70%。

1954年

10月 索伦旗首届妇代会隆重召开。

1955年

是年 索伦旗66名接生员参加呼伦贝尔盟妇联举办的培训班。全年,全旗292名孕妇中77%的妇女采用新办法生产,为产妇产后恢复及新生儿的健康成长打下坚实的基础。

△ 旗妇联积极动员广大妇女参加生产劳动,在旗政府举办的队长培训班中,有45名队长参加,其中妇女6名;锡尼河苏木584名妇女参加春季接羔劳动。

1956年

是年 旗妇联举办扫盲班,223名妇女基本脱盲,掌握了简单的写信、读报纸、看杂志的本领。

△ 巴彦托海苏木举办两次经期卫生和孕期保健讲座,350名妇女聆听讲座。

△ 全旗接生员达59名,5个苏木中3个苏木没有接生员。年内,伊敏苏木3名妇女因难产而死亡。

1957年

11月12~15日 旗妇联召开二届三次代表大会,与会代表36名、列席代表8名。会议贯彻全国三届人代会精神,提出勤俭建国、勤俭建合作社、勤俭持家的建议。

是年 全旗采用新办法生育的妇女达94.1%,比1956年提高1.4%。

△ 全旗各合作社调动广大妇女参加生产劳动的积极性,辉苏木红旗队组织6名妇女拖6 000块土坯,锡尼河苏木4个合作社的171名妇女共熟2 228张皮子,按平均每张2元计算,共计4 456元,增加了收入。

△ 旗妇联大力宣传《婚姻法》。辉苏木和巴彦托海苏木2名男子非法殴打妻子后,苏木妇联对他们进行了思想教育。

1958 年

8月1日 鄂温克族自治旗成立。索伦旗民主妇联改称鄂温克族自治旗妇女联合会。

是年 旗妇联开展扫盲活动,年内全旗85%的妇女脱盲。

△ 全旗参加合作社的妇女有2 564名,占全旗牧民妇女的95%,参加畜牧业生产的妇女占全旗牧民妇女的95.2%。

△ 巴彦托海苏木敖仁保力高牧场在牧业副主任桑瑞的积极倡议下,修建敖仁保力高"三八"水库,解决了4万多头牲畜过夏营的问题,提高了牧场的综合利用率。

1959 年

是年 全旗有接生员41名,接生新生儿255人,其中新办法接生的9人,死亡婴儿58人(肺炎和麻疹)。

△ 全旗总户数2 238户、10 660人,其中男性5 802人、女性4 858人;劳动力3 898人,其中男性2 218人、女性1 680人。全旗由蒙古、汉、鄂温克、达斡尔、鄂伦春、俄罗斯、满、朝鲜、藏、回等10个民族组成。

△ 旗妇联提出一手抓生产、一手抓生活的工作方针,要求各级妇联干部要与妇幼保健干部共同协作、密切配合,做好妇女劳动保护工作,进一步提高新办法接生普及率,消灭破伤风。同时,积极做好产前检查及如何预防难产、早产发生和儿童各种传染疾病的培训。

1960 年

是年 旗妇联组织技术革新与工具改革红旗竞赛活动,创造改革工具

18种,其中有多间隔接羔保畜车厢、赶毡子机、多头哺乳器、熟皮工具、牛粪瓦斯动力发电站、豆饼粉碎器、装卸土豆车等,提高了劳动生产率。

△ 全旗有产妇648人,其中采用新办法生育的612人,用土办法生育的36人,产妇死亡率明显下降。

△ 全旗有中共党员661人,其中女党员76人。有女共青团员230人。

1961年

是年 旗妇联提倡各公社、牧场自己建托儿所。当年,全旗建立托儿所4所,入托儿童205人,有保育员13人,年内,160多名妇女参加生产劳动,建立12个缝纫基地。

1962年

是年 全旗各公社、各行各业组织妇女种植"三八"林504平方米、42 600株。

△ 针对孕产妇保护工作,旗妇联提出:预产期妇女不分配走敖特尔、打更员、放牧员、驾驶员等工作;怀孕6个月以上妇女不参加生产队的集体挤牛奶工作;孕妇产前、产后各休息2个月;以不影响哺乳婴儿的健康成长为原则,对哺乳期妇女要"三调三不调"。

1963年

是年 根据全国妇联会议精神,旗妇联在伊敏公社红花尔基生产队搞试点,重新建立基层妇代会。当年,全旗建立37个基层妇女组织,占基层妇女组织总数的84.1%。

1965 年

6月25日 全旗第三次妇女代表大会召开。

是年 全旗女共产党员占党员总数的13.1%,女共青团员占团员总数的41.1%,科长以上女干部9人,政府机关和企事业部门的妇女工作人员300余人。其中,许多妇女被选为各级人大代表、政府委员,全旗妇女代表占人大代表总数的29%,基层代表中妇女代表占总数的22%,还有2名妇女当选为旗人民委员会委员。

1966 年

6月 "文化大革命"开始后,旗妇联及基层妇联工作被迫停止。

是年 巴彦嵯岗公社牧民阿尤勒图贵(鄂温克族)赴呼和浩特参加全区学习毛主席著作积极分子代表大会

1973 年

8月 鄂温克旗第五次妇代会召开。会议提出,在生产中应实行男女同工同酬、要关心和照顾妇女的特殊困难;积极办好托儿所、幼儿园;提倡男女共同分担家务,反对重男轻女;提倡男女平等、婚姻自主,坚决反对买卖婚姻和变相买卖婚姻;提倡婚丧嫁娶一切从简,反对大操大办、铺张浪费;提倡相信科学、讲究卫生,反对封建迷信,坚决抵制资产阶级思想和封建思想,树立无产阶级新社会风尚等。

1974 年

是年 辉公社乌兰宝力格队、喜桂图队、伊敏公社毕鲁图队在青年妇女中成立自治旗第一支"铁姑娘队",她们在畜牧业生产和社会主义建设中发挥了突击模范作用。

△ 在基层民兵比武竞赛中,有3名女民兵百发百中,获得特级能手称号。

1975 年

是年 全旗1 370名知识青年上山下乡,其中女青年957人,占42.7%。

△ 全旗先进青年代表会议召开,在96名代表中有女青年41人。

△ 在全旗85名赤脚医生中,有女性45人,占53%。

△ 巴彦嵯岗公社红旗队组织809名妇女劳动力同男子一道上山打石头,开拓7 000平方米石头圈。辉公社乌兰宝力格生产队"铁姑娘队"苦战1周,挖1眼4米多深的石砌井,解决了无水草场牲畜饮水难问题。巴彦塔拉公社温都尔队妇女建成80亩蔬菜基地院套,解决了社员们的过冬蔬菜。

△ 旗化工厂女职工积极响应"八小时内拼命干、八小时外做贡献"的号召,主动安排好家庭和孩子,白天正常上班,晚上加夜班,保质保量并超额完成生产任务。"三八"制蜡车间9名女工全年生产白蜡40吨,价值6.8万元,满足了牧民夜晚照明的需要。

△ 各级党委培养选拔两级女领导干部16名。其中公社级5名,有66%的公社配备了女党委委员、女副书记、女副主任;队级11名,25%的队配备了女书记和女队长。

1976 年

是年 旗妇联向全旗妇女发出为普及大寨县(旗)贡献力量的号召,要求各级妇联广泛发动有劳动能力的女社员积极参加集体生产劳动,其中参加集体劳动的女社员要达到85%以上,牧区走敖特尔的妇女每年平均劳动280天,参加基本建设的妇女每年平均劳动230天,定居点上的妇女每年平均劳动180天。

1977年

3月 在"三八"妇女节来临之际,旗妇联表彰38名"三八"红旗手、11个"三八"红旗集体。

8月 旗妇联召开"牧业学大寨"座谈会,52名妇女参会。

△ 由锡尼河东公社哈日嘎那生产队20名妇女组成的"铁姑娘队"自力更生筹建砖厂,年内烧砖3万多块。南屯公社76名妇女参加生产队的打芦苇工作,为国家上交8 000吨芦苇。

1979年

1月17日 鄂温克旗第六次妇女代表大会召开。

6月20日 旗妇联在辉公社乌兰宝力格生产队召开全旗妇联干部工作现场会。乌兰宝力格生产队妇代会主任和铁姑娘队长分别作经验汇报,旗妇联号召全旗广大妇女解放思想,努力把鄂温克旗建设成现代化牧业生产基地。

1980年

4月3日 全盟"三八"红旗手(集体)表彰大会召开,本旗受表彰的"三八"红旗手有满都拉(希贵图生产队)、都拉玛(伊敏生产队)、额吉思贡(巴彦嵯岗学校)、何国荣(大雁镇居委会)、杨吉莲(巴彦塔拉公社温都尔队)、斯木吉德(锡尼河西公社供销社)、斯普乐玛(旗种畜场)、敦布尼玛;

"三八"红旗集体有旗幼儿园、辉公社妇联、孟根楚鲁公社维特很生产队妇代会。

1981 年

3 月 为适应全党工作重点向经济建设转移,进一步调动广大妇女积极投身于各种生产建设,经旗委批准,旗妇联表彰"三八"红旗手 75 名、"三八"红旗集体 25 个。

6 月 1 日 锡尼河西公社的布木、巴彦塔拉公社的宝贝莲花、旗毛纺厂的赵文军,被盟妇联授予"好妈妈"荣誉称号。

12 月 1 日 旗妇联召开第六届五次委员扩大会议,45 人参会。会议总结全年工作,进行流动红旗评比,传达了内蒙古妇联关于征集妇运史材料的会议部署。

1982 年

3 月 7 日 旗妇联组织召开旗直机关女职工代表和"三八"红旗手代表座谈会,就如何对青少年开展精神文明教育进行深入探讨,并对女工劳动保护及妇女工作提出新的要求与建议。

12 月 10～25 日 13 名妇联干部参加蒙汉两语业务培训。

12 月 内蒙古妇联召开盟市、旗县妇联主任会议,研究讨论维护妇女儿童合法权益法制宣传月活动方案。

1983 年

4 月 12～21 日 呼盟妇联召开扶持民办中心幼儿园工作会议,巴彦塔拉公社妇联主任斯日古楞、辉公社妇联主任白荣挂参加会议。

6月1日 旗妇联与旗法律顾问处签定法律顾问聘请合同书,聘请妮娜为妇联法律顾问。

6月20日 内蒙古妇联为巴彦塔拉公社、辉公社幼儿园购置价值1 000元的炊具、卫生保健设备等。

6月23~27日 旗妇联召开第六届六次委员扩大会议,传达中央书记处《关于坚决维护妇女儿童合法权益,抚育、培养、教育少年儿童健康成长,为物质文明和精神文明建设贡献力量的意见》。

9月2日 辉公社乌兰宝力格生产队牧民桂花代表鄂温克族妇女赴京参加中国妇女第五次全国代表大会。

9月24~26日 旗妇联为受全国妇联表彰的"三八"红旗手斯琵勒(孟根楚鲁公社)、"三八"红旗集体辉公社乌兰宝力格队妇代会及阿英(巴彦托海镇)、玉珍(巴彦塔拉公社)两个"五好"家庭颁发奖状。

12月9日 旗委下发通知,哈森其其格任旗妇联主任。

12月18日 旗委转发呼盟委组织部通知,经呼盟委研究决定,哈森其其格任中共鄂温克旗委常委,免去其旗人民政府副旗长职务。

12月 内蒙古妇联授予巴彦塔拉公社妇联主任斯日古楞先进妇联工作者荣誉称号。

1984年

1月14日 旗委召开由公、检、法、司、工、青、妇、教育局、广播局、宣传部、政法委等13个部门领导参加的维护妇女儿童合法权益法制宣传月活动部署会议,决定成立以旗委副书记布仁为组长,旗委常委、旗委政法委书记苏福庭,旗委常委、旗委宣传部部长杜刚,旗委常委、旗妇联主任哈森其其格为副组长,公、检、法、司、工、青、妇、文化局、教育局、广播局、民政局、劳动局等16个单位领导为成员的"法宣月"领导小组。

1月19日 旗委召开各公社妇联专职干部和司法助理会议,全面部署维护妇女儿童合法权益"法宣月"活动。

2月11日 旗委召开旗直机关维护妇女儿童合法权益法制宣传月动员大会,旗委常委、旗委宣传部部长杜刚主持会议,旗委副书记鄂清峰做动员讲话,500余名机关干部职工参加会议。

3月5~6日 旗委召开"法宣月"领导小组、妇联专职干部、司法助理会议,总结"法宣月"活动开展情况,评选表彰在活动中表现突出的先进个人和先进集体。先进个人:敖正月(巴彦托海镇)、梅(巴彦嵯岗苏木)、郭子仁(大雁镇党委宣传科)、孟金凤(巴彦托海镇妇联)、包玉芬(巴彦托海镇)、刘淑珍(大雁镇)、陈莲荣(大雁矿务局女工部)、袭英(伊敏)、塔娜(巴彦塔拉)、关秀霞(巴彦托海镇)、鄂玉荣(大雁镇妇联)、班布拉(大雁向阳委)、徐立光(大雁矿务局)、萨楚日拉(巴彦托海镇政府司法助理)、金爱珍、斯普乐玛。先进集体:大雁镇卫生院、旗一建公司、大雁矿区职工医院、孟根楚鲁公社、巴彦塔拉公社。

3月8日 呼盟妇联、盟展览馆联合举办"呼伦贝尔妇女"事迹展,辉公社乌兰宝力格桂花、孟根楚鲁公社斯琵勒、孟根楚鲁公社巴拉吉德3人的先进事迹参展。

3月20日 以内蒙古妇联主任王秀梅为组长的"法宣月"检查组,在呼盟妇联副主任索日玛德苏荣的陪同下到鄂温克旗检查"法宣月"工作。旗委副书记布仁,旗委常委、政法委书记苏福庭及公、检、法、司、妇联等单位领导陪同检查,并向检查组汇报了活动开展情况。

4月 斯琵勒、敖正月、梅被评为自治区"维护妇女儿童合法权益"先进个人。

5月28~6月3日 在全区"热爱孩子"活动周期间,旗政府拨款1 500元、旗直各部门捐款1 500元,党政机关分片慰问牧区少年儿童;各基层单位为各地幼儿园、小学捐款2 080元;各公社表彰"合格母亲"32名、优秀学生27名;电影院、图书馆为少年儿童免费开放3天;卫生系统利用3天时间为旗幼儿园和集体、个体托儿所的独生子女们免费进行健康体检。

6月1日 旗委、旗政府召开巴彦托海镇地区各中小学校庆祝"六一"国际儿童节大会。旗委常委、旗妇联主任哈森其其格主持大会,旗委副书记布仁在会上讲话。大会表彰三好学生69名、优秀辅导员36名、优秀保育员4名。

1985年

1月21日 旗妇联副主任娜仁其其格赴呼和浩特市参加全区盟市旗县妇联主任会议。

2月8日 旗妇联副主任嘎拉森道力玛、娜仁其其格深入大雁、锡尼河西公社检查工作,传达全区盟市旗县妇联主任会议精神。

3月1日 旗委下发通知,嘎拉森道力玛任旗妇联主任;哈森其其格不再担任旗妇联主任;斯仁吉木任旗妇联副主任。

3月6日 旗妇联召开首届女知识分子座谈会,各部门具有助理工程师以上职称的女知识分子25人与会,旗委副书记鄂清峰与会并在会上讲话。

3月7日 旗妇幼保健站站长托雅、锡尼河西苏木牧民哈木诺尔金、辉苏木牧民阿拉腾花被命名为盟级"三八红旗手",大雁镇居民陶淑珍家庭被评为盟级"五好"家庭,巴彦塔拉乡妇联斯日古楞被评为盟级优秀妇女工作者,孟根楚鲁公社妇联被评为盟级先进集体。

3月8日 呼盟妇联举办呼伦贝尔妇女图片展,其中包括锡尼河西苏木女牧民陶义格、孟根楚鲁苏木女牧民"专业户"巴拉吉德、辉苏木乌兰宝力格嘎查妇代会主任桂花等3人的图片与主要事迹。

4月11~12日 旗妇联召开全旗第一次奶牛专业户经验交流表彰大会。旗妇联副主任娜仁其其格致开幕词,旗妇联主任嘎拉森道力玛作题为《科学养殖,为实现奶牛业的专业化、商品化、现代化而奋斗》的报告。呼盟妇联主任车桂琴,旗委书记业喜巴图,旗委副书记、旗人民政府旗长朝伦巴图,旗人民政府副旗长贺喜扎布出席会议并讲话。应邀参加会议的还有呼盟妇联、盟乳品厂、盟报社、盟广播电台、盟电视台、旗科委、旗政协、旗畜牧局、旗改良站的领导及各苏木的负责人。旗畜牧工作站站长邹文全围绕科学养畜知识做题为《做好畜牧改良,提高畜牧产品,改善人民的吃、穿、用》的报告,各公社先进代表也分别做了经验介绍。会议表彰44个奶牛先进专业户。旗妇联副主任斯仁吉木主持会议并致闭幕词。

4月17~19日 旗妇联主任嘎拉森道力玛、副主任娜仁其其格深入辉苏木,落实辉苏木托儿所开学问题。

4月28~29日 内蒙古妇联主任乌云其其格、权益部部长李桂兰,在呼盟妇联主任车桂琴等的陪同下,到自治旗调研。旗委副书记鲍喜主持召开汇报会,并就全旗基本情况做介绍,旗妇联副主任斯仁吉木汇报全旗妇联工作。调研组走访孟根楚鲁、巴彦塔拉、锡尼河西公社、巴彦托海镇草库伦等地的牧民之家,了解苏木妇联组织建设及工作开展情况。

5月6日 巴彦嵯岗苏木妇联召开家庭教育会议,各生产队领导、学生家长、学校教师及公社领导60人参加会议。会上,各班主任向家长介绍班级及学生基本情况,校领导做全面汇报,苏木领导讲话。会后,与会人员参观学生成绩展。

6月1日 在"六一"儿童节来临之际,全旗8名儿少工作者、1个托儿所受到呼盟妇联的通报表彰:先进集体旗第一中学托儿所,先进个体托儿户巴彦托海镇李纯欣,关心少儿工作领导巴彦塔拉乡党委书记巴特尔,热心人士孟根楚鲁公社离休干部斯仁道尔吉,优秀保育员,孟根楚鲁托儿所教师娜仁花、芦苇托儿所教师敖永杰,优秀辅导员巴彦嵯岗苏木妇联主任索伦挂、辉苏木学校大队辅导员萨仁其其格,合格家长巴彦塔拉乡牧民美丽。

6月7~8日 旗妇联召开六届八次委员扩大会议,旗妇联副主任娜仁其其格主持会议。会议内容:一、总结上半年工作;二、评选流动红旗单位;三、选举内蒙古自治区第五次妇代会代表,评选受自治区表彰人员;四、进行政治、时势、业务考核。孟根楚鲁苏木妇联第二次被评为流动红旗单位，旗妇联主任嘎拉森道力玛、孟根楚鲁苏木妇联主任哈木、巴彦嵯岗苏木妇联主任索伦挂、辉苏木嘎鲁图嘎查妇代会主任娜仁其木格被选为自治区第五次妇女代表大会代表；孟根楚鲁苏木妇联被推荐为受自治区表彰的先进集体，巴彦塔拉乡妇联主任斯日古楞、锡尼河西公社特莫胡珠嘎查牧民陶义格、伊敏苏木阿贵图嘎查额尔敦其木格、旗保健站站长托雅、大雁镇卫生院副院长陶桂琴、巴彦托海镇居民张桂珍被推荐为受自治区表彰的先进个人。

6月25~30日 全区牧区妇女工作会议在海拉尔召开，旗妇联主任嘎拉森道力玛、孟根楚鲁苏木妇联主任哈木参加会议，各苏木、镇的8名妇联干部列席会议。

6月27日 旗人武部、武警呼和浩特市支队、武警呼伦贝尔盟支队领导为巴彦托海镇达斡尔族女青年金瑛一家赠送"光荣家庭"牌匾。

△ 参加全区牧区妇女工作会议的80余名代表参观锡尼河西苏木特莫胡珠嘎查准迪家庭牧场、两户牧民之家、巴彦托海镇乳品厂和奶牛业试点巴彦托海镇马蹄坑，对广大妇女在牧区经济发展中发挥的重要作用予以肯定和赞扬。次日，与会代表欢聚在巴彦胡硕旅游景区，以文艺演出、游戏等形式庆祝全区牧区妇女工作会议胜利召开，增进了各地区姐妹间的团结。

7月7~18日 伊敏苏木妇联调整6个嘎查妇代会，成员达到20人，平均年龄29.6岁，其中中共党员和共青团员8人、初中文化以上的13人。

7月22~23日 伊敏苏木妇联举办嘎查妇代会成员培训班，15人参加。旗妇联副主任娜仁其其格在培训班上就今后妇女工作方针、任务、性质等作专题讲座。

7月30日 旗委、旗人民政府在旗直机关职工庆祝"八一"建军节大会上，授予金瑛"模范军属"荣誉称号。

10月7~11日 自治区第五次妇女代表大会召开，鄂温克旗代表嘎拉森道力玛、哈木、索伦挂、娜仁其木格出席大会。巴彦嵯岗苏木妇联主任索伦挂当选为内蒙古妇联第五届执行委员会委员。旗妇联主任嘎拉森道力玛和锡尼河西苏木特莫胡珠嘎查牧民陶义格在大会上分别做题为《充分发挥牧区妇女在建设中的半边天作用》《党指引我走向富裕路》的书面发言。

12月6～7日 旗妇联召开第六届九次委员扩大会议,32人与会。会议总结1985年工作,安排1986年上半年工作;评选流动红旗先进单位,孟根楚鲁苏木妇联第三次荣获流动红旗,获得奖金100元。会议决定,1986年4月中旬召开全旗第七次妇女代表大会。

1986年

3月1日 旗妇联发出慰问信,向在区内外各大中专院校、党校、进修学校学习的"妈妈学员"表示慰问。鼓励她们学好知识、增长才干,学业完成后为建设繁荣、富强的鄂温克草原贡献力量。

3月3日 伊敏苏木吉登嘎查党支部书记艾花,随呼盟女能人演讲团在旗直属机关演讲。

3月8日 旗妇联副主任斯仁吉木带领4名妇联干部前往旗敬老院,慰问孤寡老人。

6月1日 旗教育局、共青团旗委、旗妇联、旗总工会组织巴彦托海镇地区3 000余名少年儿童,举行庆祝"六一"国际儿童节大型队列表演赛,旗人民政府副旗长乌日根布在开幕式上讲话,旗委书记叶希扎木苏,旗委副书记鲍喜,旗委常委、旗委组织部副部长那木吉拉参加庆祝活动,并为取得优异成绩的军鼓队、腰鼓队、花环队、文艺表演队颁发奖状。

8月10日 辉苏木妇联召开"辉苏木妇女文化活动中心"落成典礼大会,苏木妇联主任乌兰托亚在大会上讲话,称"文化活动中心的落成,为牧民妇女开辟了新的文化活动阵地,必将丰富妇女文化生活、提高妇女科学文化素质,从而为鄂温克旗的繁荣建设贡献聪明才智。"苏木党委书记朝克、旗妇联副主任娜仁其其格也分别讲话。大会还表彰一批"三八"红旗手、"五好家庭"、合格母亲、模范丈夫、好婆婆、好媳妇、优秀妇代会主任、先进妇代会等。旗委副书记鲍喜到会致贺辞。会后,各嘎查妇女进行歌舞、摔跤等项目比赛,开创了全旗牧民妇女那达慕的先例。

8月19日 旗妇联在旗委会议室召开《鄂温克族自治旗妇女组织史》资料征集座谈会,索日玛德苏荣、阿拉坦、额尔登挂、玛扎、呼群、秀瑞、涂秀琴、端德格玛、金凤、敖嫩等老妇联干部参加座谈,回忆过去、畅想未来,为旗妇联征集到有价值的历史资料。

1987 年

3月8日 全旗各苏木、乡、镇妇联召开庆"三八"大会,表彰奖励"三八"红旗手88名、"三八"红旗集体6个、"五好家庭"316户、"合格家长"17名、好婆婆2名、优秀女教师1名、"五好"妇女40名、女能人10名。

3月25日 旗妇联组织各苏木和嘎查40余名挤奶员参观谢尔塔拉牧场五队牛舍、冷冻站以及从国内外引进的种公牛等,学习乳牛、牛犊的饲养管理和青贮饲料、混合饲料的科学调配以及挤奶、鲜奶保存的先进技术等。

3月28日 呼盟妇联召开全盟"女状元"、先进集体、优秀妇女干部座谈会。鄂温克旗盟级"女状元"艾花(伊敏苏木吉登嘎查)、额尔登挂(北辉苏木乌兰托格嘎查)、乌云掛(巴彦塔拉乡)、巴拉吉德(孟根楚鲁苏木孟根楚鲁嘎查)、马秀英(大雁镇)和盟级优秀妇女干部北辉苏木嘎鲁图嘎查妇代会主任娜仁其木格、辉苏木哈克木嘎查妇代会主任白义拉、巴彦托海镇乔克及盟级先进集体孟根楚鲁苏木妇联的代表参加座谈。

6月1日 呼盟妇联表彰全盟少儿先进工作者及集体。其中本旗有5人、2个单位受表彰:模范保教员李纯欣(巴彦托海镇)、马秀琴(红花尔基镇),优秀家长苏布德(锡尼河西苏木特莫胡珠嘎查)、色森花(巴彦嵯岗苏木),少儿先进工作者斯日古楞(辉苏木党委副书记),先进集体为巴彦塔拉乡托儿所、巴彦嵯岗苏木小学家长学校。

7月23日 北辉苏木乌兰托嘎嘎查养羊"女状元"额尔敦挂前往呼和浩特市,参加内蒙古自治区成立40周年庆祝活动。

7月24日 全国妇联权益部部长刘双霞一行2人在呼盟妇联主任车桂琴、副主任文多日乎的陪同下到鄂温克旗检查工作。旗委书记叶希扎木苏,旗委副书记鲍喜,旗人大常委会副主任哈森其其格及旗妇联主任嘎拉森道力玛、副主任斯仁吉木陪同检查并参加汇报会。检查组一行还参观巴彦托海镇乳品厂、巴彦塔拉养鸡场、特莫胡珠草库伦点、伊敏奶牛村、辉苏木唐大维养牛专业户等。

7月28日 鄂温克旗第七次妇女代表大会召开,143名代表参加会议。嘎拉森道力玛代表第六届旗妇联作题为《新时期妇女要作出新贡献》的工作报告。大会选举产生第七届执行委员会委员25人、常委11人,选举嘎拉森道力玛为旗妇联主任、斯仁吉木为旗妇联副主任。大会还对90名先进个人、10个先进集体进行表彰。旗委书记叶希扎木苏、旗委副书记鲍喜、副旗长乌日根布到会并讲话。

8月3日 旗妇联主任嘎拉森道力玛带领旗、苏木、乡、镇妇联干部一行11人,前往陈巴尔虎旗参加牧业四旗首届妇女工作经验交流会。

9月6日 旗六届人大一次会议选举产生6名出席自治区七届人代会代表,其中妇女代表为额尔敦挂和敖登格日勒。

1988年

5月25日 呼盟行署通报表彰全盟"三八"红旗手(集体)、"五好"家庭标兵。鄂温克旗受表彰的"三八"红旗集体为孟根楚鲁维特根嘎查妇代会、伊敏苏木红花尔基嘎查妇代会;"三八"红旗手为单玉珍(巴彦塔拉乡布拉尔嘎查)、何秀珍(巴彦托海镇六居)、额尔登挂(北辉苏木乌兰托嘎嘎查)、赵凤霞(红花尔基镇居民);"五好"家庭标兵为李淑琴(伊敏河镇)、涂桂兰(大雁镇胜利街居委会)。

7月19日 第二届全盟牧区妇女工作研讨会在巴彦托海镇召开,牧业四旗妇联代表80人参加会议。旗委书记叶希扎木苏,旗委副书记、旗人民政府旗长贺喜格扎布,旗委副书记宝音、绰克巴图,副旗长布仁到会祝贺。会议重点研究讨论关于牧区妇女工作改革、妇女参政议政等问题。

1989年

3月8日 旗妇联组织召开副科级以上领导干部茶话会,纪念"三八"妇女节。

3月10日 北辉苏木嘎鲁图嘎查牧民娜仁格日勒在扶贫工作中做出突出贡献,受到自治区人民政府的表彰。

5月14~15日 联合国儿童福利基金会北京办事处项目官员陈小羽,中国儿童发展中心主任伍蓓秋、教授防意英在内蒙古妇联主任王秀梅、呼盟委副书记达林太等陪同下,到鄂温克旗视察,先后走访旗民族幼儿园、个体服装厂、巴彦塔拉乡民族幼儿园、辉苏木蒙古包小学等。

5月20日 旗妇联、旗广播电视局、旗教育局、旗卫生局、旗科委联合举办"旗广播父母家长学校"开学典礼,动员全旗家长、家庭实行科学育儿,促进社会进一步关心儿童和家庭教育。

5月28日 旗教育局、共青团旗委、旗妇联、旗文化局、旗总工会、旗民族宗教局联合举办全旗少年儿童"智力杯"手工制作竞赛展览。

7月5日 旗妇联、旗直属党委、旗职业中学为引导巴彦托海镇广大家庭妇女发展养猪业、尽早脱贫致富,使职业中学学生掌握家畜饲养技术,特邀请广州军区后勤部"快速法技术"推广站海拉尔分部的技术员举办学习班,讲授了快速养猪技术规程、常见猪病防治、饲料配制等技术知识。

8月15日 在全国儿童发展中心的资助下,全旗首届学前教师培训班开班。各苏木、嘎查、旗幼儿园、旗一校从事学前教育、幼儿教育、家庭教育的教师以及妇女干部 50 人,在为期 15 天的培训中学习儿童营养、卫生保健、学前教育、儿童心理等四大学科的相关课程。

8 月 24~25 日 联合国儿童基金会官员费罗拉·斯托克斯在全国儿童发展中心、内蒙古妇联、呼盟妇联负责人的陪同下来鄂温克旗讲学,并在巴彦托海镇地区举办的幼儿教育培训班上讲授游戏与玩具对儿童成长的作用,深入孟根楚鲁苏木、锡尼河西苏木等地视察少儿活动场地、玩具设备等。

10 月 旗福利院护理员乌云格日乐被国家老龄委授予"敬老好儿女"金榜奖称号。11 月 27~29 日,她出席自治区老龄委召开的老有所为精英奖和敬老好儿女金榜奖表彰大会。

1990 年

4~5 月 为全面了解、掌握基层妇女的困难,进一步密切与基层妇联的联系,向广大妇女积极宣传党的路线、方针、政策,旗妇联派人员深入北辉苏木嘎鲁图嘎查开展为期 2 个月的宣传教育活动。

6 月 旗妇联组织旗教育局、旗科委、旗妇幼保健站、旗人民医院等单位配合呼盟妇幼保健站,对孟根楚鲁苏木 332 名 0~6 岁儿童进行家庭环境、心理素质、生理和智力发育监测及佝偻病、贫血等疾病的检查、治疗,向家长宣传佝偻病、贫血的预防知识。

△ "六一"期间,孟根楚鲁苏木自制玩具图书室,举办由儿童和家长共同参加的体育比赛,并宣传家庭教育。这一活动形式,对边远地区儿童智力的开发、家长素质的提高、家庭教育环境的改善都起到了积极的促进作用。

△ "六一"期间,旗妇联表彰一批先进集体和先进个人,17 名先进个人、34 名合格家长受到表彰。

7 月 24~25 日 全国妇联书记处书记康泠在内蒙古妇联副主席夏淑

梅、呼盟妇联主席车桂琴的陪同下,到本旗孟根楚鲁苏木、巴彦嵯岗苏木视察调研。

7月29日 全国少年儿童发展中心顾问林佳媚来本旗孟根楚鲁苏木参观自制玩具图书室,给予高度评价。

8月 旗委下发通知,斯日古楞任旗妇联主任。

是年 旗妇联在全旗范围内集中开展家庭教育活动23次,受益儿童990名、家长1 185名。全旗各行各业受表彰的女能人103名(自治区级1名、盟级3名)、"三八"红旗手160名、先进集体10个、"五好文明家庭"标兵28户。

△ 孟根楚鲁苏木自制流动图书室开展活动2次,110名儿童和150名家长参加。

△ 为加强基层组织建设、激发妇联干部的工作热情,旗妇联全年建立嘎查妇代会44个、街道办事处妇代会60个、各妇女小组108个,并协调解决4个苏木妇代会主任的报酬问题。

△ 旗妇联开展"双学双比"竞赛活动,极大地调动广大妇女学科学、学技术的积极性。全旗以妇女为主的奶牛专业户达到585户,奶牛37 150头,为国家上交牛奶2.6万吨。

△ 旗妇联与各部门联合开展法律宣传活动,各级妇联接待、调解103起有关家庭暴力和邻里纠纷的来信来访案件,有效维护了妇女儿童的合法权益。

△ 自治区第六次妇女代表大会隆重召开,鄂温克旗参加会议的代表会后分别深入巴彦塔拉乡、巴彦托海镇、锡尼河苏木等地,向广大妇女群众传达会议精神。

1991年

1月15日 旗妇联在旗直属机关女职工中举办了首届妇女知识竞赛,

以促进、提高妇女综合素质。

3月8日 旗妇联命名表彰70名牧区、城镇生产女能手、女状元,30名旗直机关先进工作者、"三八"红旗手、5个"三八"红旗集体。

6月1日 旗妇联与旗妇幼保健站联合举办"优生、优育、优教"图片展,共展出图片40余幅。

6月30日~7月10日 旗妇联儿少办公室与旗妇幼保健站分别深入大雁矿区、巴彦嵯岗苏木、伊敏苏木、孟根楚鲁苏木,举办《两个纲要》培训班,苏木矿区党政领导、妇联干部、职工和48个居委会、16个嘎查妇代会正副主任、委员及群众550人参加培训。

6月 旗妇联在巴彦嵯岗苏木举办有80余名牧民妇女参加的科学养畜培训班,重点讲授《牲畜疫病防治》、《种植饲草对畜牧业发展的意义》等畜牧业应用知识。

7月24日 旗妇联举办《两个纲要》知识竞赛,旗直机关6个妇女小组参加竞赛,100余名群众观看竞赛。

是年 全国部分省区发生洪水灾害,大雁矿区妇联积极响应党委和上级妇联的号召,组织1 581名妇女向灾区捐款2 297.40元。

△ 锡尼河西苏木一名父亲去世、母亲精神失常的7岁女孩被确诊为风湿性心脏病,得知孩子无人照顾、生命垂危后,旗妇联组织旗直机关职工为女孩捐款2 000多元,使她脱离生命危险。

△ 旗妇联印制蒙汉文《新生儿护理》、《如何给孩子添加辅助食品》、《母乳喂养好处多》、《妊娠期卫生指导》、《婚前检查常识》、《防治佝偻病的干预措施》、《防治小儿贫血》等生命知识宣传单、宣传册发放到各苏木乡镇。

1992年

3月4日 旗妇联、旗总工会共同召开旗直女工委员庆"三八"座谈会,旗委副书记敖强、旗人大常委会副主任达力巴雅尔、旗政协副主席德日钦等参加会议并讲话。

3月6日 旗妇联组织举办旗直机关首届庆祝"三八国际劳动妇女节"文艺竞赛。经过评委认真评选,旗教育局获得竞赛合唱类一等奖,旗畜牧局、旗工商局、旗人民医院获二等奖,旗林业局、旗司法局、旗工商银行、旗图书馆、旗电影公司、旗建设局获三等奖;巴彦托海镇卫生院获舞蹈类特等奖,旗林业局获一等奖,旗林业局获二等奖,旗人民医院、旗蒙医医院获三等奖;牧其乐(旗人民医院)获独唱类一等奖,张秀坤(旗司法局)、苏英(教育系统)、苏亚琴(教育系统)获二等奖;旗财政局获优秀表演奖;旗石油公司、巴彦托海镇政府获优秀组织奖。

△ 旗妇联举行首届妇女知识竞赛颁奖仪式。玉华(旗税务局)、乌兰迪(旗司法局)获一等奖,苏金华(旗司法局)、德力格尔玛(旗蒙医医院)获二等奖,王金花(旗粮油总公司)、张玉红(旗蒙医医院)、玉琴(旗人民医院)、玉梅(旗司法局)、黄小娟、宋丽文、祁艳华(旗人民银行)、沃小荣、单智风(旗工商局)、德秀珍(旗广播局)、多淑兰(旗计委)获三等奖,何美香等20人获四等奖,孟玉珠等27人获五等奖。

3月8日 呼盟"双学双比"竞赛活动协调小组表彰一批"女状元"、"巾帼建功"先进个人。本旗受表彰的有:"女状元"哈木(锡尼河东苏木布日都嘎查)、敖日古木乐(辉苏木哈克木嘎查),"巾帼建功"先进个人斯仁其木格(旗人民医院)。

3月 呼盟妇联、盟民政处联合表彰一批先进妇代会、五好家庭、美好家庭。本旗受表彰的有:先进妇代会巴彦塔拉乡温都尔嘎查妇代会、伊敏苏木毕鲁图嘎查妇代会、辉苏木哈克木嘎查妇代会、孟根楚鲁苏木孟根楚鲁嘎查妇代会;五好家庭代秀琴(巴彦嵯岗苏木);五好家庭标兵德兴格力格(孟根楚鲁苏木)、吴桂珍(巴彦塔拉乡温都尔嘎查)、色吉木(巴彦嵯岗苏木)、王长兵(伊敏河房地产处)。

4月3日 第七届全国人民代表大会第五次会议通过《中华人民共和

国妇女权益保障法》。6~7月,旗妇女儿童保护委员会在全旗范围内开展《中华人民共和国妇女权益保障法》宣传月活动,活动中涌现出一大批先进个人、先进集体。7月30日,旗妇女儿童保护委员会对先进集体和个人进行表彰奖励。获得先进个人称号的是乌云娜(旗委办公室)、娜仁掛(旗总工会)、乌云满达(辉苏木妇联)、敖姝兰(旗委老干部局)、托娅(旗人民法院)、潘平(旗财政局)、邱岳玉(大雁矿区妇联)、斯仁其木格(旗人民医院)、英华(旗人行)、索云格日乐(巴彦托海镇计生办),先进集体是旗司法局、旗广播局、旗税务局、伊敏河镇党委政府、巴彦塔拉乡党委政府。

6月12日 旗委宣传部、旗司法局、旗妇联、旗总工会、共青团旗委在巴彦托海镇联合开展《妇女权益保障法》宣传活动,旗保护妇女儿童委员会主任、副旗长图木热参加宣传。宣传中,设立法律咨询台1个、出动宣传车1辆,发放宣传单1 000份,张贴标语口号若干条。

6月29日 旗妇联主席斯日古楞在旗委九届四次会议上做关于学习宣传《妇女权益保障法》的专题发言。

6月30日 旗保护妇女儿童委员会主任、副旗长图木热发表关于宣传学习《妇女权益保障法》的广播讲话,要求提高群众对《妇女权益保障法》的知晓率。

6月 鄂温克旗成立以副旗长图木热为主任,21个成员单位组成的保护妇女儿童委员会,并聘请旗委副书记杜古、敖强为顾问。委员会下设办公室负责日常工作,办公室设在旗妇联。中旬,召开委员会全体委员第一次会议,制定《妇女权益保障法》宣传月活动方案。与此同时,全旗成立《妇女权益保障法》宣传月工作领导小组13个。

7月29~30日 旗妇联召开全旗"双学双比"竞赛活动经验交流暨表彰大会。旗人民政府副旗长、旗"双学双比"竞赛活动领导小组组长苗寅生在会上讲话,旗妇联主席斯日古楞做题为《深入开展"双学双比"活动,为我旗的改革和建设做出更大贡献》的报告,14名受表彰的"双学双比"女状元、巾帼建功先进个人代表做典型发言。大会表彰奖励53名"双学双比"

女状元、7个先进集体。

10月 呼盟妇联表彰《妇女权益保障法》宣传月先进集体、先进个人，本旗受表彰的先进个人是旗妇联包秀琴，先进集体是旗妇女儿童保护委员会。

1993年

5月23日 旗妇联与旗妇幼保健站联合开展《规划纲要》宣传活动，走上街头向过往群众发放《规划纲要》宣传单500余份，设立"优生、优育、优教"咨询台1个，并为儿童免费体检。

7月 孟根楚鲁苏木妇联配合旗妇幼保健站对苏木101名适龄儿童进行常见病体检，并对症下药，防治结合，促进孩子们的健康成长。

9月1~6日 中国妇女第七次全国代表大会在北京召开，鄂温克族代表、鄂温克旗人民医院护士长牧其乐参加会议。会议结束后，牧其乐深入基层向广大妇女群众传达会议精神。

是年 旗妇联将"双学双比"竞赛活动的重点放在总结与整理上，使工作落实在基层，促进竞赛活动稳扎稳打地开展下去。各苏木乡镇妇联在此项工作中都有新的突破。大雁矿区妇联筹办皮革厂，派专人3次前往南方城市学习取经；锡尼河东苏木妇联在组织妇女发展畜牧业的同时，组织妇女开发2 000亩地发展种植业；伊敏河镇、伊敏苏木、北辉苏木妇联开发6处种植区，促进庭院经济的发展；巴彦塔拉乡40余名妇女种植1 000棵树苗，并在此基础上计划每年增加1 000棵，逐步扩大；巴彦托海镇地区633名妇女参加竞赛活动，98名妇女从事商业、餐饮业，24名妇女从事服务业。

△ 在纪念《中华人民共和国妇女权益保障法》颁布一周年之际，旗委副书记杜古发表题为《妇女权益保障常抓不懈》的广播讲话，各级妇联组织3 000余名妇女收听。

△ 在全旗人大换届选举中，女代表的比例达20.73%；旗政协换届

后,女委员的比例达17%;苏木乡镇领导班子中女干部的比例也有一定提高。

△ 据统计,全旗受盟级表彰的女状元4人,受旗妇联表彰的女状元45人、"三八"红旗手15人,受苏木乡镇表彰的"三八"红旗手79人、女状元43人、五好文明家庭128户,表彰活动极大地鼓舞了广大妇女奋发进取的昂扬斗志。

1994 年

3月7日 旗妇联召开首届企事业单位女领导、个体女经理(厂长)、女强人、副科级以上女干部座谈会。

4月12~15日 巴彦塔拉乡、巴彦托海镇、锡尼河西苏木、孟根楚鲁苏木、伊敏苏木、锡尼河东苏木、北辉苏木、辉苏木、巴彦嵯岗苏木、伊敏河镇、红花尔基镇、大雁矿区分别召开妇女代表大会,选举产生苏木乡镇妇联领导机构。乌云、敖秀叶当选为巴彦塔拉乡妇联正副主任;苏秀荣、敖日娜当选为巴彦托海镇妇联正副主任;诺敏、哈森格当选为锡尼河西苏木妇联正副主任;斯仁道力玛当选为孟根楚鲁苏木妇联主任;玉花、娜仁花当选为伊敏苏木妇联正副主任;布日玛、白依勒玛当选为锡尼河东苏木妇联正副主任;娜仁格日勒、那仁其木格当选为北辉苏木妇联正副主任;乌云满达当选为辉苏木妇联主任;索伦挂当选为巴彦嵯岗苏木妇联主任;陈丽华当选为伊敏河镇妇联主任;卜金叶当选为红花尔基镇妇联主任;邱岳玉、李雅珍当选为大雁矿区妇联正副主任。

5月5日 呼盟妇女儿童工作委员会表彰8个先进集体、15名优秀儿少工作者、27名好家长,本旗受表彰的好家长是巴彦嵯岗苏木索伦挂,优秀儿少工作者是旗妇联敏杰。

5月30日 旗妇联、旗卫生防疫站、旗妇幼保健站的工作人员组成义务服务宣传队,走上街头向来往群众发放优生、优育、优教宣传单,并为孩子们免费体检。

5月 斯日古楞任旗政协民族宗教委员会主任,不再担任旗妇联主席职务。

6月1日 旗委副书记敖强、副旗长涂志峰及旗妇联副主席敏杰等深入巴彦塔拉乡、伊敏苏木、旗幼儿园参加庆"六一"慰问活动。

6月2日 呼盟妇联表彰30名优秀妇女干部、28个先进集体、22个美好家庭。本旗受表彰的优秀妇女干部是邱岳玉、敖海萍,先进集体是辉苏木哈库木嘎查妇代会。

6月18日 内蒙古人大常委会内务司法委专职委员孙继文、内蒙古妇联权益部张丽华来鄂温克旗,征求对《内蒙古自治区执行〈妇女权益保障法〉的补充规定》的修改、补充建议及意见。旗人大常委会、旗妇联主持召开由公安、武装、工会、乳品厂、二轻、教育、邮电、工商、医院等企事业行政单位代表20余人参加的座谈会。

7月25日 呼盟妇儿委下发〔1994〕7号文件,通报旗儿少委被评为自治区级儿少工作先进集体。

△ 国务院妇女儿童工作委员会授予鄂温克旗"全国儿童工作先进市县"光荣称号,并颁发"热爱儿童"荣誉牌匾。

1995年

1月5日 呼盟人大工委综合处处长舍斯格率盟妇女儿童工作委员会部分成员单位领导来鄂温克旗检查"一法一例"的实施情况,旗委政法委、旗总工会、旗劳动人事局等旗儿少委成员单位领导参加座谈会,旗委副书记敖强,旗人大常委会副主任那木吉拉、鄂瑞福等到会。检查组走访旗教育局、旗工商银行。6日上午,检查组召集机关妇女小组组长、巴彦托海镇街道主任等进行座谈。

2月16日 旗妇联召开全旗妇女工作会议,总结1994年工作,部署

1995年工作要点。

2月17日 旗妇联举办NPA中期目标宣传骨干培训班,旗防疫站、旗妇幼保健站业务人员分别为学员授课,40余人参加培训。

2月23日 旗人大常委会召集旗妇儿工委成员单位座谈,征求各部门对《内蒙古自治区妇女权益保障法补充规定》的修改、补充建议与意见。

2月25日 旗委下发通知,萨其仁贵任旗妇联主席。

3月1日 自治区人大常委会副主任舍勒巴图率领自治区人大常委会、自治区妇女儿童工作委员会成员单位有关人员组成"一法一例"实施情况检查组,在呼盟人大工委、盟妇联相关领导陪同下,到鄂温克旗检查指导工作。旗委书记张德柱,旗委副书记、旗长杜古,旗委副书记敖强,旗人大常委会副主任那木吉拉、鄂瑞福,副旗长涂志峰及旗妇女儿童工作委员会成员单位负责人参加汇报会。检查组听取汇报后前往巴彦嵯岗苏木召开牧民妇女座谈会。

3月6日 旗妇联召开全旗庆"三八"迎"四大"表彰大会。旗委副书记敖强,旗委常委敖永清、苏福荣,旗人大常委会副主任鄂瑞福,副旗长苗寅生、涂志峰,旗政协副主席哈森其其格到会祝贺,敖强代表旗党政领导讲话。大会表彰女状元32名、巾帼建功女状元29名、先进集体15个,并为1995年旗妇联举办的知识竞赛获奖者颁奖(财政拨款6 000元)。

3月6~8日 全旗12个苏木、乡、镇妇联分别举办庆"三八"迎"四大"的纪念活动。

3月7日 锡尼河东苏木妇联召开庆祝"三八"表彰大会,邀请苏木卫生院业务员就NPA中期目标有关卫生保健知识进行讲解,受训妇女400余人。

3月11日 呼盟妇联副主席文多日乎带领盟《儿少事业发展"八五"规划》检查评估组来鄂温克旗,就《儿少事业发展"八五"规划》评估进展情况进行检查。

3月12日 呼盟妇联与呼伦贝尔日报社联合举办全盟首届十佳妇女

评选活动,锡尼河西苏木牧民乌日塔那森被授予"十佳妇女"荣誉称号。

3月20日 巴彦塔拉乡妇联与计划生育办联合举办首届妇女现场知识竞赛,来自嘎查妇代会、家庭妇女小组9个参赛队的20名妇女参加比赛。竞赛内容为"一法一例"、《婚姻法》、NPA中期目标、计划生育有关知识等。

4月11~12日 在盟妇联的协助下,旗妇联聘请呼盟畜牧工作站业务人员深入巴彦塔拉乡、巴彦托海镇团结嘎查举办快速养猪培训班,培训学员208人。

4月22日 北辉苏木妇联贷款1万元购买50只仔猪、100袋饲料分给6个妇代会主任饲养,以此作为兴办苏木妇联经济实体的基础。

4月26日 旗妇联组织各苏木、乡、镇妇联干部和嘎查妇代会主任、旗直机关女工委成员一行26人前往满洲里市、大雁矿区参观考察。

5月22~27日 旗委办等36个旗直机关单位为贫困学生捐款8 830元。

5月31日 旗妇联组织群众爱心捐款1 200多元。

△ 旗妇联举行献爱心、办实事—"六一"国际儿童节庆祝活动,旗委副书记刁家春,旗妇女儿童工作委员会主任、副旗长涂志峰分别在庆祝活动上讲话,旗第一小学、旗第三小学、旗幼儿园、旗少年宫的孩子们表演精彩的文艺节目。活动中,旗妇联为12名小学生发放书费、学费3 800元,为8名中学生每人发放学费50元,并慰问8名孤儿、21名特困职工子女。

6月1日 副旗长、旗妇女儿童工作委员会主任涂志峰,旗妇联主席、旗妇女儿童工作委员会副主任萨其仁贵前往巴彦塔拉乡、孟根楚鲁苏木、辉苏木慰问基层儿童少年,并为那里的12名贫困学生送去书费、学费2 100元。

7月9日 旗妇联主席萨其仁贵、副主席诺敏参加诺尔嘎查综合活动室的落成典礼。

7月13日 旗妇联主席萨其仁贵赴赤峰市巴林左旗参加自治区妇联

"双学双比"竞赛活动暨扶贫工作会议。

7月20日 内蒙古妇联主席胡达古拉来鄂温克旗检查指导工作,并深入孟根楚鲁苏木观看苏木幼儿运动会,视察了妇女儿童活动中心,走进牧民家庭了解牧民的生产生活情况。

8月8日 旗妇联召开全旗妇联工作会议。

8月16~22日 旗妇联邀请旗律师事务所律师妮娜在巴彦托海镇、大雁矿区举办法律讲座,培训学员248人。

8月21日 旗妇联召开庆祝"四大"活动部署会议,18位科级女领导干部参加。

8月30日 由旗妇联推荐的刘月英母女三人表演的手风琴齐奏《我们多幸福》,在自治区儿童基金会、自治区妇联、自治区文化厅联合举办的迎"四大"全区"母子"艺术节中荣获优秀表演奖。

9月1日 旗妇联在巴彦托海镇举行喜迎联合国第四次世界妇女大会文艺演出。旗委副书记敖强、旗妇联主席萨其仁贵在演出开始前分别讲话。27个单位、1 000多名演员表演了60多个节目,上千名观众和旗政协主席达力巴雅尔,旗委副书记敖强,旗委常委苏福荣,副旗长杜刚、涂志峰等观看演出。演出结束后,旗领导为获奖单位颁奖,旗少年宫、巴彦托海镇卫生院、旗第三小学获最佳表演奖;巴彦托海镇政府、旗工商银行、旗邮电局、政法系统、旗幼儿园获优秀表演奖;旗计生局、旗民族宗教局、旗人民医院、旗广播局、旗人民法院、旗国税局、旗妇幼保健站、旗医药公司获表演奖;旗委系统、旗政府、旗气象局、旗人大联合队、旗毛纺厂、旗城建局、旗蒙医医院、旗财政局、旗乌兰牧骑、旗第二小学、旗工商局获优秀组织奖。

9月4~15日 联合国第四次世界妇女大会在北京召开。4日,由巴彦托海镇地区2 000多名妇女儿童组成的彩旗队、军鼓队、小号队、气球队、鄂温克集体舞队、达斡尔集体舞队、安代舞队、秧歌队、群众队等聚集在旗政府院内,敲锣打鼓庆祝"世妇会"召开。随后,举行庆"四大"环城赛,参赛妇女109人。

12月10日 旗妇联主席萨其仁贵、辉苏木乌兰宝力格嘎查牧民乌兰托娅、锡尼河西苏木特莫胡珠嘎查妇代会主任苏布德一行3人,赴呼和浩特市参加自治区第七次妇代会,萨其仁贵当选为内蒙古妇联第七届执委会委员。

1996年

3月6日 旗妇联表彰"双学双比"女状元13人、优秀妇代会主任12人。

3月8日 旗妇联成立女领导干部联谊会。

5月2日 巴彦托海镇妇联组织召开维权工作研讨会。

5月20日 旗妇联与旗司法局在巴彦托海镇地区联合举办《未成年人保护法》培训班,60余人参加培训。

5月21日 旗委副书记敖强、达喜扎布分别深入旗民族幼儿园、伊敏苏木托儿所慰问。

5月30日 旗妇联、旗卫生局、旗计生局、旗总工会在巴彦托海镇地区联合开展《母婴保健法》、《计生工作条例》及"三优"知识、卫生保健常识宣传咨询活动。

8月19日 阿荣荣获全区"母子"优生知识竞赛三等奖。

△ 锡尼河西苏木党委、政府、妇联、团委在"六一"国际儿童节期间为25名孤残、贫困儿童捐款2 170元。

1997年

3月4日 旗妇联召开庆"三八"暨先进人物事迹报告会。旗委常委苏福荣、旗政协副主席哈森其其格参加会议,旗妇联主席萨其仁贵讲话。大雁向辉居委会主任杜红霞、巴彦托海镇巴彦托海嘎查副嘎查达乔玉芳、伊敏苏木卫生院副院长文杰、旗第一中学党支部书记金雪梅、旗环卫处主任李翠芝、孟根楚鲁苏木哈日嘎那嘎查牧民李翠珍、旗保健站站长托雅、伊敏河镇居委会党支部书记张欣梅先后做先进事迹报告,旗直各单位职工、基层妇联主任500余人聆听报告。报告会还表彰了在工作中取得优异成绩的女能手27人、巾帼标兵28人;进行"十四届六中全会决议"知识竞赛抽奖仪式,获得一等奖的3人、二等奖的9人、三等奖的15人、组织奖的5人。

3月5日 旗妇联召开全旗妇女工作会议,对12个苏木乡镇妇联1996年完成"巾帼建功"行动责任状情况进行评比,评出一等奖2个,大雁矿区、锡尼河西苏木;二等奖3个,伊敏苏木、伊敏河镇、北辉苏木;三等奖3个,巴彦塔拉乡、孟根楚鲁苏木、锡尼河东苏木。

3月7日 呼盟妇联表彰优秀妇代会主任和先进妇代会。鄂温克旗受表彰的先进妇代会主任有:付翠兰(伊敏河镇友联委妇代会)、宝音其其格(伊敏苏木毕鲁图嘎查妇代会)、张金花(红花尔基镇二居委会)、斯斯格玛(孟根楚鲁苏木孟根托亚嘎查妇代会)。

3月8日 呼盟妇联表彰100名"双学双比"竞赛活动最佳能手、10名女状元、30名巾帼建功标兵。鄂温克旗受表彰的最佳能手是布其德(锡尼河西苏木巴彦胡硕嘎查牧民)、道力玛(辉苏木辉道嘎查牧民)、赛汗其木格(北辉苏木嘎鲁图嘎查牧民);巾帼建功标兵是刘桂兰(建设银行大雁专业支行)。

△ "三八"期间,旗委副书记达喜扎布代表旗委做关于"男女平等是基本国策"的电视讲话,强调妇女在人类社会的发展进程中发挥着半边天的作用,妇女与男子共同创造了人类物质财富和精神财富,因此,应"重在行动",不断强化男女平等的社会意识。

5月9日 红花尔基镇召开第三次妇女代表大会,听取镇妇联第二届委员会所做的工作报告,选举产生镇妇联第三届委员会。

6月9日 巴彦嵯岗苏木、孟根楚鲁苏木、伊敏苏木10名牧民妇女参加呼盟妇联举办的"开阔视野、热爱祖国、共建文明"进京参观考察活动。

7月30日 内蒙古妇联副主席刘晚霞一行3人在呼盟妇联副主席文多日呼陪同下来鄂温克旗检查指导工作,旗委副书记达喜扎布陪同检查。检查组参观孟根楚鲁苏木儿童自制玩具活动室,提出要不断更新活动内容,重视对家长的宣传教育,努力提高教师素质等建议。

8月8日 伊敏河镇召开第二次妇女代表大会,听取第一届妇联工作报告,选举产生第二届妇联委员会。

8月28日 日本支援内蒙古幼儿协会会长一行7人,在呼盟妇联主席斯琴、副主席文多日呼的陪同下,到孟根楚鲁苏木儿童自制玩具活动室参观慰问。慰问组听取活动室介绍、参观儿童自制玩具、观看儿童们精彩的表演,表示中国少数民族地区儿童事业很有发展潜力,日本支援内蒙古幼儿协会将会给予中国少数民族地区支持。

1998年

4月3日 根据呼盟妇联《关于开展"妇女·家园·环境"主题宣传教育活动的通知》精神,旗妇联在巴彦托海镇召开会议,落实"妇女·家园·环境"活动方案,并与旗城建局、巴彦托海镇等相关单位商讨确定活动"五"步骤。

5月3日 伊敏苏木召开第八次妇女代表大会,选举产生7名妇联委员,娜仁花当选为苏木妇联主任。

5月11日 巴彦托海镇党委、政府召开精神文明建设工作会议。会议动员、号召全镇广大妇女积极投身到"妇女·家园·环境"活动中去,不断促进环境保护人人有责、家家参与良好社会风尚的形成。

6月5日 旗妇联、旗城建局、旗环保局、巴彦托海镇人民政府及巴彦托海镇地区各中小学校联合开展环境保护宣传活动,副旗长吴勇男做题为《全民关心环境保护》的电视动员讲话。

6月11日 旗妇联召开基层妇联干部会议,总结交流上半年工作、安排部署下半年考核目标任务。12日,组织与会人员赴陈巴尔虎旗呼和诺尔苏木、白音布日德嘎查、哈腾胡硕嘎查,实地考察学习"扶贫结对子"工作。

6月20日 由巴彦托海镇党委牵头,镇妇联、文明办联合开办的巴彦托海镇市民学校成立并迎来首批学员85人。

6月28日 在鄂温克旗成立40周年之际,旗妇联、旗总工会联合举办为期3天的全旗妇女迎大庆——"生活多美好"作品展,展出民族服装、时装、编织品、手工艺品四大类,134件。

7月23日 北辉苏木阿尔善诺尔嘎查致富协会成立,综合活动室落成。

7月 锡尼河西苏木好力宝嘎查妇代会经济实体建立,嘎查112户牧民家庭自愿为经济实体捐赠125只羊、4头牛、1匹马、600元现金。捐赠物资的80%将用于经费积累,20%用于扶助嘎查贫困家庭、贫困妇女、贫困学生、孤残儿童、孤寡老人和开展妇女活动等。

9月8日 旗妇联主席萨其仁贵赴北京参加全国第八次妇女代表大会归来,先后向旗委、全旗科级以上女领导干部、旗直机关妇联干部汇报、传达会议精神,激励各族各界妇女积极投身自治旗经济建设,为自治旗发展贡献力量。

1999年

3月 "三八"节前夕,旗妇联联合电视台,在《我身边的话题》、《团结奋进的鄂温克妇女》蒙、汉语专题节目中,宣传报道旗人大、旗政协、政法系统、医院、学校、草原站、巴彦托海镇等单位领导和优秀妇女的先进事迹。

△ "三八"节前夕,旗妇联主席萨其仁贵深入伊敏苏木中心校、巴彦嵯岗苏木中心校、巴彦托海镇团结嘎查小学,看望、慰问那里的贫困学生,并为60名贫困女童送去"春蕾计划"助学金15 000元。

5月29日 巴彦塔拉乡30余名学生参加呼盟妇联举办的牧区儿童庆"六一"联谊活动,与陈巴尔虎旗的30名学生在文艺表演、拔河、博克等竞赛活动中结对交友。

6月15日 巴彦托海镇召开第八次妇女代表大会,会议听取镇第七届妇联委员会工作报告,选举产生镇第八届妇联委员会。

6月18日 陈巴尔虎旗妇联组织苏木党委书记、苏木达、苏木妇联主任和嘎查达、嘎查妇代会主任一行22人到鄂温克旗参观学习。参观组到鄂温克博物馆,了解鄂温克族的民族文化及发展历程;深入伊敏苏木伊敏嘎查,听取当地工作汇报,参观嘎查综合活动室。

7月20日 新巴尔虎右旗妇联带领苏木、嘎查妇女干部及小康户妇女来鄂温克旗,参观"草籽基地"、"高效示范奶牛场"、"巴彦塔拉乡草原生态建设点——敖云毕力格家庭牧场"、孟根楚鲁苏木幼儿园、区级五好文明家庭斯木吉德家、孟根楚鲁蒙医医院、养兔专业户李翠英家等。

7月 旗委组织部下发通知,斯仁吉木任旗妇联主席,萨其仁贵不再担任旗妇联主席职务,任旗妇联主任科员。

9月22日 旗妇联与旗委老干部局、共青团旗委、旗总工会联合举办迎国庆"生活无限美"时装表演赛。表演赛分为老年组、中年组、青年组、少年组、儿童组,来自旗直各部门的干部职工和各学校(园)的少年儿童,以饱满的热情、精美的服饰、优雅的表演,展示了全旗各族人民良好的精神风貌和对美好生活的向往与追求。

9月30日 旗妇联联合旗委宣传部、旗文体广电局、旗总工会、共青团旗委举办旗直机关"颂歌献给祖国 颂歌献给党"职工大合唱比赛,19个单位、1 500余人参加。

12月3日 旗妇联举办庆祝自治旗妇女组织建立50周年图片展及座谈会。图片展以"我们走过的50年"为主题,通过大量珍贵图片充分展示各族各界妇女积极参政议政、坚持走科技致富道路、培养关心下一代、努力创造美好未来的巾帼风采。座谈会全面总结了新中国成立50年来鄂温克旗的妇女工作,科学谋划了新世纪、新时期的妇女工作。

2000 年

3月 旗妇联、旗司法局联合开展"148"妇女维权周活动。通过新开通的"148"法律服务热线电话,宣传《妇女权益保障法》,为广大妇女提供及时、便利、高效的法律服务。

5月 上旬,旗妇联为帮助巴彦塔拉乡一位贫困妇女早日脱贫,为她购买1袋进口马铃薯种子,并帮助她按照农业技术推广服务中心专家的讲解进行播种。

6月 "六一"期间,旗妇联继续开展"春蕾计划"献爱心活动,走访慰问伊敏苏木、巴彦嵯岗苏木、巴彦托海镇河东小学的62名孤残、贫困儿童。

△ "六一"期间,巴彦嵯岗苏木妇联组织开展"一元钱助学"活动,苏木机关单位及500名妇女为苏木中心校贫困学生捐款2 515元。

10月 根据呼盟妇联"双学双比"试点工程考核标准的要求,旗妇联确定在巴彦托海镇开展"114工程"试点工作,在抓好雅尔斯嘎查试点的基础上,重点抓巴彦托海嘎查的试点工作。巴彦托海嘎查实施科技致富工程为主,大力发展奶牛业,融资85万元的百头高产奶牛厂已建成,14户牧民集资52万元修建房屋、棚圈等,嘎查投资10万余元兴建了育肥基地、综合服务站、1 800亩人工饲料地;引导妇女走农业产业化道路。春天播种的340亩蔬菜夏天批发,马铃薯卖大存小,冬天加工成粉条销售;壮大经济实力,重视扶贫帮困。嘎查利用集体机动牧场办农场,成立打草队、基建队承包工程项目等,全年创收3万余元。其中4 000元用以解决白灾后嘎查畜草不足问题,还用一些收入扶持部分贫困户。

12月4日 旗妇联主席斯仁吉木与呼盟妇联相关领导前往大雁煤业公司第二煤矿,了解"11·25"特大爆炸事故情况,并为部分遇难家属送去慰问金。

是年 自治旗参加内蒙古自治区第八次妇女代表大会的3名代表,旗妇联主席斯仁吉木、副主席敏杰和伊敏苏木妇联主任娜仁花,先后深入12个苏木乡镇传达会议精神,动员广大妇女按照大会要求积极投身妇女事业,全面提高自身素质,大力实施"女性素质工程"、"科技致富工程"、"社区服务工程"、"家庭文明工程"、"依法维权工程"。

△ 在嘎查换届选举中,旗妇联引导妇女干部树立"敢为人先"的思想,号召事事争先进,使妇代会主任进入嘎查两委班子的比例达到90%。

△ 旗妇联接待来信来访案9件,结案9件。其中1起家暴离婚案,经旗妇联协调努力为受害妇女争取到男方付给的医疗赔偿费4 500元。

△ 结合精神文明建设及"五好文明家庭"创建活动的开展,大雁矿区在24个居委会建立读书辅导站及4个娱乐活动室,巴彦托海镇居委会还组织秧歌队等。

△ 旗妇联被旗委、旗政府命名为"全旗畜牧业抗灾保畜工作先进集体"。

△ 为进一步提高妇女的思想认识,旗妇联为基层妇联征订《中外妇女文摘》72份,印发《妇女简报》9期,苏木乡镇妇联印发简报43期。同时,通过新闻媒体进行了树立典型、推广先进经验的宣传报道,其中以女性创先事迹为题材的报道15篇,发表在《呼伦贝尔日报》上的5篇(3月21日发表锡尼河西苏木"三八"活动情况,4月25日发表红花尔基镇个体户王英惠的事迹,4月29日蒙文版发表北辉苏木查干诺尔嘎查南吉乐玛的事迹,9月2日蒙文版发表锡尼河西苏木民政助理汗达其其格的事迹,9月21日发表伊敏河镇友联委党支部书记张永梅的事迹)。

△ 在科技兴旗战略思想的指引下,旗妇联把抓好牧区妇女获取绿色证书和加强农牧民技术员的实用技术培训作为工作重点,与旗科委、旗畜牧局联合深入锡尼河西苏木、锡尼河东苏木、巴彦托海镇、巴彦嵯岗苏木、大雁矿区、伊敏苏木、巴彦塔拉乡、南辉苏木、伊敏河镇等地,举办高产奶牛饲养管理方面的实用技术培训班16期,参加培训的人员1 000余人次。至

年底,全旗50%的嘎查妇代会主任成为农牧民技术员、773名妇女获得农牧民技术员证。

△ 1998~2000年,旗妇联积极协调各地、各部门,先后在伊敏镇地税分局、畜牧业综合服务站、红花尔基镇学校、大雁建设银行北河储蓄所、旗地税局收税大厅、工商银行建立"巾帼文明示范岗",促进女职工整体素质的提高。

2001年

3月8日 在21世纪的第一个"三八"国际劳动妇女节来临之际,旗妇联组织业余游泳队参加呼盟妇联举办的"拒绝邪教 游泳健身"活动,获得第四名。

3月29日 旗妇联主席斯仁吉木与巴彦托海镇、旗职业中学的领导赴哈尔滨肿瘤医院,看望职业中学患骨癌的学生,为她送去各族各界群众的爱心捐款10 000余元。

5月11日 旗妇联、旗女领导干部联谊会组织科局级、三级单位女领导干部共植"巾帼世纪林"——在旗防沙治沙绿化带栽种樟子松200棵。

5月15日 旗委办领导、妇联干部及阿尔善诺尔嘎查牧民50余人在阿尔善诺尔嘎查种植榆树500棵,命名为"三八林"。

5月23日 在新世纪第一个"六一"国际儿童节到来之际,旗妇联、盟妇联、盟图书馆、盟电影公司深入孟根楚鲁苏木中心校,为那里的少年儿童送去400册科普图书及体育用品等节日礼物,并为他们放映爱国主义教育影片。

10月 新《婚姻法》颁布后,旗妇联与旗委党校、旗司法局深入巴彦托海镇、巴彦嵯岗苏木、锡尼河西苏木、伊敏苏木、辉苏木、北辉苏木阿尔善诺尔嘎查,举办6期法律知识培训班,详细讲解新《婚姻法》、《未成年人保护法》等相关法律法规。

2002 年

4月5日 为发展养殖业,促进庭院经济建设,旗妇联主席斯仁吉木、副主席索龙格带领巴彦托海镇、伊敏河镇、大雁矿区、巴彦塔拉乡的妇联干部及主管妇女工作的领导一行18人,前往牙克石市鑫泉养殖场参观学习养鹅技术。

4月 为有效制止家庭暴力案件的发生、切实维护妇女儿童的合法权益,旗妇联在旗公安局成立家庭暴力110报警中心。

5月23日 为迎接呼伦贝尔市第一次妇女代表大会召开,旗妇联与各有关部门党政领导协调,选举产生10名参会代表。

7月26日 旗妇联、旗委宣传部、共青团旗委、旗城建局、旗文体广电局、旗教科局在旗影剧院广场联合举办"小公民"道德建设启动仪式。旗委副书记敖金福、旗人大常委会副主任涂志娟、旗长助理王启明及旗委宣传部、共青团旗委、旗文体广电局、旗教科局负责人参加启动仪式。参加仪式的"小公民"们纷纷签名表决心。

8月8日 旗妇联在巴彦胡硕敖包山举办第一届呼伦贝尔"敖包相会民歌节"。

8月17日 旗妇联组织鄂温克民族服饰表演队参加呼伦贝尔撤盟设市那达慕开幕入场仪式,展示鄂温克草原人民的风采。

10月 在全旗"两会"活动总结表彰大会上,旗妇联荣获"优秀组织奖"和"文化建设先进集体"荣誉称号,斯仁吉木获先进个人称号。

△ 旗委组织部下发通知,涂淑芝任旗妇联主席,斯仁吉木不再担任旗妇联主席职务,任旗妇联主任科员。

2003 年

5月12日 旗妇联主席涂淑芝一行慰问迎战在抗击"非典"一线上的

"白衣天使"——旗医院护士,向她们表示敬意,祝她们护士节快乐。

5月28日 呼伦贝尔市第一次妇女代表大会隆重开幕,鄂温克旗出席会议代表10人(其中妇女干部4名、牧民2名、医务人员1名、女领导干部1名、基层妇代会主任1名)。在会议文艺演出中,旗妇联组织的鄂温克族、布利亚特蒙古族民族服饰表演受到热烈欢迎。

△ 为更好地贯彻落实旗委、旗政府"三防"(防非典、防五、防火)工作精神,旗妇联与旗委办公室深入包扶联系点辉苏木阿尔善诺尔嘎查,了解登记嘎查流动人口、在外学生、返乡人员等相关情况,并送去100多只喷壶、过氧乙酸消毒药品等,发放300余份预防"非典"蒙汉宣传资料。

6月14日 旗妇联与旗委宣传部在电影院广场联合开展"抗非典 讲公德 改陋习 树新风"万人签名活动,并向广大家庭发出"不让非典进我家"的倡议,以巩固鄂温克旗防非工作取得的阶段性成果。

7月15日 为全面总结鄂温克旗实施家庭教育"九五"规划取得的成绩与经验,安排部署"十五"规划各项目标任务,旗妇联、旗教育科技局、旗关工委联合召开全旗首届优秀家长经验交流会,表彰奖励8名优秀家长,并听取他们教育子女的经验做法。

9月22日 中国妇女"九大"代表、呼伦贝尔市妇联主席杜瑞霞到鄂温克旗,向200余名旗直机关妇女干部、巴彦托海镇地区妇女姐妹传达中国妇女"九大"的盛况及其会议精神。

10月24日 由旗妇联、旗就业局、旗成人教育办联合创建的鄂温克旗实用技术技能训练中心在职业中学挂牌成立。

2004年

2月 涂淑芝调任旗总工会主席,不再担任旗妇联主席。

4月 旗妇联深入辉苏木阿尔善诺尔嘎查进行牧区合作医疗工作的调查摸底,共调查112户。

5月9日 为大力支持全旗"两基"验收工作,旗妇联向鄂温克中学、第一实验小学捐赠价值6 600元的科学读物1 000余册。

5月22~23日 旗妇联与旗结核病防治所、旗计划生育服务指导站、旗扶贫办等相关部门深入辉苏木嘎鲁图嘎查、伊敏苏木希贵图嘎查、巴彦嵯岗苏木扎格达木丹嘎查,为当地的178个贫困牧民和37个儿童进行结核病检查,为69个已婚育龄妇女进行妇科病检查,发现2例结核病传染期患者、2例结核病康复期患者。

5月 "六一"国际儿童节前夕,旗妇联携呼伦贝尔市妇联、呼伦贝尔市图书馆、呼伦贝尔市电影公司共同开展"为草原儿童送爱心、送图书、送电影"活动,向巴彦塔拉中心校捐赠价值1 800元的体育器材、科教图书、运动套服等,还为孩子们播放科教影片、爱国主义影片各1部。

6月 中旬,旗妇联输送第二批14名异地劳务青年到北京就业。

6月 旗妇联首次在大连举办全旗妇女干部培训班,来自各苏木乡镇区、嘎查、居委会的妇女工作者及旗直机关妇联干部29人参加培训。

7月 旗妇联确定巴彦嵯岗苏木(4户)、锡尼河西苏木(3户)、巴彦塔拉乡(3户)具有浓郁民族特色的10户家庭旅游户为"巾帼家庭生活旅游户"。

8月9日 来自大连市沙河口区妇联的领导及韩国女商人爱心贞子一行40人,为本旗20名贫困中小学生现场捐款10 550元,同时与40名贫困学生结成"手拉手 一助一"互助对子,以帮助他们完成学业。

8月15日 旗妇联邀请北京中华女子学院教授杨静为40余名旗直机关副科级以上女领导干部及妇女小组成员就"科学发展观与社会性别主流化"举行专题讲座,使参加讲座的人员认识到坚持贯彻"男女平等"这一基本国策的重要性。

9月24日 旗妇联选派两组选手参加由呼伦贝尔市妇联、市邮政局、呼伦贝尔电视台联合举办的"迎中秋 庆国庆"呼伦贝尔市邮政礼仪杯插花艺术大赛,荣获优秀奖。

10月 经旗妇联协调,旗直属机关党工委、旗委党校正式将《两个纲要》内容纳入党训课程。

11月25日 鄂温克旗家庭暴力接警中心和家庭暴力伤情鉴定中心在旗公安局刑警大队正式挂牌成立。鉴定中心设立在旗公安局刑警大队鉴定科、接警中心设立在全旗16个派出所。两个中心的成立,标志着鄂温克旗"反家庭暴力"工作走上制度化、规范化的轨道。

2005年

1月 旗妇联组织、带领鄂温克服饰表演队及旗乌兰牧骑"海兰察"舞蹈表演队赴深圳参加由内蒙古电视台、广东电视台、深圳"锦绣中华"联合主办的2005年内蒙古春节联欢晚会节目的录制,并荣获"优秀组织奖"。

3月 全国劳动模范、巴彦托海嘎查党支部书记、嘎查达乔玉芳参加全区女党员"三创"先进事迹巡回宣讲活动。

4月15日 旗妇联邀请全旗各苏木乡镇区分管妇女工作领导及旗直机关领导30人,举办"社会性别主流化"研讨。

4月19~20日 旗妇联举办为期两天的"社会性别主流化"骨干培训班,为倡导、宣传、实施性别平等战略建立一支培训员队伍。

8月15~16日 在全国第四次妇女儿童工作会议上,鄂温克旗被命名为"全国实施妇女儿童发展纲要示范单位"。

8月19日 旗妇联举办全旗首届科级领导干部配偶廉政建设培训班,全旗32个科级领导干部配偶参加培训。

是年 经过积极争取,《妇女儿童发展规划(2001~2010年)》纳入本旗经济和社会发展的"十一五"总体规划,妇儿工委办专项经费3万元纳入政府财政预算;并为妇儿工委办公室配备两台电脑。

△ 旗妇儿工委办开辟鄂温克旗妇儿工委网页,对自治旗妇女儿童工作进行全面的宣传和报道。

△ 旗妇儿工委办编印发放500册《妇女儿童发展规划学习宣传手册》、500册《鄂温克旗人民政府妇女儿童工作委员会工作手册》,对妇女儿童工作委员会的性质、基本职能、工作机构、工作制度、成员单位职责、联络员职责等作明确的规定。

△ 由旗妇联支持建立的辉苏木德仁夏营地家庭旅游户全年接待旅游团50批次、游客300余人,每户年收入达到5 000元。

△ 旗妇联从内蒙古妇联争取到儿童基金会贫困生救助款3万元,救助50名贫困生。

△ 大连文化行业协会为本旗贫困生捐助3 200元。

△ 旗妇联争取到"亲情中国"社会公益项目,将在本旗建立一所社区儿童图书馆。

2006年

3月8日 旗妇联副主席诺敏、权益部部长牡其热做客鄂温克广播电视台与呼伦贝尔广播电视台联合制作的"草原之声"现场直播蒙文专题节目,诺敏详细介绍几年来旗妇联工作所取得的成绩、来信来访工作存在的问题及为解决问题采取的有效措施等,并通过节目呼吁广大妇女在受到人身伤害时要善于用法律武器保护自己的合法权益。

4月 全国妇联妇女创业项目—全旗首家"全手工绿色洗衣店"在巴彦托海镇落户。巴彦托海镇待业妇女娜仁托丽结束全国妇联人才开发培训中心举办的短期培训,带着洗衣店专项设备和环保洗衣技术开始她的创业。这是旗妇联所推介的适合女性自主创业的新型援助项目之一,也是旗妇联鼓励广大妇女自谋职业、自主创业、增收致富的重要举措。

5月 为提高办公效率、方便工作联系,旗妇联在全旗范围内开始实行电子邮件传递工作。

7月5~21日 旗妇联在辉苏木嘎鲁图嘎查、巴彦托海镇巴彦托海嘎查分别举行香港回归扶贫基金入户仪式,为50个贫困家庭送去20万元的扶贫项目羊。香港回归扶贫基金项目是香港各界同胞将庆祝活动结束后的部分余款分别捐赠给内地贫困、边远地区的扶贫循环金,旗妇联经过一年的积极努力争取到此项目。

7月21~22日 以全国人大常委会香港特别行政区基本法委员会副主任、香港特别行政区律政司原司长梁爱诗为组长,中国妇女发展基金会副会长、国务院原副秘书长阎颖为副组长的香港回归扶贫基金项目检查组一行7人在内蒙古妇联副主席宝笑平的陪同下,到鄂温克旗检查项目执行情况。检查组与旗党政领导、妇联干部、项目户进行座谈,听取旗妇联项目工作汇报、观看项目专题片、深入项目嘎查向项目户了解项目情况,给予充分肯定。

7~8月 旗妇联分别代表呼伦贝尔市和自治区接受自治区、国务院妇女儿童工作检查验收,顺利通过检查验收,获得高度评价。

7~10月 旗妇联认真实施国家商务部中国国际民间组织合作促进会提供的民族手工艺品发展项目,通过对本旗135名贫困妇女进行民族手工艺品发展项目培训,使她们掌握了民族手工艺品的制作技术。

11月 旗妇联邀请《21世纪经济报道》报业集团组织的"红粉笔乡村教育支援计划"项目组深入到辉苏木中心校进行15天的支援教育活动。

△ 旗委下发通知,索龙格任旗妇联主席。

是年 经过积极争取,全国"巾帼示范村"和自治区妇联新农村建设示范嘎查试点项目落户鄂温克旗。

△ 本旗被指定为全区妇联系统办公室工作示范单位试点旗。

2007年

3~4月 根据旗委"干部下基层"的文件精神,旗妇联下派2名干部到巴彦胡硕嘎查工作,2名干部协调旗农村信用联合社,为嘎查申请到小额贷款 5 万元,解决了受灾贫困牧民的实际困难。

4 月 27 日 旗妇儿工委、旗妇联联合举办全旗首届妇联干部技能大赛。比赛分 5 个内容和步骤进行,即妇联业务和形势政策知识考试、计算机基本操作、妇联活动的策划和方案设计、以"妇联干部在新牧区建设中如何发挥作用"为主题的演讲、个人才艺展示等。全旗 17 名苏木乡镇妇联主席和旗直机关妇女干部参加比赛。

6 月 11 日 旗妇联邀请《21 世纪经济报道》报业集团组织的"红粉笔乡村教育支援计划"项目组,深入到伊敏苏木红花尔基中心校进行为期 15 天的支援教育活动。支援者为辉苏木中心校校庆捐赠 1.5 万元的物品。

6 月 旗妇联争取到中国妇女发展基金会提供的价值 12 万元的"母亲健康快车"项目车。同月,旗妇联接收中国儿童基金会捐赠的价值 1 万元的图书,并在赛克社区建立亲情图书站。

7 月 27 日 旗妇联在辉苏木"庆祝辉苏木中心校成立 80 周年那达慕大会"上举办首届牧区妇女生产技能大赛。

7 月 旗妇联被全国妇联和国家人事部授予"妇联工作先进集体"荣誉称号。

9 月 旗妇联争取到由台资企业龙凤集团捐赠、总价值 4.5 万元的 60 套室外乒乓球运动器械,全旗 30 所中小学校各获得 2 套器械。

10 月 旗妇联被内蒙古妇联确定为"面对面"对女性农民工开展"防艾"宣传教育活动旗县,先后深入辉苏木、巴彦塔拉乡、锡尼河镇、巴彦托海镇以文艺演出、骨干培训、咨询指导、免费内检、发放宣传资料、制作宣传橱窗等开展宣传教育,288 名农民工妇女受益。

2008 年

5 月 12～13 日 人民陪审员、旗妇联副主席红梅参加旗人民法院刑事审判庭关于拐卖妇女儿童、强迫卖淫及强奸被拐妇女、容留卖淫案的审判。

经过庭前阅卷、庭审记录、庭审合议,以自己的实际行动维护涉案妇女儿童的合法权益。此案因涉案人员之多、性质之恶劣,在鄂温克旗刑事案件审判中实属首例。

7月4日 在旗纪检委的支持下,旗妇联在巴彦托海镇阿睦尔泰奔社区举行家庭助廉之家挂牌仪式。家庭助廉之家旨在依托家庭助廉师资队伍,通过开展丰富多彩的教育活动,把好家庭这个重要关口,净化家庭环境、营造廉洁家风。

9月6日 旗委、旗人民政府授予旗妇联"尊师重教先进集体"荣誉称号。

10~12月 旗妇联启动实施中国国际经济技术交流中心和UNDP提供的"嘎查女性领导能力建设项目"。通过举办3期培训班、赴赤峰市昭乌达妇女可持续发展协会考察、分析自身优劣势、竞选模拟演讲等形式,提高了牧民妇女参政议政的能力。

2009年

2月24~27日 旗妇联与鄂温克电视台深入巴雁镇巴彦嵯岗办事处、伊敏苏木、锡尼河镇、辉苏木、巴彦托海镇,专题采访哈斯托娅、娜玛、勒格吉木、金花、南吉乐玛、乔玉芳、安淑梅7名女嘎查领导,编辑制作成特别报道《女嘎查达的故事》,于"三八"妇女节期间在鄂温克电视台播出。

3月2日 旗妇联举办全旗科级女干部联谊晚会,以凝聚女领导干部向心力、充分发挥女领导干部辐射带动作用。

4月10日 旗妇联召开全旗妇女参与基层民主治理经验研讨会,旗委组织部、旗妇联、旗民政局、各苏木乡镇分管书记、嘎查女领导、优秀妇女代表、UNDP项目培训学员代表及大学生村官代表50余人交流推动妇女参与基层民主治理的做法和经验,为切实提高新一届嘎查"两委"女性比例奠定基础。

5月28日 联合国发展规划局性别工作处主任维尼·宾阿伊玛、性别工作专家及经济学家安娜、联合国驻华代表处艾滋病防治与性别工作处处长王晓军一行4人到鄂温克旗考察妇女项目,对妇女项目工作给予高度评价。

6月 旗妇联第三次发放"香港回归扶贫项目"资金20万元,使40个妇女及其家庭受益。

8月12日 旗妇联在巴彦托海镇启动德国经济合作部与罗莎·卢森堡基金会资助的为期两年的"嘎查妇女发展与传统文化保护项目",为全旗妇女发展提供更多机会。

10月28日 旗妇联深入辉苏木启动国务院妇儿工委提供的"改善早期儿童营养项目",召开项目座谈会,宣传普及婴幼儿科学喂养相关知识。

11月18~20日 旗妇儿工委协调旗人大常委会先后在辉苏木、巴彦托海镇组织29个成员部门参加的《妇女儿童发展规划(2001~2010年)》落实情况的调研和座谈。各部门领导积极反映规划实施情况及存在的问题,就重点、难点指标完成情况进行交流,并达成共识。

11月 旗妇联派代表参加亚太地区公民社会发展论坛,加强对外交流与联系。

12月15日 旗妇儿工委、旗妇联、旗妇幼保健所在全面调查摸底的基础上,筛选确定100名"改善早期儿童营养项目"儿童,并深入辉苏木对他们进行微量元素、血色素、身高、体重等内容的体检,建立项目健康档案。

12月17日 旗十一届人大常委会第十二次会议听取旗人民政府关于《妇女儿童发展规划(2001~2010年)》实施情况的工作报告,以推动《妇女儿童发展规划(2001~2010年)》的实施。

2010年

6月1日~8月2日 旗妇儿工委、旗妇联、旗妇幼保健所联合开展改善早期儿童营养项目跟踪服务活动,先后为辉苏木53名0~5周岁不同程度营养不良的项目儿童送去价值6 800元的首儿果维铁泡腾颗粒、首儿复方维D钙,希望通过一定疗程药物的服用,使孩子们尽快恢复健康。

6月17~23日 鄂温克旗妇女图片展在巴彦托海镇开幕,通过120余幅妇女工作图片、鄂温克族传统服饰、妇女手工艺品等的展示,呈现2001年实施《妇女儿童发展规划(2001~2010年)》以来全旗妇女在经济、政治、受教育程度、卫生保健、法律保护、生存环境六个领域取得的全面发展与进步,激励各族妇女以更大的热情继续投身自治旗经济社会建设,号召全社会为妇女的可持续发展提供更好的社会环境。

6月18日 在欢乐草原—2010年内蒙古自治区健身大会暨鄂温克瑟宾节开幕式上,旗妇联主办的鄂温克族妇女传统手工艺品展示大赛拉开帷幕,来自辉苏木8个嘎查的56名鄂温克族妇女以比赛的形式向观众展示搭建鄂温克族柳条包所需要的基本材料这一传统手工艺的制作过程。

7月 全国妇联授予巴彦托海镇巴彦托海嘎查首批"全国妇联基层组织建设示范村"荣誉称号。

8月23日 旗十一届人大常委会第十六次会议任命旗妇联办公室主任牡其热、辉苏木妇联主席萨娜、锡尼河镇妇联主席南吉勒玛为新一届人民陪审员。

8月 在市妇儿工委的重视与支持下,鄂温克旗免费为2 250名牧民妇女办理"两癌"保险。

8~11月 旗妇联组织人员赴莫力达瓦旗杜拉尔乡、阿荣旗音河乡、扎兰屯市萨马街乡、根河市敖鲁古雅乡、陈巴尔虎旗鄂温克苏木、黑龙江省讷河市兴旺乡等地,进行鄂温克民族乡村妇女生存状况、民族风俗和文化传统传承发扬等问题的调研,形成调研报告3份。

9月15~18日 内蒙古自治区第十次妇女代表大会在呼和浩特市召开,旗妇联主席索龙格、巴彦塔拉乡妇联主席金俊英、巴彦托海镇巴彦托海嘎查党支部书记、嘎查达乔玉芳、锡尼河镇诺图格幼儿园园长斯日斯格玛代表自治旗各族各界妇女参加会议。

11月18~19日 旗妇联与旗教育科技局联合举办全旗首届中小学生乒乓球比赛,来自全旗11所中小学校的75名学生展开男、女团体和个人单打赛的激烈角逐,最终决出团体赛前三名及个人单打赛前八名并进行奖励。

12月28~29日 旗妇联召开嘎查妇女发展与传统文化保护项目总结及评估会。会议邀请项目资助机构德国罗莎·卢森堡基金会财务经理何程及中国国际民间组织合作促进会副秘书长赵大兴与会,并听取接受过项目培训的苏木乡镇妇联主席、嘎查"两委"成员、嘎查(社区)妇代会主任、大学生村官代表及参与国内鄂温克族传统文化调研的专家等14人的主题发言;邀请深圳立德管理顾问有限公司高级顾问、教练、引导师林恩慈女士在为项目提供3次培训和针对项目效益开展广泛问卷调查的基础上,以问卷分析、现场讨论等形式对项目执行情况进行评估。评估会认为,两年的项目实施,取得圆满成功。

2011 年

3月6日 鄂温克旗妇联、呼伦贝尔市国际象棋协会、鄂温克旗锡尼河国际象棋协会、鄂温克旗文体广电局、玉花农场联合举办呼伦贝尔市第二届女子国际象棋比赛。吸引来自全市的24名女性国际象棋爱好者及20名儿童参加,他们中最年长的70岁、最小的10岁。经过一天的比赛,选手们最后取得了令人欣喜的成绩,也实现了交流感情、提高棋技的目的。

△ 在国际劳动妇女节来临之际,旗委副书记乔鸿及旗妇联主席索龙格、副主席诺敏、萨仁走访慰问部分苏木乡镇的单身贫困母亲。

旗妇联为了进一步弘扬博爱、平等的人道主义精神,经旗委、旗政府允许,旗妇联大力号召地区、各部门伸出援助之手,挽救患有先天性心脏病双胞胎幼儿胡韵沂的生命。截至3月14日下午,爱心捐款已高达63 489元。

3月19日,小胡韵沂和妈妈带着爱心捐款踏上了开往北京武警总医院的列车。于4月28日成功结束了心脏单心房、室间隔缺损等6项难度大的手术,从北京返回家中。

5月24~25日 遵照与项目资助方德国罗莎·卢森堡基金会的合作意向,鄂温克旗妇联、妇女可持续发展促进会成功举办了全旗培训者培训班。各乡镇苏木妇联干部、党校、农牧业局、职业中学等单位专职教师25人参加培训。

旗妇联在国际儿童节期间,积极开展关爱残疾、贫困、学前儿童爱心慰问活动,慰问组来到第一实验小学,看望了住宿贫困学生包梅荣、白媛媛、玉梅,为她们送上1 000元的慰问金与节日问候。慰问组最后深入西苏木诺图格幼儿园,为节日中的孩子们送去价值800元的蒙汉优质图书及玩具。

旗妇联从工作经费中拿出4 000元为患恶性畸胎瘤的15岁贫困学生何艺支付第一轮的化疗费。

6月29日 为隆重纪念中国共产党成立90周年,旗妇联与旗委统战部联合举办"草原姐妹歌唱祖国歌唱共产党—牧民妇女唱响红歌大赛"。来自全旗各乡镇苏木嘎查、社区的15名牧民妇女参加比赛。

7月12日 旗妇联组织锡尼河西苏木、锡尼河东苏木50余名牧民妇女参观了世界反法西斯战争海拉尔纪念园。

9月9日 在一年一度的中秋佳节来临之际,旗妇联主席索龙格、副主席诺敏一行4人走访慰问了鄂温克旗看守所女民警杜玉荣,女性在押人员的母亲金水花及15岁的癌症患者何艺。

11月25日 旗妇联组织召开《鄂温克旗妇女联合会志(草稿)》修订座谈会。座谈会上,旗委副书记娜日斯就如何修好《妇联志》提出指导性意见。旗历届妇联主席、各苏木乡镇妇联主席及离退休女干部分别回忆了各自从事工作时期的妇联工作情况,介绍了包含60多年发展历史的《妇联志》必写的内容。旗档案史志局局长包玉柱、主任科员杜彪也从专业的角度,对该志的指导思想、写作方法及注意事项等进行指导。座谈为《妇联志（草稿）》的有效编修提供了科学化的建议与意见,加快了《妇联志》出版的进程。

2012 年

1月 旗妇联为伊敏苏木巴彦塔拉嘎查、巴彦托海镇团结嘎查、辉苏木嘎鲁图嘎查的60个贫困家庭,送去每户1万元的中国妇女发展基金会玫琳凯妇女创业项目资金。

为隆重纪念第103个"三八"国际劳动妇女节,促进女干部之间的交流与合作,3月5日晚,鄂温克旗妇联举办全旗科级以上女干部联谊晚会。旗领导张凤喜、敖金福、齐全、娜日斯、孟和托雅、车淑芳、涂宏文、马会宁、孟赛金、李振国、乔志刚、沈进忠、樊秀敏、达西扎木苏、田华、常胜杰等四大班子领导参加联谊会。来自全旗各行各业的60余名女领导干部们表演了精彩的歌舞、诗朗诵等节目,将联谊会一次次推向高潮。

3月6日 旗妇联举行庆"三八"国际劳动妇女节暨表彰大会。会议分别对"三八红旗手"、"三八红旗集体"、"双学双比"女能手、五好文明家庭等创建评比活动中涌现出的10个先进集体和35个先进个人、10个家庭进行了表彰。

3月12日 旗妇联邀请旗委党校教研室主任娜仁托娅就"反对自由主义,加强作风建设"这一主题进行专题讲座。从而坚定了全旗妇女干部不断加强学习,增强工作执行力,更好地服务妇女儿童、服务基层的决心。

4月19日 自治区妇联"下基层、访妇情、办实事"调研组在市妇联主席杜瑞霞的陪同下深入到辉苏木嘎鲁图嘎查进行调研。旗委副书记娜日斯及旗妇联主席索龙格等陪同调研。

4月 巴彦托海镇艾里社区被全国妇联命名为"全国妇联基层组织建设示范社区"。

6月28~29日 旗妇联选派2支代表队、8名选手参加了全市首届家政服务技能竞赛;组织21名中小学生参加了全球华人少年儿童"致未来的信"征文活动;推荐3名优秀居牧民妇女参加呼伦贝尔市十杰女性评选活动;推荐伊娜家庭参加石油销售杯内蒙古"家和万事兴"家庭才艺展示大赛,获得特等奖。

6月 旗政府妇儿工委、卫生局特邀中国癌症基金会李纪宾等4名专家,针对30~60岁已婚妇女进行了乳腺癌筛查。此次筛查分别深入到辉苏木、锡尼河东苏木、锡尼河西苏木、巴彦托海镇四个地区,对1851名妇女进行健康教育及体检,同时开展乳腺B超检查,为广大牧民妇女实现乳腺癌"早发现、早诊断、早治疗"提供了技术保障。

7月31日 嘎鲁图嘎查"艾罕鄂温克妇女之家"、"妇女创业与发展服务中心"正式挂牌成立。该中心使用面积310平方米,集电脑室、图书阅览室、手工艺品展览室、制作室、会议室、活动室于一体,在每月8日、9日、18日、19日、28日、29日准时开放,组织牧民妇女阅读图书、观看电影、操作电脑、学习技能、交流感情等等。

7月 旗妇联参加浙江宁波市社会企业家精神与实践中欧展望未来论坛,并在论坛中展示了鄂温克族民间手工艺品;在北京参加由国家民委举办的"全国少数民族自治旗县手工艺展览会",展品均得到了各界人士的好评,弘扬了民族文化、宣传了鄂温克。

8月 旗妇联组织10余名女村官参加第四届全国百位女村官"破解农村养老难题,女村官更有发言权"论坛论文征集活动。以促进女村官更加积极有效地参与基层养老问题的解决。经过活动组织方的层层筛选,其中3名女村官于12月受邀赴北京参加论坛。

8月30日 旗妇联、旗委组织部、旗妇女持续发展促进会共同承办的鄂温克旗筹资与项目设计能力建设培训班正式开班。此次培训作为德国罗莎·卢森堡基金会、中国国际民间组织合作促进会提供支持的"推动嘎查、社区综合发展"项目活动之一,邀请北京倍能组织能力建设与评估中心执行主任、组织能力建设专家、高级培训师、深圳市人民政府组织能力建设顾问张菊芳,针对项目管理、设计及筹资等内容为全旗44位大学生村官开展为期两天半的参与式培训,以帮助大学生提升参与嘎查各类项目执行的能力,更好发挥带领牧民群众创业致富的作用。

9月29日 旗妇联深入辉苏木嘎鲁图嘎查艾罕鄂温克妇女之家,组织举办了"加强和创新社会管理,维护社会和谐稳定"为主题的庆国庆、迎十八大牧民歌舞晚会。活动现场悬挂蒙文条幅2个,发放宣传单100余份,以民族歌舞、服饰表演、游戏等节目烘托节日气氛,实现了进一步激励广大牧民妇女积极参与家庭道德建设,共同推进家庭与社会文明、和谐进步的目的。

12月7~10日 旗妇联将收回的旗委、政府给予配套支持的30万元妇女创业小额循环金,发放到了30名牧民妇女手中。帮助她们以个人或合作社的形式,通过购买牲畜、建立民族服装制作工作坊、开展牧民生活体验旅游、组建牧民妇女婚庆服务队等多元途径创业增收。项目共计惠及2个苏木(镇)、5个嘎查,辐射带动全旗1 440人次妇女受益。

2013年

3月4日 为纪念"三八"国际劳动妇女节103周年,旗委副书记娜日斯及旗妇联主席、旗政府妇儿工委办主任娜仁托雅,副主席萨仁一行先后深入巴彦托海镇四居、锡尼河西苏木巴彦胡硕嘎查、伊敏苏木红花尔基嘎查,走访慰问肢体残疾的郭铁红母女俩、眼部残疾的斯普乐玛和单身贫困母亲阿拉腾高娃,为她们送去慰问金1 500元及电热宝、热身袋等。

3月5日 市妇联、旗妇联在巴彦托海镇安门社区联合开展了庆"三八"妇女儿童维权志愿者进社区活动。市妇联副调研员、权益部部长陈托雅和旗妇联主席娜仁托雅,巴彦托海镇党委副书记、人大主席单宝玉参加活动,活动对2012年全市妇女儿童维权志愿者工作情况进行总结;对旗公安局南街派出所、大雁镇妇联，旗司法局腾文秀、旗人民法院萨楚拉、伊敏苏木娜玛等2012年度市级维护妇女儿童合法权益先进集体、先进个人进行表彰；与会人员围绕妇女反映相对集中的劳动就业、社会保障、婚姻家庭、财产权益和家庭暴力等问题开展热烈讨论。

3月6日 2012年度十大杰出女性评选揭晓。自治旗锡尼河西苏木孟根楚鲁饭店经理乌云其木格被评选为呼伦贝尔市十大杰出女性，大雁镇友情商贸有限责任公司总经理侯秀萍获呼伦贝尔市十大杰出女性提名奖。

3月25日 旗妇联邀请呼伦贝尔市中级人民法院刑事二庭审判员吴春暖到伊敏苏木苇子坑嘎查结合身边案例，摆事实、讲道理、参与式地讲解新《婚姻法》、《继承法》、《内蒙古自治区预防和制止家庭暴力条例》等与广大妇女息息相关的法律知识及有效维权行为，并一一解答部分妇女关心、疑惑的问题。使在场70余名牧民妇女进一步理解了男女平等基本国策的内涵，明确了夫妻双方的权利与义务，掌握了维护自身合法权益的基本方法。现场还发放《妇女维权宣传手册》、《平安家庭建设手册》等蒙汉宣传资料200余份。

3月 旗妇联与自治区妇联签订《中国妇女发展基金会母亲小额循环项目执行协议书》，标志着第五周期的中国妇女发展基金会母亲创业循环金项目落户鄂温克旗。

5月14日 旗委副书记王文起会同旗妇联、旗总工会、团旗委与呼伦贝尔市精神卫生中心专家，赴伊敏河镇"5.6"洪灾重灾区开展受灾群众心理疏导工作。

5月17日 为确保"严肃工作纪律、整顿工作作风、加强廉洁自律"专项活动顺利开展，力争在"查摆问题、开展批评"阶段取得实效，旗妇联组织召开专项民主生活会。

7月8日 鄂温克旗反家庭暴力妇女庇护所在旗救助管理站挂牌成立。市妇联副调研员陈托娅，旗政府副旗长敏杰，旗政府副旗长、旗妇儿工委主任马会宁，旗妇联主席娜仁托雅，旗民政局局长吉林巴雅尔出席揭牌仪式。庇护所由旗妇联、旗民政局共同设立。家庭暴力发生后,受害者持当地派出所出具的报警证明和本人身份证明材料分别向其居住地街道(镇)妇联、旗妇联提出书面申请,即可入住庇护所,获得7天免费的食宿、治疗、心理疏导、法律援助等救助。庇护所的启动运行,将填补旗政府职能部门为处于暴力环境中的妇女提供庇护的空白,把妇女救助纳入政府民政救助的工作体系。

7月9~10日 旗妇联根据餐饮市场需要,以适应当前技能人才的需求趋势,满足具有就业创业意愿妇女对高技能的渴望,邀请海拉尔区第一职业学校烹饪专业教研组组长韩海龙、市宾馆高级面点师曲青霞针对居牧民妇女举办烹饪、面点培训班,旗妇联副主席萨仁在开班仪式上讲话,鼓励学员认真学习,掌握一项技能,更好地服务社会。来自巴彦托海镇、巴彦塔拉乡、锡尼河西苏木的110人次妇女参加培训。培训以理论知识学习和实践操作相结合的方式,使学员们掌握了14种家常菜肴的烹饪技巧和16种面食的制作方法,给妇女们带来了实实在在的技术,拓宽了她们的创业之路。

7月15日 随着伊敏河镇家政月嫂培训班的开班,鄂温克旗家庭服务业从业人员"特别培训计划"正式启动。开班仪式上,旗妇联主席娜仁托雅介绍此次培训的具体情况,伊敏河镇党委书记李洪庆作动员讲话,旗就业服务局局长鄂晓东主持并提出培训要求。参加培训的60余名下岗失业妇女和"5·6"洪灾受灾妇女劳动力,经过10天、80学时的系统培训后,考核合格的将获得相关资格证书,从而拓宽她们的就业渠道、促进伊敏河镇灾后重建。

7月26日 自治区妇联副主席云翠荣、儿童部调研员李凤兰在市妇联副主席敖桂英,旗政府副旗长、旗妇儿工委主任马会宁,旗妇联主席娜仁托雅,巴彦托海镇党委书记郭玉玲的陪同下,对巴彦托海镇赛克社区儿童友好家园筹建情况进行实地考察及指导。云翠荣一行走进赛克社区新办公楼,听取办公楼建设及儿童友好家园规划情况。随后,深入巴彦托海镇艾里高标准社区视察、座谈。座谈中,云翠荣充分肯定鄂温克旗建设儿童友好家园前期所做的准备工作,详细介绍全区示范儿童友好家园在布局、功能、设计等方面的建设标准,对家园公益无偿服务、常态化服务及可突出特色教育等方面进行强调。马会宁、娜仁托雅、郭玉玲分别表示将加强部门联动、队伍建设和日常管理,严格按照自治区要求建设好旗内第一个儿童友好家园。

7月29日 由旗妇联、旗文明办、旗科协、旗卫生局共同倡导的"新理念、新行动"共创牧区妇女新生活主题活动,在伊敏河镇永丰嘎查正式启动。

7~8月 旗妇联开展旗直机关妇女组织整顿工作,使全旗妇女基层组织网络健全,妇联干部队伍结构和整体素质进一步提高,妇联组织的凝聚力和战斗力进一步增强,促进了全旗妇女工作的创新发展。按照《机关事业单位妇女委员会工作条例》的要求,在旗直机关原有妇女组织的基础上,改选成立10个妇委会,46个妇女小组,组建率达98%。同时,根据经济社会关系和妇女群体的新发展,与有关部门配合,在非公有制经济组织中建立妇女组织2个,社会团体中建立妇女组织2个,建立巾帼志愿者维权队伍1个,义工队伍1个,形成了具有广泛性、群众性,纵横交错的妇女组织网络,实现了妇女组织对各类妇女群体的有效覆盖。

△ 为充分发挥广大妇女在建设富裕、文明、和谐、美丽、幸福鄂温克中的主体作用,引导妇女大力开展低碳生活,建设美丽家园,进一步改善全旗综合环境,结合鄂温克旗当前城镇改造和新牧区建设部署,旗妇联组织开展"巾帼共建美丽家园"活动,要求各地、各部门的妇联、妇女小组、妇代会、巾帼志愿者及时行动起来,在国庆节前后开展1~2次清洁乡村环境活动。为了确保活动取得实效,巴彦托海镇、大雁镇、伊敏河镇成立了以分管副书记为组长、妇联主席为副组长的活动领导小组;9月中旬,大雁镇永安社区、伊敏河镇永丰嘎查以入户走访的形式,面对面向群众宣传低碳生活小窍门;教育系统以演讲比赛、生产劳动实践等形式引导教育学生热爱劳

动、热爱家乡;国庆节前夕,巴彦托海镇妇联、伊敏河镇永丰嘎查、大雁镇永安社区及鄂温克义工联组织妇女姐妹清理沿街和伊敏河周边白色垃圾;巴彦托海镇赛克社区新办公楼也在广大居民和义工联的认真清洁后正式投入使用,大雁镇永安社区也协助向华社区清洁打扫了新办公区。活动先后吸引了各苏木乡镇近3 000名妇女积极参与,使全旗生产生活条件明显改善、人居环境不断优化、乡风文明程度不断提高。

10月12日 旗妇联邀请市中级人民法院未成年人案件综合审判庭庭长斯琴,为旗职业中学的120余名师生针对《中华人民共和国未成年人保护法》及《中华人民共和国未成年人预防犯罪法》两部法律进行培训。斯琴通过翔实生动的法律条文及生活案例讲解,使学生们了解了自身享有的权利,知道了当遇到具体情况时怎样保障自身权益、避免受到伤害,提高广大学生法律意识的同时增强了他们的社会责任感。

10月17日 为提升广大妇女素质,引导新时期妇女干部担当好自身角色、促进家庭和谐建设、成就幸福人生,旗妇联"特根"女性大讲堂,邀请市妇联主席杜瑞霞,为180余名旗直机关科级女领导干部、妇女组织负责人及巴彦托海镇各社区书记、主任授课。旗委副书记王文起、旗委常委、宣传部部长、统战部部长孟和托雅、旗委常委、旗纪检委书记车淑芳、旗人大常委会副主任田华、旗政府副旗长马会宁参加讲座。

10月18日 由旗妇联主办的鄂温克旗妇女城镇建设能力培训班开班。来自全旗10个苏木乡镇、旗直各部门的130余名妇女参加培训。

△ 旗妇联联合团旗委举办鄂温克旗民族手工艺制作技术培训班。

11月14日 鄂温克旗首家"儿童友好家园"在巴彦托海镇赛克社区挂牌成立,内蒙古妇联副主席云翠荣和旗委副书记王文起共同为"儿童友好家园"揭牌。内蒙古妇联儿童部部长朱莉,市妇联主席杜瑞霞、市妇联副调研员陈托娅、市妇联办公室主任闫炎和旗妇联主席娜仁托雅、巴彦托海镇党委书记郭玉玲、巴彦托海镇镇长张秀伟等出席揭牌仪式。

11月29日 旗妇联积极响应旗委要求,深入伊敏苏木巴音塔拉嘎查、锡尼河东苏木哈日嘎那嘎查、锡尼河西苏木好力宝嘎查等地进行反邪教入户宣传。共发放宣传册2 100本,使广大牧民进一步认识到邪教的危害,增强了识别、抵制邪教的能力,为平安家庭、社会的建设打下牢固的群众基础。

12月5日 第二十八个"国际促进经济和社会发展志愿人员日",旗妇联召开义工联工作座谈会,旗妇联主席娜仁托雅主持会议,旗关工委常务副主任杜刚,旗委宣传部副部长、文明办主任图娅及团旗委、旗红十字会、旗残联、旗科协、旗教育局、旗民政局、旗卫生局、旗环保局、巴彦托海镇和赛克社区、安门社区等单位负责同志参加会议。

是年 经市妇联推荐,内蒙古妇联实地考察和研究公示,巴彦托海镇赛克社区被确定为全区15个"关爱留守流动儿童家园"建设单位之一。

2014 年

1月7日 旗妇联主席娜仁托雅一行4人慰问大雁镇永安社区单亲贫困母亲、智障贫困母亲及前卫社区建设养老院的老人们,在寒冬里为他们提前送去新年的祝福与温暖。

2月18日 旗委召开党委群团会议。表彰38个"群团工作先进集体"和45名"群团工作先进个人",其中,表彰妇联工作先进集体5个,先进个人5名。

3月4日 旗妇联组织召开党的群众路线实践教育活动动员部署会议。

3月5日 旗妇联组织召开鄂温克旗妇女儿童移动维权站成立座谈会,旗妇联主席娜仁托雅为维权志愿者颁发了聘书,发放鄂温克旗妇女儿童移动维权站工作手册,明确各项工作职责、工作制度、工作人员行为规范、工作流程,公布了不同语种维权志愿者的联系方式。移动维权站以基层妇女儿童为主要服务对象,使用鄂温克、达斡尔、蒙古、汉四种语言提供咨询和服务。

4月10日 旗妇联、旗总工会、团旗委在旗住建局一楼大厅联合举行美丽鄂温克·环卫工人"暖心驿站"启动仪式。

4月23日 为进一步加强基层妇联阵地建设,有效发挥"妇女之家"服务基层妇女职能,旗妇联相关人员下基层到帮扶社区大雁镇永安社区,为该社区"妇女之家"送去总价值1万元的2台电脑和2台打印机。

5月7日 旗妇联在旗党校以会代训的形式组织举办基层妇联干部培训班及全旗妇女民族手工艺协会发展交流会。参加培训的人员有各苏木、乡镇妇联主席,嘎查社区妇代会主任,旗直机关妇女委员会主任,共73人。

5月8日 旗妇联移动维权站首次到巴彦托海镇雅尔斯嘎查,对牧民妇女进行团队志愿者服务活动。

5月22~24日 中国妇女发展基金会母亲创业项目专家组执行负责人徐鲜梅一行来鄂温克旗检查"母亲小额循环"项目执行情况,听取项目实施情况、预期效益及后续发展计划的汇报,深入项目地、部分受益户家庭和以女性为主体发展中的合作社现场考察,并就合作社科学化管理和如何强化社员责任、权利、义务等内容进行具体指导。

6月5日 为进一步普及青春期心理健康知识,旗妇联邀请呼伦贝尔市精神卫生中心心理治疗中心副主任胡志刚,深入鄂温克中学举办了2场次、由430余名学生参加的青春期心理健康教育知识培训。

6月11日 由鄂温克旗民族文化艺术发展研究中心主办的北方民族手工技艺交流会,在巴彦托海镇赛克社区三楼会议室举行。俄罗斯鄂温克民族手工艺培训师热娜亚、中国北方民族造型艺术研究知名专家学者苏日泰、旗妇联主席娜仁托雅、旗文联主席苏伦高娃应邀出席交流会。

6月16日 自治区政协副主席、自治区妇联主席陈羽和市妇联主席杜瑞霞一行就妇女儿童工作到鄂温克旗进行调研。旗委副书记王文起、旗政协副主席索优乐玛陪同调研。陈羽一行参观巴彦托海镇赛克社区的妇女手工艺传习所和儿童友好家园,体验巾帼旅游户苏布德、斯仁达娃家的家庭牧户游,参观自治区级蒙古服饰艺术传承人桑吉德玛家的工作室,对旗妇联在扶持妇女创业就业方面发挥的作用给予充分肯定。

6月20日 旗妇联党支部及妇联工作人员到巴彦托海镇安门社区开展党代表工作日活动。通过视察、调研、交流等方式了解了社区干部群众的实际困难。

6月23日 为切实解决社区百姓的生活困难,旗妇联精心购买1 000余元的生活日用品,充实巴彦托海镇安门社区爱心超市,为困难居民送去了党和政府的温暖。

7月15日 由旗政府妇儿工委办、旗妇联主办,旗人民医院协办的"特根"女性大讲堂——女性健康预防与诊治知识讲座在旗政府二楼会议室举行。来自全旗各条战线上的妇女干部120余人聆听了讲座。

8月4~8日 旗妇联、赛克社区居委会、义工联共同在赛克社区儿童友好家园开展了为期5天的家庭教育亲子阅读活动。

△ 旗妇联推荐鄂温克文化中心负责人、伊敏苏木阿贵图嘎查牧民乌仁为内蒙古妇女手工业协会会员。

8月4日 旗妇联召开党的群众路线教育专题民主生活会,旗人大常委会副主任王广平、旗委第五督导组组长乔志钢、副组长吕开泉及成员,旗妇联党组书记、主席娜仁托雅和两名列席人员参加了会议。娜仁托雅主持并致辞。娜仁托雅作旗妇联班子《关于党的群众路线教育实践活动领导班子对照检查材料》及《党的群众路线教育实践活动个人对照检查材料》,在班子及个人对照检查中,详细的从"四风"方面进行查摆问题、分析产生问题的原因、制定整改措施。

8月7日 国务院妇女儿童工作委员会副主任、全国妇联党组书记、副主席、书记处第一书记宋秀岩来鄂温克旗调研。自治区党委常委、组织部部长李鹏新,自治区政协副主席、自治区妇联主席陈羽,市委副书记、政法委书记赵立华,市委常委、旗委书记高润喜,市政府副市长闫宏光,旗领导色音图、王文起、高振义、孟赛金、达西扎木苏陪同调研。宋秀岩一行先后到巴彦托海镇赛克社区、锡尼河西苏木巴彦胡硕嘎查,了解妇女之家创建工作和妇女创业就业工作。

8月20日 结合贯彻落实党的群众路线教育实践活动,旗妇联移动维权站工作人员深入辉苏木辉道嘎查,开展与牧民妇女面对面法律咨询服务活动,并为嘎查爱心超市送去了工作人员捐集的旧衣物近200件。嘎查13岁的干迪格是一位父母智力残疾的学生,多年来没有户口,了解情况的旗妇联干部经过一个多月的时间多方协调终于给他办理了身份证、户口。

8月25日 市妇联"最美家庭"活动经验交流会在鄂温克旗召开,各旗市区妇联主席参加会议。与会人员观摩了巴彦托海镇赛克社区,了解开展寻找"最美家庭"活动的具体做法和取得的成效,就如何常态化开展寻找"最美家庭"活动进行探讨交流。

9月17日 旗妇联举行"我爱我家"主题摄影大赛暨优秀家风家训征集活动颁奖仪式,旗委副书记王文起出席仪式并为获奖者颁奖,各参赛地区、部门分管妇女工作的领导、妇女组织负责人参加仪式。本次大赛评选出一等奖作品1幅、二等奖作品2幅、三等奖作品3幅、优秀奖作品9幅,优秀家风家训5条。

9月22日 旗卫生局联合旗总工会、旗妇联等妇儿工委成员单位,举行全旗"妇幼健康服务年"活动启动仪式暨"共圆妇幼健康梦"——妇幼健康技能竞赛。活动汇集全旗地、企医疗卫生机构分管领导及全体妇幼工作人员,经过笔试、技能操作等项目的激烈角逐,最终评选8名代表队进行表彰奖励。

9月26日 旗妇联、旗教育局工作人员到鄂温克中学一年五班,为刚刚入学的30余名学生现场发放"春蕾计划·护蕾行动"儿童手册,希望他们更多地了解自己、爱护自己。并将近100本"春蕾计划·护蕾行动"家长手册赠予鄂温克中学家长学校,通过他们与家长朋友建立有效沟通的平台,明确家长避免孩子受到性侵犯的责任。

9月28日 旗妇联全体干部职工到世界反法西斯战争海拉尔纪念馆,

进行爱国主义教育活动。

9月 旗妇联联合旗电视台先后深入巴彦嵯岗苏木乌云索德创业致富幸福家庭、锡尼河西苏木米吉德扎布不离不弃相爱家庭、伊敏苏木乌仁发扬光大民族文化家庭、巴彦塔拉乡助人为乐单春燕家庭拍摄专题报道3部、蒙古语系列新闻2集、新闻2条,并在鄂温克电视台、呼伦贝尔电视台播放,广泛深入、生动形象地宣传感人事迹。

10月9日 旗妇联联合团旗委到锡尼河西苏木中学开展"珍惜生命、远离毒品"主题宣传教育活动。

10月19日 由旗妇联、旗民族宗教局共同选送的锡尼河西苏木达西玛家庭赴呼和浩特市参加八省区第二届蒙古族传统家风家教大赛,他们自编自演的小品《传承马文化》赢得了评委和观众的好评,获得大赛三等奖。

10月21日 自治区妇联主席胡达古拉一行在市委副书记、政法委书记赵立华,市委常委、旗委书记高润喜,市妇联主席杜瑞霞,旗领导色音图、王文起、孟赛金的陪同下到鄂温克旗调研妇女儿童工作开展情况。胡达古拉一行深入巴彦托海镇赛克社区、旗政务服务中心、锡尼河西苏木巴彦胡硕嘎查和创业妇女乌仁的工作室,调研基层组织建设、巾帼文明示范岗创建、妇女之家作用发挥等方面的情况。

10月23~26日 应中华民族团结促进会的邀请和自治区、市、旗妇联的积极推荐,鄂温克民族文化中心负责人乌仁、吉祥伊兰民族文化有限责任公司经理孟丽分别代表鄂温克族、达斡尔族,赴澳门特别行政区参加第19届澳门国际贸易投资展览会,展示的民族手工艺制品受到专业人士、观众、国内外客商、本澳市民的一致欢迎。

11月22日 旗卫生局、旗总工会、旗妇联、旗计生局等妇儿工委成员单位在大雁镇联合启动全旗"妇幼健康服务年"之妇女健康体检活动。为做好体检工作,旗卫生局、旗计生局抽调妇科专业精兵强将并邀请内蒙古林业总医院检验专家参与;旗总工会、旗妇联负责确定体检对象,并通知到位、不漏一人。此次活动完成巴彦托海镇、大雁镇500名贫困妇女的体检工作，为每名妇女进行含生化检验、尿常规、血常规、传染病三项、TCT、妇科内诊、妇科彩超、乳房彩超等每人价值500元的检查。

11月26日 为充分发挥自治区妇女手工业协会会员的模范带动作用，弘扬传承鄂温克民族传统手工技艺，促进更多牧区妇女居家灵活就业，旗妇联组织旗域自治区妇女手工业协会会员、鄂温克民族文化中心负责人乌仁深入伊敏苏木文化站妇女手工艺传习所，为40名爱好手工艺制作的妇女进行履职暨手工艺传习培训。

2015年

1月4~9日 为了丰富广大少年儿童寒假生活，倡导家庭爱读书、多读书、读好书的亲子阅读习惯，旗妇联、巴镇赛克社区居委会、义工联联合在赛克社区儿童友好家园开展了2015年第一期家庭亲子阅读活动，促进了孩子们的知识积累，开阔了孩子们的视野。

1月20日 旗妇联联合旗司法局建立"婚姻家庭纠纷人民调解委员会"，主任由妇联领导担任，业务指导由司法机关领导担任，调解员从懂法律、有专长、为人公道正派、有热心、懂少数民族语言的妇代会主任中选聘。旨在通过司法机关的有效指导，进一步规范婚姻家庭纠纷调解工作、促进家庭和睦平安。

1月28日 旗妇联到大雁镇永安社区走访慰问了宫秀琴等单亲、贫困、留守老人的家庭，为他们送去了2 000元的慰问金和新春的祝福。

△ 由旗妇联、大雁镇妇联共同举办的"恒爱行动·爱心毛衣"捐赠仪式在大雁镇隆重举行。

"恒爱行动"由中国儿童少年基金会和恒源祥有限公司共同发起，在各级妇联的组织下，招募爱心父母为孤残儿童编织爱心毛衣。为了让全旗孤残儿童也能享受到"恒爱行动"所带来的温暖，旗妇联积极争取到爱心毛线90斤，在大雁镇妇联的支持和爱心妈妈们的辛勤努力下，仅用1个月时间，就编织完成了60多件爱心毛衣。仪式上,爱心妈妈为孩子们穿上亲手编织的饱含爱心的毛衣,希望他们努力学习,健康成长。

2月7日 呼伦贝尔市妇联主席刘玉兰带领市妇联班子成员深入自治旗开展春节前的慰问活动。先后深入巴彦托海镇和锡尼河西苏木,走访慰问了敖焕英、米吉德扎布等5户困难家庭。

2月15日 旗妇联举行"中国妇女发展基金会母亲创业循环金"项目发放仪式,为10名创业妇女发放扶持资金,主要用于更好地传承和发展民族传统文化,将民族手工艺打造成旗妇女发展的品牌。仪式由旗委副书记王文起主持,呼伦贝尔市妇联主席刘玉兰、发展部部长闫焱、旗妇联主席娜仁托雅出席仪式,旗索伦公证处的公证人员对发放仪式全程进行公证。

2月28日 旗妇联召开首届"最美家庭"评审会,推选出乌云索德、红霞"创业致富幸福家庭"、陈红、乌仁"发扬光大民族文化家庭"、米吉德扎布、吉日嘎拉"不离不弃相爱家庭"和高娃苏荣、单春艳"助人为乐最美家庭"等4户"最美家庭"。评审会上,与会人员进行了现场投票。经过计票,米吉德扎布、吉日嘎拉家庭荣获全旗"最美家庭"荣誉称号,其他三户家庭获得"最美家庭"提名奖。

3月4日 鄂温克旗隆重召开纪念"三八"国际劳动妇女节105周年表彰大会,旗委副书记王文起、旗人大副主任王广平、旗政协副主席卓日格苏荣出席表彰大会,会议由旗人民政府副旗长马会宁主持,各苏木乡镇和旗直机关分管妇女工作的领导、妇女组织负责人以及所有受表彰人员参加会议。会议表彰了珊丹等10名"三八红旗手"、李萍等10名"巾帼建功标兵"、丽杰等5名"双学双比女能手"以及旗委党校等5个"三八红旗集体"、旗第二中学等5个"巾帼文明岗"、吉日嘎拉等4户"最美家庭"。

△ 旗妇联举办"特根"女性大讲堂——阳光心态与自我提升专题讲座,由呼伦贝尔市委党校理论研究室主任、教授王丽娟以多媒体教学形式为广大妇女干部授课,旗政府副旗长马会宁、旗人大副主任王广平、旗政协副主席卓日格苏荣与各苏木乡镇和旗直机关的100余名妇女干部共同聆

听讲座。

3月中旬 旗妇联加大资金投入,在伊敏河镇学前学校启动"儿童友好家园"建设项目,旨在为幼儿提供动手操作的活动平台,包括绘画、手工制作、线绣编织等若干项目。

3月31日 市委常委、旗委书记高润喜与旗委常委、宣传部部长、统战部部长孟和托雅,旗委常委、组织部部长高振义,旗委常委、办公室主任孟赛金一同到旗妇联等四家群团部门调研,随后召开座谈会。旗妇联主席娜仁托雅从围绕全旗工作、围绕民生发展、围绕妇女儿童所需和着重打造品牌、着重项目建设、着重树妇联形象等方面作了汇报。

4月10日 为进一步提高育龄妇女的自我保健意识,旗妇联以"健康生活、幸福家庭"为主题,举办全旗育龄妇女健康知识讲座,来自旗直部门、单位和社区的40余名育龄妇女、准妈妈参加。讲座结束后,旗妇联还向在场人员免费赠阅了孕产、育儿方面的书籍。

4月23日 为纪念第20个世界读书日,营造全民阅读的良好氛围,旗妇联联合文明办、教育局、图书馆、关工委等几家单位举办"书香鄂温克"全旗少年儿童读书分享会,由全旗各小学校选派的10名选手以演讲的形式声情并茂地推荐了自己读过的好书,分享了自己阅读的感想和体会。

5月7日 旗妇联与旗卫生和计划生育局联合举办"消除婴幼儿贫血行动"爱心营养包发放启动仪式及培训会,各项目区苏木乡镇分管领导、妇联主席及嘎查社区妇代会主任、基层卫生院医务人员共80余人参加。旗妇联主席娜仁托雅就项目重要意义、总体目标、项目内容及项目执行标准等方面做了说明,旗卫计局副局长席伟东做了工作部署,旗妇幼保健所医务人员就婴幼儿科学喂养、婴幼儿缺铁性贫血的防治知识等进行了培训,旗妇联现场与各项目区苏木乡镇领导签订了承诺书。

该项目实施期限为一年半,计划为全旗共1 000名贫血婴幼儿送去爱心营养包9 000盒,总价值801 000元,本次会议为基层发放了首批3 000份爱心营养包,以帮助他们解决因营养及铁缺乏而导致的贫血问题。

大 事 记

5月12日 锡尼河西苏木牧民米吉德扎布、吉日嘎拉家庭被授予呼伦贝尔市"最美家庭"标兵荣誉称号,并应邀参加了"幸福呼伦贝尔"全市"最美家庭"颁奖典礼。

5月15日 旗妇联在图书馆三楼多功能室举办了由国家高级家庭教育指导师张洪伟主讲的专题讲座《如何给孩子幸福》。此次讲座也使家长们懂得只有用自己的良好习惯、优秀品质去影响孩子、教育孩子,才能让孩子在家长的言传身教中潜移默化地学会尊重,学会感激等优良品质。

5月28日 全国妇联副主席孟晓驷到该旗调研妇联基层组织建设工作情况。自治区妇联主席胡达古拉、市政府副市长郝桂娟、旗领导马会宁陪同调研。孟晓驷一行来到巴彦托海镇赛克社区,参观了一站式服务大厅,重点了解了妇女儿童维权站作用发挥情况。随后,她又来到社区妇女手工艺传习所,对妇联组织发挥职能,带动基层妇女走市场化发展道路的做法表示肯定。

6月5日 锡尼河西苏木举办评选"最美家庭"颁奖仪式暨文艺演出活动。呼伦贝尔市妇联副主席何霞、权益部部长郑玉、旗妇联主席娜仁托雅、副主席萨如拉及苏木党政领导出席此次活动并为获奖家庭颁奖。"最美家庭"以夫妻和睦、勤俭持家、尊老爱幼、邻里互助、科学教子、文明廉洁等6项评奖,苏木四个嘎查的朝勒门、苏优乐图等13个家庭获奖。

6月16日 鄂温克旗举行"母亲健康快车"项目发车仪式,"母亲健康快车"是由全国妇联和中国妇女发展基金会合作的大型公益项目,以流动医疗车为载体,致力于解决贫困地区妇女儿童病痛,与健康知识的普及。旗委常委、纪委书记车淑芳,旗政府妇儿工委主任、副旗长马会宁,旗政协副主席卓日格苏荣出席仪式,旗妇联、卫计局相关领导以及项目执行地区分管领导、卫生院负责人、妇联干部参加了仪式。

6月26日 北京凯隆亿盛纺织品有限公司"爱洒草原·捐资助学"仪式在鄂温克旗锡尼河西苏木隆重举行,公司总经理杜艳军、鄂温克旗委副书记王文起、呼伦贝尔市妇联副主席何霞以及鄂温克旗妇联、锡尼河西苏木政府的相关领导出席仪式。活动中,公司捐资5万元帮助该地锡尼河学校的72名学生和诺图格幼儿园的28名幼儿。

7月6日 自治区妇联副主席李雪梅一行3人来自治旗进行调研,重点了解鄂温克旗寻找"最美家庭"活动开展情况。呼伦贝尔市妇联主席刘玉兰、副主席何霞、鄂温克旗妇联主席娜仁托雅陪同调研。

7月15日 中国社会科学院农村发展研究所李国祥研究员、徐鲜梅博士来自治旗就现行农畜产品价格情况进行调研。专家组先后深入巴彦塔拉乡布拉尔畜牧业牧民专业合作社、伊兰嘎查伊兰牧民专业合作社、塔拉生态合作牧场和东苏木呼格吉拉畜牧业牧民专业合作社了解农畜产品价格,并就近两年牛羊出栏价格和牛奶售价日渐走低原因与牧民深入探讨。

8月4日 召开《妇女儿童发展规划(2011~2020年)》中期评估动员部署会。妇儿工委29个成员单位的委员、联络员参加会议。会上对全旗实施妇女儿童发展规划情况进行了全面总结,并安排部署了两个规划中期评估筹备工作。

8月7日 全国妇联发展部部长崔卫燕一行到鄂温克旗调研,呼伦贝尔市妇联副主席何霞、鄂温克旗政府副旗长马会宁、妇联主席娜仁托雅陪同调研。调研组先后深入旗级妇女手工艺传习所——太阳姑娘手工艺店、全国巾帼现代农业科技示范基地——巴彦塔拉乡伊兰嘎查伊兰牧民专业合作社,详细了解了鄂温克族皮毛手工艺品太阳姑娘的制作、销售流程,传习所传习培训和扶持妇女就业以及合作社无公害蔬菜的生产、经营、管理、培训带动妇女情况,对于旗妇女工作取得的成效给予了充分肯定。

8月14日 旗妇联在巴彦托海镇塞克社区儿童友好家园举办家庭教育"教子有方"情景剧表演,共有12组家庭参加,评选出一等奖1名、二等奖2名、三等奖3名。

8月19日 旗总工会、旗妇联、团旗委联合举办"浪漫七夕·相约鄂温克"职工联谊会。本次活动得到了广大青年男女的喜爱,展现了青年男女的朝气与活力,搭建了联系和沟通的平台。

8月26日 旗妇联与旗公安局禁毒办来到鄂温克旗第三中学联合开展了针对青少年的预防毒品和艾滋病宣传教育活动。

9月10日 旗妇联领导与巴彦塔拉乡分管领导一同,为该乡获得呼伦贝尔市"美丽庭院"示范户单春艳、布仁掛、包凤兰、涂淑英等家庭进行了授牌、挂牌活动。

9月13日 鄂温克旗5个苏木的妇联主席和嘎查妇代会主任共21名基层妇联干部赴呼和浩特市参加全区基层妇女干部蒙语授课培训班。

10月13日 旗妇联组织全旗44个嘎查组建以妇女为中坚力量的妇女工作队,结合妇联系统正在开展的"十全美丽庭院"行动,动员广大妇女和家庭参与到以"绿化、美化、净化"为内容的创建活动中来。

10月19日 内蒙古妇女第十一次代表大会在首府呼和浩特市隆重召开。鄂温克旗妇联主席娜仁托雅、鄂温克中学副校长莎莉、锡尼河西苏木妇联主席达西玛,满载全旗各族各界妇女的期望和重托参加了盛会。

10月21日 旗妇联选派创业妇女乌仁赴义乌参加由全国妇联主办的中国妇女手工制品博览会,向大众展示了少数民族妇女自主创业创新的成果。凭借浓厚的民族文化内涵、精美的外观、精细的做工,她设计制作的太阳花饰品最终在展会上获得中国妇女手工制品博览会"妇女儿童喜爱产品奖"。

11月19日 旗妇联主席娜仁托雅、挂职主席助理王春玲、人民陪审员牡其热同志到呼伦贝尔市中级人民法院参加因遭受家庭暴力而杀害自己丈夫的李某的庭审案件,结合案件实际向中级人民法院提出四点意见,建议法院从轻审判。

12月4日 旗妇联主席娜仁托雅为巴彦塔拉乡伊兰牧民专业合作社送去了全国巾帼现代农业科技示范基地扶持金5万元,并希望合作社能够合理规划,用好基地扶持资金,旗妇联也将加强对示范基地的跟踪与监管,继续鼓励扶持更多的妇女就业创业。

12月7日 旗妇联聘请呼伦贝尔市温馨婚纱摄影中心形象师为该旗

锡尼河东苏木40余名牧民妇女举办了化妆培训班,鼓励大家塑造现代牧区妇女新形象。

2016 年

1月6日 锡尼河西苏木达西玛家庭参加八省区第三届蒙古族传统家风家教大赛,表演小品《陶恩图祭祀礼仪》,荣获大赛三等奖及优秀组织奖。

1月12日 旗妇联主席娜仁托雅来到巴彦托海镇艾里社区看望慰问了因患动脉血栓而双腿截肢的贫困母亲陈某、贫困患病妇女李某,为其送去1 000元慰问金。

1月19日 旗妇联举办婚姻家庭纠纷调解委员会三级网络联动培训暨模拟调解课堂,针对妇女儿童维权过程中常见的热点问题进行现场模拟调解,由法官和律师现场点评,并邀请市委党校法学教授讲解《人民调解法》以及调解过程中所需的方法与技巧,提高基层维权工作的专业性。全旗10个乡镇苏木、44个嘎查、18个社区的妇联主席及妇代会主任共74名妇女干部参加活动。

1月20日 呼伦贝尔市妇联主席刘玉兰、副主席何霞、魏秋影在旗妇联主席娜仁托雅的陪同下,到该旗开展慰问活动。慰问组一行看望了荣获全国妇联"三八红旗手"、全国共青团青年劳动模范荣誉称号的东苏木孟根托雅嘎查牧民斯普乐玛老人和被评为内蒙古自治区"五好文明家庭"、呼伦贝尔市"最美家庭标兵"称号的西苏木巴彦胡硕嘎查牧民米吉德扎布、吉日嘎拉家庭,并分别为这两户家庭送去了2 000元的慰问金。

1月21日 旗委副书记王文起主持召开党委群团部门主要负责人座谈会,旗关工委、总工会、旗妇联、团旗委、残联等群团部门参加会议。旗妇联主席娜仁托雅围绕2015年妇联开展的重点工作、特色工作、品牌工作和2016年妇联工作思路进行了汇报。

1月25~26日 旗妇联分别在巴彦托海镇、大雁镇举行"贫困母亲两癌救助"资金发放仪式,妇联干部、受助妇女和家属共同参加仪式。"贫困母亲两癌救助"是由全国妇联和国家卫生计生委共同实施的关系妇女健康、家庭幸福、社会和谐的公益项目,这是自治旗首次获得该项目,共为8名患乳腺癌、宫颈癌的妇女争取到由"中央彩票公益金——中国福利彩票和中国体育彩票"支持的每人1万元的救助资金。

2月3日 旗妇联主席娜仁托雅一行走进巴彦托海镇部分贫困家庭,为符合条件的0~36个月龄的5名婴幼儿各发放了1箱6罐奶粉,总价值10 800元。免费发放"旗帜"奶粉是中国儿童少年基金会与旗帜婴儿乳品股份有限公司联合推出的公益项目,这是自治旗首次获得该项目。

2月25日 在《反家庭暴力法》即将施行之时,旗妇联为了方便广大牧区牧民妇女们更早、更好地学习和理解《反家庭暴力法》的内容,特此将其翻译成蒙文版,通过旗妇联官方微信平台开展宣传活动。

3月3~9日 旗妇联联合旗电视台为秉公执法的80后的女法官慧慧、旗司法局法律援助中心负责人、全区优秀巾帼志愿者金英、呼伦贝尔市手工业协会会长杜红艳等3位优秀创业女性和妇女儿童维权志愿者代表拍摄系列报道,在全旗范围内宣传她们的先进事迹。

3月4日 旗妇联权益部的工作人员做客旗电台,通过草原人民最熟悉的"草原之声"栏目进行新出台的《反家庭暴力法》的蒙语宣讲。

△ 呼伦贝尔妇女首届"赛罕杯"手工制品展示大赛颁奖典礼在龙凤新天地购物广场隆重举行。旗妇联选送的太阳花挂件荣获大赛特等奖、达斡尔族传统贴布绣女装荣获金奖、现代手工毡艺吉祥骆驼获银奖、布里亚特蒙古族女式婚礼服获铜奖、索伦鄂温克部落传统生产生活用具和布里亚特蒙古族传统手工银饰获优秀奖,旗妇联获组织奖。

4月1日 鄂温克旗"智慧女性——书香鄂温克"网上赛诗活动正式拉开帷幕。

4月18日 旗妇联协调锡尼河西苏木派出所,依照3月1日正式实施的《中华人民共和国反家庭暴力法》相关规定,向有家庭暴力行为的韩某发出全旗首张《家庭暴力行为告诫书》,并对当事人进行了严肃的批评教育。

4月22日 旗妇联在锡尼河学校举行"我爱我家、书香飘草原—亲子阅读活动"启动仪式,全校师生和50余名家长参加仪式,旗妇联向锡尼河学校捐赠了500余元的蒙文图书。

5月6日 呼伦贝尔市2016年"最美家庭"揭晓暨好家风好家训巡讲会在鄂温克旗影剧院隆重举行,呼伦贝尔市妇联主席刘玉兰,鄂温克旗委常委、组织部部长浩特勒,旗人大副主任田华,旗政府副旗长马会宁,旗政协副主席卓日格苏荣出席活动。该旗8户家庭获市级"最美家庭"荣誉称号,1户家庭获"最美家庭标兵"称号。

5月9~11日 为积极响应自治区妇联"草原巾帼脱贫行动"号召,带动、辐射更多的妇女创业就业,旗妇联在巴彦托海镇赛克社区举办妇女民族手工毡艺技术培训班,来自各苏木乡镇的40余名女大学生、贫困返乡妇女、手工艺爱好者参加培训。

5月15日 中国妇女发展基金会专家徐鲜梅博士、内蒙古自治区妇联调研员朱莉、呼伦贝尔市妇联主席刘玉兰等一行到鄂温克旗就项目实施情况进行考察。旗委副书记王文起、旗妇联主席娜仁托雅陪同考察。在上级妇联及旗委、旗政府的大力支持下,2015年2月~2016年1月旗妇联第六次成功实施了中国妇女发展基金会母亲创业循环金项目。

5月22日 鄂温克旗"亲子情"家庭徒步暨户外拓展训练活动在巴彦塔拉达斡尔民族乡近郊草原举行,来自鄂温克旗、海拉尔区、陈巴尔虎旗的23个家庭参与活动。

5月27日 旗委宣传部、旗关心下一代工作委员会、旗教育局、旗司法局、旗妇联、团旗委、旗委推进依法治旗领导小组普法工作专项组联合主办的全旗青少年法治故事演讲比赛在旗影剧院隆重举行。来自全旗各中小学校的36位小选手结合自身生活、学习经历和感悟,用丰富的内容、生动的事例,讲述了身边的法治故事。

6月8~10日 旗妇联"百场免费脱贫培训进基层"主题活动在东苏

木维特很嘎查举行启动仪式,共有30余名妇女参加。本次技能培训由旗妇联邀请旗妇女创业典型杜红艳走进嘎查为牧民妇女教授毡艺手工艺品制作。通过实践操作、经验分享、技能传授相结合的方式进行讲解,充分调动了牧民妇女的学习热情。

6月24日 由呼伦贝尔市妇联主办、阿荣旗妇联承办的全市妇联系统"巾帼心向党""两学一做"学习教育知识竞赛在阿荣旗举行,旗妇联选派3名基层妇代会主任参加竞赛,并荣获三等奖。

6月30日 旗妇联主席娜仁托雅带领机关党员干部深入旗福寿安养院进行走访慰问,并为那里的老人送去了牛奶、鸡蛋等营养品。

7月8日 旗妇联组织召开全旗妇联系统"十个全覆盖"与我家变化恳谈会,动员广大妇联干部和妇女同志为"十个全覆盖"工程添油加力。

7月 旗妇联拿出专门经费,为全旗44个嘎查和3个牧区社区制作了共235面印有"其布日艾里"字样的流动红旗,要求各基层妇代会组建"其布日艾里"检查队,定期对每家每户进行室内外卫生检查,并进行打分评比,形成"流动红旗到我家"、人人争模范、户户争优秀的浓厚创建氛围,让家家成为"其布日艾里"。

8月8日 旗卫生和计划生育局、旗总工会和旗妇联联合举办"竞技练兵、展我风采"全旗基层卫生岗位练兵和技能竞赛活动。经过初试笔试和决赛团体竞赛两个环节的比拼,大雁镇卫生院代表队获得了本次竞赛的团体一等奖。

8月22日 中国国际广播电台《中国人权纪实》报道组一行三人到自治旗开展采访活动。在旗妇联相关人员的陪同下,报道组首先采访了旗妇女儿童移动维权站,了解了移动维权站设立的初衷和成立以来多次深入边远牧区宣讲法律知识、预防和制止家庭暴力、积极开展矛盾纠纷排查化解工作的相关情况。之后,又采访了创业妇女斯日格玛、乌仁、孟丽,了解了少数民族妇女在传承和发展本民族文化、推动民族手工艺事业市场化运行等方面取得的成就,以及旗妇联在促进妇女创业就业方面采取的帮扶措施。

8月27日 旗妇联分别向旗公安局和旗人民法院发送《关于规范推进反家庭暴力告诫书制度的函》和《关于规范推进反家庭暴力人身安全保护令制度的函》,希望旗公安局和旗人民法院在受理涉及婚姻家庭纠纷诉讼案件中认真研判家庭暴力情节轻重事实及受暴方申请人身安全保护令事实,更好地保护受害人利益。

9月24日 旗妇联举行"中国妇女发展基金会——天创时尚基金母亲创业循环金"项目发放仪式,为31名创业妇女发放扶持资金,呼伦贝尔市妇联主席刘玉兰、旗委副书记李志东出席仪式。此次实施母亲创业循环金项目是旗妇联第七次申请到该项目,共获得广州天创时尚鞋业股份有限公司提供的资金100万元,全部用于支持妇女发展民族手工、加工业,增加家庭收入,推进精准扶贫工作。

9月25日 自治区妇联权益部副部长魏云玲一行,就自治旗基层妇女维权工作和禁毒宣传工作开展情况,到巴彦托海镇艾里社区进行督导调研,市妇联副主席何霞陪同调研。

9月26日 全国妇联——美国LDS慈善协会轮椅项目发放仪式在该旗巴彦托海镇艾里社区隆重举行。美国LDS慈善协会代表皮特森夫妇,全国妇联国际部美大处副处长顾宇,自治区妇联权益部副部长魏云玲,市委副书记、政法委书记姜宏,旗领导赵玉林、那晓光、李志东出席仪式。仪式由呼伦贝尔市妇联主席刘玉兰主持,该旗受捐赠人及家属代表、妇联干部、社区干部、义工共70余人参加仪式。全旗共获得50辆轮椅和50个助行器。

10月19日 鄂温克旗妇女第九次代表大会在巴彦托海镇召开,会期一天,呼伦贝尔市妇联主席刘玉兰,旗领导那晓光、齐全、李志东、敏杰、浩特勒、黎明、马会宁、索优乐玛出席大会开幕式。大会应到代表103人,实到代表101人,选举乌仁、扎拉玛、王鑫云、达西玛、阿南、李玲、苏亚智、吴春萍、金慧丽、娜米拉、娜仁托雅、哈森高娃、莎丽、敖亮亮、萨仁、萨娜、萨如拉、慧慧、德洪英等19人为旗妇联第九届执委。在第九届执委会第一次会议上，选举产生旗妇联执委会常委会，娜仁托雅（蒙古族）当选为旗妇联主席，萨仁（鄂温克族）、萨如拉（蒙古族）当选为旗妇联副主席，慧慧（达斡尔族）、哈森高娃（蒙古族）、莎丽（鄂温克族）当选为旗妇联兼职副主席。

10月21日 经旗妇联大力协调，内蒙古何文公益基金会向全旗50名品学兼优的贫困生提供每人1 000元、共计50 000元的资助。内蒙古何文公益基金会名誉会长孙震，满洲里富豪集团董事长、内蒙古何文公益基金会理事长何文，呼伦贝尔市政协副主席、工商业联合会会长李启华，旗领导赵玉林、那晓光、涂宏文、李志东出席捐赠仪式，受赠学校领导、部分教师、受助学生代表、学生家长、旗妇联工作人员60余人参加仪式。

△ 大雁镇永安社区召开妇女第一次代表大会，成立新一届社区妇女联合会，由此拉开全旗嘎查、社区妇代会改建妇联工作。永安社区32名妇女代表参加会议，在认真听取社区妇代会主任所作工作报告后，经过认真酝酿，选举产生该社区新一届妇联执委委员7名。

10月24日 旗妇联召开新当选兼职副主席见面会暨重点工作推进会。会上，对领导班子分工进行了调整，在原有分工的基础上，兼职副主席哈森高娃负责巾帼志愿服务、义工联和统战联谊工作，莎丽负责妇女儿童教育工作，慧慧负责妇女儿童权益维护工作。

11月3日 巴彦托海镇巴彦托海嘎查召开妇女第一次代表大会，推行妇代会改建妇联工作，正式成立妇女联合会。

11月25日 旗妇联与旗人大法制委、政府法制办联合举办全旗法规政策性别平等评估培训暨座谈会。旗法规政策性别平等评估委员会专家组成员、旗政府妇儿工委部分成员单位、基层立法联系员、基层妇联主席共计40人参加培训和座谈。旗委党校教师孟涛作题为《促进性别平等，建设和谐社会》的专题培训。

11月29日 旗妇联在巴彦托海镇赛克社区举办"健康生活·幸福家庭"系列讲座之丽人课堂，主要讲解了日常化妆知识和化妆技巧，来自巴镇各嘎查社区的妇女群众以及部分旗直单位女职工共计50余人参加培训。

12月25日 由旗妇联主办、特伦家庭教育指导中心承办的"传承良好家风家训庆圣诞迎元旦"亲子活动在巴彦托海镇赛克社区儿童友好家园举行,33个家庭共计75名家长与孩子参加本次亲子活动。

◆鄂温克族自治旗妇女联合会志◆

附 录

◇一、鄂温克旗妇代会工作报告
◇二、鄂温克旗妇联规章制度
◇三、鄂温克旗儿童发展规划(2011~2020年)
◇四、鄂温克旗妇女发展规划(2011~2020年)

附　录

一、鄂温克旗妇代会工作报告

工作总结和今后任务

——在鄂温克旗第三次妇女代表大会上的工作报告

额尔登挂

（1965年6月25日）

各位代表、各位同志们：

现在我代表鄂温克族自治旗妇联向自治旗第三次妇女代表大会作工作总结和今后工作任务的报告，请大会审议。

（一）三年来鄂温克族自治旗妇女工作的基本总结

各位代表：

自从鄂温克族自治旗第二次妇女代表大会以来，已有三年多的时间，在这时期我旗各族妇女同全国和全区人民一起，在党中央和毛主席的英明领导下，在内蒙古各级党委以及妇联的直接领导下，我旗的各族妇女高举总路线、大跃进、人民公社三面红旗，认真地坚持执行奋发图强、自力更生、艰苦奋斗、勤俭建国、勤俭持家的方针。积极地参加阶级斗争、生产斗争、科学实验三大革命运动，在社会主义革命和社会主义建设事业上做出了重要的贡献。

尤其是在学解放军、学大庆、学大寨为中心的比学赶帮运动中涌现出大批模范妇女和积极分子、妇女骨干等人物。受奖的全国、内蒙古、盟、旗级的模范妇女16名，据5个公社的统计，涌现出80名五好妇女。对培养提拔妇女干部方面各级党委非常重视和关怀，目前全旗妇女党员占党员总数的13.1%，妇女团员占团员总数的40.1%，科长以上女干部9名，在各政权机关和企业部门的妇女工作人员300多名，普选运动成为妇女参政的推动力量，许多优秀妇女被选为各级人大代表、政府委员。全旗妇女代表占人大代表总数的29%，基层人大代表中，妇女代表占总数的22%。两名人大代表当选为旗人民委员会委员，她们都在积极响应党的号召，在各项工作中起到带头作用，受到群众的爱戴和信任。

关于整顿健全基层妇代会方面：在过去几年里虽然进行整建了基层妇女组织，但是不够彻底，1963年我旗妇联根据全国妇联会议的精神，在伊敏公社红花尔基生产队搞试点重新整顿健全基层妇代会，在这里取得经验，有计划、有步骤、分期分批的整顿健全了37名以贫苦牧民和不富裕牧民妇女为核心的基层妇女组织，占基层妇女组织的84.1%。这些妇代会基本上贯彻了阶级路线和群众路线，建立了各项制度，发挥了集体领导作用，在妇女群众中建立了一定的威信，再加上领导重视，妇代会的领导核心积极主动，妇女工作比以前活跃多了，绝大部分的妇女干部安心妇女工作，积极肯干，任劳任怨，把妇女工作推进了新的阶段。

在37个妇代会中比较好的占基层妇代会总数的11.1%。代表中，贫苦牧民和不富裕牧民占优势地位。领导骨干坚决依靠党组织，发挥集体领导作用，以身作则，处处起模范作用，事事带头而且能团结全体劳动妇女，能关心妇女群众的疾苦和帮助解决困难问题，因而深受妇女群众的拥护，从而调动了广大妇女的生产积极性。总之，整健妇女组织后，妇女群众的思想觉悟逐步提高，同全国人民一道，积极响应党的号召，努力克服困难，增加生产勤俭持家，在牧业生产上起到了决定性的作用。在我旗，阶级斗争是尖锐和复杂的，民族分裂分子和四类分子从1961年就抬头进行分裂活动,利用各种方式方法破坏祖国统一,破坏社会主义制度,企图妄想复辟资本主义制度。在这种尖锐的阶级斗争里,我旗广大妇女,特别是贫苦牧民和不富裕牧民群众坚决拥护共产党和毛主席,拥护社会主义,对国际国内的形势的认识基本上正确。但是对牧区的不分、不斗、不划阶级政策认识模糊,认为公社化后都一样了,没有富与贫之分,有的还不懂得什么叫现代修正主义、民族分裂分子。

因此,思想上和平麻痹,看不透敌我之界限。

在伟大的社会主义教育运动中,根据牧区妇女的特点,以生产为中心,通过各种大小会反复地进行宣讲,深入讨论基本上达到了家喻户晓、人人皆知的要求。据不精确的统计,收听宣讲的达到全体妇女的95%以上。

通过学习以阶级斗争为纲,以两条道路为纲的社会主义教育后,妇女群众和干部的阶级觉悟普遍的得到了提高。积极揭发检举了还不甘心死亡,企图复辟旧社会的阶级敌人和民族分裂分子的各种破坏言论。

目前,广大妇女干部和群众基本上能划清同阶级敌人、同现代修正主义与民族分裂分子的界限。他们迫切要求政治上、经济上、组织上、思想上反掉资本主义,坚决走社会主义道路,树立了同阶级敌人坚决做斗争的革命意志。

特别是学习贯彻党中央二十三条以及学习毛主席著作"愚公移山"、"为人民服务"、"反对自由主义"等文章后,更加调动了广大妇女群众和干部的革命积极性,妇女群众的社会主义、爱国主义、集体主义思想觉悟大有提高。贫苦牧民妇女和不富裕牧民妇女已树立了爱社如家,当家做主的主人翁思想。因此,参加集体生产劳动的积极性空前高涨,出勤率比往年显著提高。自治旗各族妇女以主人翁的态度,抱着战胜一切困难的信心,以艰苦奋斗的精神,参加各项生产建设,成为发展畜牧业生产的一支主力军。

在三大革命运动中,接受科学道理,改进和提高牧业生产技术,大部分妇女在牲畜保膘、抗灾保畜、定期配种改良,收集畜产品、放牧、走敖特尔、防治疫病、饲养老弱牲畜等各项牧业生产斗争中都表现出了出色的成绩。

她们除了积极参加生产以外,参加各种副业生产劳动。全旗牧区妇女群众每年交售给国家的牛奶达到317万公斤,除了支援国家以外,每年大批制作各种奶食品、熟皮、剪毛、抓绒、抹房、割苇子等。1963年,我旗各种牲畜286 634头,到1964年增加为318 296头。在这个基础上1965年各种牲畜努力达到350 135头,总增达25%,纯增达10%。

几年来,各族妇女克服一切困难,以冲天的干劲,在冬春艰苦的季节为牲畜安全渡过,和自然灾害进行艰苦的斗争,在接羔保育、牲畜配种、剪毛绒、搭棚盖圈、打草、防疫、夏季挤乳等生产上成为不可缺少的主要力量,参加生产的人数日益增多,逐步实现着家务、劳动社会化,执行按劳取酬的原则,整劳力和半劳力的妇女,在三年当中,逐年的增加参加畜牧业生产的出勤率,有劳动力的妇女不但100%的参加劳动,而且已丧失劳动力的60～70岁老人也自愿地积极参加放牧、接羔、饲养瘦弱牲畜的工作。

妇女从过去参加季节性的生产成为全年生产,从辅助劳力成为主要劳力,从简易劳动做复杂的劳动,部分妇女掌握了几种技术,对国家的建设事业起了一定的作用。具体来说:

1. 几年来,妇女不顾严寒的冬季,走敖特尔参加放牧和做饭等工作。1963年冬季敖特尔共有97个畜群,牲畜总数82 202头,包这些牲畜的女劳力共115名;到1964年冬季走远处敖特尔的牲畜有130 731头,参加的妇女142名,比1963年提高了23.5%。在1963年走近处敖特尔的牲畜185 970头,参加的妇女164名;1964年走近处敖特尔的牲畜197 093头,参加的妇女劳力178名,比1963年提高了8.5%。参加远近处敖特尔的所有妇女都是身体健康、年轻、没有婴儿的妇女,因此和男劳力同样,在抗灾保畜的艰苦斗争中,鼓足干劲,刻苦努力,几年来在繁殖成活各种牲畜上起了很大的作用。1964年走冬季敖特尔的锡尼河公社108名妇女,包干46 109头牲畜,保畜率同冬营饲养的一样达到98%。

2. 每年过冬过春,瘦弱大小牲畜的饲养管理都由妇女进行包干,全旗饲养点饲养的30 022头瘦弱牲畜,由1 047名妇女负责包干,放牧整天和半天,勤喂草饲料安全渡过冬春。伊敏公社毕力图生产队1963年冬饲养牲畜工作上共47名女劳力中参加的才30名,但是在1964年冬共有25名妇女包干负责集体的畜群,积极地做了饲养管理。比起过去几年妇女参加生产的出勤率增加一倍多,都能独立负责的参加了饲养管理。该公社的红花尔基生产队基层妇代会主任色斯日玛带头,生产繁忙时组织妇女开展几次突击运动,不顾严寒的冬季,步行走10多里路,打3 700多捆,解决了该队今冬全牲畜卧盘的大部分问题。孟根楚鲁公社的20名妇女到12个小畜饲养地接了600多只羔,成活率达到99%。

3. 全旗每年春季接羔工作上不分男女老少鼓足干劲,克服一切困难,艰苦奋斗,连续几年取得了大丰收。特别是今春参加接羔工作的有648名妇女,比1963年提高了集体生产的出勤率。锡尼河公社妇女成为今春接羔工作主要力量,参加151名妇女,占总劳力的50%多,成活率达到98.78%,成为全旗先进公社,在这个工作上该社的贫苦年老牧民仁钦·多勒古尔说:生产队的社员不接谁来接羔呢。包了一群改良羊,白天黑夜细心喂奶饲养,仔畜成活率达到99%。该社巴彦胡硕生产队妇女代表会负责包了1 100头,两个羊群成活率达到98%。尤其是南吉勒玛负责的400多只羊群,成活率达到99%以上,辉公社45名妇女劳力负责包干11个畜群,成活率达到98.95%,其中3个大畜畜群、1个小畜畜群成活率达到100%。希贵图生产队妇女主任满达拉不但带动和组织妇女参加接羔工作,还组织妇女号3个畜群(两个小畜群一个大畜群,两个大畜群的仔畜成活率达到101%,一个小畜畜群241只母羊,产羔母羊224只,接羔228只,接104%)。

4. 大畜配种工作方面:几年来,配种小组主要以挤乳小组为单位,开展全配,全受胎改良配种运动,1964年采取专包畜群和专有记录员,专有圈舍,专配的种公畜的方法,全旗范围内参加的男劳力63名,女劳力917名,受胎率达到80%。

5. 几年来执行"防疫为主,治疗为辅"的方针,妇女群众结合新法和土法,每年积极参加各种预防注射和洗疥藓病等工作上成为不可缺少的主要力量。

6. 打草工作是发展畜牧业生产的重要物资基础。连续几年的打草工作上不分男女老少机器打和手打相结合,超额完成了打草任务,在这项工作上全旗每年无病、无婴儿的年轻妇女积极参加打草、搂草和手打、做饭等,起了一定的作用。伊敏公社30多名女社员挤乳的空闲时间用马拉打草机外还有13名用手打了2 450普特。

7. 各族广大妇女,在挤乳工作上鼓足干劲,不顾一切困难,起早贪黑的挤乳,一个人最多30多头,最少的8~9头,不但增加社队收入而且大大支援了国家建设,逐年提高了生活水平。1964年,我旗不完全统计,903名妇女挤8 523头乳牛,从6月至9月向国家出售3170.556吨牛乳,总收入达7 511 668元。

8. 爱国卫生和福利工作方面:几年来,不断深入地进行宣传教育的同时,紧密结合做了妇女的劳逸问题。我们过去对妇女的劳逸注意的不够,安排工作时没有根据生理的特点,产生过怀孕或有婴儿的妇女走敖特尔的现象,现在基本上改变了这种情况,在安排工作时,根据妇女的身体是否健康和年轻有劳动能力来安排。特别是怀孕,有吃乳孩子的妇女不走敖特尔,打草和其他繁重的劳动,从而更加提高了妇女参加工作的出勤率,鼓起了干劲,自觉自愿地参加了集体的生产。妇幼保健工作,几年来做的也很好,预防妇女和小孩疾病的同时每个队配备了一、二名接生员,充分发挥她们的作用,产妇的95%以上做到新法接生。在1963年全旗有47名接生员,今年增加到77名。旗和辉公社建立了妇幼保健站,技术方面基层生产队不能解决的,由旗里解决。

普遍的贯彻执行妇女劳动保护工作,基本上保证了干部和职工的产假和四期保护工作,即三调三不调的劳动保护。

几年来全旗大力开展了爱国卫生工作,取得了很大的成绩。

旗、社、队、组内开展红旗竞赛,经常地进行卫生检查后,过去较次的辉公社乌兰宝力格生产队已成为旗的先进单位,得了奖。

9. 在宣传教育"双勤"方针方面:向各族妇女群众进行形势教育的同时,继续贯彻执行"勤俭建国、勤俭持家"方针的教育。全旗约有95%以上的妇女群众受到双勤教育,基本上能正确处理和安排家庭生活,并能以"双勤"方针克服由旧社会遗留下来的各种资产阶级、封建主义的各种制度和残余思想,绝大数的妇女都认识到勤俭建国、勤俭持家是建设社会主义的保证。因此,她们绝大多数人爱社如家,处处增产节约,热爱集体和国家利益,与那些强调个人、铺张浪费的现象做坚决的斗争。但是部分妇女对个人利益和集体利益、长远利益和眼前利益一致性认识不足,个别的片面强调个人利益和眼前利益,只顾个人生产收入,不问政治,生产上求数不求质。贪多图快巧取工分等情况,这种表现在挤奶和饲养管理问题上比较突出。有些妇女挤奶时挑选奶量多,油质强的乳牛,挤奶时因为争工分只顾数量不顾牛犊的生长和乳牛的膘度,这对牧业生产有着较严重的影响。

有些年轻妇女贪图享受,生活浪费,特别是婚姻问题存在单纯从金钱出发,办婚礼铺张浪费情况更为严重,大吃大喝,准备5至60斤酒、百元以上的礼品(如哈达等),严重的浪费物力和财力,影响大批劳力参加生产。

几年来宣传贯彻婚姻法工作方面是有成绩的,基本实现了男女平等,婚姻自由。但是婚姻家庭关系上还不同程度存在新旧思想斗争,个别妇女群众中比较突出,还变相包办买卖婚姻以及婚姻关系诈骗财物,虐待妇女,不经过法律手续早婚等现象。

这是不利于社会主义建设的,必须引起注意,克服制止。

总的检查起来,我们的工作中还存在许多亟待解决的问题和改进的问题。

首先是旗妇联的领导上存在官僚主义和事务主义,固步自封、骄傲自满等现象。

对党和上级妇联的指示深入研究,贯彻执行的不够,对掌握了解各公社妇女的思想情况和热点不足,学习党的方针政策,特别是学习毛主席著作未能坚持长久,对实现思想革命化做的很差。

在工作方面表现缺乏预见性、计划性,不紧张、不艰苦,工作作风一般化。深入重点树立典型,总结经验,全面推广,及时指导基层组织的工作不够,学先进、找差距、提出措施、改进工作,对全面工作的具体领导差。

今后我们有决心努力学习毛泽东思想,提高马列主义的理论水平和政策水平,进一步树立为广大妇女群众服务的思想,克服固步自封、骄傲自满、官僚主义工作作风。继续发扬成绩,改进工作、克服缺点,深入基层,亲自蹲点,调查研究,树立革命雄心,苦练硬本领,实现领导思想和工作作风的革命化。

(二)1965年妇女工作任务的意见

1965年的基本任务是以阶级斗争为纲,以社会主义和资本主义两条道路斗争为纲,继续深入开展社会主义教育运动,组织以牧业为中心的生产高潮,并全面地安排和做好各项工作,争取牧业生产更大丰收。妇女工作根本任务是:从各方面调动与组织各个战线的妇女,更好地完成党的中心任务。所以,1965年妇女工作同样是以阶级斗争为纲,以社会主义和资本主义两条道路斗争为纲,大力组织与教育妇女参加社会主义革命和建设高潮,为夺取今年牧业生产大丰收,充分发挥妇联组织作用。在我们的今后工作中继续贯彻执行勤俭建国、勤俭持家的方针。

为实现上述任务,集中力量重点做好三项工作:

1. 思想建设。思想建设的根本任务,就是用毛泽东思想武装头脑,认真读毛主席的书,听毛主席的话,照毛主席的指示办事。因此,必须掀起一个广泛深入学习毛主席著作的高潮。明确为革命而学的目的,要用四不倒(文化低难不倒、困难多压不倒、工作多挤不倒、孩子多拖不倒)的精神坚持学习,活学活用,不断兴无灭资,培养树立标兵。

2. 组织建设。妇联基层组织,在1963年集中力量普遍进行了整建,有所巩固,有所提高。但是有些组织涣散无力,不起作用,没建立起经常工作秩序,组织作用跟不上当前形势任务的需要。基层组织建设工作仍然是当前妇女工作中的薄弱一环。所以,必须明确加强基层组织工作的革命意义,把基层的组织整建和巩固提高工作切切实实地抓起来。

组织建设工作做到五个落实:

1. 情况落实。今年旗和公社妇联至少一个公社和生产队全面摸底,解剖麻雀,有条件的地区尽量多摸一些,做到情况明、心中有数。争做第一类好的妇代会条件是:领导班子强,主要领导或多数领导成员是好的,确立贫苦牧民和不富裕牧民阶级优势;组织健全,多数代表能起带上带下带头作用;坚持经常工作,执行制度,发挥组织作用好。

2. "尖子"落实。把真正的"尖子"妇代会情况吃透,经验抓好,以点带面,全面推动。旗和公社层层都要培养树立一个"尖子"妇代会,使其举得高,扎得深,从中总结加强基层组织工作的经验。

3. 五好落实。创建"五好"妇代会,定期评比,每季度评比一次,通过评比交流经验,发现培养积极分子、新生力量。在评比中要依靠贫苦牧民和不富裕牧民妇女,防止形式主义,防止虚夸。

五好妇代会的条件:政治思想工作做得好;依靠群众完成任务好;关心解决妇儿福利好;物色培养新生力量好;团结互助民主作风好。开展五好活动要和五好社员的评比结合起来,与一帮一、一带一、一对红结合起来。五好妇代会活动逐步变成广大妇女干部和群众自觉行动。不断巩固提高五好妇代会,缩小落后面。

4. "条例"落实。妇联干部和包括基层干部在内,要经常地反复地学习基层妇代会的工作条例,边做边学。对上级妇联的指示、意见要及时研究执行,不断提高业务工作能力。向妇女群众宣传"条例"使她们懂得基层妇代会的性质、任务和代表职责,按照条例办事。

5. 领导落实。着重加强对公社妇联的领导。公社妇联干部力量的强弱,工作深入与否,直接关系到基层妇代会工作开展的好坏。

(三)在生产高潮中大抓妇女特殊问题

发展和组织牧民群众积极参加和支援牧业生产,把解决妇女特殊问题抓好。

要加强妇女劳力安排和劳动保护工作。要求妇女劳动力在大忙季节出勤率达到95%以上。

注意劳动保护,继续认真推行三调三不调的经验,特别是必须注意做好产期保护,贯彻执行同工同酬的政策。

在重点抓好以上三项工作的同时,与有关部门密切配合进一步加强以下工作:

1. 办好半工半读学校。妇联应采取各种措施,帮助解决具体困难,解放大孩子,使贫困牧民和不富裕牧民子女入学学习。

2. 继续宣传婚姻法。反对买卖婚姻,向遗弃老人,虐待子女的恶劣行为作坚决斗争。把那些违法乱纪严重的典型,在群众中大张旗鼓的严肃处理,以维护妇女儿童的权利,树立社会主义的婚姻道德风尚。

3. 继续深入学习毛泽东著作,在全旗各族妇女群众中掀起一个学习主席著作的高潮,人人学习主席著作,活学活用,学到手,学到家,用毛泽东思想武装头脑。学习解放军、大庆、大寨的革命精神,发奋图强、自力更生,艰苦奋斗,勤俭建国。

发动与组织各族广大妇女群众积极参加社会主义教育运动,不断提高阶级觉悟,进一步划清敌我界限。积极参加阶级斗争、生产斗争、科学实践三大革命运动。

在社会主义革命和社会主义建设中,发挥更大的力量,做出更大的贡献。

最后,让我们全旗各族妇女团结一致,高举马列主义、毛泽东思想的革命旗帜,高举三面红旗胜利前进。

新时期妇女要做出新贡献

——在鄂温克旗第七次妇代会上的工作报告

嘎拉森道力玛

（1987年7月28日）

各位代表、姐妹们：

我受大会委托，代表鄂温克族自治旗妇联第六届委员会向大会作工作报告，请予以审议。

鄂温克族自治旗第六次妇代会从1979年1月召开至今已经八年半了。在这八年里，全旗妇女工作在旗委和上级妇联的领导下，排除"左"的干扰、解放思想，使我旗妇女运动走向健康发展的轨道。全旗各族各界各条战线的广大妇女干部职工坚持党的四项基本原则，努力贯彻执行党的十一届三中全会以来的路线、方针、政策、不断改革、开拓进取，勤奋工作。在政治上促进安定团结、经济上促进繁荣发展，在两个文明建设中发挥重要作用。

回顾八年多的工作

全面改革的步步深入，给我们妇女工作带来新课题、新任务。为适应新时期的需要，旗妇联全体委员、各级妇联干部，团结一致、不断开拓新领域、不断改进和探索新的工作方法，使妇女工作不断取得新的成绩。主要表现在以下方面：

（一）妇女在工牧业生产、商品生产中已成为一支主要力量

随着党的农村政策和党对妇女工作的一系列重要指示的落实，各级妇联积极主动组织广大妇女及时宣传贯彻党的政策，使广大妇女能够正确认识形势，解放思想、提高觉悟，端正思想，认真贯彻党的改革开放、搞活的方

针,打破吃"大锅饭"的思想,在全面实行生产责任制中,各尽所能,独立自主、极大地调动了建设社会主义积极性,特别是战斗在牧业战线上的广大妇女,在畜牧业全部生产和发展我旗奶牛业发挥着重要作用。牧业生产的改良配种、抗灾保畜、棚圈建设、打草、贮草、接羔保育、剪收羊毛、挤奶、送奶等等处处都有她们的汗水,记载着她们的功劳。由此充分证明广大妇女在兴草兴畜的伟大事业中,已经成为一支重要的力量,显示着妇女伟大作用。因此,奶牛业的发展已成为我旗畜牧业经济的主要产业,没有妇女是不可能的,并为我旗的奶牛专业户和奶牛专业村提高奶牛质量,增加收入,科学养畜加快了步伐,现在我旗奶牛专业村发展到17个,奶牛专业户已发展到405户。在连续几年遭受自然灾害的情况下,我旗的奶牛仍能稳固地发展,至1986年已发展到2.26多万头,比1980年增长6 600多头。向国家交售商品奶的数量一年比一年增加。1986年交售1.6万吨,比1980年增加0.9万吨,平均每年提高18.6%,牛奶收入从1980年的100万元增加到600多万元,占牧业总收入的75%,全旗3 436名挤奶员人均1 650元,全牧业人口人均542元,连续几年居全自治区首位。

为巩固和发展这些成绩,广大妇女充分认识到发展奶牛业必须走科学养畜的道路,要科学养畜,就必须提高科学文化素质。在实践中解放思想、勇于探索、大胆实践已成为自觉行动。涌现出不少女能人,得到各级党委政府的重视和支持。

(二)搞好多种经营是促进畜牧业发展提高生活水平的重要途径

随着党的经济政策进一步放宽、广大妇女的劳动致富积极性充分调动起来,但由于自然灾害给畜牧业生产带来的极大危害,使她们清醒地认识到靠单一的畜牧业是不行,要以牧为主搞多种经营才能更好的发展生产、提高生活水平。各级妇联针对这个情况,动员鼓励广大妇女根据各地不同情况,利用当地资源优势,开展多种经营,搞好第三产业,为促进我旗的经济繁荣和发展做贡献。全旗以女劳力为主的各种服务专业户有494户,其中妇女有1 029名,占总数的50%多。营业额占总额的55%左右。这充分证明广大妇女已经冲破妇女只做家务的旧的传统观念束缚,大胆地走向社会,发挥自己的聪明才干,提高了社会地位,增加了收入、活跃了城市市场、在商品流通中起到了重要作用。

(三)在精神文明建设中发挥主力军作用

在党的十一届三中全会以来,各级妇联不断加强思想政治工作,坚持党的四项基本原则,根据我旗的特点、采取多种形式制定有效的措施。从提高广大妇女的思想政治素质入手,有计划、有步骤地进行思想教育、法制教育和形势、民族团结教育,以苏木乡镇为主,组织广大妇女多次举办扫盲班,提高巩固班,使85%的妇女脱盲,为"无文盲旗"做出了一定成绩。还与有关部门配合选举办多种类型学习班,教育广大妇女在四化建设的进程中成为"四有"新人,使应受教育的妇女都受到不同程度的教育。

各级妇联多年来坚持"五好家庭"评比活动,年年有评选、年年有表彰、年年有新进展。全旗"五好家庭"已有5 734户,其中全国妇联表彰的2户,自治区妇联表彰的2户。"五好家庭"活动,使精神文明建设的春风吹进家家户户,使更多地方出现学文化、学科学、学技术、要求上进、尊老爱幼、邻里团结、助人为乐、勤劳致富的热潮,出现不少"文明苏木"、"文明嘎查"。为促进我旗的安定团结、社会风气的好转做出了一定贡献。

(四)关心培育儿童少年健康成长已成为各级妇联的自觉行动

1981年党中央做出"全党、全社会都要关心儿童少年的健康成长"的指示以来,各级妇联积极主动为培养教育儿童少年奔走呼吁,得到社会多方面的支持,各苏木乡镇先后成立儿童少年工作协调委员会,全旗党政机关、企事业单位和社会热心人都为少年儿童工作给予热情支持。除两矿以外,全旗集体和个体办托儿所有10所,嘎查妇代会办季节性托儿所8所,有的苏木妇联为引起社会各方面的注意,与学校、家长、党政机关三个方面配合在苏木小学举办家长学校,有计划、有步骤地开展活动,与家长、社会、学校共同协助,以科学方法对儿童进行各方面的教育,取得很好的社会效益,得到上级肯定和表扬,同时深受家长欢迎,使儿童少年工作不断深入和发展。在上级妇联的支持和资助下,经过各方努力,我们在辉苏木和巴彦塔拉乡办的示范托儿所,随时对保教人员进行系统培训。几年来送7人参加自治区办的保教员培训班,提高保教人员的素质和保教质量,随着部分牧民生活水平提高,他们认识到科学文化知识在发展商品市场中的重要作用,不惜拿出相当费用进行智力投资,为使孩子们学会更多的知识,在海拉尔租房雇人把孩子送到呼伦小学念书,现已有70多名牧民的孩子在海拉尔就读。

自1984年1月开始,维护妇女儿童合法权益宣传月活动以来,全旗各地采取各种方法对广大妇女进行了广泛深入宣传,使广大妇女懂得运用法律武器来维护自己的合法权益,并懂得在社会和家庭生活中必须树立自尊、自爱、自重、自强思想才能提高自己的地位,才能维护自己的合法权益,各级妇联与有关部门紧密配合,对侵犯妇女儿童合法权利的行为进行坚决斗争,对罪犯予以了严厉的打击。全旗各苏木乡镇相继恢复健全了协调委员会,绝大部分家庭纠纷、邻里纠纷等都解决在萌芽状态之中,推动了社会风气的好转。

由于全党全社会的关注,妇女的政治地位也不断提高,全国四、五、六届人代会我旗都有女代表参加,全旗各级人大女代表占20%,三级机构领导妇女有30人。副科级以上女干部有32人,嘎查级也有不少女党支部书记和嘎查达,这些女同志们在改革中管理国家事务,充分发挥自己的聪明才智,为两个文明建设做出了积极贡献。

(五)各级妇联组织配合妇幼保健和计划生育部门做了大量工作

积极组织广大基层妇女开展妇幼保健、"五期保护"、计划生育、优生优育的宣传工作。她们采取办学习班、几级联合下包等多种方法进行大量的工作,使我旗的妇幼保健工作和计划生育工作有了很大进展,广大妇女的身体素质和幼儿素质不断提高,生产生活提高了,从而激发了广大妇女要求新的精神生活、文化生活的积极性。(六)妇女干部职工队伍不断扩大

全旗各行各业女干部职工有8 929人,其中助理工程师38名。

在党的十一届三中全会以来,各条战线涌现出许多优秀女同志,教育战线、医疗卫生、商业财贸、饮食服务业是女同志施展才能的广阔天地。在各级党组织领导下,广大妇女发扬献身精神,拼搏精神和实干精神,做出优异成绩,"三八"红旗手、女状元遍及各行各业。

(七)各级妇联组织的自身建设在改革中得到不断加强

各级妇联在党组织的领导下,以干部"四化"的要求,妇联组织的领导班子不断充实加强。全旗8个苏木、3个镇和1个办事处妇联专职干部全部配齐,共有20名,绝大部分受过盟以上干部培训。全旗有44个嘎查妇代会、54个街道妇代会、共有不脱产主任副主任198名,他们通过各级妇联干部培训班、活跃在城乡牧区各个角落,是我们的一支骨干力量,全旗妇女工作的各项任务都是通过他们一一落到实处取得成绩的。为调动广大妇女和妇女干部的积极性,多年坚持有计划、有总结的开展了苏木乡镇之间的流动红旗竞赛,使妇女工作有了新的生机和活力。大大增强了各级妇联干部的责任心,也提高了妇女工作的社会效益。为"念草木经、兴畜牧业"这个主攻方向进一步全面调动各级妇联干部和广大妇女的积极性,我们改变了过去只凭汇报进行评比的做法,制定了目标责任管理,又与各苏木乡镇妇联签定了妇女工作目标管理责任制,到年终互相检查计分评比。做到赶有先进、学有目标、真正起到了妇女群众与党联系的纽带和桥梁作用。同时,加强了宣传理论工作,大批女先进人物为人所知,妇女工作简报坚持10年已办139期,在广大妇女中真正起到了宣传教育、输通信息,学习先进经验的作用。

各位代表:

康克清同志在中国妇女第五次全国代表大会上指出:"伟大的时代造就了伟大的中国妇女,伟大的中国妇女为伟大的时代增添了光辉"。我旗各族妇女以自己的聪明才智和勤劳的双手为我旗两个文明建设做出巨大贡献。在过去的八年里,各行各业各条战线都涌现出一批女先进生产者、劳模、"三八"红旗手,受到各级的表扬嘉奖,几年来受苏木乡镇嘎查级表彰命名的"三八"红旗手有874名、旗级74名、盟级13名、自治区级4名、全国1名,"三八"红旗集体1个,这就是妇女姐妹的骄傲和光荣。

在这里,我代表六届执委会和全旗各族妇女向各条战线的"三八"红旗手及先进人物致以崇高的敬意!

各位代表:

在过去八年的实践中,我们对以下几个问题有了进一步的认识和体会:

一、妇女工作必须围绕党的中心工作、调动广大妇女的积极性,为妇女着想、为四化服务、为两个文明建设服务,坚决贯彻执行党对妇女工作制定的工作方针政策。

二、各级妇联只有从全局出发,解放思想、开拓眼界、更新观念、坚持实事求是,深入群众、调查研究、掌握情况、从本地区特点出发,牢固树立维护妇女群众利益的思想才能出成绩。

三、妇女问题是社会问题,单靠妇联是不行的,必须在党组织领导下,团结社会各方面的力量,同心协力,搞好工作,加强民族团结,加强各方面团结,妇女运动才能健康向前发展,才能全面开创妇女工作的新局面。

各位代表:

我们在回顾过去工作肯定成绩的基础上,也应清醒地看到还存在不少问题,阻碍妇女在两个文明建设中发挥更大的作用。主要因素:

社会上仍存在着重男轻女的旧的传统观念和事实上的男女不平等。甚至有些地方还比较严重的存在歧视妇女、侵害妇女利益的违法行为;针对这种现象,各级妇联还存在不能够主动争取党组织的领导,引起司法部门的重视,解决问题不果断等现象存在。在恋爱婚姻问题上不能自主,他人包办、收受财礼、婚丧大操大办,铺张浪费等都不同程度存在。有相当部分妇女的文化素质较低,适应不了社会的发展需要,脱离不了笨重的体力劳动,极大的影响着妇女的进步和身体健康以及影响其接受科学的生产、生活方式,甚至是相信封建迷信、求神拜佛,有的地区封建迷信活动有所抬头,极大的危害影响着广大妇女身心健康。各级妇联干部中存在着思想和工作作风不扎实,不能够积极主动开拓性的去工作等问题。

基层妇代会主任常年坚持开展妇女活动,她们既是妇女干部、又是第一线的劳动者,但绝大部分地区的妇代会主任的报酬问题没得到解决,面对以上存在问题,首先广大妇女要主动积极的努力,摆脱封建的不健康思想。并主动取得各级党组织和社会的支持。我们有足够的信心在今后工作中,要在旗委和上级妇联的领导下,对存在问题进行充分调查研究,逐步解决,使全旗妇女工作更上一层楼。

我旗妇女工作今后三年的主要任务:

在全面改革和对外开放的新形势下,我们要遵照旗委和上级妇联的工作安排,紧紧围绕经济建设这个中心,发动广大妇女积极参加两个文明建设。充分发挥重要作用,不仅是社会主义现代化的需要,也是妇女运动继续发展、实现妇女进步和解放的需要。首先我们要继续认真学习领会党中央各项政策,坚持四项基本原则,反对资产阶级自由化,从妇联工作实际出发、坚持"双增双节"的原则,紧紧围绕"念草木经、兴畜牧业"的主攻方向,更新观念,以提高广大妇女的思想政治素质和文化科学素质为主要任务,抓住妇女工作的各个环节,维护妇女儿童合法权益,教育培养儿童少年健康成长,在我旗两个文明建设中做出新贡献。

旗委已做出"以牧为主、多种经营"的经济建设方针和"念草木经、兴畜牧业"的战略部署。这个部署也适应全面开创我旗妇女工作新局面的要求。它不仅是我旗经济建设的主攻方向、也是我旗妇女工作的主攻方向。

旗委和政府在旗三干会上指出:"我们的基本方针是:数质并举,以提高质量为主,突出奶牛业,带动肉牛业,促进养羊业以及其他养殖业的发展"。以打贮草为重点,变资源优势为商品优势。为此,我们今年的牧业生产要围绕建设养畜、科学养畜、打贮草这个中心,在棚圈建设、打贮草、加速品种改良,提高奶牛产量,增加奶牛头数,开展饲料种植与加工等方面有所突破,要狠抓配种。疫病防治、饲料生产加工、流通等几个环节,进一步调整有关政策、理顺发展畜牧业商品经济的各方面关系,推广应用科学技术,提高畜牧业商品率,争取今年牧业生产有一个新的跃进。为此我们应该重要抓好以下几点:

一、各级妇联干部,尤其是领导干部一定要带头认真学习正确贯彻党中央的各项方针、路线、政策和盟委、旗委的三十条决定,向广大妇女群众广泛地宣传,使妇女群众90%以上都受到党的路线方针政策的教育,提高她们的商品观念、市场观念和竞争观念,真正发挥妇女群众的带头人的模范作用。

二、几年来的实践证明,在改革中涌现出一大批思想政治和文化科学素质较高,有胆、有识、有才干的女能人。但相当多数的妇女的素质仍然较低,不能适应形势发展的需要,只满足于自给半自给的小农经济思想,缺乏商品观念,创新思想和继续前进思想,有的虽然想富起来,但因为素质低,缺乏文化科学技术,遇到困难容易失败。因此动员组织各族妇女群众提高她们的科学文化素质,培养她们成为各条战线的女能人是我们工作的重要任务之一。各地要根据本地区的生产、自然情况,因人制宜进行有的放矢的实用技术培训。首先要培训有一定文化素质的妇女,建立一支骨干技术队伍。实用技术的培训要结合扫盲工作进行,在巩固和提高的基础上,提高她们新的水平,要挖掘潜力,广开致富门路,使她们学有所用、用什么学什么,缺什么补什么,通过提高科学文化知识使她们真正得到实惠。

各苏木乡镇妇联要制定学实用科学培训计划,建立培训中心、要有计划的培训部分示范户,通过示范,使广大妇女看到科学致富的效益,以增加她们的信心和干劲。

实用技术的培训,要与有关部门通力协作,要以短时间学,快出成果的实用技术为主,采用集中培训和自学相结合,请专业技术人员带培和外地学习相结合的方法,要做到每年培训30%的妇女,三年之内达90%。

总之,使广大妇女掌握致富的本领,在今后的三年里开展"学文化、学科学、比素质、比贡献"的双学双比竞赛活动。

三、各种技术培训要与扶贫工作结合起来。今后三年的又一任务是各级妇联组织要一边抓培训、一边抓扶贫。妇女组织要同贫困户建立联系，改变过去给物给钱的消极扶贫方法，变"输血"为"造血"，治穷致富的典型更给予鼓励，给她们技术、给她们信心，开展"致富"讨论和竞赛，树典型，以点带面，提高她们的认识，使贫困户逐步走上富裕道路，在精神文明建设中是不可忽视的力量

中央书记处书记王兆国在各省市自治区妇联主任会议上说："中央要求各地各部门结合自己的特点开展精神文明建设。妇联也有自己的特点，应该紧紧抓住这些特点，下功夫求得突破"。因此，我们认为要在以下几个方面下功夫：

一、《决议》指出：社会主义精神文明建设是关系到社会主义兴衰成败的大事。我们一定要认真学习领会《决议》，宣传贯彻盟委、旗委的十条意见：结合"四有""四自"，进一步激发妇女参加两个文明建设的积极性，增强她们的责任心。清除"男尊女卑"、"重男轻女"等封建主义思想影响。仍然是妇女工作的一项重要任务。引导妇女深刻认识"男尊女卑"的封建观念是束缚她们的精神枷锁，要敢于同一切束缚妇女的封建思想抗争、自觉地破除自身存在的自卑意识和依附心理。力争在社会生活和家庭生活中体现女性的真正价值。

二、继续深入开展"五好家庭"、"三八"红旗竞赛活动，精神文明建设，更需要妇女发挥积极作用，妇女是社会的重要组成部分，只有妇女地位的提高，妇女文明程度的提高，整个社会的文明程度才会提高，家庭是社会的细胞，直接关系到社会的安定团结。如果社会上"五好家庭"越来越多，感染和影响周围家庭，社会风气就会大大改变。各级妇联要根据本地区特点，不断完善"五好家庭"条件和评选活动，与有关部门配合，把活动深入到家家户户，要保证质量，防止走形式。目前"五好家庭"已达到 5 734 户，要求全旗今年年底"五好家庭"要达到总户数的 40%，三年内达 90%。要鼓励各行各业的妇女争当"三八"红旗手，对于她们的先进事迹，要及时给予

表彰奖励和广泛的宣传,为两个文明建设多做贡献。

三、加强和普及法制教育,帮助妇女运用法律武器维护自身合法权益。

普及法制教育,树立法治观念和意识,帮助广大妇女掌握法律武器,是做好维护妇女儿童合法权益的前提和保证,各级妇联要在五年内,全部普及法律知识,要做出规划,并与有关部门紧密配合,采取办骨干学习班、演讲、测验等多种形式,把法制教育做到家喻户晓,让每个妇女都会运用法律武器维护自己的合法权益,对那些侵害妇女儿童合法权益的要严厉的打击。各级妇联在广大妇女中注重普及《婚姻法》、《维权法》、《经济合同法》,力争在年底使90%的妇女受到这方面的教育,在三年内逐渐普及其它法规。

四、要关心儿童少年的健康成长,履行自己的责任。儿童少年的健康成长直接影响到祖国的未来,也是培养共产主义事业接班人的崇高事业。各级妇联要在这方面发挥自己独特的作用,儿童少年工作重点要放在家庭教育上。积极开展家庭教育。要积极举办家长学校、家庭教育讲座、编家庭教育教材和学习先进经验,使家庭教育逐步走向系统化、规范化,要开展社会、学校、家长"三结合"的教育。开展儿童教育咨询活动,挖掘待业女青年,离退休老干部和社会热心人的潜力,加强托幼园所和儿童少年工作。

根据自治区妇联会同教育、卫生等8个部门联合发出的《关于在全区举办家长学校,广泛深入地开展家庭教育工作的通知》,各地积极行动,以托幼园所、中小学为基地采取多种形势举办家长培训,同时开展评选"合格家长"活动,努力提高家庭教育水平,在与教育卫生、妇幼保健等部门积极配合下通过培训,向广大妇女和家长宣传婚姻家庭道德、妇幼卫生、优生优育、科学育儿等方面的知识,为提高人口素质做贡献。

五、我旗是个多民族聚居的自治旗,民族团结尤为重要,要团结各族姐妹,极大地调动各族各界各个阶层的广大妇女的积极性,同心协力,排除不利于团结的因素,为振兴自治旗各项事业做出贡献。

六、适应改革需要,加强各级妇联组织的自身建设。充实和加强妇联干部队伍,提高和巩固妇联干部的素质是充分发挥各级妇联组织作用的前提和保证。几年来由于各级党委的重视培养,各级妇联干部得到了充实,素质有所提高,但有少数地区由于种种原因,妇联干部不稳定、缺额,长期抽调另搞其他工作,或者身兼多职。基层妇代会还有10%的组织素质较低,大大影响了妇联工作的开展,不适应新时期妇女工作的要求。因此我们要做到:1.加强培训提高妇女干部队伍的素质,各级妇联干部必须端正本职工作的指导思想,正确处理议大事、顾全局与本职工作的关系,紧紧围绕党的中心工作,为"念草木经、兴畜牧业"的主攻方向服务;2.在工作作风方面,要摒弃等、靠、要思想,主动争取党组织的领导和支持,不怕麻烦、不怕困难,热情为广大妇女群众服务,要树立时间观念、竞争观念、数字统计观念和信息观念;既重视效率又重视质量,要在创先争优活动中创一流的水平,推动妇女工作向前发展;3.要加强宣传、理论工作,学会运用现代宣传手段,运用报刊、广播、电视、录像、图片等舆论工具,更好的向社会宣传妇女,继续坚持办好妇女工作简报,而且努力越办越好。4.积极整顿好基层妇代会组织。由于嘎查、街道妇代会是妇女的基层组织,也是直接联系妇女的基层关键组织,要求各苏木乡镇妇联对基层妇代会进行全面调查。开展针对性的工作,力争在今年内消灭三类妇代会,二类转一类,继续稳定提高一类妇代会的质量,注意在新建立的专业村、点设立妇女组织。5.要层层签定目标管理责任制,改变过去干好干坏一个样,多干少干一个样、干和不干一个样的现象,以增强各级妇联干部的责任心,提高妇女工作的社会效益,到年底进行验收评比,评出优胜单位,通报奖励。

各位代表:

我们展望未来,任重道远。我们要在旗委和上级妇联的领导下,与各族人民群众一道在改革中学习、探索、开拓、奋进。

我们的任务光荣而艰巨。因此,大会号召全旗各族各界各个阶层的妇女团结起来为建设繁荣文明、富裕的鄂温克旗,勇敢地承担起新时期赋予我们的光荣使命吧!

高举改革开放的伟大旗帜，为开创我旗妇女运动新局面而奋斗

——在鄂温克旗第八次妇女代表大会上的工作报告

娜仁其其格

（1994年5月25日）

各位代表、同志们：

我受大会委托，代表鄂温克族自治旗第七届妇联执委会向大会做工作报告，请予审议。

鄂温克族自治旗第七次妇代会自1987年7月召开以来，至今已有六年之久，在这六年里，全旗妇女工作在旗党政领导和上级妇联指导下，解放思想，开拓进取，使妇女工作已走向健康发展的轨道。全旗各级妇联以建设有中国特色社会主义理论为指导，坚持党的基本路线，认真贯彻党的路线、方针、政策，积极投入改革开放和社会主义现代化建设，为自治旗政治上安定团结，经济上繁荣发展，民族团结和睦，两个文明建设作出了突出贡献。

回顾六年来的工作

全面改革的深入发展，为我们妇女工作带来了新课题，为适应改革的需要，旗妇联七届执委全体委员、各级妇联干部团结一致，不断开拓新领域，改进和探索新的工作方法，使妇女工作不断取得新成绩。

一、各族妇女参与经济建设的广度和深度不断拓展

随着改革的深入发展,党对妇女工作一系列重要指示的进一步落实,使广大妇女正确认识形势,解放思想,提高觉悟,认真贯彻党的改革、开放、搞活的方针,各尽所能,独立自主,极大地调动了建设社会主义的积极性。各级妇联从自身优势和特点出发,在服从、服务于经济建设的大局中找准位置,选好角度,把握着力点,充分发挥妇女组织的作用。自1989年起,旗妇联与政府有关部门配合,掀起牧区妇女"学文化、学技术、比成绩、比贡献"(简称"双学双比")竞赛活动。1991年在全旗城镇妇女中开展了做"四有""四自"女性,为"八五"计划建功,(简称"巾帼建功")活动。旗、苏木乡镇两级都成立了活动协调小组,制定"五年规划"。这些活动抓住了妇女工作以经济建设为中心的结合点,得到党政领导的高度重视,社会有关部门的大力支持和广大城乡妇女的积极响应。

全旗16~45岁妇女33 693人,有20 111名牧民妇女参加了"双学双比"竞赛活动,为使活动向其深度、广度发展,又将其活动深入到城乡居民,开展了种养加一体,开发庭院经济的竞赛活动,提出"三个一"(每户有一名妇女学会一门以上实用技术;每户至少开发一项产业;每户人均新增100元)的达标计划。

各级妇联将"学文化、学技术、比成绩、比贡献"活动与"巾帼建功"竞赛活动融汇于振兴鄂温克旗之中,激发妇女投身经济建设的洪流中,充分调动了广大妇女的积极性、创造性。各级妇联自办、联办技术培训97期,参加培训妇女4 865人次,获绿色证书妇女达1 061人,65%以上的妇女掌握1~2门实用技术。巴彦嵯岗苏木妇联1991~1992年举办两期培训,培训妇女298人,提前完成五年培训计划,并组织妇女将学到的饲料种植技术用于实践,将600斤甜菜籽发给苏木牧民妇女种植,以促进奶牛业发展,同时开发利用庭院场所。大批牧民妇女掌握科学养畜技术,全旗牧业总产值6 549万元,其中妇女创造价值占60%以上。旗妇联还组织妇女植树造

林绿化美化环境。为实现全旗第九个牧业丰收年,并连续五年在全盟完成综合经济指标一等奖做出了贡献。

全旗从事第三产业妇女达1 700余人,占总数的60%以上。城镇广大女职工在转换企业经营机制,适应社会主义市场经济体制的新形势下,立志岗位成才,岗位建功,积极参加做"四有""四自"女性,为"八五"计划建功,旗供销社女职工人数251人,占全体职工的61.07%,商品销售额达2 019万元,上交财政税利75万元。旗印刷厂36名职工,从厂长到车间都是娘子军。她们上下一条心,效益七年稳步上涨,现已达180万元,利税达46万元,在全盟首当其冲,列入自治区劳动系统"五强企业",为我旗争得荣誉,我旗也出现了不少女厂长、女经理和女企业家,她们在搞活企业中发挥应有作用。全旗有1 271名妇女从事乡镇企业建设,成为我旗国民经济发展的支柱,为我旗牧业经济向着"种养加、贸工牧"一体化方向发展奠定了良好的基础。

为认真总结几年来开展"双学双比"竞赛活动的经验,旗"双学双比"协调小组召开全旗"双学双比"经验交流大会,在牧业四旗互相检查评比中,我旗工作以满分取得良好成绩,主管旗长被评为"双学双比"竞赛活动好领导,旗妇联主管领导被评为"双学双比"优秀工作者,受到盟"双学双比"协调小组的表彰奖励,1993年度旗妇联再次受盟级先进协调单位表彰。

(二)以十四大精神为指针,加强思想教育工作,促进精神文明建设

1.各级妇联在党委的统一部署下,认真学习贯彻党的十四大精神,进一步树立坚持党的基本路线一百年不动摇的思想,强化以经济建设为中心的思想,增强了使命感和责任感。

2.各级妇联立足于培养"四有""四自"精神的新女性,努力提高妇联宣传思想工作的优势和特点,从国情和妇女群众关心的热门问题入手,通过座谈、学习、培训和各类文体活动,向各族妇女进行爱国主义、社会主义、集体主义教育,民族团结教育,提高了各族妇女在党的领导下,坚持社会主义道路的积极性,增强了为党分忧、为国出力的责任感。

3.通过舆论宣传、拍摄录像、图片展览等多种形式大力宣传改革和建设中涌现出的妇女先进典型,旗妇联表彰186名女状元,136名"三八"红旗手,26个先进集体,受自治区表彰的女状元有2人、巾帼建功奖1人、受盟级表彰的女能人11人、巾帼建功奖3人,苏木级表彰1182名女状元、"三八"红旗手、先进工作者。各级妇联把对妇女的宣传教育同向社会宣传妇女在两个文明建设中的重要作用紧密联系起来,为推动全社会妇女的进步和妇女运动的发展创造良好的社会环境。

4.各级妇联把家庭文化建设活动作为妇联在精神文明建设中的一项重要内容,坚持不懈,各地在评选活动中,体现多层次多形式特点,使思想政治工作、科学技术普及、文化娱乐活动进入家庭,涌现出一大批具有时代特色蓬勃向上的"五好家庭"。其中受自治区表彰的2户、盟级表彰的6户。全旗共有4371户五好家庭,占全旗户数的11.5%,形成学文化、学科学、求上进、尊老爱幼、助人为乐、勤劳致富的热潮。

5.为活跃广大妇女的文化生活,1992年"三八"节举行旗直属首届妇女文艺比赛,33个单位800余人参赛,1992年、1993年开展了三期知识竞赛,有757人参赛。

6.认真贯彻中国妇女第七次全国代表大会精神。旗医院牧其乐同志代表我旗各族妇女出席中国妇女第七次代表大会,回来后认真宣传贯彻大会精神,在旗妇联同志的陪同下,在旗直属机关、大雁矿区、伊敏河镇、锡尼河西苏木、巴彦塔拉乡等苏木乡镇传达大会主要精神。为使妇联干部和妇女群众明确九十年代妇女发展十大目标,党对妇女工作的要求,以及今后五年的任务和妇联的职能,目前各级妇女组织正在深入学习、贯彻落实大会精神。

(三)广泛宣传"一法一例",切实维护妇女儿童合法权益

妇女利益同全国人民的根本利益是一致的,但也存在自身的具体利益,维护其具体利益,是调动占人口半数妇女的积极性,加速现代化建设的需要,也是促进男女平等,推动社会进步的需要,维护妇女利益,必须坚决

依法打击危害妇女的各种违法行为,必须全面保证妇女在政治、经济、文化教育、社会及家庭生活中享有的各项权利。

根据《自治区妇女儿童保护条例》第二十四条规定,成立旗妇女儿童保护委员会,建立健全保护组织机构,全旗12个苏木乡镇也全部建立妇女儿童保护委员会。维护妇女儿童合法权益,得到旗委和旗政府的高度重视和有关部门的密切配合。1992年,《妇女权益保障法》颁布实施,全社会积极动员起来,宣传贯彻《保障法》。在1992、1993两年旗党政领导都分别做动员讲话,旗委宣传部、旗司法局、旗妇联、旗总工会等部门联合组成宣传队,走上街头、下乡到基层进行宣传,散发传单1 500余份。组织骨干办培训班等形式贯彻落实《保障法》,各级妇联举办学习班,受教育妇女7 000余人次。在《保障法》宣传月中旗妇联牵头积极配合有关部门单位,认真总结开展活动的成果,表彰活动中涌现出了伊敏河镇等5个先进集体和10名先进个人。我旗妇女保护委员会在宣传月活动中成绩显著,受盟级和自治区两级先进集体表彰。

在维护妇女儿童合法权益工作中,各级妇联密切配合有关部门,参与涉及妇女权益的大要案查处。行使代表维护妇女权益的职责,各苏木乡镇妇联加强协调工作,使绝大部分家庭纠纷、邻里纠纷解决在萌芽状态之中,推动了社会风气的好转。

旗妇联在信访工作中接待来信来访28起,解决和转案13起。

(四)重视和加强培养选拔女干部工作

由于全党全社会的关注,妇女的政治地位不断提高,培养选拔女干部的工作取得进展。

各级妇联从实际出发,按照党的干部路线和政策,在培养选拔女干部方面做了大量工作,向组织人事等部门推荐了女干部,与组织部门密切配合,交流情况、深入调查,建立了妇女干部人才信息库。

在各级党委的重视下,培养选拔女干部工作取得较大发展。在自治旗人大换届选举中,女代表的比例达20.73%,旗政协女委员占17%。副科级以上女干部有36人,占科局级干部的13%。嘎查级也有不少女党支部书记和嘎查达。她们在改革中管理国家事务,充分发挥自己的聪明才智,为两个文明建设做出积极贡献。

(五)积极推动儿童少年工作向前发展

儿童是社会进步和经济发展的希望所在,历年来旗党政各届领导十分重视儿童工作。全旗儿少工作围绕提高民族素质,从儿童抓起努力培养一代新人的指导思想,加强领导,依靠社会力量对儿童工作齐抓共管,创造了一个有利于儿童少年健康成长的社会环境。

加强调整了旗儿少工作协调委员会,由教育、文化、司法、团委、卫生局等22个单位组成,明确了成员单位职责及任务,并制定《旗1991~1995年儿少事业发展规划》。儿少工作协调机构健全,工作运转正常,各部门协调密切,为儿少工作的顺利开展打下良好的基础,于1993年度被盟、自治区儿少委评为先进集体受到表彰。

围绕贯彻落实《九十年代中国儿童发展规划纲要》,旗妇联与旗保健所联合下到基层为48个居委会、16个嘎查妇代会正副主任、委员,机关女干部职工及妇女群众550余人,举办《规划纲要》和"三优"知识培训班,在旗直机关举办《规划纲要》和"三优"知识培训班,在旗直机关举办由旗供销社及6个参赛组组成的知识竞赛。1991年至1993年"六一"期间,与保健站联合举办"优生、优育、优教"图片展览,散发《九十年代中国儿童发展规划纲要》、《爱护儿童、教育儿童、为儿童做表率、为儿童办实事》、《行动起来,为加速儿童事业发展贡献力量》等宣传单6 000份,各类卫生保健知识宣传单400余份,免费为儿童体检120余例。

目前全旗有家长学校54所,广播父母家长学校1所。广播父母家长学校自1989年开办已办两期讲座,系统地讲授"三优"知识。现在继续抓好广播父母家长学校的基础上,不断充实新的内容,在提高教学质量、增强教学效果上下功夫,对优生、优育、优教知识进行广泛重点的宣传和普及。全旗妇联自办托幼园所4个,年收托儿童达120余人,它们发挥着幼儿教育、家庭教育为一体,孩子家长同收益的多功能服务作用,推动着家庭教育的深入发展。

孟根楚鲁苏木妇联在家庭教育工作上狠下功夫,家庭教育和托幼工作取得可喜成绩,得以联合国儿童基金会的关注并投资使其发展为苏木儿童活动中心,集"固定与流动、室内与室外、母亲与儿童"为一体,开展形式多样的活动,使家庭教育、法制教育等各类教育寓于活动之中,取得很大成绩。进而又在家庭开设"科学育儿角"和"儿童档案",使"三优"教育进入家庭。1990年,在旗党政领导的支持下,旗苏木两级妇联联合保健站同志圆满完成联合国基金会下达的《早期儿童发展社区服务模式研究》项目,次年又配合盟电视台和中国儿童发展中心成功地录制了"草原儿童发展的摇篮"专题片,在国内外放映,并被译成英文作为发展中国家儿童教材。

(六)加强妇联自身建设

(一)加强妇联干部队伍建设,妇女工作者素质有了进一步提高。全旗7个苏木、4个镇、1个乡和旗直属妇联全部配齐妇联专职干部,现专职干部有23人,其中有8人受自治区级干部培训。妇联专职干部注意加强政治理论学习,进一步提高了政治思想觉悟和执行党的基本路线的自觉性,树立了为基层服务为妇女服务的意识。全旗有48个嘎查妇代会,67个居委会妇代会,共有不脱产正副主任230人,有108个旗直机关和教育等单位妇工委及妇女小组,她们活跃在城乡牧区各个地区,发挥着基层妇联组织战斗堡垒作用,保证妇联各项工作的顺利进行。

(二)加强基层组织建设,进一步活跃了妇女工作。各地妇联积极配合牧区社会主义教育工作,利用嘎查级组织配套建设的有利时机,加强妇代会建设,建立和完善学习、工作汇报、联系等制度,认真贯彻盟妇联制定的《1992~1996年妇联基层组织工作规划》,已有80%以上妇代会达到一、二类标准。为进一步活跃妇女工作,狠抓妇代会活动阵地建设和经费问题,从而增强妇代会的凝聚力和吸引力。至今已有31个妇代会建立了妇女活动阵地,开展活动218次,参加活动妇女16 771人次。

为进一步提高基层妇女组织作用,旗妇联组织各苏木乡镇妇联到陈旗参观西乌珠尔、巴彦哈达苏木嘎查妇代会妇女活动阵地,学习他们的先进经验,同时组织各苏木乡镇妇联干部到辉苏木哈克木、乌兰宝力格嘎查实地参观学习,为促进工作,互相学习、取长补短,活跃基层组织起到了推动作用。根据《基层组织工作五年规划》,各苏木乡镇妇联创造条件,寻找机会培训妇代会主任。近几年,积极协调有关部门,使40%的妇代会主任参加苏木乡镇业余党校培训及业务培训。

(三)围绕经济建设开展职能服务

1. 认真学习,进行政策服务各级妇联兴办经济实体与组织动员妇女投身第三产业做了大量工作。锡尼河东苏木妇联组织妇女开发2 000亩地发展种植业,又自办缝纫点,伊敏河镇、伊敏苏木、北辉苏木部分妇代会开发6个种植区,促进庭院经济发展。

2. 深入调查研究,搞好协调服务。

为总结几年来"双学双比"竞赛工作,旗妇联对巴彦塔拉乡100户牧民家庭进行抽样问卷调查。结果表明,此项活动的开展,不仅使广大妇女的素质有明显的提高,也改变了居民牧民家庭的经济结构,加速了农牧民达小康的步伐。

3. 为基层穿针引线,做好信息服务。

各级妇联本着"充实新内容,开拓新渠道"的原则,积极为妇女群众提供信息技术服务,主要利用办培训班,参观学习,女能人传帮等,开展新技术、新品种的普及和推广工作。旗妇联协调有关部门大力推广伊敏河镇退休工人卞魁夫妇栽培果树经验,还帮助女状元建设家庭牧场,协调有关部门解决专项贷款。1992年还组织妇联干部和妇女群众到经济效益好的种植户现场参观学习。

(四)为调动妇女干部的积极性,旗妇联还与各苏木乡镇妇联签定了妇女工作目标管理责任状,到年终互相检查评比,兑现责任状,分为一、二、三等奖。大大增强了各级妇联干部的责任心,提高妇女工作的社会效益。同时加强宣传工作,提高妇联简报质量与数量,真正起到其宣传教育、输通信息、学习先进经验的作用。

（五）在工作作风转变过程中,旗妇联全体同志不仅出色地完成了本职工作,还紧紧围绕党的中心工作,积极参加和服从旗委、旗政府每个时期的中心工作,如在查畜、党的基本路线教育、换届选举工作中,都能努力出色地完成任务。

同志们,在我们回顾总结改革开放以来的历史进程中妇女工作所取得的成绩时,我们深深体会到妇女工作的每一步发展都是在党的领导和社会各方面的支持下取得的,是在老一辈妇女工作者的关怀指导和广大妇女工作者的艰苦努力下取得的。各级妇联干部、妇委会、妇代会为我旗妇女工作勤恳奉献、开拓创新,作出无愧于时代的贡献。在这里,请允许我以大会的名义,向亲切关怀我旗妇女工作的各级党政领导表示崇高的敬意！向大力支持妇女工作的各有关部门和人民团体表示衷心的感谢！向在各条战线上建功立业的各族姐妹和为妇女进步事业奋斗的广大妇女工作者表示亲切的慰问！

各位代表：

我们在回顾过去工作,肯定成绩的基础上,还应看到存在不少问题,阻碍妇女在两个文明建设中发挥更大的作用。如社会上仍存在着重男轻女的旧的传统观念和事实上的男女不平等;歧视妇女、侵害妇女的违法行为时有发生;有相当部分妇女的文化素质较低、适应不了社会的发展需要,影响着妇女的进步和身体健康以及接受科学的生产、生活方式;部分妇联干部中存在着思想和工作作风不够扎实,不能积极主动开拓性的去工作等问题。诸如此类问题,还需要广大妇女工作者和各族妇女共同努力,自强不息,真正实现妇女的平等和解放。

今后三年我旗妇女工作的任务

"七大"提出:我国妇女运动的方针是以建设有中国特色的社会主义理

论为指导,坚持党的基本路线,广泛动员妇女投身改革开放和社会主义现代化建设事业,大力提高妇女素质,依法维护妇女权益,全面提高妇女地位,以行动谋求平等和发展。遵循这一方针,今后三年主要任务是:

(一)发动妇女积极投身改革开放和经济建设

当前,党正领导全国人民加快经济改革步伐,促进社会主义市场经济体制的建立,推动经济持续、快速、健康发展。我们要发动各族各界妇女进一步认清形势,解放思想,抓住机遇,知难而进。

继续大力推进"双学双比"、"巾帼建功"活动。"双学双比"活动要为加强农牧业基础地位,为全旗产业结构调整,发展高产、优质、高效农牧业和牧民率先达小康,为我旗经济尽快走进全盟先进行列做贡献。城镇广大女职工要在转化企业经营机制中,适应社会主义市场经济机制,适应社会主义市场经济体制新形势需要,使"巾帼建功"活动要立足于城镇各条战线妇女岗位建功、岗位成才,争做一流工作成绩,以体现妇女自身价值,迎接新挑战。

动员组织各族妇女群众提高文化素质、实用技术水平,培养她们成为各条战线女能人是我们工作的重要任务之一。各地妇联要培养一批有一定文化素质的妇女,建立一支骨干技术队伍。各苏木乡镇妇联要制定实用技术培训计划,有计划地培训部分示范户,以点带面,大大提高科学致富意识,充分发挥妇女生产力作用。

(二)大力推动社会主义精神文明建设

有中国特色的社会主义,不仅要求建设高度的物质文明,还要求建设高度的精神文明,要在广大妇女中提倡正确的理想、信念、人生观、价值观,弘扬勤劳节俭,乐于奉献,尊老爱幼等传统美德。要增强民族自尊心、自信心和自豪感,使爱国主义、集体主义、社会主义植根于广大妇女群众心中,号召每一个母亲都应以高尚的道德情操,对子女进行言传身教。

妇女是社会主义民主和法制建设的重要力量,要增强广大妇女的民族法制观念和参与国家社会事务、民主监督的责任感,充分发挥妇女在基层建设、社会治安综合治理和反腐败斗争中的积极作用,推进社会的稳定与发展。女干部要勤政廉洁,当好公仆,敢于同各种腐败现象和不正之风作斗争。

要在"五好家庭"评比活动中,使全旗40%以上家庭达到"五好"标准,并在此基础上发展家庭文化建设,使精神文明建设深入到38 143户家庭。要将它纳入文明共建系列活动之中,以家庭的文明进步促进社会的文明进步。

(三)进一步强化维权工作,推动《妇女权益保障法》的全面实施

继续大力宣传并积极推动《妇女权益保障法》和《自治区保护妇女儿童合法权益条例》的实施。加强妇女儿童保护委员会工作,各苏木乡镇妇联要加强维权工作,为妇女群众提供法律帮助,为受害妇女伸张正义。要积极参加社会治安综合治理,同各种虐待、残害妇女儿童的社会丑恶现象和犯罪活动做斗争。要教育妇女学法、懂法、用法、守法,用法律武器保护自己、维护正义。

(四)做好儿童工作,促进儿童少年健康成长

加强儿童工作,不仅关系到社会主义事业的长远发展,而且关系到千家万户的实际利益,我们要继续配合有关部门认真贯彻落实《九十年代中国儿童发展规划纲要》和"旗1991~1995儿少事业发展规划",实施《未成年人保护法》,普及优生、优育、优教知识,充分发挥各类家长学校的作用,通过开展评选"合格家长"、"五好家庭"等活动,注重总结经验,抓好典型,以提高家庭教育水平,还要通过各种方式加强儿童少年活动阵地建设。

(五)加强妇联自身改革和建设

为了带领全旗妇女完成九十年代光荣而艰巨的任务,妇联必须进一步加强自身的改革和建设。

要认真组织妇女干部学习邓小平建设有中国特色社会主义理论,坚定社会主义、共产主义信念,不断提高政治素质。要引导妇联干部加强学习、开阔眼界、增长才干,使他们不仅熟悉妇女工作,而且具备一定科学文化知识,懂经济、知法律、善协调、会管理,成为适应改革开放和现代化建设需要的新型人才,要在实践中不断完善干部培训管理制度,建立健全各级妇联

机关和工作人员责任制。

第一、实现"小机关大服务",更好地履行妇联职能。

在当前机构改革中,妇联要全面履行参与、教育、代表、服务、联谊的职能,必须具备相应的工作条件和手段,各级妇联要继续发扬艰苦奋斗、勤俭办一切事业的优良传统,发挥联系广泛的优势,建立活动阵地,发展法律顾问、社区服务事业,兴办公益型、服务型、生产型、经营型实业,逐步形成具有宣传、培训、维权、生产多功能的服务网络。

各级妇联要积极发展第三产业,兴办经济实体,拓展工作领域,这是组织妇女参与经济建设和社会发展的重要措施,是增强自身实力,锻炼妇女干部的有益工作。

第二、加速基层建设,把工作落到实处。

妇女工作要坚持群众工作群众化,面向全体妇女、面向基层,加强调查研究,增强基层组织活力,增强活动阵地建设。

要密切联系各族各界妇女,加强经济科技、法律和文教卫生等部门知识妇女和职业妇女的工作。充分发挥女职工委员会作用,要开展多种联谊活动。更好地依靠各条战线的优秀妇女和妇联执委、妇女代表,组织起一支浩浩荡荡的热心妇女工作队伍,团结各族各界妇女共同前进。

各位代表,同志们,改革和社会主义现代化建设的宏伟大业,给各族各界妇女带来发展、进步、平等。回顾过去,我旗妇女为改革和建设立下不可低估的成绩。展望未来,各族妇女将在新时期谱写更加灿烂的篇章,让我们紧紧团结在以江泽民同志为核心的党中央周围,艰苦奋斗,自强不息,为建设具有中国特色的社会主义,为我旗繁荣发展,再创新业,再立新功!

坚持精明发展 奋力开拓创新
团结带领全旗妇女为实现美丽鄂温克
新崛起而努力奋斗

——在鄂温克族自治旗妇女第九次代表大会上的报告

娜仁托雅

（2016年10月19日）

各位领导、各位代表、同志们：

现在我代表鄂温克族自治旗妇女联合会第八届执行委员会向大会作工作报告，请予审议。

鄂温克族自治旗妇女第九次代表大会是在全旗上下深入学习贯彻党的十八大和十八届三中、四中、五中全会精神，学习贯彻习近平总书记系列重要讲话和考察内蒙古重要讲话精神，认真贯彻落实呼伦贝尔市第四次党代会和鄂温克旗第十四次党代会精神，满怀豪情推进经济、社会发展，全面建成小康社会的关键时刻召开的一次盛会。

大会的主题是：**高举中国特色社会主义伟大旗帜，贯彻中央和上级党委党的群团工作会议精神，按照中国妇女十一大、内蒙古妇女十一大、呼伦贝尔市妇女二大的总体部署，团结动员全旗广大妇女激扬巾帼之志，凝聚巾帼之力，解放思想，创业创新，为推动全旗妇女事业科学发展，实现美丽鄂温克新崛起而努力奋斗。**

八届以来的工作回顾

鄂温克族自治旗妇女第八次代表大会以来，我旗经济建设、社会事业蒸蒸日上,人民生活更加殷实。全旗广大妇女锐意进取、奋力拼搏,为我旗经济社会发展作出了积极贡献;全旗各级妇联组织围绕中心、服务大局,各项工作取得了显著成绩。

一、党政领导高度重视,社会各界大力支持,妇女儿童事业发展的环境更加优化

八届会议以来,我旗各级党委、政府切实加强对妇女工作的领导,全面推进妇女事业与经济社会同步协调发展,全社会共同关心支持妇女事业发展的良好氛围进一步形成。

党委政府领导坚强有力。一直以来,旗委、政府高度重视妇女工作,多次听取妇联工作汇报,研究落实妇女工作,有效解决了妇女工作经费、人员配备、阵地建设等实际问题,特别是将妇女人均一元钱工作经费纳入财政预算,为妇联依法依章创造性地开展工作搭建了平台。各级党组织也将妇女工作摆在更加重要的位置,督促指导妇女工作目标任务的落实,推动了妇女事业的全面发展。

妇女儿童保障机制不断健全。旗委、政府高起点制定和实施妇女儿童发展规划,将政治参与、劳动就业、教育培训、卫生保健和法律保护等各方面的发展目标纳入经济社会发展总体规划,督促相关部门就保障女性接受教育、促进女性创业就业、发展妇幼卫生事业等采取了一系列有效措施,妇女生存发展环境更加优化,受教育水平稳步提升,妇女儿童健康状况明显改善,城乡妇女就业创业氛围更加浓烈,社会保障体系日益完善,妇女参政议政能力和水平不断提高。

社会各界支持卓有成效。各职能部门相互配合,齐抓共管,高度重视、支持妇女工作的开展;人大代表、政协委员积极为妇女儿童事业建言献策;新闻媒体对男女平等基本国策、妇女事业发展成就和优秀妇女、先进事迹的宣传更加深入;社会各界热心人士积极参与妇女儿童公益事业,努力改善妇女儿童发展条件。全社会形成了尊重妇女、保护妇女、支持妇女事业发展的良好氛围。

二、广大妇女奋力拼搏、锐意进取,在推动全旗经济社会发展的伟大实践中建功立业

八届会议以来,全旗广大妇女围绕经济发展大局,凝心聚力,主动适应经济结构调整,不断激发创业热情和创造活力,为推进鄂温克旗经济又好又快发展作出了应有的贡献。

在经济建设中彰显作为。广大妇女在经济建设各个领域大显身手,为推动我旗经济又好又快发展发挥了重要作用。牧区妇女依靠科技、科学致富,积极参与城乡一体化建设和农牧业转型升级;城镇女职工爱岗敬业、无私奉献,争做"建功标兵";下岗失业妇女自强不息、艰苦创业,实现新的人生价值;女企业家和创业妇女解放思想、顺应形势,投身经济建设主战场和改革开放第一线;各条战线的知识女性矢志创新,不让须眉,为社会发展进步奉献了聪明才智;党政机关女干部恪尽职守、忠诚服务,在岗位上展现了昂扬向上的时代风貌。

在民主政治建设中有所建树。广大妇女以强烈的政治责任感和主人翁精神,依法行使民主权利,积极参与社会事务管理,参政议政的意识和水平不断提高,成为推进我旗民主政治建设的重要力量。四大班子领导中女干部配备率均为100%。我旗党代表、人大代表、政协委员中女性所占比例分别为46%、26%、35%。她们认真行使人民赋予的权利,积极履行参与和监督职能,主动反映妇女群众的呼声和愿望。全旗嘎查社区"两委"中女干部配备率为100%,妇代会主任进"两委"比例达100%,基层妇女参与民主管理的权利得到保障。

在精神文明建设中尽展风采。广大妇女自觉践行社会主义核心价值观,积极参与社会公德、职业道德、家庭美德和个人品德建设,在促进社会文明进步和家庭文明和谐中发挥了独特的作用。在社会生活中,广大妇女踊跃参与群众性精神文明创建活动,自觉追求科学、文明、健康的生活方式;自觉传承中华民族传统美德,科学教子、文明持家、孝老爱亲、友爱互助,促进了家庭和谐,弘扬了文明新风。

三、各级妇联组织围绕中心，服务大局，全旗妇女工作在创新中跨越发展

八届会议以来，全旗各级妇联组织在旗委和上级妇联的领导下，围绕中心、服务大局，全面履行妇联职能，努力在组织妇女、引导妇女、服务妇女、维护妇女儿童合法权益上下功夫，在加强自身建设上求实效，各项工作取得了显著成绩。

服务大局促发展。以帮助妇女增收致富和促进妇女创业就业为重点，积极争跑项目，数次获得中国妇女发展基金会母亲创业循环金。广泛开展实用技能培训，大力培植"巾帼"号、"妇"字号基地，扶持城乡妇女发展特色产业，其中伊兰嘎查牧民专业合作社被评为全国巾帼现代农牧业科技示范基地。成立鄂温克旗妇女民族手工艺协作体，建设社区（嘎查）妇女手工艺传习所，推动妇女居家灵活就业。协作体成员乌仁参加全国妇联主办的中国妇女手工制品博览会获"妇女儿童喜爱产品奖"。着力推进"巾帼建功"、岗位建功活动，进一步调动妇女的工作积极性和创造性，全旗共有260名妇女获得妇联系统表彰，其中国家级7人，自治区级30人，呼伦贝尔市级60人；有119家单位获得妇联系统授予的荣誉称号，其中国家级9个，自治区级23个，呼伦贝尔市级29个。

倡扬新风促和谐。不断深化"五好文明家庭"创建活动，开展平安家庭、绿色家庭、廉洁家庭、书香家庭等特色家庭创建活动，通过组织开展"你的家训晒出来"好家训征集、"我爱我家"主题摄影大赛、"美丽庭院"创建、"新理念·新行动·共创牧区妇女新生活"主题活动、巾帼志愿服务行动等品牌活动，充分发挥了妇女在构建和谐社会中的独特作用。锡尼河西苏木妇联主席达西玛等人参加全国八省区第二届、第三届蒙古族传统家风家教大赛，取得优异成绩。2014年启动寻找"最美家庭"活动，立足基层、发动群众，吸引数千户家庭参与，有17户家庭被评为呼伦贝尔市级"最美家庭"，其中2户家庭荣获呼伦贝尔市级"最美家庭标兵"荣誉称号。2015年启动全区家庭教育指导服务体系试点旗工作，成立讲师队伍，建立家庭教育辅导站,以"如何给孩子幸福"、"幼小衔接与习惯养成"等内容为题举办多场专题讲座。建立家庭教育指导微信群,开展线上微课堂活动,并为群内家长提供咨询服务,使家庭教育的科学知识触及更多的家庭。开办"特根女性大讲堂",举办"女性疾病预防与保健知识"、"阳光心态与健康人生"等专题讲座,积极选派人员参加上级妇联举办的各类培训,建立"女干部培训纳入全旗干部培训规划"等工作机制,促进女性素质提升。

  依法履职促稳定。围绕"五五"、"六五"普法规划,广泛开展多种形式的法治宣传教育活动,在"3·8"维权周、"6·26"国际禁毒日、"12·4"法制宣传日等重要节点,宣传男女平等基本国策、妇女权益保障法等法律法规,通过电台开展创建平安家庭、防治家庭暴力等专题宣讲,积极参与帮教、禁毒、防治艾滋病等社会治安综合治理工作,有力促进了社会和谐稳定,荣获自治区级普法教育先进集体、呼伦贝尔市级普法依法治理先进集体等多项荣誉。坚持妇联干部担任人民陪审员制度、法律援助制度,建立妇女儿童维权合议庭、110反家暴接警中心、妇女维权工作站,成立覆盖全旗的三级婚姻家庭纠纷人民调解委员会,协同司法机关推进矛盾纠纷的有效解决。成立鄂温克旗妇女儿童"四语"移动维权站,使用蒙、汉、鄂温克、达斡尔四种语言为基层妇女儿童提供无语言障碍的快捷服务,成立以来51次下访入户开展流动服务,接待来信来访213起,救助贫困弱势妇女儿童77人(次),救助资金63391元。实施消除婴幼儿贫血行动,千名儿童获得营养包,总价值82万元。获得中国妇女发展基金会、神华集团捐赠的母亲健康快车8辆,总价值96万元,覆盖全旗80%苏木乡镇。在巴彦托海镇赛克社区建成300平米的自治区级儿童友好家园,开设周末兴趣课堂,每周接待来园学习儿童达180人(次),举办"书香鄂温克"读书分享会等主题活动十余场。成立鄂温克旗义工联合会,落实办公场所、设备和经费,现有注册会员117人,开展母亲节玫瑰义卖、救助早产儿等爱心活动200余场(次),发放爱心善款13万余元,帮扶人群数量达180余人,被评为自治区级巾帼志愿者服务队伍。

固本强基促提效。深入实施"强基固本"工程,全旗乡镇苏木、嘎查社区均建立了妇联组织,旗直机关、各系统均成立了妇女工作委员会,配备了专兼职妇联干部,嘎查社区挂牌建成了"妇女之家",定期在"妇女之家"开展各种讲座、技能培训和文体活动,其中辉苏木嘎鲁图嘎查"妇女之家"被评为自治区级"妇女之家",巴彦托海镇赛克社区"妇女之家"被评为自治区级升级版"妇女之家"。健全机关内部管理制度、工作制度等规章制度6大类41项,认真执行"三重一大"事项集体决策制度,严格落实党风廉政建设责任制,定期学习上级重大会议和领导重要讲话精神,积极参加各类调研培训,领导班子稳定团结,机关氛围民主和谐,荣获自治区级三八红旗集体荣誉称号。积极展示妇联形象,向全国妇联宋秀岩副主席、自治区妇联胡达古拉主席等领导汇报展示工作,宣传稿件多次被中国妇女网、内蒙古妇女网等主流媒体采用,开通微信公众平台《鄂温克族自治旗妇女联合会》,建立鄂温克旗妇女工作群、鄂温克旗妇女手工艺交流群等网上"妇女之家",逐步探索"互联网+"工作模式,传播指数在全市、全区均排在前列。

各位代表,回顾八届会议以来的工作历程,我们深切感受到,我旗妇女事业发展的每一步,都离不开党委政府和上级妇联的坚强领导,离不开社会各界的关心支持,离不开妇联历届老领导的辛勤付出和全旗广大妇女的不懈努力。在此,我谨以大会的名义,向长期关心、重视我旗妇女事业和妇联工作的旗委、人大、政府、政协及呼伦贝尔市妇联致以崇高的敬意!向热心关注、积极支持妇女事业发展进步的各部门和社会各界表示衷心的感谢!向为我旗妇女事业发展作出重要贡献的妇联老领导、各行各业妇女姐妹和妇女工作者表示亲切的问候!

回顾八届会议以来的工作历程,我们深刻体会到,只有坚持党的领导,才能增强妇女工作的号召力;只有加强舆论宣传,才能增强妇女工作的凝聚力;只有争取各方面支持,才能增强妇女工作的推动力;只有注重自身建设,才能增强妇女工作的战斗力。这些宝贵的经验,我们必须在今后的工作中继续坚持和发扬。

在总结成绩和经验的同时，我们还必须清醒地看到：妇女干部的能力与时代的新要求、妇女群众的新期待还存在差距；面对妇女儿童发展的新目标，妇女享有社会资源和公共服务的程度需要进一步提高；面对党的建设的新任务，妇联组织的工作理念、工作机制、服务手段需要进一步创新，这些都需要我们深入思考、积极实践，着力推动解决。

今后五年的工作安排

今后五年，是我旗全力推进"十三五"发展规划、全面建成小康社会的关键时期，是大力开展"七五"普法工作、推进法治鄂温克建设的重要时期，是重点实施鄂温克族自治旗妇女儿童发展规划（2011－2020年）、实现妇女儿童大发展的重要五年期，更是妇女工作适应形势、加快发展的重要机遇期。中央、自治区和呼伦贝尔市党的群团工作会议及各级《关于加强和改进党的群团工作的意见》对新时期群团工作提出了新的任务和要求，为妇女事业发展和妇联自身建设指明了方向，我们要切实增强紧迫感、责任感和使命感，凝聚全旗妇女的智慧和力量，为实现美丽鄂温克新崛起，推动全旗经济社会发展再立新功！

今后五年全旗妇女工作的总体要求是：**高举中国特色社会主义伟大旗帜，贯彻落实习近平总书记系列重要讲话精神和上三级党的群团工作会议精神，围绕全旗中心工作，按照中国妇女十一大、内蒙古妇女十一大、呼伦贝尔市妇女二大提出的目标任务，团结带领广大妇女把思想和行动统一到旗委重大决策部署上来，牢固树立和贯彻落实五大发展新理念，奋力抢抓三个"五年机遇期"，积极推进妇联组织和妇联工作改革创新，坚决贯彻落实男女平等基本国策，高举代表和维护妇女权益的旗帜，高质量实施妇女儿童发展纲要，不断开创妇联工作新局面，构筑"坚强阵地"和"温暖之家"，引领广大妇女立足岗位积极投身鄂温克旗经济社会建设，为全面建成小康社会贡献半边天力量。**

一、凝心聚力，引领妇女为经济社会发展挥洒智慧。把妇女的智慧和力量凝聚到实现党的目标任务上来，引领妇女为党和国家的事业而奋斗，是妇联工作的中心任务。各级妇联组织要贯彻适应和引领经济发展新常态的实践要求，引导广大妇女主动适应经济发展新常态、积极参与供给侧结构性改革，遵循精明发展之路，以"建功十三五·巾帼勇争先"为主题，与时俱进发展"巾帼建功"、"巾帼文明岗"等工作品牌，实施好"巾帼创业创新行动"，引导妇女在"互联网+"新业态中主动作为，支持女性参与科技创新，踊跃投身新技术、新产业、新业态发展。培育职业女牧民和致富女带头人，发挥巾帼现代农业科技示范基地的作用，大力扶持女牧民专业合作组织，牧区电商、小微企业、众创空间，使其在现代牧区发展中创业致富，在大众创业、万众创新中贡献力量。

二、贯彻基本国策，切实扛起依法维护妇女权益的大旗。代表和维护妇女权益、促进男女平等，是妇联组织的基本职能。各级妇联组织要更加注重运用法治思维和方式开展维权工作，切实担负起代表和维护妇女儿童权益的责任，大力实施"巾帼维权行动"，及时亮明态度，发出声音，采取行动，促进妇女合法权益得到更好保障。抓好已出台法律法规政策的有效落实，及时了解分析妇女维权的新情况新需求，引导妇女通过合法渠道表达利益诉求，维护社会稳定和谐。发挥主流媒体和妇联宣传阵地的作用，在全社会进一步掀起宣传贯彻落实男女平等基本国策的热潮。扎实做好"七五"普法宣教、矛盾排查、心理疏导、纠纷调解、信访代理、法律帮助、困难帮扶等工作，进一步探索承接政府转移出来的涉及妇女儿童和家庭的公共服务，加大对贫困单亲妇女、残疾妇女儿童、老龄妇女等群体的帮扶力度，使服务妇女、依法维权的过程成为为党的事业凝心聚力的过程。

三、加大服务力度，落实妇女得实惠、普受惠、长受惠。为妇女儿童谋福祉、帮妇女儿童解难题，是妇联组织的重要责任。各级妇联组织要准确把握不同妇女群体最关心最直接最现实的利益问题，以全面实施"十三五"规划为契机，争取资源、科学谋划，推动将普惠妇女儿童的实事项目纳入政府民生工程。创新推进"巾帼扶贫行动"，开展宣传教育、注重立志脱贫，落实各类资金借贷项目、助推创业脱贫,加强技能培训、提高能力脱贫,发展妇女民族手工、实施巧手脱贫,推动健康脱贫。建立妇联干部直接联系服务妇女群众制度,通过服务平台、项目活动、网上信息、干部群众面对面等联系方式载体,实现妇女群众与妇联组织之间的"一呼百应"。大力实施"巾帼关爱行动",注重人文关怀和心理疏导,加强妇女儿童精神卫生服务,促进提升妇女儿童身心健康水平。深入实施"母亲健康快车"、"安康计划",推动扩大妇女"两癌"检查和治疗救助、消除婴幼儿贫血行动等项目覆盖面,抓好"金秋助学"、"恒爱行动"、"儿童友好家园"等公益服务,动员社会组织和爱心人士广谱爱心,打造新的有针对性的服务品牌。

四、加强素质提升,助推妇女更好地成长成才。伟大的时代呼唤高素质妇女劳动者和高层次女性人才。各级妇联组织要着眼于促进妇女全面发展,大力实施"巾帼成才行动",坚持引导妇女加强学习、终身学习,做学习型女性。大力培养、树立和宣传新时期先进妇女典型,充分发挥优秀女性的感召力和带动力,激励广大妇女牢固树立"四自"精神、坚持积极向上的人生追求,在促进社会公德、职业道德、家庭美德、个人品德建设方面发挥积极作用。帮助妇女提升发展能力,着力为妇女接受各类职业教育争取更多资源,促进提高妇女在政府相关培训工程中的参训比例。发挥"妇"字号基地、妇女学校等作用,探索运用新媒体、远程教育等载体,为妇女打造数字化学习平台,面向不同妇女群体有针对性地开展培训,帮助妇女提高科技文化素质、增强创业就业本领。促进完善女性人才的培养和激励机制,为各类女性人才脱颖而出营造环境,激励妇女争做有用之才。

五、注重家庭教育,发挥妇女在家庭建设中的独特作用。各级妇联组织要深入贯彻习近平总书记关于注重家庭、注重家教、注重家风的要求,进一步明确妇联家庭工作的职能和主要任务,充分发挥妇女在社会生活和家庭生活中的独特作用,广泛开展"共建美丽家园行动"等主题实践活动,引导妇女从自身做起、从家庭做起,身体力行传播环保理念,携手共建美丽鄂温克。引导妇女群众和广大家庭主动培育和践行社会主义核心价值观,以好的家风支撑起好的社会风气。以家风建设为重点创新家庭文明建设,深入持久开展寻找"最美家庭"活动,大力推进党政机关清廉家风建设等重点工作,使家庭文明建设工作常做常新。贯彻落实家庭教育"十三五"规划,积极推进家庭教育指导服务体系建设,以立德树人为目标扎实做好家庭教育指导服务工作,引导广大父母自觉担负家庭教育责任,掌握科学理念和方法,帮助孩子养成良好思想品德和行为习惯。

六、深化统战联谊,积极促进各族各界妇女大团结。实现中国梦,需要包括各族各界妇女在内的全体中华儿女的团结奋斗。各级妇联组织要积极探索妇联统战联谊工作新路径,最大限度汇聚起妇女爱国力量充分发挥妇联执委、团体会员和妇女代表的作用,不断拓展与各族各界、各行各业妇女的联系,注重加强与一些新兴领域妇女和新女性群体的联系。大力开展具有地域特色的民族团结进步宣传教育,创新民族地区联系和服务妇女工作机制。引领妇女有序参与政治生活和社会管理创新,扩大与民主党派、工商联、无党派妇女的联系,支持她们在参政议政、民主监督中更好发挥作用。积极为各级女党代表、女人大代表、女政协委员和女干部参政议政搭建平台,为她们更好地履行职责、了解民情、建言献策服务。

七、增强政治性先进性群众性,扎实推进妇联工作改革创新。打铁还需自身硬,加强妇联组织自身建设,是实现妇联工作创新发展的重要保障。各级妇联要进一步增强政治意识、大局意识、核心意识、看齐意识,以提高知大局、想长远、干实事能力为目标,加强对妇女工作者特别是专职妇联干部的教育培训和实践锻炼。要牢记宗旨、不忘初衷,坚持问题导向、基层导向,切实解决一些妇联组织中存在的机关化、行政化等脱离妇女群众的问题。要在巩固已有组织网络的基础上,把组织网络夯实在基层,加快新领域新阶层妇联组织建设,扩大在年轻女性、女农民工、自由职业女性、知识女性等群体中的有效覆盖,探索嘎查社区"会改联"工作。实施妇联网上工程,建设"网上妇女之家",凝聚网上工作合力,打造新媒体时代妇联工作新品牌。常态化深入开展"下基层、访妇情、办实事"活动,形成"进万家门、访万家情、结万家亲"工作格局,使妇联组织和工作植根于妇女群众之中,把妇联组织建设成为广大妇女可信赖可依靠的"妇女之家"。

  各位领导、各位代表、同志们、姐妹们,宏伟的蓝图鼓舞人心,光荣的使命催人奋进。让我们高举中国特色社会主义伟大旗帜,不忘初心,继续前进,改革创新,扎实工作,团结带领全旗各族各界妇女姐妹为实现美丽鄂温克新崛起,全面建成小康社会,共圆中华民族伟大复兴的中国梦努力奋斗!

二、鄂温克旗妇联规章制度

(一)机关学习制度

1. 学习内容。学习内容主要由办公室主抓,根据上级部门要求和时事形势需要确定,及时充实新的学习内容。

2. 自学。自学是机关干部学习的主要方式,每天应坚持自学不少于1小时。

3. 集中学习。每周五下午为机关集中学习时间,学习内容由单位领导视情而定,办公室具体组织。

4. 脱产培训。根据组织部干部培训年度计划安排,结合单位机关实际,分期分批选派人员参加各种学习班。

5. 专题讲座。有针对性地邀请有关专家教授、理论工作者及领导干部作专题讲座,每年一次。

6. 建立学习笔记。对重要的学习内容,每学必记,做到有所得、有所思、有所悟。

7. 考勤、请假和补课。对每星期五(下午)的集中学习,机关统一进行考勤。不能参加的要向领导请假,并报机关党支部;凡集体学习缺课的,事后要及时补课,学习考勤情况每半年通报一次。

(二)职工请假制度

1. 职工请病假、事假在3天以内者,要经办公室主任同意;请病、事假在4天以上者,要持请假条,病假要有诊断书,写明事由、去向、时间,经单位主席签字批准后方可离岗。

2. 职工请病、事假3天以内者，妥善安排工作后方可离岗。

3. 因公出差或参加各类会议、短期培训班等，必须经主席批准履行请假、销假手续，并在规定的时间内返回，严禁绕行旅行、游览或私自延长时间。

(三) 机关车辆管理制度

1. 机关机动车辆由办公室负责使用调度，优先保证领导用车、业务用车。

2. 个人因事用车或外单位用车，必须由主管领导批准，严禁外单位人员婚丧嫁娶使用车辆。

3. 车辆使用的燃油由办公室统一掌握，加油本着节约的原则，根据出车确定油料使用总量，并报请主管领导批准。

4. 车辆检修、保养及易损件的购买、更换必须经办公室主任批准，并报请主管领导。

5. 车辆发生故障或有其他损坏情况，司机要及时向办公室主任汇报，一般不可自行处理，否则后果自负。

6. 司机要坚守岗位，保证出车的需要，不得驾车擅自外出。

7. 司机要听从指挥，遵守工作纪律，加强车辆保养。

(四) 安全防火制度

1. 在防火期内，凡在野外或下乡检查工作时，一律不准带火。

2. 机动车辆要配备灭火器，在防火期间到各地下乡时戴防火帽，办理防火证。

3. 认真执行安全第一、预防为主的方针，做到防患于未然。对违反以上制度造成事故者，要给予处罚，情节严重者追究刑事责任。

(五) 干部学法制度

1. 机关工作人员要积极参加普法培训、学习和考试，模范遵守宪法和法律法规,严格履行宪法和法律赋予的权利和义务,运用法律手段管理各项事务,努力提高依法决策、依法行政、依法管理的能力和水平。

2. 公职人员要坚持法制原则,依法决策、依法管理、依法办事、合理行政,自觉维护宪法和法制的权威,运用法律手段保护妇女儿童的合法权益。

3. 机关工作人员要有学习笔记,学习心得。

4. 机关干部职工要自觉参加法律培训、讲座,带头学法、用法,认真学习专业法律,促进依法行政。

(六)妇联决策议事制度

为进一步完善领导班子工作制度,使领导班子的议事决策更加科学化、制度化、规范化,提高决策水平和工作效率,特制订本制度。

1. 依法办事原则:研究决定的重大问题必须严格符合党的路线、方针、政策和国家法律法规。

2. 集体决策原则:研究决定的重大问题必须严格实行集体议事,并以会议表决或体现班子集体的意识。

3. 少数服从多数的原则:领导班子集体研究决定问题时,必须充分讨论,集思广益,按照少数服从多数的原则做出决定。

4. 相互平等原则:领导班子各成员之间是平等关系,每位成员都有充分发表个人意见的权利和责任,进行表决时实行一人一票制。

5. 重要问题在决定前要充分调查研究,认真听取各方面的意见,进行必要的酝酿协商。如遇到重大分歧,一般应暂缓作出决定,进一步调查研究,沟通磋商、统一认识后作决定。

(七)接待来访制度

1. 接待来信来访时要热情真诚,让来访者高兴而来、满意而归。

2. 善于掌握来访者的心理,说话讲究艺术,做好笔录及有关政策、法律法规的宣传工作。

3. 对来访反应的问题,情节简单的、政策上有明确规定的,当面给予答复,及时解决;对情况复杂、案情严重的、一时无法解答的问题,说明情况,并组织人员抓紧查处。

4. 对举报者的过分言行,做到有礼有节或给予适当的批评教育。

(八)矛盾纠纷排查制度

1. 旗妇联主席为第一责任人,要将矛盾排查调处工作纳入到议事日程。

2. 旗妇联定期开展矛盾排查调处工作,对单位干部职工热点难点问题、可能引发的矛盾纠纷事件进行排查。

3. 旗妇联矛盾排查工作小组排查出的矛盾纠纷要限期解决,解决不了的要及时上报。

4. 建立健全矛盾纠纷排查调处档案,按时完成排查治理任务。

(九)责任追究制度

为了强化责任意识,保证政令畅通,提高服务质量,提高工作效率,根据有关法律法规和政策规定,结合实际情况,制定本制度。

1. 责任追究制度是指本单位工作人员不履行或者不正确履行职责,以致影响单位工作的正常运转和信誉,耽误工作或者损害单位办事的服务相对人的合法权益等行为予以的责任追究的制度。

2. 实行责任追究,应坚持实事求是、客观公正、有责必问、有错必纠和教育与惩处相结合的原则。

3. 实行行政领导问责制。科室或工作人员违反首问负责制度、限期办结制度,不履行或者不正常履行职责的,要追究该工作人员所在科室负责人和分管负责人、岗位责任人的行政责任。

4. 不履行或者不正确履行职责,应当追究科室及负责人的责任。情节较轻的,责令书面检查,限期整改,并对分管责任人予以告诫。情节较重,造成不良影响和后果的,取消评优资格。

(十)党建工作职责

1. 宣传和执行党的路线、方针、政策,宣传和执行党中央、上级组织和本组织的决议;发挥党组织的战斗堡垒作用和党员的先锋模范作用,支持和协助行政负责人完成本单位所担负的任务。

2. 组织党员认真学习马克思列宁主义、毛泽东思想、邓小平理论、"三个代表"重要思想及科学发展观,学习党的路线、方针、政策及决议,学习科学、文化和业务知识。

3. 对党员进行严格管理,督促党员履行义务,保障党员权利不受侵犯。

4. 对党员进行严格监督,严格执行党的纪律,加强党风廉政建设,坚决同腐败现象作斗争。

5. 做好机关工作人员的思想政治工作,推进机关社会主义精神文明建设;了解、反映群众的意见,维护群众的正当权益,帮助群众解决实际困难。

6. 对入党积极分子进行教育、培养和考察,做好发展党员工作。

7. 领导机关工会、共青团、妇委会等群众组织,支持这些组织依照各自的章程独立负责地开展工作。

(十一)党建工作制度

1. 党员学习制度

(1)学习内容:马列主义、毛泽东思想、邓小平理论、"三个代表"重要思想和科学发展观;自治区、市、旗重要会议精神;《党章》和党的路线、方针、政策;国家的法律法规;现代科技知识和相关业务知识、技能。

(2)学习形式:集体学习和自学相结合。每月组织一次党员集中学习,每次学习时间不少于 1 小时。有重要、紧急的学习任务随时安排。每名党员要按照支部安排的学习内容进行自学,每周 1~2 小时。

(3)学习要求:每名党员必须重视政治学习,端正态度,认真对待。要积极踊跃发言,围绕学习内容,结合工作实际,本着有利于提高素质、改进工作的积极态度进行,学习讨论时要作好记录,发言记录要妥善保管。

(4)组织领导:党支部书记作为学习的组织者,负责制定学习计划和组织实施学习活动;全体党员必须按时参加学习教育活动,要确保人员、时间、内容三到位。

2.民主生活会制度

(1)民主生活会(含党员组织生活会)一般每季度召开一次。

(2)民主生活会的主要任务是每个党员汇报思想、工作情况;相互展开批评与自我批评。生活会要坚持"团结—批评—团结"的原则,对人对事要开诚布公,充分发扬民主,开展积极的思想斗争。每名党员都要正确对待批评与自我批评,不准打击报复。

(3)民主生活会的主题要相对集中,有针对性地解决问题。

(4)民主生活会前,支部要广泛征求党员群众对班子集体或党员个人的意见或建议,整理后在民主生活会上反馈。

(5)民主生活会由党组织书记主持,主持人要带头开展批评和自我批评。

(6)民主生活会可以邀请人大代表、政协委员和群众代表列席会议。列席人员可以提出意见建议。

(7)党员要自觉参加组织生活会,因故不能参加者,要提前向会议主持人请假。

(8)党组织领导成员要积极参加双重民主生活会。

(9)民主生活会检查出来的问题,党组织和每个党员都要认真制定整改措施,切实加以解决。需要上级党组织帮助解决的要及时报告。

(10)民主生活会结束后,15日内按要求将会议情况报告上级党组织。

3."三会一课"制度

(1)每月召开一次支委会。主要是听取支部委员的工作汇报,总结上月党建工作情况,研究本月工作。

(2)每月召开一次党小组会。主要是由党小组长根据党支部的要求组织本小组党员学习理论、提合理化建议等,支部定期进行督促、检查。

（3）每季度召开一次支部大会。主要是传达学习党的路线、方针、政策和上级党组织的重要决议、指示,讨论工作中的重大问题。汇报、交流党员个人思想和工作情况,开展批评与自我批评。

（4）每半年上一次党课。主要是联系实际工作和党员思想状况,采取集中授课、收看电教片、外出参观学习等形式,对全体党员进行经常性的党性党风教育、政策形势教育、实用技术教育等,不断提高全体党员的综合素质。

4. 党费收缴制度

自觉、按时、足额缴纳党费,是党员必须具备的一个起码条件,是党员对党应尽的一项基本义务,是党员关心党的事业的具体表现。为切实搞好本党支部党费收缴和管理工作,特制定如下制度：

（1）党员必须本人交纳党费,除非有特殊情况,方可委托其他党员转交。

（2）党员必须按期交纳党费。一般应按月交纳党费,党员如果没有正当理由连续六个月不交纳党费,就认为是自行脱党,经批评教育后仍不改正的,由支部讨论并报上级党组织批准后将其除名。

（3）党员必须按规定交纳党费,按中央组织部关于党员交纳党费具体标准的规定,不可少交。党员自愿多交纳党费,可以不限。

（4）党费必须由支部专人负责,一般由支部组织委员管理,若需换届,必须及时办好移交手续。

（5）支部应按月将本支部收入、上缴党费的金额详细记入《党费收缴登记薄》。

（6）收缴党费人员必须及时向上级党组织上缴党费,不得个人长期保管现金。

5. 党风廉政建设责任制度

（1）为贯彻中央精神,加强党风廉政建设,坚持以党风建设促进本单位政风、行风建设,进一步倡导诚信意识、廉洁意识和责任意识,特建立党风廉政建设责任制。

(2)党支部书记、委员要认真履行职责,做到坚持原则,敢抓敢管,确保党风廉政建设各项措施和任务的贯彻落实。

(3)抓好党风廉政教育,经常对党员进行理想信念、党风党纪和道德法制教育,增强反腐倡廉的自觉性。

(4)严格遵守党的规章制度,严守党的纪律,不泄露党的秘密,不牟取私利,不铺张浪费,不参与赌博和封建迷信活动,维护党的形象。

(5)协助上级纪检部门做好本单位信访件的调查工作,及时反映热点、难点问题,做好协调、疏导工作。

(6)加强党风廉政建设的监督检查,每半年分析、研究一次本单位廉政建设情况,总结经验,及时发现和解决廉政建设方面的新情况和新问题。

三、鄂温克旗儿童发展规划(2011~2020年)

前 言

儿童是人类的未来,是社会可持续发展的重要资源。儿童发展是国家经济社会发展与文明进步的重要组成部分,促进儿童发展,对于全面提高中华民族的素质,建设人力资源强国具有不可替代的作用。

儿童时期是人生发展的关键时期。以科学的儿童发展观为指导,为儿童提供良好的生存、发展环境和条件,最大限度地满足儿童的发展需要,发挥儿童的潜能,将为儿童的健康成长奠定重要基础。

《鄂温克旗儿童发展规划(2001~2010年)》的实施,进一步强化了政府管理儿童事务的责任,进一步促进了儿童事业与经济社会的同步、协调发展。规划实施十年来,我旗儿童生存、保护、发展的环境和条件得到明显改善,儿童权利得到进一步的实现,儿童事业取得了巨大成就。截至2010年,《鄂温克旗儿童发展规划(2001~2010年)》确定的主要目标基本实现。儿童健康、营养状况持续改善。婴儿和5岁以下儿童死亡率分别为6.02‰和10.84‰,均比2000年有了大幅度下降。儿童计划免疫接种率(四苗/全程)连续10年保持在95%以上。乙肝疫苗接种率达99%,5岁以下儿童中、重度营养不良患病率为0.24%。7岁以下儿童保健管理率为85.93%。儿童教育普及程度继续提高。2010年,全旗小学适龄女童入学率及初中女童毛入学率均达到100%。全旗中小学生享受"两免一补"人数达到19 245人次,补助资金达到509万元。困境中的儿童得到更多的关怀和救助。保护儿童权利的法律体系基本形成。

我旗是以鄂温克族为主体的多民族聚居的边疆地区,由于历史、自然的原因,受经济社会、文化发展水平的制约和传统观念的影响,在实施儿童规划过程中,与全区发达地区相比还存在一定差距。儿童优先意识有待进一步加强,儿童工作机制有待进一步完善;城乡之间儿童发展不平衡,偏远牧区儿童整体发展水平较低;出生缺陷发生率上升,出生人口性别比偏高;义务教育发展不均衡,校际、城乡之间存在较大差距;学前教育公共资源不足,普及率偏低;受人口流动影响带来的一些儿童问题未得到有效解决;社会文化环境中仍然存在着不利于儿童健康成长的消极因素等等。进一步解决儿童发展面临的突出问题,促进儿童的全面发展和权利保护,仍然是今后一个时期儿童工作面临的重大任务。

未来十年,是全面建设富裕、文明、和谐、幸福鄂温克的关键时期,儿童事业发展面临着前所未有的机遇。深刻认识并准确把握鄂温克旗发展的阶段性特征,将为儿童健康成长创造更加有利的社会环境。鄂温克旗人民政府制定并颁布《鄂温克旗儿童发展规划(2011~2020年)》(以下简称《规划》)。《规划》依照《中国儿童发展纲要(2011~2020年)》及《内蒙古自治区儿童发展纲要(2011~2020年)》、《呼伦贝尔市儿童发展纲要(2011~2020年)》的宗旨和精神,按照我旗经济社会发展的总体目标和要求,结合我旗儿童发展的实际情况,从"儿童与健康、儿童与教育、儿童与福利、儿童与社会环境、儿童与法律保护"五个领域提出了2011-2020年全旗儿童发展的指导思想、基本原则、主要目标和策略措施,为我旗儿童发展制定了纲领性文件。

一、指导思想和基本原则

(一)指导思想

高举中国特色社会主义伟大旗帜,以邓小平理论和"三个代表"重要思想为指导,全面贯彻落实科学发展观,坚持儿童优先原则,以优先保护、平等发展、普惠福利为主线,保障儿童生存、发展、受保护和参与的权利,提高儿童整体素质,促进儿童健康、全面发展。

(二)基本原则

1. 儿童优先原则。在制定法律法规、政策规划和公共资源配置等方面优先考虑儿童的利益和需求,依法保障儿童合法权利,促进儿童全面健康成长。

2. 儿童最大利益原则。处理与儿童相关的一切事务,应从儿童身心发展特点和利益出发,保障儿童利益最大化。

3. 儿童平等发展原则。为所有儿童创造公平的社会环境,儿童不因户籍、地域、性别、民族、信仰、受教育状况、身体状况和家庭财产状况受到任何歧视,保障所有儿童享有平等的权利与机会。

4. 儿童参与原则。创造有利于儿童参与的社会环境,鼓励、支持儿童参与家庭、文化和社会生活,畅通儿童表达的渠道,重视吸收采纳儿童的意见。

二、总目标

进一步完善覆盖全旗城乡儿童的公共卫生和基本医疗保障制度,提高儿童身心健康水平;促进基本教育公共服务均等化,保障儿童享有更高质量的教育;扩大儿童福利范围,建立适度普惠的儿童福利体系,提升儿童福利水平;提高儿童工作社会化服务水平,创建儿童友好型的社会环境;缩小儿童发展的城乡差距、个体差距,促进儿童生存、发展、受保护和参与权利的实现。

三、发展领域、主要目标和策略措施

(一)儿童与健康

主要目标:

1. 严重多发致残的出生缺陷发生率逐年下降,减少出生缺陷所致残疾。

2. 婴儿和5岁以下儿童死亡率分别控制在11‰和13‰。逐步缩小城乡差距;降低流动人口中婴儿和5岁以下儿童死亡率。

3. 减少18岁以下儿童伤害所致死亡和残疾。

4. 控制儿童常见疾病和艾滋病、梅毒、结核病、乙肝等传染性疾病。

5. 纳入国家扩大免疫规划的疫苗接种率以苏木乡镇为单位达到95%以上。

6. 新生儿破伤风发病率降低到1‰以下。

7. 低出生体重发生率控制在4%以下。

8. 0-6个月婴儿纯母乳喂养率达到50%以上。

9. 5岁以下儿童贫血患病率控制在12%以下。中小学生贫血患病率逐年下降。

10. 5岁以下儿童生长迟缓率降低到7%以下,低体重率降低到5%以下。

11. 3岁以下儿童系统管理率和7岁以下儿童保健管理率均达到80%以上。

12. 新生儿听力筛查率达到60%以上。先天性甲状腺功能低下症、新生儿苯丙酮尿症等遗传代谢性疾病筛查率达到80%以上。

13. 提高中小学生《学生体质健康标准》达标率。控制中小学生视力不良、龋齿、肥胖发生率。

14. 降低儿童心理行为问题发生率和儿童精神疾病患病率。

15. 提高适龄儿童性与生殖健康知识普及率。

16. 减少环境污染对儿童的伤害。

策略措施:

1. 加大妇幼卫生经费投入。优化卫生资源配置,建立科学、稳定的妇幼保健机构经费补偿机制。合理安排妇幼重大公共卫生服务项目所需经费,将严重危害儿童健康的产前疾病筛查诊断项目、新生儿疾病筛查项目纳入重大公共卫生服务项目。促进儿童基本医疗和基本公共卫生服务的均等化。

2. 加强妇幼卫生服务体系建设。加强旗、苏木乡镇、嘎查三级妇幼卫生服务网络建设,完善基层妇幼卫生服务体系。加强儿童医疗保健服务网络建设,增加儿童医院数量。二级以上综合医院和旗妇幼保健机构应当设置儿科,规范新生儿病室建设。加强儿童卫生人才队伍建设,提高儿童卫生服务能力。

3. 加强儿童保健服务和管理。推进儿童医疗保健科室标准化建设,开展新生儿保健、生长发育监测、营养与喂养指导、早期综合发展、心理行为发育评估与指导、儿童五官保健、健康安全保护指导、健康促进等服务。逐步扩展基本公共卫生服务项目中的儿童保健服务内容。将流动儿童纳入流入地社区儿童保健管理体系,提高流动人口中的儿童保健管理率。

4. 完善出生缺陷防治体系。加大出生缺陷防治知识的宣传力度,提高目标人群出生缺陷防治知识知晓率。落实出生缺陷三级防治措施。提高婚前医学检查率,规范婚检内容,改进服务模式,将婚检纳入基本公共卫生服务项目;建立健全产前诊断网络,加强孕产期合理营养与膳食指导,提高孕期出生缺陷发现率;开展新生儿疾病筛查、诊断和治疗,将产前疾病筛查和新生儿疾病筛查纳入重大公共卫生服务项目网络,逐步提高确诊病例治疗率。

5. 加强儿童疾病防治。扩大免疫规划范围,加强冷链系统建设和维护,规范预防接种行为。以牧区和社区为重点,普及儿童健康的基本知识与技能。加强儿童健康相关科学技术和重大儿童健康影响因素及干预措施的研究,促进成果转化,推广新生儿窒息复苏、儿童疾病的综合管理等适宜技术。规范儿科诊疗行为,降低新生儿窒息、肺炎和先天性心脏病等的死亡率。将预防艾滋病母婴传播纳入妇幼保健常规工作,加强预防艾滋病母婴传播综合服务。

6. 预防和控制儿童伤害。制定实施多部门合作的儿童伤害综合干预行动计划,为儿童创造安全的学习、生活环境,预防和控制溺水、交通等主要伤害事故的发生。将安全教育纳入学校教育教学计划,中小学校、幼儿园和社区普遍开展灾害避险和游泳、娱乐、交通和消防安全知识教育,提高儿童家长和儿童的自护、自救、防灾和逃生的意识和能力。建立健全学校和幼儿园的安全、卫生管理制度和校园伤害事件应急管理机制。建立完善儿童伤害监测系统和报告制度。提高灾害和紧急事件中对儿童的保护意识和能力,减少各类灾害对儿童的影响,为受灾儿童提供及时有效的医疗、生活、教育、游戏、娱乐、心理康复等方面的救助服务。

7. 改善儿童营养状况。加强爱婴医院的管理,加大宣传力度,完善和落实支持母乳喂养的相关政策,积极倡导母乳喂养。开展健康教育和科学喂养、合理膳食与营养素补充指导,提高婴幼儿家长的科学喂养知识水平,加强卫生人员技能培训,预防和治疗营养不良、贫血、肥胖等儿童营养性疾病。实施贫困地区学龄前儿童营养与健康干预项目。继续推行中小学生营养改善计划,提高牧区寄宿制学校家庭经济困难学生的伙食补贴标准,扩大补贴范围。加大碘缺乏病防治知识的宣传普及力度,提高缺碘地区合格碘盐食用率。

8. 提高儿童的身体素质。全面实施国家学生体质健康标准。合理安排学生的学习和锻炼时间,保证学生的睡眠时间。大力开展"阳光体育"运动,保证学生每天锻炼一小时。控制中小学生超重率、肥胖率。建立和完善学生健康体检和体质监测制度,建立学生体质健康档案。

9. 加强对儿童的健康指导和干预。加强托幼机构和中小学校卫生保健管理,开展儿童疾病预防、心理健康、生长发育与青春期保健等方面的教育和指导,帮助儿童养成健康行为和生活方式,提高儿童身心健康素养水平。加强儿童视力、听力和口腔保健工作,降低近视发生率。预防和控制儿童吸烟、酗酒和吸毒。禁止向儿童出售烟酒和违禁药品。

10. 构建儿童心理健康公共服务网络。有条件的妇幼保健机构设儿童心理科(门诊),配备一定数量的专科医师,开展精神卫生专业人员培训。学校设心理咨询室,配备专职心理健康教育教师。深入开展社会宣传,促进儿童健康心理和行为的形成。

11. 加强儿童生殖健康服务。性与生殖健康教育内容要纳入义务教育课程,增加性与生殖健康服务机构数量,加强能力建设,满足适龄儿童的咨询与治疗需求。

12. 保障儿童食品、用品的安全。完善婴幼儿食品、用品的国家标准,强化婴幼儿食品、用品相关企业的质量意识,建立婴幼儿食品安全监测、检测和预警机制,加强婴幼儿用品、玩具和游乐设施生产和销售的监督管理,完善检测标准和质量认证工作。加大对食品市场的监管力度,严厉打击制售假冒伪劣食品的违法犯罪行为,降低假冒伪劣食品对儿童健康的危害。

13. 加大环境保护和治理力度。控制和治理大气、水、固体废物和噪音等环境污染以及工业、生活和牧区水源污染,保护饮用水源。建立儿童环境污染暴露监测网,确保主要持久性有机污染物和主要重金属(铅、镉等)暴露水平符合国家标准。

(二)儿童与教育

主要目标:

1. 促进0～3岁儿童早期综合发展。

2. 基本普及学前教育。学前三年毛入园率达到85%以上,学前一年儿童毛入园率达到98%;增加公办幼儿园的数量,每个苏木乡镇至少建立1所中心幼儿园,全旗建立1所自治区级示范幼儿园,建立2所市级示范幼儿园。

3. 九年义务教育巩固率达到98%以上。确保流动儿童平等接受义务教育,保障残疾儿童接受义务教育。

4. 实现高中阶段免费教育。普及高中阶段教育,毛入学率达到90%以上。

5. 扩大中等职业教育的规模,提高办学质量。

6. 保障所有儿童享有公平教育,均衡配置教育资源,缩小城乡差距、区域差距、校际差距。

7. 提高学校标准化建设水平,减少薄弱学校数量。

8. 提高教育质量和效益,全面提升学生综合素质和能力。

9. 优先重点发展民族教育,完善民族教育体系,促进各级各类民族教育协调发展。

策略措施:

1. 落实教育优先发展战略。进一步完善以政府投入为主,多渠道筹集教育经费的体制,增加教育投入,逐步提高财政性教育经费支出占国民生产总值的比例。

2. 促进基本教育公共服务均等化。坚持教育的公益性和普惠性,建立城乡一体化的教育均衡发展保障机制和基本公共教育服务体系,均衡配置教师、设备、图书、校舍等各项资源。规范准入条件,加快薄弱学校改造,缩小办学条件、师资素质、教育质量上的差距。

3. 加快发展学前教育。将学前教育发展纳入城乡建设规划之中。建立政府主导、社会参与、覆盖城乡、布局合理,公办、民办共同发展的学前教育公共服务体系,保障适龄儿童接受基本的、高质量的学前教育。努力扩大牧区学前教育资源,重点实施"苏木乡镇幼儿园建设工程"。加大财政投入,大力发展公办幼儿园,积极扶持普惠性、有质量的民办幼儿园。加强学前教育监督和管理,强化幼儿园准入审批制度。制定合理的收费标准。重视幼儿园教师师资队伍建设。实施好学前教育资助制度,保证家庭困难儿童、孤儿和残疾儿童接受普惠性学前教育。积极发展残疾儿童学前康复教育。

4. 加快发展少数民族儿童教育事业。认真贯彻优先重点发展方针,优先安排民族教育项目,保障民族教育适度超前发展。进一步完善民族教育办学体系,促进各类民族教育协调发展。加快发展民族学前教育,少数民族人口集中的苏木乡镇要以公办体制独立设置民族幼儿园。加大对民族教育的财政和资源支持力度,率先实现边境地区、牧区、贫困地区义务教育阶段民族学校的标准化和均衡发展,对民族语言授课学前教育和高中阶段教育学生实行免费教育。促进女童接受学前和高中阶段教育。大力推进双语教学,尊重和保障少数民族儿童使用本民族语言接受教育的权利,重视加强学前双语教育。加大对民族地区师资培养培训力度。

5. 保障流动儿童平等接受义务教育。坚持以流入地政府管理为主、以全日制公办中小学为主的原则解决流动儿童的就学问题。研究制定实施流动儿童义务教育后在流入地参加升学考试的办法。加快牧区寄宿制学校建设,优先满足留守儿童的住宿需求。

6. 保障特殊困难儿童接受义务教育的权利。落实孤儿、残疾儿童、贫困儿童就学的资助政策。加快发展特殊教育,扩大残疾儿童随班就读和普通学校特教班的规模,提高残疾儿童的受教育水平。消除制度障碍,为流浪儿童、具有严重不良行为和违法犯罪行为的儿童平等接受义务教育创造条件。

7. 加快发展高中阶段教育。逐步提高高中阶段教育财政投入水平,合理确定普通高中和中等职业学校规模,促进普通高中与职业高中协调发展。到2015年,全面普及高中阶段教育。到2020年,高水平普及高中阶段教育。

8. 大力发展职业教育。以服务为宗旨,以就业为导向,以提高质量为重点,深化职业教育改革,促进职业教育规模、专业设置与经济社会发展需求相适应。增强职业教育的吸引力,逐步推行中等职业教育免费政策。

9. 加强和改进学校思想道德教育和少先队工作。坚持育人为本、德育为先,将社会主义核心价值体系融入国民教育全过程。把德育渗透于教育教学的各个环节,贯穿于学校教育、家庭教育和社会教育的各个方面。创新德育形式,丰富德育内容,不断提高德育工作的吸引力和感染力,增强德育工作的针对性和实效性。

10. 提高学生科学素养水平。加强儿童科普教育,开展多种形式的科普活动和社会实践,增强儿童对科学技术的兴趣和爱好,培养儿童科学探究能力和综合运用知识解决问题的能力。建立校外科技活动场所与学校科学课程相衔接的有效机制。利用科技类博物馆、科研院所等科普教育基地和青少年科技教育基地的教育资源,为儿童提供科学实践的场所和机会。

11.加快推进教育改革。积极推进课程体系、教学内容、教学方法、考试招生制度的改革,建立教育质量标准和监测评价制度体系,完善学生综合素质和学业评价体系,完善和全面实施义务教育就近免试入学制度,解决学生择校问题。减轻学生课业负担,建立学生课业负担监测和公告制度,减少作业量和考试次数。

12.建设民主、文明、和谐、平等、安全的友好型学校。建立尊师爱生的师生关系。保障学生参与学校事务的权利。提供干净的饮用水和卫生厕所,改善寄宿制学校学生食堂和住宿条件。

(三)儿童与福利

主要目标:

1.扩大儿童福利范围,推进由补缺型福利向适度普惠型福利的转变。

2.保障儿童享有基本医疗和保健服务,提高儿童基本医疗保障覆盖率和保障水平,为孤儿、贫困和大病儿童提供医疗救助。

3.基本满足流动和留守儿童的公共服务需求。

4.满足孤儿生活、教育、康复、医疗和就业等方面的基本需求,提高孤儿的家庭寄养率和收养率。

5.提高0~6岁残疾儿童抢救性康复率。

6.减少流浪儿童的数量和反复性流浪。

7.增加孤残儿童养护、流浪儿童保护和残疾儿童康复的专业服务机构数量。

8.保障受艾滋病影响儿童和服刑人员未满18周岁子女的生活、教育、医疗、就业等权利。

策略措施:

1.提高面向儿童的公共服务的供给能力和水平。完善公共服务体系和机制,增加财政对儿童福利投资的预算,逐步实现儿童公共服务的均等化。

2. 完善儿童医疗保障体系。在城镇居民基本医疗保险和新型牧区合作医疗制度中,强化对儿童的保障力度,适当扩大儿童医疗保险的支付范围,提高支付比例和最高支付限额。

3. 建立儿童医疗救助制度。采用政府拨款、社会和个人捐助等形式,设立儿童医疗救助专项基金,对大病儿童和贫困家庭儿童实施医疗减免或专项补助。对贫困家庭儿童、孤儿、残疾儿童参加城镇居民基本医疗保险及新型牧区合作医疗个人缴纳部分予以政府补贴。

4. 扩大儿童福利范围。尝试建立儿童福利账户。完善城镇和牧区最低生活保障制度,通过分类施保提高贫困家庭儿童的生活水平。探索5岁以下贫困家庭儿童和残疾儿童生活津贴制度的运作机制,改善5岁以下儿童的营养状况。逐步提高牧区义务教育家庭经济困难寄宿生生活补助标准。

5. 建立孤儿基本福利制度,提高孤儿福利水平。落实孤儿社会保障政策,满足孤儿生活、教育、医疗康复、住房等方面的需求。鼓励和帮扶有劳动能力的孤儿成年后就业。建立受艾滋病影响的儿童、服刑人员子女的替代养护制度,为受艾滋病影响的儿童和服刑人员子女的生活、医疗、教育、就业提供制度保障。

6. 建立残疾儿童康复救助制度,完善残疾儿童康复服务体系。建立0~6岁残疾儿童登记制度,落实贫困家庭残疾儿童基本康复需求补贴的有关规定。优先开展残疾儿童抢救性治疗和康复,提高残疾儿童康复机构服务专业化水平。建立以专业化康复机构为骨干、社区为基础、家庭为依托的残疾儿童康复服务体系,开展多层次职业培训和实用技术培训,增强残疾儿童生活自理能力、社会适应能力和平等参与社会生活的能力。

7. 建立和完善流动儿童和留守儿童的服务机制。积极推进户籍制度、社会保障制度和财政投入体制改革,逐步将流动人口纳入当地经济社会发展规划和管理。建立16周岁以下流动儿童登记管理制度,为流动儿童享有教育、医疗保健等公共服务提供基础。整合社区资源,完善以社区为依托,面向流动人口家庭的管理和服务网络,增强服务意识,提高服务能力。健全牧区留守儿童服务机制,在留守儿童集中的苏木乡镇、嘎查建立儿童友好家园,完善牧区寄宿制学校的服务功能,加强对留守儿童心理、情感和行为的指导,提高留守儿童家长的监护意识和责任。

8. 加强流浪儿童救助保护工作。建立完善流浪儿童救助保护网络体系,探索流浪儿童的早期预防干预机制,健全流浪儿童生活、教育、管理、返乡保障制度,对流浪儿童开展教育、心理辅导、行为矫治、医疗卫生和技能培训,提高流浪儿童救助保护工作的专业化和社会化水平。鼓励并支持社会力量保护和救助流浪儿童。

(四)儿童与社会环境

主要目标:

1. 营造尊重、爱护儿童的社会环境,消除对儿童的歧视和伤害。

2. 基本建成适应城乡及区域发展的家庭教育指导服务体系。

3. 提升儿童家长素质,提高家庭教育的水平和质量。

4. 为儿童提供健康向上的文化产品。

5. 保护儿童免受网络、手机、游戏、广告、图书和影视中不良信息的影响。

6. 培养儿童阅读习惯,增加阅读时间和阅读量,90%以上的儿童每年至少阅读1本以上图书。

7. 增加旗、苏木乡镇两级儿童教育、科技、文化、体育、娱乐等课外活动设施和场所,坚持公益性,提高利用率和服务质量。每个街道和苏木乡镇至少配备1名专兼职的儿童社会工作者。

8. 加强妇女儿童活动阵地建设。力争建立1所妇女儿童活动中心,90%以上的城乡社区建立1所为儿童及其家庭提供游戏、娱乐、教育、卫生、社会心理支持和转介等一体化服务的儿童友好家园。

9. 保障儿童参与家庭生活和社会事务的权利。

10. 保障儿童享有闲暇和娱乐的权利。

策略措施：

1. 广泛开展以"儿童优先"和"儿童权利"为主题的宣传教育活动,提高公众对儿童权利尤其是儿童参与权的认识。

2. 建立家庭教育公共服务体系。加大公共财政对家庭教育经费投入的力度,将家庭教育纳入城乡公共服务体系,普遍建立各级家庭教育指导机构。

3. 开展家庭教育指导和宣传实践活动。建立家庭教育从业人员教育培训、资格认证和指导服务机构准入等制度,培养专兼职的家庭教育工作队伍。多渠道、多形式持续普及家庭教育知识,确保儿童家长每年至少接受2次家庭教育指导服务,参加2次家庭教育宣传实践活动。加强家庭教育研究,促进研究成果的推广和应用。

4. 为儿童成长提供良好的家庭环境。深入开展"平安家庭"创建活动,倡导平等、文明、和睦、稳定的家庭关系。预防和控制家庭虐待、忽视和暴力等事件的发生。

5. 创造有益于儿童身心健康的文化环境。各类媒体制作和传播有益于儿童健康成长的信息,增强文化产品的知识性、趣味性。制定优惠政策,鼓励和支持优秀儿童图书、影视、歌曲、童谣、舞蹈、戏剧、动漫、游戏等的创作、生产和发行。重视少数民族文字少儿读物的创作、译制和出版工作。办好儿童广播电视专题节目。加强文化市场监管,加大查处传播淫秽、色情、凶杀、暴力、封建迷信和伪科学的出版物及儿童玩具饰品,严格控制不适于儿童观看的广播影视节目在大众传媒的播出。

6. 规范与儿童相关的广告和活动。严格执行相关法规政策,禁止母乳代用品的广告宣传,规范儿童食品、营养品、保健品和烟酒广告的播出。

7. 为儿童健康上网创造条件。在公益性文化场所和儿童活动场所建设公共电子阅览室,为儿童提供公益性上网服务。社区的公益性互联网上网服务设施,应当对未成年人免费或优惠开放。采取有效的防控和监管措施,净化互联网环境,推行绿色上网软件,加强对网络不良信息的打击和治理。加强对互联网上网服务营业场所的管理。家长和教师加强对儿童上网的引导,防止儿童沉迷网络。

8. 净化校园周边环境。贯彻执行维护校园周边治安秩序、确保校园安全的相关措施,在学校周边治安复杂地区设立治安岗位,开展治安巡逻,向学校、幼儿园派驻保安员。在地处交通复杂路段的小学、幼儿园派民警或协管员维护校园门口道路的交通秩序。加强对校园周边商业网点和经营场所的监管,校园周边200米以内禁设网吧、游戏厅、娱乐场所等。

9. 各级政府要结合当地实际,认真解决好儿童活动场所和阵地的建设问题。将儿童课外活动设施和场所建设纳入地方经济和社会发展总体规划,增加福利、体育彩票资金对儿童活动设施和场所的投入。规范儿童课外活动设施和场所的管理,各类文化、科技、体育等公益性设施对儿童免费或优惠开放。

10. 强化街道、苏木乡镇和社区对儿童的服务和管理功能,提高服务能力。增加街道和苏木乡镇综合服务机构承担儿童福利服务的功能,促进儿童福利、卫生、科技、教育、文化、体育、法律等服务进社区。倡导并支持发展面向儿童的社会服务机构和团体。提高儿童友好家园的运行能力,采取政府购买公益性岗位等措施配备专兼职工作人员,为儿童及其家庭提供服务。

11. 为儿童阅读图书创造条件。推广面向儿童的图书分级制,为不同年龄儿童提供适合其年龄特点的图书,为儿童家长选择图书提供建议和指导。增加社区图书馆和嘎查流动图书馆的数量,公共图书馆设儿童阅览室或图书角,有条件的旗市区建儿童图书馆。"草原书屋"配备一定数量的儿童图书。广泛开展各类图书阅读活动,鼓励和引导儿童主动读书。

12. 保障儿童的参与和表达权利。将儿童参与纳入儿童事务和儿童服务的决策过程,决策重大有关儿童事项,吸收儿童代表参加,听取儿童意见。畅通儿童参与和表达的渠道,鼓励建立专门的儿童委员会、小记者协会等儿童团体,增加儿童的社会实践机会,提高儿童的社会参与能力。鼓励儿童参与力所能及的社会事务和社会公益活动,提高儿童参与和表达的能力。

13. 增强儿童环保意识。开展环境和生态文明宣传教育,鼓励儿童积极参与环保活动,引导儿童践行低碳生活和绿色消费。

(五)儿童与法律保护

主要目标:

1. 保护儿童的法律、法规和法律保护机制更加完善。

2. 贯彻落实保护儿童的法律法规,落实儿童优先和儿童利益最大化的原则。

3. 依法保障政策内出生儿童出生登记和身份证登记。

4. 遏制出生人口性别比升高趋势,出生人口性别比趋向合理。

5. 完善儿童监护制度,保障儿童获得有效监护。

6. 中小学生普遍接受法制教育,法律意识、自我保护意识和能力明显增强。

7. 预防打击侵害儿童人身权利的违法犯罪行为,禁止对儿童实施一切形式的暴力。

8. 依法保护儿童的合法财产权益。

9. 禁止使用童工(未满16周岁儿童)和对儿童的经济剥削。

10. 保障儿童依法获得及时有效的法律援助和司法救助。

11. 预防未成年人违法犯罪,降低未成年人犯罪占刑事犯罪的比重。

12. 司法体系进一步满足儿童身心发展的特殊需求。

策略措施:

1. 加强儿童立法,进一步完善保护儿童的法律体系。加强保护儿童权利有关法律问题的调研,及时提出有针对性的立法建议,推进儿童福利、学前教育、家庭教育等立法进程。

2. 加强法制宣传教育,增强法制观念。积极开展儿童相关法律知识的社会宣传,加强学校法制教育,提高家庭、学校、社会各界和儿童本人的保护儿童权利的法制观念、责任意识和能力。

3.明确执法主体,加强执法监督。定期开展专项执法检查。加强对执法和司法人员儿童权益保护的观念、知识和技能培训,提高执法水平和执法质量。

4.落实儿童出生登记制度。提高社会各界对出生登记的认识,完善出生登记相关制度和政策。加强部门协调和信息的交流与共享。简化、规范登记程序。

5.宣传倡导性别平等观念,消除对女童的歧视。提高牧区生育女孩家庭的经济和社会地位,落实奖励生育女孩家庭的优惠政策。加大对利用B超等进行非医学需要的胎儿性别鉴定和选择性别人工终止妊娠行为的打击力度。

6.建立儿童监护监督制度,提高儿童父母和其他监护人的责任意识。完善并落实不履行监护职责或严重侵害被监护儿童权益的父母或者其他监护人资格撤销的相关法律制度。逐步建立以家庭监护为主,以社区、学校等有关单位和人员监督为保障的监护制度。

7.坚决打击侵害儿童权益的犯罪活动,保护儿童人身权利。加强社会治安综合治理,严厉打击强奸、拐卖、绑架、虐待、遗弃等侵害儿童人身权利和胁迫、诱骗、利用儿童犯罪的刑事犯罪。严厉打击利用儿童进行扒窃、乞讨、卖艺、卖淫等违法犯罪行为。保护儿童免遭一切形式的性侵犯。整合资源,探索建立儿童庇护中心。加强预防和打击拐卖儿童犯罪的法制宣传教育,提高儿童及其家长"防拐"意识和能力,为被解救儿童提供身心康复服务。禁止用人单位招用未满16周岁儿童,严厉打击使用童工的违法行为。依法保护儿童的隐私权。

8.完善保护未成年人财产权的法律,加强对儿童财产权益的保护。依法保障儿童的财产收益权和获赠权、知识产权、继承权等,切实保护未成年人财产权益。

9.完善儿童法律援助和司法救助机制,确保儿童在司法程序中获得高效、快捷的法律服务和司法救助。扩大儿童接受法律援助的覆盖面,健全完善儿童法律援助工作网络。充实基层法律援助工作队伍,支持和鼓励基层法律服务机构为儿童提供法律援助。贯彻未成年人保护法,切实做好有关案件的司法救助活动。

10. 积极开展宣传教育,预防和减少未成年人犯罪。在办理未成年人犯罪案件中,结合未成年人的身心特点,对涉嫌违法犯罪的儿童,贯彻教育、感化、挽救的方针,坚持教育为主、惩罚为辅的原则。依法从轻、减轻或者免除对违法犯罪儿童的刑事处罚。

11. 建立和完善适合未成年人的专门司法机构,探索未成年人案件办理的专业化。加快建设公安机关办理未成年人案件专门机构。逐步设立未成年人专门检察机构。进一步完善少年法庭建设,重点推进独立建制的未成年人案件综合审判庭和未成年人案件指定管辖审判庭。对羁押、服刑的未成年人,与成年人分别关押、分别管理,由专门机构执行刑罚。审理发生在家庭内部的刑事案件时,在依法审判的前提下,尽量保障其未成年子女的今后生活问题,从有利于未成年子女的成长出发,依法审理案件。民事审判中,特别是在审理婚姻、家庭、收养、监护等涉及儿童生存、成长基本权利案件中,注重体现儿童意志,保护儿童合法权益,贯彻好"儿童优先保护"的原则。

12. 探索建立区别于成年人的司法制度。坚持未满16周岁儿童犯罪案件一律不公开审理,16周岁以上儿童案件一般不公开审理的原则。提高取保候审比率和非监禁刑罚的适用,降低羁押率,健全更有效的非审判处置方式。保障服刑未成年人接受义务教育。逐步实现犯罪前科有限消灭,保障解除羁押、服刑期满的未成年人复学、升学、就业中不受歧视。

13. 建立家庭、学校、社会共同参与的运作机制,完善具有严重不良行为儿童的矫治制度。预防和制止未成年人吸烟、酗酒、流浪、沉迷网络以及赌博、吸毒、卖淫等不良行为。加强对具有严重不良行为儿童的教育和管理,探索专门学校教育和行为矫治的有效途径和方法。对适用缓刑的未成年人因犯罪接受社区矫正的,采取教育为主,惩罚为辅的原则,做好教育挽救工作和身心康复、回归社会工作。

四、组织实施

(一)加强对规划实施工作的组织领导。各级人民政府负责实施本规划。政府各部门、相关单位和社会团体结合各自的职责,承担落实规划中相应的目标任务。各级人民政府妇女儿童工作委员会具体负责规划实施的组织、协调、指导和督促。

(二)制定儿童发展规划和部门实施方案。各地政府依据本规划,结合实际制定本地区儿童发展规划。政府各部门、相关单位和社会团体结合各自的职责,按照任务分解,制定实施方案,形成全旗实施儿童发展规划体系。

(三)加强规划与国民经济和社会发展规划的衔接。将儿童发展的主要指标纳入各级政府经济和社会发展总体规划及专项规划,统一部署,统筹安排,同步实施,同步发展。

(四)保障儿童事业发展的经费投入。各级政府要加大儿童事业发展所需经费的投入,将实施规划所需经费纳入财政预算,并随着经济增长逐步增加。重点扶持贫困地区儿童事业的发展。动员社会力量,多渠道筹集资金,支持儿童事业发展。

(五)建立健全实施规划的工作机制。建立由政府主导、多部门合作、全社会参与的工作机制,将规划主要目标纳入成员单位目标管理和考核体系,纳入主要负责人和主管负责人的政绩考核。健全报告制度,各有关部门每年向旗人民政府妇女儿童工作委员会和上级主管部门报告规划实施情况,各级妇女儿童工作委员会每年向上级妇女儿童工作委员会报告本地区规划实施的总体情况。健全会议制度,定期召开各级妇女儿童工作委员会全体会议,汇报、交流实施规划的进展情况。健全监测评估制度,旗统计部门牵头成立规划监测组,负责组织对规划实施情况的监测工作;旗人民政府妇女儿童工作委员会办公室牵头的评估组,负责组织对规划实施情况的评估督导工作。

（六）切实加强妇女儿童工作委员会办公室自身建设。各级政府要根据当地实际情况，为实施规划配备精干人员，保证必要的办公条件和工作经费，工作经费列入财政预算，并随着当地经济的增长逐步增加。

（七）总结探索实施规划的有效方法。及时开展对儿童发展和权益保护状况的调查研究，掌握新情况，分析新问题，为制定法规政策提供依据。加强对儿童发展领域的理论研究，总结探索儿童发展规律和儿童工作规律。开展区域间和地区间交流，学习借鉴促进儿童发展的先进理念和经验。不断创新工作方法，通过实施项目，开展为儿童办实事等方式解决重点难点问题；通过分类指导、示范先行，总结推广经验，推进规划实施。

（八）加大实施规划的宣传力度。多渠道、多形式面向各级领导干部、儿童工作者、广大儿童和全社会广泛宣传"儿童优先"原则，宣传规划的重要内容，宣传规划实施中的典型经验和成效，宣传促进儿童保护和发展的法律政策和国际公约，营造有利于儿童生存、保护、发展和参与的社会氛围。

（九）加强实施规划的能力建设。将"儿童优先"原则的相关内容及相关法律法规和方针政策纳入党校课程。将实施规划所需业务知识纳入培训计划，举办多层次、多形式培训，增强政府及各有关部门、相关人员、相关专业工作者实施规划的责任意识和能力。

五、监测评估

（一）认真落实监测与评估制度。规划监测是为了及时收集、整理、分析反映儿童发展状况的相关数据和信息，动态反映规划目标进展情况和趋势变化。规划评估是指在监测的基础上，系统分析和评价规划目标达标状况，衡量和判断规划策略措施和规划实施工作的效率、效果、效益，预测规划目标和儿童发展趋势。通过监测评估，及时准确把握儿童发展状况，制定和调整促进儿童发展的政策措施，促进规划目标的实现，为制定未来儿童发展规划奠定基础。规划的监测与评估实行年度监测,3年进行阶段性评估,5年进行中期评估,10年末进行终期评估。

(二)监测评估工作机构和职责。各级妇女儿童工作委员会设立监测评估领导小组,负责组织领导监测评估工作,审批监测评估方案,审核监测评估报告等。监测评估领导小组下设监测组和评估组。

监测组由各级统计部门牵头,负责规划监测工作的指导和人员培训,研究制定监测方案,收集、整理、分析数据和信息,撰写并提交年度监测报告等。

评估组由各级妇女儿童工作委员会办公室牵头,负责评估工作的指导和人员培训,制定评估方案,组织开展评估工作,撰写并提交评估报告等。

各级妇女儿童工作委员会成员单位、相关机构及有关部门要向同级统计部门报送年度监测数据,向同级妇女儿童工作委员会提交阶段、中期和终期评估报告。

(三)建立儿童发展综合统计制度。进一步规范和完善儿童生存、发展有关的统计指标和分性别统计指标,将其纳入常规统计和统计调查。建立和完善鄂温克旗儿童发展监测数据库。

(四)保障监测评估工作经费。各级政府要将监测评估工作所需经费纳入财政预算。各级政府及相关部门要结合监测评估结果改进工作,推动规划实施。

四、鄂温克旗妇女发展规划(2011~2020年)

前 言

妇女的发展水平是社会发展的重要标志,是衡量社会文明与进步程度的重要标准。2003年,鄂温克旗人民政府颁布了《鄂温克旗妇女发展规划(2001~2010年)》。十年来,全旗各级人民政府始终坚持强化政府职能,针对妇女在平等参与发展中迫切需要解决的实际问题,加大干预力度,以国家法律的强制约束力和适时调整的政府措施保证规划目标的落实,并注重加强与社会各方面力量的密切合作,构建了全社会共同关心和推动妇女事业发展的工作格局。在各级人民政府的积极努力和社会各界的通力支持下,规划目标基本实现。《规划》的实施,改善了全旗妇女生存与发展的社会环境,维护了妇女的合法权益,加速了男女平等的进程,妇女在政治、经济、文化、教育、健康等领域取得了全面的进步。

到2010年,全旗社会从业人员达63 572人,其中女性25 110人,占就业人员总数的39.50%,比2000年提高了16个百分点。旗四大班子领导中均配有女干部;各苏木乡镇政府领导班子中均配备了女干部,女干部在领导班子中所占比重达到42.9%;科级女后备干部比例达到53.1%;各级人大女代表、政协女委员比例进一步提高。全旗参加社会养老保险职工10 722人,其中女性4 825人,占参保人数的45%;参加牧区养老保险的11 044人,其中女性5 467人,占参保人数的49%;参加城镇职工基本医疗保险职工50 883人,其中女性13 004人,占参保人数的26%;参加城镇居民基本医疗保险的27 252人,其中女性14 988人,占参保人数的55%;参加失业保险的28 606人,其中女性5 120人,占参保人数的18%;参加工伤保险的企业职工8 753人,其中女性3 561人,占总参保人数的41%;全旗参加生育保险的企业职工8 948人,其中女性3 169人,保险覆盖率为16%。全旗享受最低生活保障金的6 331人。2008年,开始为牧区孕产妇住院分娩补助400元/例;2010年,全旗住院分娩率达99.64%,比2000年提高了3个百分点。成人女性识字率和青壮年妇女识字率不断提高,分别达到96.91%和98.25%。

由于社会经济成分、组织形式、就业方式、利益关系和分配方式日益多样化,男女平等基本国策在现实生活中的贯彻落实还有一定的距离,妇女权益呈现出许多新问题。经济欠发达和偏远地区的妇女受教育程度偏低,卫生健康状况堪忧;牧区妇女土地权益受侵害,妇女劳动权益存在男女劳动权事实上的不平等,就业方面受到不公正的待遇和女工劳动保护规定落实不到位;婚姻家庭类问题呈现逐年上升的趋势;女性的参政意识相对淡薄,参与度和参与意愿低于男性等。

新世纪的第二个十年是全面建设富裕、文明、和谐、幸福鄂温克的关键时期,是深化改革、加快转变经济发展方式的重要时期,也是全旗妇女事业持续发展的重要时期。为了更好地维护妇女权益,加快实现男女平等的进程,发挥广大妇女在实现我旗经济社会又好又快发展中的重要作用,鄂温克旗人民政府制定并颁布《鄂温克旗妇女发展规划(2011～2020年)》(以下简称《规划》)。《规划》按照《中国妇女发展纲要(2011～2020年)》和《内蒙古自治区妇女发展纲要(2011～2020年)》、《呼伦贝尔市妇女发展纲要(2011～2020年)》的总体要求,从我旗基本旗情和妇女发展的现状出发,以提高妇女整体素质为重点,以保障妇女合法权益为根本,以促进妇女平等参与和发展为目标,以《鄂温克旗妇女发展规划(2001—2010年)》的实施成效及可持续发展为基础,提出了2011—2020年鄂温克旗妇女发展的总目标和主要目标。《规划》确定了妇女与健康、妇女与教育、妇女与经济、妇女参与决策和管理、妇女与社会保障、妇女与环境、妇女与法律等7个优先发展领域,突出我旗边远贫困地区妇女的发展,并把促进妇女发展的主题贯穿始终。

《规划》的颁布和实施,目的是强化各级政府的有关职能,动员全社会力量,为妇女的进步与发展创造良好的社会环境。同时,鼓励并引导各族妇女在参与经济建设、推动社会稳定、构建和谐社会的过程中争取自身的进步与发展。

一、指导思想和基本原则

(一)指导思想

高举中国特色社会主义伟大旗帜,以邓小平理论和"三个代表"重要思想为指导,全面贯彻落实科学发展观,实行男女平等基本国策,坚持以人为本,提高妇女社会地位,保障妇女合法权益,优化妇女发展环境,促进妇女的全面发展,促进两性和谐发展,促进妇女与经济社会同步发展。

(二)基本原则

1. 政府主导原则。各级政府是实施《规划》的责任主体。各职能部门要围绕党委、政府未来十年的发展战略、政策走向和项目安排,贯彻落实男女平等基本国策,着力解决妇女生存、保护、发展的新情况、新问题

2. 协调发展原则。与《鄂温克旗国民经济和社会发展第十二个五年规划纲要》的总体要求相一致,与相关职能部门的工作规划相一致,促进妇女事业与经济社会发展统筹安排、统筹规划、同步实施、协调发展。

3. 以人为本原则。立足于当前和今后全旗妇女发展的实际,把维护妇女利益、保障妇女权益作为实施规划的出发点和落脚点,着力解决关系妇女切身利益的现实和长远问题。引导和支持妇女在推动社会主义经济建设、政治建设、文化建设、社会建设以及生态文明建设的实践中,实现自身的进步与发展,使妇女长受惠、普受惠、得实惠。

4. 科学衔接原则。与国际公约、国际文书相衔接,与上一周期妇女发展规划相衔接,与国家现行的保护妇女权益的法律法规相衔接,拓展延伸领域,科学设定目标,使其既具有现实性、可行性,又具有科学性、前瞻性。

二、总目标

按照科学发展观和全面建设和谐社会的总体要求,确定妇女发展的目标任务。深入贯彻男女平等基本国策,保障妇女平等享有基本医疗卫生服务,生命质量和健康水平明显提高;保障妇女获得平等受教育机会,提高妇女普遍受教育程度;保障妇女获得平等的就业机会和分享经济资源的权利,提高妇女的经济地位;保障妇女的各项政治权利,提高妇女参与国家和社会事务管理及决策水平;保障妇女平等享有社会保障,妇女的社会福利水平显著提高;保障妇女获得平等的法律保护,维护妇女合法权益;不断优化妇女发展的社会环境,提高妇女生活质量。推动妇女充分参与经济和社会发展,使男女平等在政治、经济、文化、社会和家庭生活等领域得到进一步的实现,促进妇女与经济社会同步发展。

三、发展领域、主要目标和策略措施

(一)妇女与健康

主要目标:

1. 妇女在整个生命周期享有良好的基本医疗卫生服务,妇女的人均预期寿命延长。

2. 孕产妇死亡率以 2010 年为基数下降 1/4。逐步缩小城乡、区域差距,降低流动人口孕产妇死亡率。

3. 全旗孕产妇住院分娩率达到 99% 以上,牧区孕产妇住院分娩率达到 96% 以上。

4. 妇女常见病筛查覆盖率达到 60% 以上。提高宫颈癌和乳腺癌的早诊早治率,降低死亡率。

5. 孕产妇系统管理率牧区达到 80%,城镇达到 90%。

6. 提高妇女心理健康知识和精神疾病预防知识知晓率。

7. 妇女艾滋病感染率和性病感染率得到控制。孕产妇艾滋病和梅毒检测率分别达到80%和70%,感染艾滋病和梅毒的孕产妇及所生儿童采取预防母婴传播干预措施比例均达到90%以上。

8. 婚前医学检查率达到80%以上。

9. 降低孕产妇中重度贫血患病率。

10. 保障妇女享有避孕节育知情选择权,减少非意愿妊娠。降低人工流产率。

11. 提高妇女经常参加体育锻炼的人数比例。

策略措施:

1. 加大对妇幼卫生的支持力度。优化卫生资源配置,增加牧区和边远地区妇幼卫生经费投入,建立各级财政妇幼保健卫生专项资金,确保妇幼卫生经费增长幅度不低于同期医疗卫生总投入的增长幅度,加强妇幼保健机构基础设施建设。进一步完善基层妇幼卫生服务体系,加强全旗医疗卫生机构产儿科建设。加快妇幼卫生人才培养,加强妇幼保健机构人员配备,为妇女提供均等化的保健服务。

2. 加强妇幼保健机构人员配备。编制部门按照妇幼保健机构编制标准配备好妇幼保健机构的人员编制,为妇女提供均等化的保健服务。

3. 加大妇幼卫生执法监督力度。将母婴保健工作纳入卫生执法监督,严格母婴保健技术服务机构和人员的准入制度,严肃查处无证行医、非法接生、非医学需要胎儿性别鉴定、选择性别人工终止妊娠等非法行为。加强母婴保健法律法规的宣传和教育。

4. 协调建立并落实贫困孕产妇住院分娩救助政策,为边远贫困地区孕产妇住院分娩创造条件。

5. 提高妇女生殖健康服务水平。大力普及生殖健康知识,提高妇女自我保健意识和能力。提供规范的青春期、育龄期、孕产期、更年期和老年期妇女生殖保健服务。

6. 加大妇女常见病防治力度。建立妇女常见病定期筛查制度,增加"两癌"检查专项资金投入,扩大宫颈癌、乳腺癌检查覆盖范围。普及妇女常见病防治知识,提高基层妇幼卫生人员的服务能力。

7. 预防和控制艾滋病、性病的传播。完善艾滋病和性病防治工作机制。针对妇女重点人群加强宣传教育,推广有效干预措施。强化对娱乐场所的监管,严厉打击吸毒、嫖娼等社会丑恶现象,有效控制传染途径。将预防艾滋病母婴传播纳入常规妇幼保健工作,强化预防艾滋病母婴传播综合服务。普遍建立并实施医疗救治制度,落实"四免一关怀"政策。

8. 继续推动婚前医学免费检查。总结推广、推行免费婚前医学检查政策和工作机制有效做法及先进经验,建立"政府主导、专家支撑、部门协作、群众参与"的长效工作机制,积极开展出生缺陷干预工作。卫生和民政部门密切合作,形成"婚前检查、孕前体检、孕期普查、产后跟踪"一条龙服务。依法对婚前医学检查人员和机构监督管理,婚前医学检查机构必须是取得《医疗机构执业许可证》的医疗保健机构,婚前医学检查人员必须取得《母婴保健技术考核合格证书》。逐步提高婚前医学检查技术水平,提高婚前医学检查疾病检出率。

9. 提高妇女营养水平。大力开展健康和营养知识的普及教育和宣传,加强合理膳食指导,提倡合理、科学的膳食结构。面向孕产期、哺乳期贫血高危人群开展针对性的干预。建立妇女贫血患病率监测制度和经费投入制度,确保及时掌握妇女贫血与营养等状态,及时采取干预措施,促进孕产妇以及妇女贫血患病率的下降。

10. 保障妇女享有避孕节育知情选择权,享有计划生育优质服务。加强计划生育优质服务工作,普及避孕方法,介绍避孕知识和内容,提高专业技术人员服务能力,开展周密的随访服务。加大避孕知识的宣传力度,提高妇女自我保护意识,选择科学合理的避孕方式。强化男女共同承担避孕节育的责任意识。

11. 做好流动妇女的卫生保健工作。完善流动人口管理办法,逐步实现流动妇女享有与户籍所在地妇女同等的卫生保健服务。加大对流动妇女卫生保健知识的宣传力度,增强流动妇女自我保健意识和自我保护能力。卫生行政部门将流动孕产妇保健纳入医疗保健单位综合目标考核内容。制定以贫困流动人口为重点的多种扶贫医疗救助方案,保证流动人口中贫困孕产妇得到及时有效的救助,减少流动孕产妇死亡。

12.提高妇女精神卫生服务水平。建立覆盖城乡、功能完善的精神卫生防治和康复服务网络。针对妇女生理和心理特点,开展咨询服务。加强医疗保健机构人员精神卫生知识培训。开展妇女产后抑郁症预防、早期发现及干预工作。

13.引导和鼓励妇女参加经常性体育锻炼。加强对妇女体育健身活动的科学指导,提高妇女健身意识。积极发展城乡社区体育,鼓励妇女参与全民健身运动。加强对老年妇女、残疾妇女的指导和服务。

(二)妇女与教育

主要目标:

1.教育工作全面遵循性别平等原则。

2.重视女童平等接受学前教育,学前三年毛入学率达到85%。

3.提高女童义务教育率,消除女童辍学现象,九年义务教育巩固率达到98%以上。

4.实现高中阶段免费教育,保证女性平等接受高中阶段教育。高中阶段教育毛入学率达到90%以上。

5.保证女性平等接受高等教育,高等学校在校生中男女比例保持均衡,高等教育毛入学率达到40%。

6.提高妇女接受职业学校教育和职业技能培训的比例。

7.主要劳动年龄人口中女性平均受教育年限达到11.2年。

8.妇女青壮年文盲率控制在2%以下。

9.男女平等原则和理念渗透于各级各类教育教学中。

10.积极培养民族教育工作者,大力发展民族教育。

策略措施:

1.全旗的人才发展战略中充分体现性别平等观点,将妇女教育的主要目标纳入教育发展规划。在课程、教育内容和教学方法改革中,把社会性别意识纳入教师培训课程,增强教育者和被教育者的社会性别意识,引导学生树立男女平等的性别观念。

2. 缩小男女受教育差距,切实保障女童平等接受学前教育。资助贫困家庭女童和残疾女童接受普惠性学前教育。提高牧区学前教育普及程度,多形式增加牧区学前教育资源,着力保证留守女童入园。

3. 制定女性平等接受教育的相关政策,确保适龄女童平等接受义务教育。加大对教育法、义务教育法等法律法规的宣传力度,提高家长保障女童接受义务教育的守法意识和自觉性。

4. 保障女性平等接受高中阶段教育。加大对贫困地区高中阶段教育的投入,满足牧区和贫困地区女生接受高中阶段教育的需求。通过扶贫支教等政策,保证贫困家庭女生和残疾女生不因家庭经济困难和个人生活困难辍学。

5. 扩大妇女接受高等教育的规模,提高女性接受高等教育的水平。采取积极措施,保障女性平等接受高等教育,提高女性主要劳动年龄人口中受过高等教育的比例。多渠道、多形式为贫困和残疾女大学生提供资助,对符合国家规定录取条件的残疾女性,普通及高等院校不得拒录。

6. 满足妇女接受职业教育的需求。坚持职业学校教育与职业培训并举,为妇女接受职业教育提供更多的机会和资源。扶持边远贫困地区妇女和残疾妇女接受职业教育。为失学大龄女童提供补偿教育,增加职业培训机会。组织失业妇女接受多种形式的职业培训,提高失业妇女创业和再就业能力。提高残疾妇女的受教育程度,增强其生存发展能力。

7. 提高妇女终身教育水平。构建灵活开放的终身教育体系,为妇女提供多样化的终身教育机会和资源。鼓励妇女接受多形式的继续教育,支持用人单位为从业妇女提供继续教育的机会。提高妇女利用新型媒体接受现代远程教育的能力。

8. 促进妇女参与社区教育。整合、优化社区教育资源,发展多样化社区教育模式,丰富社区教育内容,满足妇女个性化的学习和发展需求。大力发展社区老年教育,为老年妇女提供方便、灵活的学习条件。

9. 继续扫除妇女文盲。创新和完善扫盲工作机制,制定出台相关优惠政策,加大扫除女性青壮年文盲工作力度。通过组织补偿学习,深化扫盲和扫盲后的继续教育,巩固发展扫盲成果。加大扫除妇女文盲工作的力度,把扫除牧区妇女文盲作为扫盲工作的重点。

10. 加大女性技术技能人才培养力度。完善科技人才政策,探索建立多层次、多渠道的女性科技人才培养体系。依托国家重点实验室、重大科研项目和重大工程建设项目,聚集、培养女性专业技术人才和技能人才。

11. 明确民族教育发展目标,在推进经济社会发展中,优先推进民族教育发展。统筹安排民族教育资金资源、学科建设、教学科研、人才培养等内容,缩小与内地之间教育发展的差距。

12. 制定适应社会需求的政策法规,有效解决不同阶层妇女在社会转型期面临的教育问题,为妇女提供实用的教育、培训服务。逐步扩大普及,把恰当的、科学的性别教育渗透到各类教育中,实现妇女教育的多样化、社会化。

13. 均衡中、高等教育学科领域学生的性别结构。鼓励学生全面发展,弱化性别因素对学生专业选择的影响。采取多种方式,鼓励更多女性参与高科技领域的学习和研究。

(三)妇女与经济

主要目标:

1. 保障妇女平等享有劳动权利,消除就业性别歧视。

2. 妇女占从业人员比例保持在40%以上,城镇单位女性从业人数逐步增长。

3. 逐步缩小男女非农就业率和收入差距。

4. 提高技能劳动者中的女性比例。

5. 高级专业技术人员的女性比例达到35%。

6. 保障女职工劳动安全,降低女职工职业病发病率。

7. 确保牧区妇女平等获得和拥有土地草场承包经营权。

8. 妇女贫困率明显降低。

策略措施:

1. 加大妇女经济权利的法律保障力度。制定和完善保障妇女平等参与经济发展、平等享有劳动权利的法规政策,确保妇女平等获得经济资源和有效服务。进一步完善和制定促进就业的一系列工作措施,形成以市场为导向的就业工作机制。严格执行就业促进法、劳动合同法等法律法规。

2. 消除就业性别歧视。除法律规定不适合女性的工种和岗位外,任何单位在录用人员时不得以性别或变相以性别为由拒绝录用女性或提高女性的录用标准。不得在劳动合同中规定或以其他方式变相限制女性结婚、生育的内容。加大执法监察力度,依法查处用人单位和职业中介机构的性别歧视行为。

3. 扩大妇女就业渠道。大力推进第三产业发展,为妇女创造新的就业机会和就业岗位。不断提高中小企业和非公有制企业吸纳妇女就业的能力。采取有效措施,推动妇女在新兴产业和新兴行业就业。制定实施更加积极的就业政策,强化对就业困难妇女的就业援助。完善创业扶持政策,采取技能培训、税费减免、贷款贴息、跟踪指导等措施,支持和帮助妇女成功创业。

4. 促进女大学生充分就业。加强面向高校女大学生的就业指导、培训和服务,引导女大学生树立正确的就业择业观。引导用人单位转变用人观念,自觉承担社会责任。完善女大学生自主创业扶持政策,开展女大学生自主创业培训,满足女大学生创业需求。

5. 为就业困难妇女创造有利的就业条件。进一步调整和优化财政支出结构,增加困难妇女在就业、创业及社会保险补贴等方面的资金投入,为困难妇女就业提供有力的资金保障。政府公益岗位安置向大龄、残疾等就业困难妇女倾斜。采取减免税收、设置生育返岗培训基金等措施,帮助生育妇女重返工作岗位。落实针对失业妇女的社会保障补贴、就业培训补贴、小额担保贴息贷款等再就业扶持政策。扩大妇女就业渠道。加大女性就业工作责任力度,把扩大女性就业放在经济社会发展的突出位置,坚持女性劳动者自主择业、市场调节就业、政府促进就业的方针,努力为女性创造公平就业环境。完善创业扶持政策,采取技能培训、税费减免、贷款贴息、跟踪指导等措施,支持和帮助妇女成功创业。

6.改善妇女的就业结构。加快城乡一体化进程,多渠道引导和扶持牧区妇女向非牧产业有序转移。完善国家技能人才培养、评价、激励等政策,加大针对妇女的各级各类职业培训,提高初、中、高级技能劳动者女性比例。引导推动妇女积极参与科学研究与技术领域的创新与发展,为她们成长创造条件。

7.全面落实男女同工同酬。建立健全科学、合理的工资收入分配制度,对从事相同工作、付出等量劳动、取得相同劳绩的劳动者,用人单位要支付同等劳动报酬。

8.保障女职工职业卫生安全。广泛开展职业病防治宣传教育,提高女职工特别是灵活就业女职工的自我保护意识。规范企业用工行为,保障参保女职工的合法权益。加强职业病危害的管理与监督,减少妇女职业病的发生。

9.保障女职工劳动权益。不断完善女职工劳动保护法律法规,加强法律法规和安全卫生知识的宣传教育及培训,提高女职工自我保护意识。规范企业用工行为,提高企业的劳动合同签订率,推进已建工会的企业签订并履行女职工权益保护专项集体合同。依法处理侵犯女职工权益案件。

10.保障牧区妇女土地草场承包经营的各项权益。落实并完善牧区妇女土地草场权益的相关政策,清理取消与法律相冲突的村规民约。建立健全土地草场资产承包租赁出让、承包租赁合同管理等制度。推动出台牧区集体经济组织内部的征地补偿费分配使用办法,确保妇女享有与男子平等的土地承包经营权、宅基地使用权和集体收益分配权。

11. 提高牧区妇女的经济收入。大力推动并规范牧业生产互助合作组织的发展,提升牧业生产规模和经营收益。围绕畜牧产品深加工和牧民需要,发展二三产业,增加畜牧产品附加值。开展便于牧区妇女参与的实用技术培训,帮助牧区留守妇女和返乡妇女实现多种形式的创业。支持金融机构、企业等,面向牧区妇女开展金融服务和相关培训。

12. 加大对贫困妇女的扶持力度。采取扎实有效的措施,加大对贫困妇女就业援助力度,完善扶持贫困妇女工作的各项制度,实现对贫困妇女就业援助工作常态化。

(四)妇女与决策管理

主要目标:

1. 逐步提高人大代表、政协委员中的女性比例和人大、政协常委中的女性比例。

2. 旗党政领导班子中有1名以上女干部,并逐年增加。

3. 逐步提高正职女干部占同级正职干部的比例。

4. 党政机关中女领导干部数量在现有基础上逐步增加。

5. 各级领导班子后备干部队伍中女干部的比例不低于15%。

6. 大力培养、选拔、使用少数民族女干部。

7. 逐步提高国有企业董事会和监事会成员及管理层人员中的女性比例。

8. 逐步提高职工代表大会、教职工代表大会中女代表比例。

9. 嘎查委员会成员中女性比例达到30%以上。嘎查达中女性比例达到10%以上。妇代会主任进嘎查委员会的比例达到100%。

10. 居委会成员中女性比例保持在80%左右。

策略措施:

1. 制定和完善促进妇女参与决策和管理的相关法规政策。采取有力措施提高人大代表、政协委员、嘎查委员会、居民委员会中的女性比例及候选人中的女性比例。增强妇女参与国家和社会事务管理的能力,拓宽参政议政的领域、提升参政议政的层次与水平。

2. 为妇女参与决策和管理创造良好的社会环境。努力营造妇女参与决策和管理的良好社会氛围,促使妇女参政议政的渠道不断得到拓展。制定并贯彻执行有利妇女干部发展和参政议政的政策和措施,在干部培养、代表选举、基层组织建立等方面充分考虑女性比例,提高妇女在推动国家民主法治进程和促进两性和谐发展中重要作用的认识。

3. 提高妇女参与决策和管理的意识和能力。面向妇女开展宣传培训,不断提高妇女民主参与意识和能力,鼓励和引导妇女积极参与决策和管理。保障女干部接受各级各类干部培训的机会,加大对基层女干部的培训力度,不断提高女干部的政治文化素质和决策管理能力。

4. 完善干部人事制度和公务员管理制度。干部的选拔、聘(任)用、晋升要切实贯彻"民主、公开、公平、竞争、择优"原则,保障妇女不受歧视。加强对公务员录用、培训、考核、奖励、交流、晋升等各环节的严格监管,保证妇女享有平等权利。

5. 加大培养、选拔女干部的力度。强化措施,进一步加大培养选拔女干部工作力度。各级组织部门应为女干部提供更多的学习和培训机会。进一步加强对女干部的实践锻炼;坚持公开、平等、竞争、择优原则,在同等条件下优先选拔女干部。结合领导班子结构需要,进一步拓宽渠道,扩大来源,加大女后备干部选拔培养力度,确保女干部队伍建设储备有足够的后备力量。

6. 注重对少数民族女干部的培养、选拔和使用,不断完善培养选拔少数民族女干部工作机制,把提高思想政治素质作为培养选拔少数民族女干部工作的重要任务,把提高执政能力建设作为当前和今后一个时期培养选拔少数民族女干部工作的重点,进一步加大少数民族女干部挂职培训和实践锻炼工作力度,切实加强少数民族女后备干部队伍建设。

7. 推动妇女参与企业经营管理。深化国有企业人事制度改革,坚持公开、透明、择优的选拔任用原则,通过组织推荐、公开招聘、民主选举、竞争上岗等方式,让更多的妇女进入国有企业董事会、监事会和管理层。

8. 推动妇女广泛参与基层民主管理。完善嘎查委员会、居民委员会等基层民主选举制度,为妇女参与基层民主管理创造条件。完善以职工代表大会为基本形式的民主管理制度,保障企事业单位职工代表大会女代表比例与女职工比例相适应。

9. 拓宽妇女参与决策和管理的渠道。在制定涉及公众利益和妇女权益的重大方针政策时,充分听取人大女代表、政协女委员和妇女群众的意见和建议。大力开展多形式的参政议政活动,为妇女参与决策和管理提供机会。

10. 提高妇联组织参与决策和管理的作用。充分发挥妇联在参与决策和管理中的协调作用、服务作用、引导作用以及基础作用。拓宽妇联组织参与决策和管理工作视野,认真思考、规划、部署和落实妇联组织参与决策和管理的各项工作。积极参与有关妇女法规政策和重大公共政策的制定,反映妇女群众的意见和诉求。重视妇联组织在培养选拔女干部、推动妇女参政议政方面的意见和建议,把妇联组织的妇女人才库作为组织部门培养选拔女干部的重要来源。

(五)妇女与社会保障

主要目标:

1. 城乡生育保障制度进一步完善,生育保险覆盖所有用人单位,妇女生育保障水平稳步提高。

2. 基本医疗保险制度覆盖城乡妇女,医疗保障水平稳步提高。

3. 妇女养老保障覆盖面逐步扩大。继续扩大城镇个体工商户和灵活就业妇女的养老保险覆盖面,大幅提高新型牧区社会养老保险妇女参保率。

4. 妇女参加失业保险的人数增加,逐步提高失业保险待遇水平。

5. 到 2020 年,有劳动关系的女性劳动者全部参加工伤保险。

6. 提高妇女养老服务水平,以城乡社区为单位的养老服务覆盖率达到

90%以上。

7. 保障特困妇女依法平等享有社会救助。

策略措施：

1. 加强妇女社会保障的法制建设。贯彻落实《中华人民共和国社会保险法》以及自治区和呼伦贝尔市生育保险实行办法,制定配套法规,为妇女普遍享有生育保险、医疗保险、养老保险、失业保险和工伤保险提供法制保障。

2. 完善生育保障制度。进一步建立健全城镇职工生育保障制度,扩大生育保险覆盖范围,提高参保率。以城镇居民基本医疗保险、新型牧区合作医疗制度为依托,完善城乡生育保险制度,覆盖所有城乡妇女。

3. 完善城镇职工医疗保险制度。加快推进医疗保险信息网络建设,继续扩大城镇职工医疗保险覆盖范围,全面提高医疗保障管理服务水平。进一步提升基本医疗保险的管理服务水平。

4. 完善覆盖城乡的养老保险制度。继续深化完善城乡养老保险制度,创新工作方式,着力扩大城乡居民参保覆盖面。大力推进新型牧区社会养老保险,鼓励并促进用人单位为进城务工劳动者参加城镇职工基本养老保险。

5. 保障女性劳动者的工伤保险合法权益。扩大工伤保险覆盖范围,加大执法力度,确保各项工伤保险待遇的落实。

6. 完善城乡社会救助制度。建立与经济增长和物价水平相适应的救助标准调整机制,扩大救助范围,提高救助水平,对符合最低生活保障救助条件的妇女进行救助。

7. 倡导社会力量参与救助。通过制定优惠鼓励政策,完善相关救助制度,大力支持和规范社会组织和公民的救助活动。多渠道发展社会救助事业,鼓励社会各类慈善基金组织建立专项救助基金,为特困妇女提供救助。

8. 保障老年妇女得到必要的关怀和照料。建立健全养老社会服务体系,加大老龄事业投入,发展公益性社区养老机构,加强养老服务队伍的专业化建设,提高社区的养老照护能力和服务水平。

9. 为残疾妇女提供社会保障。多渠道保障残疾贫困妇女的基本生活。加强残疾人康复服务机构建设,建立残疾人综合服务设施。开展残疾人社区康复示范区培育活动,推进残疾妇女社区康复水平。

(六)妇女与环境

主要目标:

1. 进一步落实男女平等基本国策,形成两性平等、和谐的家庭和社会环境。

2. 性别平等原则在环境与发展、文化与传媒、社会管理与家庭等相关政策中得到充分体现。

3. 完善传媒领域的性别平等监管机制。

4. 建立并完善以社区为基础的婚姻家庭教育和咨询机构,促进家庭关系平等、文明、和谐、稳定。

5. 鼓励和引导妇女做和谐家庭建设的推动者。

6. 以社区为依托,增强家庭托幼、养老服务功能,为妇女积极工作和完成家庭责任创造条件。

7. 全面解决牧区饮水安全问题,降低水污染对妇女健康的危害。牧区集中式供水受益人口比例提高到85%左右。

8. 牧区卫生厕所普及率提高到85%。城镇公共厕所男女厕位比例与实际需求相适应。

9. 倡导妇女节约资源,绿色消费,践行低碳生活。

10. 提高妇女预防和应对气候变化和灾害风险的能力,满足妇女在赈灾中的特殊需求。

11. 加强妇女活动场所建设。

策略措施:

1. 加大男女平等基本国策的理论研究和宣传力度。将男女平等基本国策理论研究与中国特色社会主义理论研究相结合,不断丰富男女平等基本国策的理论基础。推动将男女平等基本国策宣传培训纳入党校教学计划和各级干部培训规划。多渠道、多形式宣传男女平等基本国策,创建两性和谐发展的人文环境。促进性别平等理念深入社区、家庭,提高基本国策的社会影响力。

2. 制定和落实具有社会性别意识的文化和传媒政策。对文化和传媒政策进行社会性别分析、评估,反映对男女两性的不同影响和需求,制定促进两性和谐发展的文化和传媒政策,禁止性别歧视。促进妇女参与环境决策和管理以及规划的制定、实施。

3. 大力宣传妇女在推动经济社会发展中的积极作用。在新闻出版、广播影视以及文学艺术等领域,充分展示妇女参与和推动经济发展及社会进步的成就、价值和贡献。大力宣传妇女中的先进模范人物,引导广大妇女发扬自尊、自信、自立、自强的精神。

4. 加强对传媒的正面引导和管理。将社会性别意识纳入传媒培训规划,提高媒体决策和管理者及从业人员的社会性别意识。完善传媒监管机制,增加性别监测内容,吸纳社会性别专家参与传媒监测活动。监督新闻媒体和广告经营者严格自律。禁止在媒体中出现贬抑、否定妇女独立人格等性别歧视现象。

5. 提高妇女运用媒体获取知识和信息的能力。为妇女接触、学习和运用大众媒体提供条件和机会。支持和促进边远牧区和贫困、流动等妇女使用媒体和通讯传播技术。鼓励民间机构和企业等运用各类信息通讯技术帮助边远地区妇女获得信息和服务。

6. 营造两性平等、和谐的家庭环境。引导广大妇女积极树立现代家庭观,科学教子观和健康文明的生活观,积极崇尚科学、健康、文明的生活方式,正确处理夫妻关系、家庭关系、邻里关系,使妇女群众以德治家,以文明立家,以科学兴家,带动家庭成员自觉增强文明意识、公德意识、自律意识和信用意识,追求充实健康的精神文化生活,做家庭美德和社会公德的传播者。倡导男女共同承担家庭责任,以家庭的和睦稳定推动社会的文明进步。

7.引导妇女参与家庭教育指导和宣传实践活动。多形式、多渠道宣传和普及家庭教育知识,积极引导儿童家长接受家庭教育指导服务和家庭教育实践活动。通过有效措施,吸纳妇女参与家庭教育研究,推广家庭教育成果。

8.加强牧区饮水安全工作。建立健全牧区饮水安全保障体系,加强集中供水系统建设,提高饮水安全工程建设标准,保障供水安全。积极推行牧区供水排水一体化建设。

9.提高牧区卫生厕所的普及程度。进一步提高各级政府对牧区改厕工作的重视程度,建立政府责任制度,落实本地区的改厕建设任务和配套经费,进一步建立和完善项目管理制度,实行主要领导负责,专门机构管理,签订责任状,强化追究责任制,层层分解落实领导责任,力争每年度承担国家改厕项目不低于5 000座牧区卫生户厕的建设任务,以提高我区农牧区卫生厕所的普及率。

10.推动城镇公共厕所男女厕位比例与实际需求相适应。在城镇场馆、商场等公共场所的建设规划中,从性别视角进行男女使用需求和效率的分析研究,充分考虑妇女的生理特点,确定合理的男女厕位比例。

11.减少环境污染对妇女的危害。强化妇女环保国策意识,提高参与环境保护的程度。完善环境监测和健康监测数据库,从性别视角分析评估饮用水、室内空气污染和生活、工业、农业等环境污染对妇女健康的危害,加强对环境污染的控制和治理,有效减少各种污染对环境的影响。提高生活垃圾减量化、资源化和无害化水平。加强清洁能源的开发利用,改善家庭能源结构。加大对从事有毒有害作业妇女健康的保护力度。

12.在减灾工作中体现性别意识。根据妇女特殊需求,在减灾工作中对妇女提供必要的救助和服务。通过宣传培训,提高妇女预防和应对灾害的能力,吸收妇女参与相关工作。加强对灾区妇女的生产自救和就业指导。

13.各级政府要结合当地实际,认真解决好妇女活动场所和阵地的建设问题。建立城镇妇女活动设施和基地,加强妇女文化、体育活动场所及设施的建设,丰富妇女的精神文化生活。在社区优先发展对家庭生活有直接影响的公共服务,实现家务劳动社会化,逐步增加妇女的自我支配时间。促进妇女参与媒体管理。传媒机构为媒体从业妇女提供必要的培训机会,提高其传播、管理、制作和研究能力。对重点新闻媒体决策和管理层的女性比例作出明确规定,并纳入部门工作考核范围。

14. 加强我旗妇女同国际妇女组织及外省、区、市妇女的交流与合作。

(七)妇女与法律

主要目标:

1. 健全和完善促进男女平等的法律法规。

2. 加强对法规政策的性别平等审查。

3. 不断提高和增强妇女依法维护自身权益的意识和能力。

4. 严厉打击强奸,拐卖,组织、强迫、引诱、容留、介绍妇女卖淫等严重侵害妇女人身权利的犯罪行为。

5. 预防和制止针对妇女的家庭暴力。

6. 保障妇女在婚姻家庭关系中的财产权益。

7. 依法保护妇女合法的控告、申诉权和在诉讼中的各项权益。

8. 保障妇女依法获得法律援助和司法救助。

策略措施:

1. 不断完善保障妇女权益的法律体系。针对妇女权益保障中的突出问题,推动制定和完善相关法律法规,保障妇女在政治、经济、文化教育、人身、财产、劳动、社会保障、婚姻家庭等方面的权利。

2. 加强对法律法规中违反男女平等原则内容的审查。把宣传男女平等的法律法规纳入全旗法制宣传教育计划,将性别平等与妇女发展纳入各级地方政府经济社会发展规划和全面建设小康社会、构建和谐社会的战略规划,并制定切实可行的具体指标加以落实和监督;加强政府部门的性别平等工作机构的建设,使之切实担负起从性别角度对部门工作进行组织、协调和审查的任务;制定公正平等的公共政策,逐步消除制度性的性别歧视壁垒;加强各级人大的性别平等工作机构的建设,使之真正做到从性别平等的视角审视法律,在立法、修法及监督执法过程中促进社会性别平等,并对现行法律法规中违反性别平等原则的条款和内容进行清理。

3. 保障妇女的立法参与权利。引导和鼓励广大妇女通过多种途径参与立法活动,发表意见和建议。拓展妇联组织和其他妇女组织参与立法的途径,广泛听取其意见和建议。

4. 支持和配合各级人大开展对维护妇女权益相关法律法规的执法检查,深入了解法律法规执行中的问题,提出解决问题的意见和建议。

5. 广泛深入宣传保障妇女权益的法律知识。加大普法力度,将妇女权益法律知识的宣传教育纳入全民普法规划,推动社区普法工作的深入开展。面向广大妇女多渠道、多形式开展专项普法活动。认真研究女性犯罪的发案规律和特点,引导和帮助妇女学法、守法、用法,预防并减少妇女犯罪。

6. 加强社会性别理论培训。将社会性别理论纳入立法、司法和执法部门常规培训课程,提高立法、司法和执法人员的社会性别意识。

7. 提高妇女在执法和司法中的影响力。鼓励和推荐符合人民陪审员条件的妇女担任人民陪审员。鼓励和推荐有专业背景的妇女担任人民检察院特约检察员或人民监督员。

8. 严厉打击组织、强迫、引诱、容留、介绍妇女卖淫违法犯罪活动。强化整治措施,加大监管力度,严厉查处涉黄娱乐服务场所,依法从严惩处犯罪分子。加大社会治安综合治理力度,鼓励群众对涉黄违法犯罪活动进行举报和监督。

9. 加大反对拐卖妇女的工作力度。坚持预防为主、防治结合,提高全社会的反拐意识和妇女的防范意识。加强综合治理,加大对拐卖妇女犯罪行为的打击力度。加强被解救妇女身心康复和回归社会的工作。

10. 预防和制止针对妇女的家庭暴力。认真贯彻落实《关于预防和制止家庭暴力的若干意见》,把处置家庭暴力纳入公安机关的职责范围,预防和制止家庭暴力对妇女造成的伤害。加强宣传教育,增强全社会自觉抵制家庭暴力的意识和能力,提高受家庭暴力侵害妇女的自我保护能力。完善预防和制止家庭暴力的多部门合作和预防、制止、救助一体化的工作机制。

11. 有效预防和制止性骚扰。建立健全预防和制止性骚扰的法律机制。将性骚扰作为独立案由,加大对性骚扰行为的打击力度。用人单位要采取有效措施,防止工作场所的性骚扰。

12. 维护婚姻家庭关系中的妇女财产权益。依照有关法律规定,在审理婚姻家庭和继承案件中,体现性别平等;在离婚案件审理中,考虑婚姻关系存续期间妇女在照顾家庭上投入的劳动、妇女离婚后的生存发展以及抚养未成年子女的需要,实现公平补偿。

13. 维护牧区妇女在村民自治中的合法权益。贯彻落实村民委员会组织法,保障妇女依法行使民主选举、民主决策、民主管理、民主监督的权利。苏木、乡、镇人民政府对报送其备案的村民自治章程和村规民约,发现有与宪法、法律、法规和国家的政策相抵触,含有歧视妇女或损害妇女合法权益内容的,应及时予以纠正。

14. 及时受理侵害妇女权益案件。依照有关法律规定,对涉及妇女个人隐私的案件,在诉讼过程中采取措施使受害妇女免受二次伤害。

15. 依法为妇女提供法律援助。提高法律援助的社会知晓率,鼓励符合条件的妇女申请法律援助并为其提供便利。进一步扩大法律援助覆盖面,健全完善法律援助工作网络。鼓励和支持法律服务机构、社会组织、事业单位等为妇女提供公益性法律服务和援助。

16. 依法为妇女提供司法救助。为经济困难或因其他特殊情况需要救助的妇女提供司法救助,实行诉讼费的缓交、减交或免交。推动"刑事被害人救助制度"尽快出台,对因受犯罪侵害而陷入生活困境的妇女实行国家救助,保障受害妇女的基本生活。

四、组织实施

(一)加强对规划实施工作的组织领导。各级人民政府负责实施本规划,政府各职能部门、相关机构和社会团体结合各自的职责,承担落实规划中相应的目标任务。各级人民政府妇女儿童工作委员会具体负责规划实施的组织、协调、指导和督促。

(二)制定地方妇女发展规划和部门实施方案。各地政府依据本规划,结合实际制定本地区妇女发展规划。各政府职能部门、相关机构和社会团体结合各自职责,按照任务分解,制定实施方案,形成全旗妇女发展规划体系。

(三)将规划纳入本地区国民经济和社会发展总体规划及部门规划。各地、各部门将规划纳入地方国民经济和社会发展总体规划,纳入本部门工作规划,统一部署,统筹安排,同步实施,同步发展。

(四)优化规划实施的法律政策环境。制定完善促进妇女发展的法规政策,在制定和执行中充分体现男女平等基本国策,坚持依法行政,加强执法检查和司法保护,保障妇女各项合法权利的实现。

(五)保障妇女事业发展的经费投入。各级政府要加大妇女事业发展所需经费的投入,将实施规划所需经费纳入财政预算,并随着经济增长逐步增加。重点扶持贫困地区的发展。动员社会力量,多渠道筹集资金,支持妇女事业发展。

(六)建立健全实施规划的工作机制。建立由政府主导、多部门合作、全社会参与的规划实施工作机制,共同做好规划实施工作。建立目标管理考核问责制,将主要目标纳入相关部门、机构和社会团体的目标管理和考核体系,纳入主要负责人和主管负责人的政绩考核。健全报告制度,各地、各有关部门每年向旗人民政府妇女儿童工作委员会和上级主管部门报告实施规划的工作情况。健全会议制度,定期召开各级妇女儿童工作委员会全委会、联络员会议,汇报、交流实施规划的进展情况。健全监测评估制度,成立由旗统计部门牵头的监测组,负责组织对规划实施情况的监测工作;成立由旗人民政府妇女儿童工作委员会办公室牵头的评估组,负责组织对规划实施情况的评估工作。

(七)切实加强妇女儿童工作委员会办公室自身建设。各级政府要根据当地实际情况,为实施规划配备精干人员,保证必要的办公条件和工作经费,工作经费列入财政预算,并随着当地经济的增长逐步增加。

(八)探索总结实施规划的工作方法。及时开展对妇女发展和权益保护状况的调查研究,掌握新情况、分析新问题,为制定法规政策提供依据。加强对妇女发展领域的理论研究,总结探索妇女发展规律和妇女工作规律。在规划实施中不断创新工作方法,通过实施项目、为妇女办实事等运作方式解决重点难点问题;通过分类指导、示范先行,总结推广经验,推进规划实施。

(九)加大实施规划的宣传力度。多渠道、多形式面向各级领导干部、妇女工作者、广大妇女和全社会广泛宣传男女平等基本国策,宣传规划的重要内容,宣传规划实施中的典型经验和成效,宣传促进妇女保护和发展的国际公约、法律政策,营造有利于妇女生存、保护、发展和参与的社会氛围。

(十)加强实施规划的能力建设。将男女平等基本国策的相关内容及相关法律法规和方针政策纳入党校课程。举办多层次、多形式培训班、研讨会等,对政府及各有关部门、机构相关人员进行培训,增强其实施规划的责任意识和能力。将实施规划所需业务知识纳入部门培训计划,开展对相关专业工作者的培训。

(十一)鼓励妇女参与规划的实施。妇女既是实施规划的受益者,也是实施规划的参与者。在实施规划过程中,注重发挥妇女的作用,听取妇女的意见和建议。鼓励妇女参与规划实施,提高参与意识和能力,实现自身的发展与进步。

五、监测评估

(一)对规划实施情况进行年度监测、中期评估和终期评估。及时收集、整理、分析反映妇女发展状况的相关数据和信息,动态反映规划目标进展情况和趋势变化。在监测的基础上,系统分析和评价规划目标达标状况,评判规划策略措施和规划实施工作的效率、效果、效益,预测妇女发展趋势。通过监测评估,准确掌握妇女发展状况,制定促进妇女发展的政策措施,推动规划目标如期实现,为规划未来妇女发展奠定基础。

(二)本规划和各地规划分别实行年度监测评估。3年期为阶段性评估,5年期为中期评估,10年期为终期评估。

(三)各级妇女儿童工作委员会设立监测评估领导小组,负责组织领导监测评估工作,审批监测评估方案,审核监测评估报告等。监测评估领导小组下设监测组和评估组。

监测组由各级统计部门牵头,负责规划监测工作的指导和人员培训;研究制定监测方案;收集、整理、分析数据和信息;撰写并提交年度监测报告等。

评估组由各级妇女儿童工作委员会办公室牵头,负责评估工作的指导和人员培训;制定评估方案,组织开展评估工作,撰写并提交评估报告等。

(四)各级政府要将监测评估工作所需经费纳入财政预算。各级政府及有关部门结合监测评估结果开展宣传,研究利用监测评估结果加强规划实施。

(五)建立妇女发展综合制度。规范并完善与妇女生存、发展有关的统计指标和分性别统计指标,将其纳入常规统计和统计调查。建立并完善鄂温克旗性别统计数据库,规范各级数据信息的收集、发布和展示,实现数据信息的交流、反馈和利用,逐步实现数据的资源共享。

(六)各级妇女儿童工作委员会成员单位、相关机构及有关部门要向同级统计部门报送年度监测数据,向同级妇女儿童工作委员会提交阶段、中期和终期评估报告。

编 后 记

为真实地反映全旗各族妇女及各级妇联组织半个世纪以来做出的突出贡献和女职工所走过的漫长历程，2011年3月，旗妇联决定编纂《鄂温克族自治旗妇女联合会志》（以下简称《妇联志》），组成编纂委员会，旗妇联主席索龙格任主任，旗妇联副主席诺敏、萨仁任副主任，各部办负责人任委员。同时，旗妇联各位主席、副主席专程与旗档案史志局领导联系协商，对本志的体例结构、篇目设置等进行探讨和商榷，在旗档案史志局大力支持下，聘请旗档案史志局原副局长杜彪为编审，负责全书的审定和统编工作，在其制定出篇目的基础上，各责任编辑分别完成本志的初稿编写。志稿由微机输出，陆续送给曾在旗妇联工作过的老同志和旗四大班子现任女领导及相关部门负责人进行进一步的补充完善。11月25日，旗妇联召集各界妇女和基层妇联主席40余人对志稿的内容、体例、语言等方面征求意见。旗委副书记娜日斯参会并讲话，参加会议的各位老妇女干部指出不足和错讹，提出许多意见和建议。会后，编委会针对提出的意见和建议，及时召开各苏木乡镇妇联主席和编辑人员会议布置补充志书编写内容缺项、断限。要求基层妇联主席尽快补充资料，各责任编辑抓紧时间进行甄别和吸纳。2012年6月，完成志稿的补充和修改，由编审杜彪对志稿进行审读和统编，根据审读阅稿的情况，对篇目又进行修改，在原篇目的基础上增加"妇女与妇女运动"章，并对志稿结构进行个别调整，亲自撰写"概述"部分。经过近1年的努力，2013年5月志书征求意见稿完成，旗妇联主席和副主席及各位编辑对志稿进行修改、补充。

2013年1月，旗委调整旗妇联领导班子，原主席索龙格调任旗人口和计划生育局局长、旗委宣传部原副部长兼文明办主任娜仁托雅任旗妇联主席，旗妇联及时调整编委会主要领导，娜仁托雅任编委会主任。两位主席在工作接交时也将志书的编纂作为主要事项进行了接交。新任主席上任后多次过问此项工作的进展情况，并及时地提出了下一步的部署。2014年9月，由市档案史志局退休干部、副编审苏勇为本志进行修订和审核，对本志的篇目设计、框架结构、志书语言和技术、记述的技巧等方面进行认真的把关，并提出许多修改和补充意见。10月，编审对志稿再一次进行修改，完成总纂。12月，编委会对成员再次进行了调整，旗委副书记王文起任编委会主任，旗委办副主任吴志刚、旗妇联主席娜仁托雅、原主席索龙格任副主任，增补旗妇联副主席萨如拉为编委会委员、副主编。2015年9月，编委会再次进行调整，旗委常委、组织部部长浩特勒任编委会副主任，吴志刚、索龙格、娜仁托雅、诺敏、萨仁、萨如拉等人任编委会委员。同时，《妇联志》付诸印刷，在内蒙古文化出版社印刷厂印出清样后，副主编娜仁托雅向旗委副书记、本志编委会主任王文起作了汇报，得到领导的肯定和支持，并要求将下限由原来的2010年延至2014年。此后，根据编委会的安排，各位编辑进行了认真的补充和完善。2016年6月，旗委原副书记、编委会主任王文起调任牙克石市委副书记，编委会委员吴志刚调任巴彦塔拉乡乡长，编委会主任由旗委副书记李志东接任，并增补旗委组织部副部长阿拉达日图为编委会委员。志书的下限再延长两年至2016年。在编纂过程中，编委会多次召集各责任编辑，听取汇报，安排下一步工作，为志稿的完成奠定了坚实的基础。

这里应该特别指出的是，离休老干部玛扎、哈森吉木、呼群等人，为志书的编纂东奔西忙，在时任旗委常委、旗委组织部部长李国强率队慰问老干部之际，提出出版《妇联志》的要求，经李部长协调旗人民政府领导，拨出专项经费，为志书的出版奠定了基础。不仅如此，她们还不顾年老体弱多病，为志书提供许多有价值的资料，提出意见和建议。遗憾的是，玛扎老人未能看到志书的出版，于2012年11月8日与世长辞，我们将永远缅怀这位

编 后 记

为《妇联志》做出贡献的老人。

在该志编纂过程中得到了旗委组织部、旗委办公室、旗档案史志局以及各苏木乡镇党委和妇联的大力支持。旗委原副书记娜日斯、旗人民政府副旗长敏杰、原副旗长兼妇联主任额尔登挂等人在编纂过程中提出了许多宝贵的建议。旗妇联原主席索龙格将编纂《妇联志》当作头等大事来抓,亲自部署,多次听取汇报,研究解决在编纂工作中出现的问题,为《妇联志》的出版做了许多工作,付出了大量的心血。新任主席娜仁托雅上任后的第一件事就是把《妇联志》的出版放在头等重要工作来抓,为该志的出版同样付出了辛苦的努力。旗妇联全体工作人员在征稿、收集资料、查阅档案等编纂过程中,是边干边学完成任务的,为本志的出版付出了巨大的劳动。特别值得提的市档案史志局方志年鉴科杜春鹏科长和副主任科员王邓海、挂职干部鄂爱华为本志彩页编排、审核校对、调整篇目定稿给予大力协助,在此一并表示诚挚的谢意!

应该说编纂《妇联志》对于我们来说是一种全新的工作,虽然做了艰苦的努力,仍不免会有不尽人意的地方,本志完成时间较短,加之编者水平有限,档案资料不全,一定会存在着不足,甚至有错讹和遗漏,恳请各位读者批评指正、不吝物教。

最后,再次为此书编纂和出版给予支持帮助和做出贡献的所有人士及有关单位表示感谢!

《鄂温克族自治旗妇女联合会志》编纂委员会

2017 年 1 月

图书在版编目(CIP)数据

鄂温克族自治旗妇女联合会志 / 娜仁托雅主编. --呼伦贝尔:内蒙古文化出版社,2018.6
 ISBN 978-7-5521-1493-5

Ⅰ.①鄂… Ⅱ.①娜… Ⅲ.①妇女组织-概况-鄂温克族自治旗 Ⅳ.①D442.826.4

中国版本图书馆 CIP 数据核字(2018)第 132647 号

鄂温克族自治旗妇女联合会志

娜仁托雅　主编

责任编辑	铁　山
封面设计	娜仁托雅
出版发行	内蒙古文化出版社

(呼伦贝尔市海拉尔区河东新春街4付3号)

印刷装订	三河市华东印刷有限公司
开　本	787毫米×1092毫米　1/16
印　张	34.5
字　数	462千字
版　次	2018年6月第1版
印　次	2018年11月第1次印刷

ISBN 978-7-5521-1493-5
定价:238.00元